专业汉语（下册）

马中华◇总编
王玉明 向京州 李庭博 李艳萍 赵浩◇主编

高等职业院校通识教育"十二五"规划教材

人民邮电出版社
北京

图书在版编目（C I P）数据

专业汉语. 下册 / 王玉明等主编. -- 北京 : 人民邮电出版社, 2014.4
高等职业院校通识教育“十二五”规划教材
ISBN 978-7-115-35036-7

Ⅰ. ①专… Ⅱ. ①王… Ⅲ. ①汉语－少数民族教育－高等职业教育－教材 Ⅳ. ①H19

中国版本图书馆CIP数据核字(2014)第048992号

内 容 提 要

本套书作为专业汉语系列教材，分为上、下两册。上册包括数学、物理、计算机、科普四部分，下册包括采矿工程、电气工程、化学工程、安全工程、机械工程五部分。

本书每一课采用了大多数汉语教材通行的结构形式，即课文、词语（包括词性、拼音、维文翻译）、练习。每篇课文后还增加了一篇与主课文有关联的课外阅读课文，目的是增加知识含量，拓宽学生的视野。

本书适合作为高等院校少数民族学生专业语言类课程的教材，也适合少数民族学校的教师、学生阅读参考。

◆ 总　　编　马中华
　主　　编　王玉明　向京州　李庭博　李艳萍　赵　浩
　责任编辑　王亚娜
　执行编辑　蒋　勇
　责任印制　张佳莹　焦志炜
◆ 人民邮电出版社出版发行　　北京市丰台区成寿寺路 11 号
　邮编　100164　　电子邮件　315@ptpress.com.cn
　网址　http://www.ptpress.com.cn
　北京鑫正大印刷有限公司印刷
◆ 开本：787×1092　1/16
　印张：21　　2014 年 4 月第 1 版
　字数：499 千字　　2014 年 4 月北京第 1 次印刷

定价：45.00 元

读者服务热线：(010)81055256　印装质量热线：(010)81055316
反盗版热线：(010)81055315

专业汉语（下册）编委会

前　　言

为适应国家和自治区实施能源开发战略及加快新型工业化建设的需要，新疆工程学院根据办学指导思想和办学定位，优先发展和建设了一批有较强优势的工科专业。而少数民族预科课程又是我区本、专科学校的绝大多数民族学生学习专业前的一门必修课。

长期以来，少数民族学生进入学校后的预科教育，主要是汉语学习。实践证明，预科教育不但大大提高了学生的汉语水平，为他们进入专业学习打下了良好的语言基础，也从各方面提高了他们的综合素质，收到了很好的效果。但一个不容忽视的问题是，对少数民族学生进行的一年的汉语教学，主要是公共汉语的基础知识，与专业基础知识、专业性词汇关联甚少。少数民族学生进入专业系学习专业时，抽象的专业概念和生僻的专业词汇成为他们学习专业的第一道障碍。因此，填补民族学生专业语言学习方面的缺失就变得十分现实和迫切。

专业汉语教材就是在这样的背景下应运而生的。它主要帮助少数民族学生在学习专业课时扫除专业语言理解上的障碍，增强少数民族学生学习专业课的兴趣。提高民族学生的专业学习能力，进而为少数民族教育教学质量的提高做出贡献。

本教材由新疆工程学院语言系教师与各专业系部教师通力合作编写完成。编写者大多从事多年语言和专业教学工作，对学生的需求及汉语教材的形式、内容较为熟悉，有过编写同类教材的经验和能力，词汇的维文翻译由专业系部的民族教师完成。

本教材作为专业汉语系列教材，分为上、下两册。上册包括数学、物理、计算机、科普四部分，下册包括采矿工程、电气工程、化学工程、安全工程、机械工程五部分。

上册数学、物理部分主编马中华（执笔），副主编马延梅（数学课文审校）、张季（物理课文审校）、马金成（资料收集整理）；科普知识部分主编何玉洁（执笔），副主编阿布力克木·卡德尔（维文生词翻译、审校）；计算机部分主编梁江龙，副主编努斯来提·吐尔地（维文生词翻译、课文审校）、孙亚俊（资料收集、整理）。

下册采矿部分主编王玉明（执笔），副主编阿布都克尤木·托乎提（维文生词翻译、审校）、徐显龙（资料收集、整理）；电气部分主编向京州（执笔），副主编吾布力·阿依丁（维文生词翻译、审校），韩金海（资料收集整理）；化工部分主编李庭博（执笔），副主编努尔买买提·阿不都克力木（维文生词翻译、审校）、郝晓（资料收集整理）；安全部分主编李艳萍（执笔），副主编乌买尔·吾守尔（维文生词翻译）、陆卫东（资料收集，课文审校）；机械部分主编赵浩（执笔），副主编艾尼瓦尔·克里木（维文生词翻译、审校）、徐慧敏（资料收集整理）。

本教材由马中华负责组织、协调、统稿。

本教材每一课均采用了大多数汉语教材通行的结构形式，即课文、词语（包括词性、拼音、维文翻译）、练习。每篇课文后还增加了一篇与主课文有关联的课外阅读课文，目的是增加知识含量，拓宽学生的视野。课文的选材都是以我院各专业系部的主干课教材为蓝本，经过编写者提炼、浓缩、重组而成，力求尽可能多地涉及民族学生所学专业课的知识点。

本教材因为以讲述民族学生专业课学习过程中的专业概念、专业术语为主要目的，因此在具体课堂教学中只能从语言的角度去讲授词汇、语句和课文，不能当作专业课来学习。

专业汉语教材的编写得到了新疆工程学院吾满江•艾力院长、黄朝华原副院长等领导的关心和鼎力支持。陈全君、张玉珍、石宁、赵德群、尹兆明、何颖、张俊敏、丁永明、陆卫东、李坚等专业系部领导和教研室同事给予了极大的帮助，计算机系老师艾散・怕哈提在维文翻译软件方面提供了技术支持，在此表示衷心的感谢！

由于编写者能力所限，加之时间仓促，课文中对专业知识的理解和编排难免有误。真诚地希望各位读者提出宝贵意见，以便修订完善。

编者

2013 年 12 月

目　　录

采矿工程部分

电气工程部分

化学工程部分

安全工程部分

机械工程部分

采矿工程部分

第一单元　巷道基础知识

第一课　井巷的概念与分类

为了勘探、开拓及开采矿床，或为达到其他开采技术的要求，如为了满足提升、运输、通风、排水、动力供应等，在有用矿物矿床或岩石中进行开凿工作时所形成的孔洞称为矿山巷道。在地下开采中，开掘的井筒、巷道和硐室统称为矿山井巷。

矿山巷道是由几个岩面所围成的空间。其中两侧的面叫作墙帮或两帮，上面的叫做顶板，下面的叫作底板，而随着掘进工作向前推进的面叫作掘进工作面。

每条巷道均有中心线，沿着它可以测量巷道的长度或距离。垂直巷道中心线的切面叫作横断面。巷道通到地面的一端叫做巷道出口。

巷道按照其用途和服务范围的不同可分为勘探巷道、开拓巷道、准备巷道和回采巷道。

为勘查矿床赋存状态而开掘的巷道称为勘探巷道。

为全矿井、一个水平或若干采区服务的巷道，如井筒、井底车场、主要石门、运输大巷和回风大巷（或总回风巷）称为开拓巷道。

为了一个采区或数个区段服务的巷道，如采区上下山，采区车场、采区硐室称为准备巷道。

仅为采煤工作面生产服务的巷道，如区段运输平巷、区段回风平巷、开采眼（形成初始采场的巷道）叫作回采巷道。

巷道可根据其中心线与水平面的关系分成下列 3 类。

直立巷道

巷道的长轴线与水平面垂直，包括立井、盲立井（或暗立井）等。

立井又称竖井，是直接与地面相通的直立巷道。专门或主要用于提升煤或矿石的叫作主井；作提升废石或矸石、下放器材、升降人员等辅助提升用的叫副井。副井有时也用来提升一部分矿石。副井和多数主井兼作矿井通风用。生产中，还经常开掘一些专门或主要用来通风、排水、充填等的井筒，均按其主要任务命名，如通风井、排水井、充填井等。立井井筒断面主要是圆形，在服务年限较短的小型矿山也有矩形的。椭圆形、多边形的井筒，目前已很少见。盲立井又称盲竖井，是不与地面相通的直立巷道，也称暗立井。用途同立井。此外，还有一种专门用来溜放矿石的井筒，称溜井。位于矿块或采区内部高度不大、直径较小的溜井，煤矿叫溜煤眼，非煤矿叫放矿溜井。

水平巷道

巷道的长轴线与水平面近似平行，如平硐、石门、煤门或穿脉、平巷等。平硐是直接与地面相通的水平巷道。它的作用类似立井，有主平硐、副平硐、阶段平硐和通风平硐等。石门与地面不直接相通的岩石水平巷道，其长轴线与矿体或煤层走向斜交或直交。煤门是在厚煤层内，与煤层走向直交或斜交的水平巷道。平巷是与地面不直接相通的水平巷道，其长轴方向与矿体或煤层走向平行。平巷布置在矿体或煤层内的称脉内平巷或煤层平巷，布置在岩石中的称脉外平巷或岩石平巷。为全阶段服务的平巷常称大巷（或主平巷），如运输大巷。根据其主要任务，平巷还可分为运输平巷、通风平巷和充填平巷等。按平巷内安装的运输设备，又可分为输送机平巷和轨道平巷等。在采煤工作面附近的煤层平巷，常称顺槽。电耙巷道一般设在非煤矿山中，采场采下的矿石由电耙搬运到放矿溜井，然后装入矿车。

倾斜巷道

巷道的长轴线与水平面呈一定角度，有斜井、上山、下山、斜坡道和天井等。斜井是与地面直接相通的倾斜巷道，其作用与立井和平硐相同。不与地面直接相通的斜井称盲斜井或暗斜井，其作用与盲立井相同，为开采下部水平而设。上山和下山也称上山道和下山道，都是煤层开采中不与地面直接相通的倾斜巷道。上山用于开采某水平以上的矿体或煤层；下山则用于开采某水平以下的矿体或煤层。安设输送机的上、下山叫输送机上、下山；铺设轨道的上、下山叫轨道上、下山；用作通风、行人、排水的叫通风、行人、排水的上、下山。上、下山可布置在矿体（煤层）或岩石中。根据上山、下山服务的范围，有采区上山、下山，主要上山、下山和集中上山、下山等。天井是在非煤矿山的矿块内，为开采需要，沿矿床掘进的直立或倾角较大的巷道。按用途分为凿岩、切割、通风、行人、充填等天井。 斜坡道是非煤矿山中通行无轨设备的一种倾斜巷道。与斜井不同的是，其长轴方向经常改变，盘旋或折返而下，分为以下两种。①主斜坡道，直通地面。其作用与主斜井相同，也用作运送人员、材料等。②辅助斜坡道，阶段间无轨设备的通道，无直接地面出口。

硐室

空间 3 个轴线长度相差不大且又不直通地面的地下巷道，如绞车房、变电所、煤仓等。

常见的矿井巷道布置如下图所示。

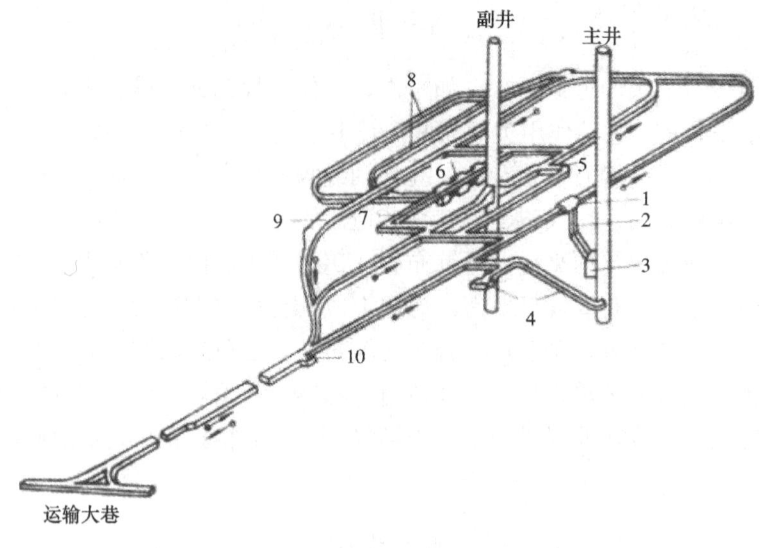

立井环形井底车场示意图

1—卸载硐室　2—矿仓　3—装载硐室　4—清理撒矿硐室和斜巷
5—等候室　6—中央水泵房　7—变电所　8—水仓
9—电机车修理硐室　10—调度室和医疗室

词语　خام سۆز

1. 井巷（名）jǐng hàng　خاك يولى
2. 勘探（动）kān tàn　چارلاش، قېدىرىپ تەكشۈرۈش
3. 开采（动）kāi cǎi　قېزىش، ئېچىش
4. 矿床（名）kuàng chuáng　كان ياتمىسى
5. 赋存（动）fù cún　ساقلىنىش، مەۋجۇت
6. 开掘（动）kāi jué　كولاش، قېزىش
7. 矸石（名）gān shí　قاتتىق داشقال(كۆمۈر ئارىسىدىكى تاش)
8. 顺槽（名）shùn cáo　ئوقۇر شەكىلدىكى خاك يولى
9. 电耙（名）diàn pá　ئېلېكترونلۇق تىرنا، سۈرەم
10. 硐室（名）dòng shì　ئۆڭكۈر ئۆيى (خاك ئاستىغا ئورۇنلاشتۇرۇلغان كىچىك ئۆي)
11. 绞车房（名）jiǎo chē fáng　چىغىرخانا، چىغىرىق مەشغۇلات ئۆيى

作业和练习

一、连线组词

动力	车场	基础	巷道
井底	供应	回风	平硐
运输	范围	通风	大巷
服务	大巷	直立	设备

二、根据课文内容填空

1. 在有用矿物矿床或岩石中进行_______工作时所形成的孔洞成为_______________。在地下开采中，开掘的________、_________和_________统称为矿山井巷。

2. 矿山巷道是由几个岩面所围成的空间。其中两侧的面叫作_________或_________，上面的叫作________，下面的叫作_________。

3. 巷道按照其用途和服务范围的不同可分为：_______________、______________、______________和_______________。

4. 巷道可根据其中心线与水平面的关系分成下列3类：__________________、____________________、__________________。

5. 硐室是空间3个轴线长度相差不大且又不直通地面的地下巷道，如_______、________、_________等。

三、根据课文选择

1. 在地下开采中，我们把开掘的井筒、巷道和______统称为矿山井巷。

A 矿床　　B 硐室　　C 溜井　　D 墙帮

2. 直立巷道的长轴线与水平面______，包括立井、盲立井（或暗立井）等。

A 水平　　B 相交　　C 垂直　　D 重合

3. 盲立井又称盲竖井，是不与_____相通的直立巷道。

A 巷道　　B 溜井　　C 硐室　　D 地面

4. 为全阶段服务的平巷，常称大巷（或主平巷），如_____。

A 运输大巷　　B 垂直巷道　　C 水平巷道　　D 倾斜巷道

5. 倾斜巷道的长轴线与水平面呈一定角度，有斜井、上山、下山、斜坡道_______和________等。

A 绞车房　　B 天井　　C 变电所　　D 平硐

四、根据课文内容回答问题

1. 什么是开拓巷道？

2. 什么是直立巷道？包括哪些？

3. 什么是水平巷道？包括哪些？

4. 什么是倾斜巷道？包括哪些？

5. 水平巷道与硐室的区别是什么？

科普阅读

板块构造学说

板块构造学说（Plate tectonics）是在大陆漂移学说和海底扩张学说的基础上提出的。根据这一新学说，地球表面覆盖着不变形且坚固的板块（地壳），这些板块以每年1～10厘米的速度在移动。由于地球表面积是有限的，地球板块分为3种状态：其一为彼此接近的汇聚型板块边界；其二为彼此远离的分离型板块边界；其三为彼此交错的转换型板块边界。板块本身是不会变形的，地球表面活动便都在这3种状态下集中发生。

1912年德国气象学家兼地质学家魏格纳（A · Wegner）最先提出大陆漂移说。他认为在前寒武纪时，地球上存在一块统一的大陆——Pangaea联合古陆。以后经过分合过程，到中生代早期，联合古陆再次分裂为南北两大古陆，北为劳亚古陆（Laurasia），南为冈瓦那古陆（Gondwanaland）。到了三叠纪末，这2个古陆进一步分离及漂移，相距越来越远了，其间由最初一个狭窄海峡，逐渐发展成现在的印度洋、大西洋等巨大的海洋。到了新生代，因为印度已北漂到亚欧大陆的南缘，两者发生了碰撞，青藏高原隆起，造成了宏大的喜马拉雅山系，古地中海东部完全消失了；非洲继续向北推进，古地中海西部逐渐缩小到现在的规模；欧洲南部被挤压成了阿尔卑斯山系，南、北美洲在向西漂移的过程中，它们的前缘受到太平洋地壳的挤压，隆起为科迪勒拉—安第斯山系，同时两个美洲在巴拿马地峡处复又相接；澳大利亚大陆脱离南极洲，向东北漂移到现在的位置。于是海陆的基本轮廓发展成现在的规模。

由于受当时科技水平和认识水平的限制，大陆漂移说也未能正确说明大陆漂移的动力机制，未能提供大陆拼合的最佳方案。大陆漂移学说在当时学术界引起很大争议，大陆漂移理论提出后不久，便被视为是一种荒唐的臆想。随着魏格纳本人在科学探险中献身于格陵兰雪原，大陆漂移说一度陷于沉寂。

20世纪60年代，海底扩张和板块构造的提出给早期的大陆漂移说注入了新的生命力。目前获得的大量证据表明，魏格纳大陆漂移的基本设想是正确的。

20世纪60年代初，美国地震地质学家迪茨（R·Dietz，1961）提出了“海底扩张”的概念。接着，郝斯（Hess，1962）加以深入阐述。

迪茨提出，由于地幔中放射性元素衰变生成的热使地幔物质以每年数厘米的速度进行大规模的热循环，形成对流圈，它作用于岩石圈，成为推动地壳运动的主要力量。洋壳的形成与地幔对流有关。洋底就是对流圈的顶，它在洋底的离散带形成，并缓慢地向敛合带扩张。总体来看，洋底构造是地幔对流的直接反映，洋脊是地幔物质上涌的部位，海沟是地幔物质的下降部位。

郝斯认为大洋中脊是地幔对流上升的地方，地幔物质不断从这里涌出，太平洋周围分布的岛屿与海沟、大陆边缘山脉以及火山、地震就是这样形成的。

1968年，剑桥大学的麦肯齐（D·P·Mckenzin）和派克（R·L·Parker），普林斯顿大学的摩根（W·J·Morgan）和拉蒙特观测所的勒皮雄（X·Lepichon）等人联合提出了一种新的大陆漂移说——板块构造学说，它是海底扩张学说的具体引伸。

板块构造，又叫全球大地构造。板块指岩石圈板块，包括整个地壳和莫霍面以下的上地幔顶部，即地壳和软流圈以上的地幔顶部。大陆只是传送带上的“乘客”。

板块构造学说认为岩石圈的构造单元是板块，板块的边界是洋中脊、转换断层、俯冲带和地缝合线。由于地幔的对流，板块在洋中脊分离、扩大，在俯冲带和地缝合线处下冲、消失。

全球被划分为亚欧板块、太平洋板块、美洲板块、非洲板块、印度洋板块和南极板块6大板块；其间还有一些小板块，如可可板块、智利板块等。板块构造理论强调板块的大规模水平运动，板块可以产生、生长、消亡，而且这种变化可以定量预测。

第二课　我国煤矿资源及分布

世界煤炭资源的分布情况

世界煤炭资源非常丰富，煤炭是世界储量最丰富的化石燃料。目前，世界煤炭储量估计为 1.083 万亿吨，按目前的煤炭消费水平计算，可供开采 200 多年。世界各地的煤炭资源分布并不平衡，70%分布在北纬 30°～70°。其中，以亚洲和北美洲最为丰富，分别占全球地质储量的 58%和 30%，欧洲仅占 8%，南极洲数量很少。

世界煤炭可采储量的 60%集中在美国（25%）、前苏联（23%）和中国（12%），此外，澳大利亚、印度、德国和南非 4 个国家共占 29%。2001 年，上述 7 国的煤炭产量占世界总产量的 80%。澳大利亚、美国和加拿大可供炼焦的优质烟煤储量丰富，2002 年 3 国的炼焦煤总产量占世界贸易总量的 81%。

中国煤矿资源及分布

中国也是煤炭储量大国，煤炭在我国一次能源消费比例高达 70%左右，高于全球平均水平的 1 倍。由于重化工业加速发展以及资源产品涨价等因素，这几年我国煤炭生产增速加快，如今我国不仅已经成为煤炭的净进口国，而且成为煤炭的大消费国。虽然煤炭储量绝对数位列全球前茅，但每年开采量和消费量巨大，我国煤炭资源的储采比低于 50 年，小于全球的平均水平。

我国不但煤炭资源丰富，而且品种齐全、分布也很广泛。全国 34 个省（区、市）中除上海市、香港特别行政区和澳门特别行政区外，都有煤炭资源，但区域分布不均衡。总体特征是北多南少，西多东少，山西和西北地区最富集。根据国土资源部《二〇〇六年全国矿产资源储量通报》，截至 2006 年年底全国煤炭保有储量为：资源储量 11 597.79 亿吨，资源量 8 262.99 亿吨，基础储量 3 334.8 亿吨，储量 1 825.39 亿吨。从地理分布上看，在秦岭—大别山以北的储量约为 9100 亿吨，约占全国保有储量 90.0%；分布于太行山—雪峰山以西的储量约为 8750 亿吨，约占全国总储量的 87%，其中晋陕蒙地区约为 6459 亿吨，占全国总储量的 64%左右，西北自治区的新甘宁青四省区约为 1405 亿吨，约占 14%，西南的云贵川渝四省市约为 903 亿吨，约占 9%，且集中分布在云、贵两省，其余东北、京津冀、华东和中南各省市区保有储量约为 1 266 亿吨，约占全国总储量的 13%；尤其是我国经济最发达的东部十省市（北京、天津、河北、辽宁、上海、江苏、浙江、福建、山东和广东）已查证的资源量仅为 568 亿吨左右，约占全国总量 5.7%。按区域分布，华北地区 1 930.84 亿吨，占 57.87%，华中地区 148.68 亿吨，占 4.46%，华南地区 11.25 亿吨，占 0.34%；华东地区 253.75 亿吨，占 7.60%，东北地区 144.53 亿吨，占 4.33%，西北地区 557.39 亿吨，占 16.70%，西南地区 290.35 亿吨，占 8.70%。

2007年全国煤炭产量25.36亿吨，2008年中国煤炭企业100强产量在各地区分布与2007比相对稳定，其中产量占100强企业全部产量比例达10%以上的省、区和公司是山西省、神华集团、内蒙古，分别是18.13%、16.08%、10.43%，合计占总产量的44.63%，基本与上年持平。排在第4～10位的分别是山东7.76%、河南7.27%、中煤7.17%、安徽5.95%、河北5.32%、陕西3.73%、黑龙江3.69%、辽宁3.48%。

总体来说，南少北多，山西、内蒙古、新疆、河南都是煤矿大省（区），西南的贵州等地也有。

那么，为什么我国煤矿主要分布在北方？首先，我国北方沉积形成煤炭的地质年代“晚石炭世”至“早二叠世”的植物生长茂盛，远远高于南方，给煤炭沉积形成提供了充足的原材料。其次，北方地壳的板块比较稳定，煤炭沉积后，地壳升降运动比较少，岩浆活动不频繁，煤炭沉积后，没有受到构造运动的挤压和区域性低温蚀变、交代变质作用的影响，保存下来形成煤炭。

词语　　خام خەت

1. 化石（名）huà shí　　تاشقا ئايلانغان جىسىم
2. 位列前茅 wèi liè qián máo　　ئالدىنقى قاتاردا تۇرم
3. 沉积（动）chén jī　　چۆكمە، تىنىپ قالماق
4. 蚀变（动）shí biàn　　ئۆزگىرىپ كەتمەك، ئۆزگەرمەك

作业与练习

一、根据课文内容填空

1. 世界各地的煤炭资源分布________________，70%分布在北纬30°～70°。

2. 由于重化工业加速发展以及资源产品涨价等因素，这几年我国煤炭生产增速加快，如今我国不仅已经成为煤炭的____________，而且成为煤炭的大进口国。

3. 我国不但煤炭资源丰富，而且品种________、分布也很________。

4. 总体来说，南少北多，山西、内蒙古、________、河南都是煤矿大省（区），西南的贵州等地也有。

二、根据课文内容回答问题

1. 简述当前世界煤炭资源的现状。
2. 我国煤炭资源分布的特征是什么？
3. 为什么说我国煤矿主要分布在北方？

科普阅读

新疆矿产资源分布

新疆是中国矿产资源最为丰富的省区之一，矿产种类全，储量大，开发前景广阔。目前发现的矿产有138种，其中，5种储量居全国首位，25种居全国前5位，40种居全国前10位，23种居西北地区首位。新疆矿产保有储量列全国前几位的矿种有：铍、钠硝石、白云母、蛭石、陶瓷土；冶金用脉石英、自然硫、长石、化肥用蛇纹岩；膨润土、水泥用大理岩、镍、铬铁矿；铸石用辉绿岩、石油、毒重石；煤、菱镁矿、镁盐、钾盐、石棉、玻璃用脉石英、水泥用泥岩、天然气、铯、水泥用页岩；铋、铂族、锂；油页岩、水泥用黄土、芒硝；泥灰岩、硼、碲；锰、钴、钽、铌、玻璃用砂、盐。

一、矿产资源的主要特点

1. 矿产种类多，资源相对齐全配套。目前，新疆已发现矿种约占全国已发现矿种的85%，是全国少数几个矿种比较齐全的省、区之一，仅次于四川省，列全国第2位。经济发展所必需的能源矿产种类全，资源量大，其中能源矿产中最重要的石油、天然气和煤炭是新疆最具优势的矿产；钢铁工业所需的铁矿、锰矿、铬矿、熔剂石灰石、白云石、炼焦用煤等多种矿产配套；发展有色金属工业所需的矿产也较多，主要有铜、镍、铅、锌和稀有金属锂、铍、铌、钽、铯以及冶金辅助原料矿产等；发展盐化工的矿产有石盐、芒硝、钾盐等；丰富多样的非金属矿产为发展建材工业及陶瓷、造纸、盐业、工艺美术等轻工业提供了配套矿产。齐全配套的矿产资源为新疆工业的全面发展奠定了强有力的物质基础。

2. 矿产资源人均拥有量较大。新疆以主要矿产保有储量计算的潜在价值，人均拥有量约为全国人均水平的4倍；新疆能源丰度达4500吨标准煤/人，高出全国平均水平6.5倍。

3. 一些重要矿产质量较好，富矿比例较高，并拥有一部分特色矿产。主要有：煤，品种齐全，低硫低灰，高发热量的优质煤居多，而且炼焦用煤约占总储量的9%；铁，富铁矿比例达到25.6%，远远高于全国富矿比例5.7%的水平；铬，富铬矿占58%，是全国少有的用于生产优质耐火材料的矿产原料；铜、镍，新疆大型铜镍矿品位达到3%～6%，为全国少有；蛭石，蛭石矿含矿率59%，富矿占总储量的73%，且膨胀倍数高；膨润土，以钠基土为多，造浆率高，是国内唯一达到国际泥浆标准的优质膨润土。特色矿产有新疆和田玉、钠硝石、皂石、水硝碱镁矾、蛋白土等。

二、主要矿产资源情况

1. 能源矿产。新疆拥有石油、天然气、煤、油页岩和铀5种能源矿产，其中石油、天然气和煤是新疆最具优势的矿产资源。新疆是中国陆地石油最有远景的地区之一，准噶尔、塔里木、吐鲁番—哈密三大油气沉积盆地以及其他19个大小沉积盆地成油地质条件好，沉积面积达95万平方公里，约占中国陆地沉积面积的1/4。其中塔里木盆地面积56万平方公里，是中国最大的含油气沉积盆地，预测油气资源量184亿吨，其中石油资源量101亿吨，天然气8.3万亿立方米，是我国“西气东输”的起点。根据第二次油气资源评价，新疆石油资源量300亿吨，占全国陆上石油资源量940亿吨的1/4强，现石油保有储量居全国第3位，未动用的石油储量居全国之首。新疆原油具有含硫低、凝固点低的特点，是生产高级润滑油、高速公路沥青、高级冷冻机油和医药化妆品等特种产品的最佳原料，特别是重质油的储量和质量均居全国之首。天然气资源量为10.8万亿立方米，占全国陆上天然气资源量30万亿立方米的34%。新疆的煤炭地层面积预计为30.7万平方公里，煤炭预测资源量2.19万亿吨，占全国的40%，居全国之冠；已探明的储量约170多亿吨，在全国名列第8位，在西北地区名列第2位；其中吐鲁番—哈密盆地和准噶尔盆地已列入世界10大煤田行列。

2. 金属矿产。新疆的黑色金属及有色金属矿产在全国占有一定的地位，已探明的金属矿产有27种。黑色金属矿产资源有铁、锰、铬、钒、钛5种，其中铁矿已探明的储量居全国第5位，锰矿居全国第8位，铬矿居全国第5位。有色金属矿产主要有铜、镍、铅、锌、铝等，矿种的特点是分布广、矿点多、富矿多、伴生矿多，有利于综合开发利用。新疆的贵金属及稀有金属矿产位居全国前列。探明储量的贵金属矿产有金、银、铂、钯。新疆的黄金资源比较丰富，全疆85个县市中，59个县市有黄金资源。新疆是中国主要的稀有金属矿产地，尤其以铍、锂、铌、钽等稀有金属矿产享誉中外。

3. 非金属矿产。新疆非金属矿产比较齐全，已探明的非金属矿产有43种。冶金用辅助原料非金属矿产8种，其中菱镁矿居全国第4位；化工原料非金属矿产13种，其中钠硝石、蛇纹岩、钾盐、镁盐、芒硝、自然硫、毒重石、盐等保有储量都居全国前列；建材原料及其他非金属矿产24种，其中白云母、膨润土、蛭石、陶瓷土的探明储量都居全国第1或第2位。工艺美术用特种非金属与宝石矿产有水晶和各种宝石、玉石和彩石。宝石已发现70多个品种，如驰名国内外的海蓝宝石、绿宝石、碧玺、芙蓉石、石榴石、紫罗兰宝石等。玉石中主要是和田玉（软玉）为中国所特有，其中优质羊脂玉是世界罕见玉种。

总之，新疆是中国矿产资源最为丰富的省区之一，开发前景广阔，可建成具有全国意义的石油和石油化工基地、煤炭和煤炭化工基地、盐和盐化工基地、有色和稀有金属基地。

新疆矿产资源总的特征是矿产种类多，配套程度高，有部分特色矿产，远景潜力很大，但矿产分布不平衡，地质勘查程度较低。目前新疆已发现各类矿产138种，占全国已发现171种矿产的80.7%，矿产总数在全国各省区中名列前茅。在新疆138种矿产中，除伴生矿产等少数矿种外，大多数矿产均探明了一定储量，其中有54种矿产500处产地列入了国家矿产储量表。截至1987年年底，探明储量中有24种矿居全国前5位，居全国第6位到第10位有19种，有33种居西北区前两位。居全国首位的矿产有铍、云母、长石、陶土、蛇纹岩、钠硝石、膨润土、蛭石等。居全国和西北区前茅的矿产还有铬、镍、铯、锂、石油、天然气、煤、石棉、菱镁矿、铸石辉绿岩、自然硫等。

主要矿产、基本特征如下。

石油

已发现油气田24个，截至1987年年底探明储量在全国居第5位，天然气居第4位。

煤矿

已探明储量煤矿区101个，截至1988年年底探明储量346亿吨，居全国第5位。

铁矿

铁矿目前探明储量为8亿吨，其中已列入国家储量表为7.2亿吨。

铬铁矿

探明储量仅次于西藏，在全国居第2位。主要分布于西准噶尔地区，储量集中于托里县萨尔托海矿区。

金矿

目前新疆金矿探明储量不多，已探明的金矿主要分布于西准噶尔和阿尔泰地区。

铜矿和镍矿

近几年来，在阿尔泰山和哈密找到了岩浆岩型硫化铜镍矿床，目前已探明储量的有喀拉通克、黄山东、黄山3处大型镍矿，镍矿储量居全国第2位。喀拉通克1号矿床规模大，富矿多，伴生有金、银、铂、硒、硫等多种类型；阿尔泰山的黄铁矿型，远景好、富矿多，伴生有金、银、硫等元素。

稀有金属矿

目前探明储量以铍矿较为丰富，居全国首位。其次有铯、锂、钽、铌等，在全国分别居第 3、第 4、第 8、第 10 位。目前探明储量：石盐约 15 亿吨，芒硝 1.75 亿吨，钠硝石 391 万吨。探明储量在全国的排名：钠硝石居第 1 位，芒硝居第 6 位，石盐居第 9 位。已知各类盐矿 200 多处，广泛分布于各盆地中，以吐鲁番—哈密盆地和准噶尔盆地的现代盐湖矿床，以及塔里木盆地的古代盐类矿较为丰富。盐类矿常共生，如石盐与芒硝、岩盐与石膏等常共生。同时，盐湖中固相与液相共生。

磷矿和硫铁矿

新疆磷块岩已探明储量 2 268 万吨。主要有 10 多处，分布于天山地区。主要含磷地层为寒武系，磷矿层厚度小，品位低。磷灰石矿探明储量为 6 614 万吨（折合标矿 945 万吨），品位低。目前新疆缺少大型富磷矿。富矿石从外地运入。新疆硫矿有自然硫、硫铁矿和伴生硫。自然硫探明储量 1 处，矿石储量 530 万吨（硫 92.2 万吨），居全国第 2 位。硫铁矿探明储量 7 处，矿石储量 245.9 万吨。此外，在有色金属矿中有黄铁矿中，黄铁矿和伴生硫，储量较丰富。硫矿多分布于交通不便地区，目前硫铁矿精矿从外地购进。

菱镁矿和白云岩

菱镁矿已探明储量 1 处，D 级以上储量为 3 152.8 万吨，在全国居第 4 位，分布于和静和鄯善县，矿石质量较好。白云岩已探明储量 3 处，储量 1.87 亿吨。主要分布于哈密到和静的天山地区。矿石质量好。

建材非金属矿及其他非金属矿

已知矿产 30 多种，主要矿产地 600 余处。主要矿产有白云母、膨润土、蛭石、石灰岩、石棉、石墨、滑石、高岭土、黏土、石材、珍珠岩、沸石等。目前已探明储量：白云母 6.87 万吨（其中已上储量表 6.6 万吨），膨润土 3.31 亿吨，蛭石 600 多万吨，水泥石灰岩 8.5 亿吨，熔剂石灰岩 1.15 万吨，石墨矿石 490 万吨（矿物 23.6 万吨），陶土 1.69 亿吨。石棉仅阿尔泰金山石棉成矿带就有约 2 000 多万吨。这些非金属矿不仅储量多，而且矿石质量较好。在分布上，各矿种不尽相同，如白云母主要在阿勒泰地区，石墨主要在东准噶尔地区。

宝石和玉石

种类和品种多，玉石除软玉外，还有独山玉、昆仑玉、玛瑙、东陵石、发晶、丁香紫等。宝石以阿尔泰山的海蓝宝石、碧玺、绿榴石、肉桂石、紫牙乌等较为著名。一些名贵宝石，如钻石、红宝石、蓝宝石也有一定数量，尚有待进一步开采。

第三课　岩石的物理性质

岩石是由一种或多种矿物组成的集合体，是各种地质作用的产物，是构成地壳的物质基础。岩石的基本性质是岩石内部组成矿物的成分、结构与构造的综合反映，研究岩石的基本性质对研究工程的稳定性具有重要意义，其研究内容为岩石的物理性质。

岩石的物理性质是其内部矿物基本性质、结构与构造的综合反映，主要包括以下几方面的内容。

一、岩石的结构与构造

1．岩石的结构

岩石的结构是指岩石中矿物的结晶程度、颗粒大小和形状，以及彼此间的组合方式。岩石的结构说明岩石的微观组织特征，岩石结构不同，其性质也各异。对于煤矿中常见的沉积岩来说，根据岩石结构可分为以下几种：

砾状结构，如砾石；砂质结构，如砾岩；粉砂质结构，如粉砂岩；泥质结构，如泥岩、黏土岩。

2．岩石的构造

岩石的构造是指岩石中矿物颗粒的集合体之间，以及它与其组成部分之间的排列方式和充填方式。岩浆岩的流纹构造、沉积岩的层理构造和变质岩的片理构造，均可使岩石在力学性质上呈现明显的各向异性。常见岩石的构造有下列 3 种。

①整体构造——岩石的颗粒互相严密地紧贴在一起，没有固定的排列方式。

②多孔状构造——岩石的颗粒彼此相接并不严密，颗粒之间有许多小孔隙（微孔）。

③层状构造——岩石的颗粒相互交替，表现出层次叠置现象（层理）。

二、岩石的相对密度和密度

岩石由固体、水、空气三相组成，具有相对密度、密度和重度等指标。

岩石的相对密度，是指岩石固体实体积的质量与同体积水的质量的比值。所谓岩石固体实体积，是指不包括孔隙体积在内的实在体积。

岩石的密度，是指岩石单位体积（包括岩石内孔隙体积在内）的质量。岩石的密度又可分为干密度和湿密度两种。干密度是指岩石在绝对干燥时的密度；湿密度是指岩石在天然含水或饱水状态下的密度。单位体积岩石所受的重力称为重度，又称为重力密度。

三、岩石的孔隙性

岩石的孔隙性是指岩石的裂隙和孔隙发育的程度，通常用孔隙度和孔隙比来表示。岩石的孔隙性对岩石的其他性质有显著的影响。随着岩石孔隙度的增大，一方面削弱了岩石的整体性，使得岩石的密度和强度随之降低、透水性增大；另一方面由于孔隙的存在又会加快风化速度，从而进一步增大透水性和降低力学强度。

四、岩石的水理性质

岩石在水作用下表现出来的性质是多方面的，对矿山工程岩体稳定性有重要影响的主要指标是吸水率、透水性、溶蚀性、软化性、膨胀性和崩解性等。

五、岩石的碎胀性

岩石破碎以后因碎块间空隙增多而导致总体积比原来整体状态下增大的性质称为岩石的碎胀性。岩石的碎胀性可用岩石破碎后处于松散状态下的体积与岩石在破碎前处于整体状态下的体积之比来衡量，该值称为碎胀系数。岩石的碎胀系数与岩石的物理性质、破碎后块度大小及其排列状态等因素有关。如坚硬岩石破碎后块度较大且排列整齐时，碎胀系数较小；反之，若破碎后块度较小且排列较杂乱，则碎胀系数较大。在井巷掘进中选用装载、运输、提升设备的容器时，必须考虑岩石的碎胀性问题。岩石爆破所需膨胀空间大小也与该岩石的碎胀系数有关。

词语　　خام خەت

1. 砾状（形）lì zhuàng　　پارچىسىمان تاش
2. 黏土（名）nián tǔ　　سېغىز توپا
3. 孔隙（名）kòng xì　　يېرىق
4. 裂隙（名）liè xì　　چاك ، دەز
5. 溶蚀（动）róng shí　　كورروزىيە،ئېرىش
6. 崩解（动）bēng jiě　　يىمىرىلىش
7. 碎胀（动）suì zhàng　　پارچىلىنىش، پارچىلىنىپ كۆپۈش

作业与练习

一、词语解释

岩石　　干密度　　湿密度　　碎胀性　　碎胀系数

二、根据课文内容填空

1. 岩石的基本性质是岩石内部组成矿物的成分、______与______的综合反映，研究岩石的基本性质对研究工程的________具有重要意义。

2. 岩石的结构是指岩石中矿物的_____________、____________和形状以及彼此间的____________。

3. 岩石的构造是指岩石中矿物颗粒的集合体之间，以及它与其组成部分之间的和__________。

4. 岩石的孔隙性是指岩石的裂隙和孔隙发育的程度，通常用__________和孔隙比来表示。

5. 岩石由固体、水和______三相组成，具有相对密度、密度和______等指标。

三、根据课文内容回答

1. 对于煤矿中常见的沉积岩来说，根据岩石结构可分为几种？

2. 常见岩石的构造有几种？

3. 对矿山工程岩体稳定性有重要影响的主要指标是哪些？

4. 岩石的碎胀系数与岩石的哪些因素有关？

科普阅读

我国非金属矿加工技术现状及发展趋势

非金属矿物粉体是现代新材料的重要组成部分之一，在现代产业发展中起重要作用。近20年来，我国非金属矿加工技术有了显著进步。非金属矿加工业已形成相当的规模，各类非金属矿物粉体的年总产量以达上亿吨，已经在高技术新材料产业以及造纸、塑料、橡胶、涂料、建材、冶金、轻工、化工等传统产业及环保产业中得到广泛应用。未来非金属矿物粉体加工技术的发展趋势是以市场为导向，以高效综合利用和清洁生产为宗旨，以提升非金属矿物材料的功能或应用性能为目的，发展新方法、新工艺和新设备。

一、我国非金属矿工业现状

非金属矿是人类利用最早的地球矿产资源。一般概念上的非金属矿产品或非金属矿物材料，应该说很早以前就有了，例如用石灰石烧制的生石灰和熟石灰；烧制玻璃制品的硅质原料；土木工程用的砂石；等等。但是，非金属矿物精细粉体和功能性非金属矿物材料则是伴随现代科技革命、产业发展、社会进步、人类生活质量的提高和环保意识的普遍觉悟而发展起来的。我国在该领域的大规模生产和工业应用是从20世纪70年代末或20世纪80年代初开始的。经过20多年的发展，尤其是20世纪90年代以来的发展，我国非金属矿加工业已形成相当的规模。在普通或大宗产品方面不仅能基本满足国内市场所需，而且还能大量出口，在国际非金属矿产品市场占有较重要的地位。据中国非金属矿工业协会和有关专业协会的不完全统计，2002年，我国玻璃用石英砂、石英粉、重质碳酸钙、高岭土、滑石、石墨、萤石、石膏、硅灰石、云母、膨润土、硅藻土、石棉、锆英石等非金属矿产品的产量合计已达7 000万吨以上。此外，2002年，我国生产建筑陶瓷22亿m^2，卫生陶瓷6 000万件；据此估算年消费瓷土、长石、石英等非金属矿物粉体1 000万吨以上。另据中国石灰协会统计，2002年我国石灰产量达13 200万吨，主要用于炼钢厂、烧结厂，化工行业轻质碳酸钙、电石、纯碱等的生产，建材、建筑、高等级公路以及废水处理和烟气脱硫等。基于以上不完全统计分析，2002年我国非金属矿产品的产量总计达到2.1亿吨以上。其中超细粉体的加工能力和产量已超过120万吨。

此外，2002年磷矿石产量2 300万吨，同比增长14.5%；硫铁矿925万吨，同比下降7%；钾肥147.7万吨；芒硝300万吨左右。

二、我国非金属矿加工技术现状

在非金属矿物的加工中广泛应用粉体加工技术，如粉碎、分级、提纯、改性、固液分离、煅烧、造粒、包装等。矿种多、应用领域广、技术指标要求复杂是非金属矿物加工的主要特点之一。由于这一特点，非金属矿的加工工艺也是千差万别的。有些非金属矿可以直接粉碎加工成商品，如方解石；有些必须要进行提纯，如石墨；有些应用领域只需对非金属矿进行简单的粉碎加工，如饲料用的石灰石粉，铸造用的膨润土以及普通的非金属矿物填料；有些应用领域则要求进行较深度的加工，如微电子工业应用的胶体石墨、高纯石英，造纸工业用的高岭土、重质碳酸钙颜料，涂料工业用的有机膨润土，纳米复合材料用的蒙脱石，新型导电材料用的石墨层间化合物。以下就几个主要加工环节进行简单评述。

1. 选矿提纯

由于非金属矿物成矿的特点及应用的特点，工业上大多数非金属矿物，如石灰石、方解石、大理石、白云石、石膏、重晶石、滑石、叶蜡石、绿泥石、膨润土、伊利石、硅灰石、煤系硬质高岭岩、玻璃原料石英岩等只进行简单的拣选和分类进行粉碎、分级、改性活化和深加工。目前工业上进行选矿提纯的非金属矿主要有石棉、石墨、软质高岭土、硅藻土、高纯石英、云母、石榴子石、蓝晶石、硅线石、蛭石、菱镁矿、长石、金红石、锆英砂以及萤石、磷灰石、钾盐等。

石棉主要采用风选和筛分分级；石墨天然可浮性好，主要采用浮选，对要求固定碳含量达到95%以上的高纯石墨采用化学选矿（强酸、碱处理和高温煅烧）；软质高岭土主要采用重选（水力旋流器和离心分级）除砂，强磁或高梯度磁选机及化学漂白（还原和氧化漂白）除铁增白；硅藻土主要采用擦洗分散、分级除晶质二氧化硅、选择性沉降分离黏土；高纯石英主要采用酸浸和纯水洗涤；云母则主要进行人工或机械拣选、摩擦选矿以及风选和重选除砂；石榴子石主要采用摇床分选；硅线石和蓝晶石则在去除矿泥的基础上主要采用浮选；长石主要采用磁选，与石英分离时，主要采用浮选;蛭石主要利用其膨胀后与脉石矿物的密度差采用简单的风选和水选；菱镁矿主要采用热选，即控温煅烧后进行分选；金红石和锆英砂主要采用电选、磁选和重选综合力场选矿工艺；萤石主要采用浮选；磷矿的选矿工艺比较复杂，依原矿性质不同有浮选、重选、焙烧等方法。

2. 粉碎分级

目前，非金属矿物粉体的粉碎加工根据产品的粒度大小大体分为破碎(产物粒度35～1mm、磨矿或磨粉（产物粒度1 000～10mm）及超细粉碎或超细磨（产物粒度10～0.1mm）3个层次。每一层次还可以细分为几个不同的作业段，如破碎可以分为粗破碎、细破碎；磨矿可以分为粗磨（20～200目）和细磨（3 325目）。各个不同粉碎和分级层次所应用的主要设备列于表1-1。

表1-1　非金属矿物粉体加工中应用的粉碎和分级设备

作业段	粉碎设备	筛分与分级设备
破碎	颚式破碎机、锤式破碎机、反击式破碎机、圆锥破碎机、辊式破碎机等	固定（格条）筛、各种振动筛、平面摇动筛等
磨矿或磨粉	球磨机、棒磨机、砾磨机、自磨机、雷蒙磨（悬辊式磨粉机）、辊磨机、旋磨机、柱磨机、涡流磨、振动磨、塔磨机、离心磨、机械冲击磨、压辊磨等	直线振动筛、双轴振动筛、高频振动筛、概率筛、旋流细筛、水力旋流器、螺旋分级机、水力分级机、旋风（惯性）分级机、叶轮或涡轮式分级机、悬吊筛等
超细粉碎或超细磨	气流磨、搅拌磨、研磨剥片机、砂磨机、振动磨、球磨机、高速机械冲击磨、胶体磨、高压均浆机、行星球磨机等	涡轮式空气离心分级机、卧式螺旋卸料离心机、碟片式离心机、小直径水力旋流器（组）

近十年来，我国非金属矿物粉体的加工设备发展较快，超细粉碎和精细分级设备的制造厂商已超过70家，能生产气流磨、机械冲击式磨机、搅拌球磨机、振动球磨机、旋转

筒式球磨机、连续式行星球磨机、塔式磨、旋磨机、分级自磨机、高压射流粉碎机等各种超细粉碎和各种干式和湿式精细分级设备。

3. 表面改性

在塑料、橡胶、胶黏剂等高分子材料或高聚物基复合材料中应用的非金属矿物填料，油漆涂料、涂层材料等中应用的非金属矿物填料和颜料，以及吸附催化非金属矿物材料还要进行表面处理或表面改性，以提高其应用性能。目前工业上采用的表面改性的方法主要是表面化学包覆、沉淀反应包膜、插层改性等；采用的表面改性剂包括有机物和无机物两大类；改性工艺包括干法和湿法；改性设备主要有连续式的粉体表面改性机、间歇式的加热搅拌机、涡流磨、搅拌反应罐和反应釜等。表 1-2 所示为目前非金属矿物粉体表面改性常用的表面改性剂及改性设备。

目前，我国各类表面改性设备生产厂商已达 10 多家，可以生产专门的粉体表面改性处理设备，如 SLG 型连续粉体表面改性机及其配套技术；PSC 连续粉体表面改性机等。

表 1-2　　非金属矿物粉体表面改性常用的表面改性剂及改性设备

方法	工艺	表面改性剂	表面改性设备	应用的非金属矿物
表面化学包覆	干法	硅烷、钛酸酯、铝酸酯、锆铝酸盐等偶联剂；表面活性剂；有机硅；不饱和有机酸及有机低聚物；等等	SLG 型连续粉体表面改性机、高速加热搅拌机、卧式浆叶混合机、涡流磨、流化床等	GCC 和 PCC、滑石、高岭土、云母、硅灰石、氢氧化铝、氢氧化镁石英粉、长石粉等
	湿法	硅烷、锆铝酸盐、经过处理的部分钛酸酯和铝酸酯偶联剂；水溶性表面活性剂及高分子、乳化硅油等	加热搅拌反应罐或搅拌筒、反应釜等	PCC 和 GCC、高岭土、云母、二氧化硅、氢氧化镁、氢氧化铝、二氧化钛、电气石等
沉淀反应包膜	湿法	钛盐、铝盐、硅酸钠、铁盐、铬盐、钴盐、锌盐、锆盐等	加热搅拌反应罐、反应釜、洗涤脱水及干燥机、焙烧窑炉等	云母、二氧化钛、石墨、高岭土、电气石、氢氧化镁等
插层改性	/	季铵盐、高聚物单体、碱或碱土金属、无机酸及其盐、稀土氧化物等	反应器、洗涤脱水及干燥机等	膨润土及其他粘土矿物、石墨、蛭石等

4. 其他

非金属矿物粉体的加工还包括脱水（过滤和干燥）、煅烧、造粒及包装。

目前工业上应用的过滤设备主要有压滤机、离心机、真空过滤机等；干燥设备主要有喷雾干燥机、圆筒干燥机、闪蒸干燥机、多功能干燥机、流化床干燥机、隧道式干燥机等。针对超细粉体干燥过程粉料团聚问题的集干燥与解聚于一体的干燥技术与设备，如多功能强力干燥机、闪蒸干燥机等也已在超细重质碳酸钙、超细高岭土、超细水镁石等的加工中成功地得到应用；压滤脱水设备和卧式螺旋离心脱水设备已广泛用于超细高岭土、膨润土、凹凸棒土等强黏土矿物的加工；国产喷雾、挤压等造粒设备及颗粒整形设备也已在工业上应用。此外，近几年针对非金属矿物超细粉体的包装设备有了较快发展，我国已能制造自动计量和气固分离、连续包装的真空包装机和其他自动化连续包装设备。

此外，用于煤系高岭土煅烧的隔焰式回转窑，也已开发成功并在新建厂中得到应用；现在，我国除了可以制造燃油和燃气隔焰式回转窑外，还能制造具有自主知识产权的电加热回转窑，基本上解决了煤系煅烧高岭土关键设备的国产化问题。

但是，我国当前非金属矿物加工技术还存在一些不足，主要问题是生产线规模较小（大型设备较少）、自动控制和调节水平低、产品质量不稳定、单位产品能耗和磨耗高以及环境污染等；装备制造商虽然很多，但大多规模较小，工艺配套技术较差，还没有出现能够参与国际竞争的集设备制造、工艺设计、工程建设于一身的大型企业。此外，有些方面，如石灰，现代化的煅烧窑炉所占比例很少，大多数是能耗高、质量不稳定（欠烧或过烧）的土窑，由于我国石灰的产量已达年产上亿吨，对能源的浪费和环境的污染是很大的，但很少有人关注和积极地去解决。

另外，产品标准不能满足相关行业，特别是高新技术行业发展的需要，这是我国目前一方面大量低价出口某种非金属矿产品，同时又高价进口同类非金属矿加工产品的主要原因之一。

三、非金属矿加工技术的发展趋势

非金属矿物粉体在现代高技术新材料中的广泛应用是以其特有的功能为前提的。因此，深加工是开发利用非金属矿的必由之路，而功能化则是非金属矿物材料发展的主题；高效综合利用及清洁生产是非金属化工技术的主要发展趋势。

1. 精选提纯

对于非金属矿物来说，纯度在很多情况下指其矿物组成，而非化学组成；正是矿物组成决定矿物的结构。有许多非金属矿物的化学成分基本相近，但矿物组成和结构相去甚远，因此其功能或应用性能也就相差甚远，例如石英和硅藻土，化学成分虽都是二氧化硅，但前者为晶质结构（硅氧四面体），而后者为结构复杂的非晶质多孔结构，因此，它们的应用性能或功能很不相同。矿物组成、化学成分和结构对非金属矿物材料功能的影响还与矿物的纯度有关。在很多情况下，为了充分发挥非金属矿物材料的功能，必须对矿物原料进行选矿提纯，特别是当矿物原料中杂质较多，且这种杂质对于非金属矿物材料某一主要功能有不利影响时。因此，选矿提纯技术对非金属矿物粉体功能的发挥是十分必要的。21 世纪无论是新兴的高技术和新材料产业、环保产业还是传统产业都将对非金属矿物粉体材料的纯度提出更高的要求。而随着非金属矿物粉体材料纯度要求的提高，精选提纯技术的难度也将增加；另外，资源的贫化、资源综合利用率要求的提高以及环保要求的日益提高也将增加精选提纯技术的难度。因此，微细粒选矿提纯和精选技术、综合利用技术或无尾矿加工技术将成为未来非金属矿提纯技术的主要发展趋势，涉及的非金属矿物将包括石墨、石英、高岭土、云母、滑石、硅藻土、锆英砂、硅灰石、重晶石、金红石、膨润土、萤石、硅线石、红柱石、蓝晶石、电气石等。

2. 粉碎分级

矿物原料的粒度大小和粒度分布及颗粒形状对非金属矿物材料的性能或功能的发挥有很大影响，许多非金属矿物粉体的功能，如在高聚物基复合材料中的增强或补强性、陶瓷材料的强度和韧性、作为造纸和涂料颜料的遮盖率、着色力以及粉体的电性、磁性、光性、吸波与屏蔽、催化、吸附、流变、抗菌、脱色、黏结等都与其粒度大小、粒度分布及颗粒形状有关。多数非金属矿物功能性的发挥有赖于粒度大小、分布及粒形。由于超细粉体具有比表面积大、表面活性高、化学反应速度快、烧结温度低且烧结体强度高、填充补强性能好、遮盖率高等优良的物理化学性能。因此，许多应用领域要求非金属矿物原（材）料的粒度微细（微米或亚微米）；部分领域不仅要求粒度超细而且要求粒度分布范围窄。如高档纸张涂料要求重质碳酸钙的细度为−2mm390%，粒度分布要求最大粒度£5mm，−0.2mm£10%～15%；再如，降解塑料要求重质碳酸钙的细度为−6～7mm397%，要求最大粒度£8mm；功能纤维填料要求无机非金属填料的细度为97%£2mm，最大粒度£3mm；高聚物基复合材料用氢氧化镁和氢氧化铝阻燃填料要求中位径d50£1mm，97%£5mm。粒形方面，用于制备珠光云母的云母粉的径厚比要求达到80以上，用作工程塑料（如汽车配件）的硅灰石填料，粒径要小于5mm，长径比要大于10。21世纪市场对各类非金属矿超细、窄分布粉体的需求量将不断增加。因此，超细粉碎、精细分级和粒度控制技术以及特殊粒形（如片状、针状、球状等）粉体的加工技术将是非金属矿物加工技术的重点发展方向之一。

3. 表面改性

非金属矿物粉体的许多功能取决于表面或界面性质。如吸附、催化、电性、光性、流变、分散及与材料中其他组分的相容性等。矿物的表面性质既与矿物的组成、化学成分和结构有关，也与加工技术有关。

许多应用领域都对非金属矿物粉体的表面或界面性质有特殊要求，如高聚物基复合材料（塑料、橡胶、胶黏剂等）、多相复合陶瓷材料、油漆涂料、生物医学材料、化纤等要求非金属矿物粉体表面或界面与有机或无机基料（高聚物、陶瓷胚料、油性漆、水性漆、化学纤维等）及生物基体有良好的相容性；石化工业用的沸石和高岭土催化剂或载体要有特定的孔径分布和较高的比表面积，4A分子筛要有一定的钙离子吸附能力，炼油脱色用的活性白土（膨润土）以及啤酒过滤用的硅藻土要有较强的表面吸附能力；用于水处理的硅藻精土对有机、无机污染物及重金属离子等有选择性吸附的能力。虽然粉体表面改性技术的发展较晚，但由于可提高或改善非金属矿物粉体与填充或复合基料的相容性、对提高现代高聚物/无机复合材料、多相复合陶瓷材料、高档或特种油漆涂料、功能性纤维、吸附与催化材料等的发展有重要意义。因此，粉体表面和界面改性技术将成为非金属矿物粉体加工技术最主要的发展方向之一。

4. 非金属矿物材料

功能化是未来非金属矿物材料的主要发展趋势。为了满足相关应用领域对功能化非金属矿物材料的要求，非金属矿物材料加工技术将重点发展与航空航天、海洋开发、生物医学、电子、信息、节能、环保、生态建设、新型建材、新能源、特种涂料、快速交通工具等相关的功能性非金属矿物材料的加工技术和设备。如石墨密封材料、石墨润滑材料、石墨导电材料、石棉和石墨摩擦材料、石墨插层化合物、高纯超细石墨粉、云母珠光颜料、高温润滑涂料、辐射屏蔽材料、触媒和催化材料、高性能吸附材料、增强填料、抗菌填料、阻燃填料等。其中与高新技术产业相关的高纯超细石墨粉（£2mm）、石墨密封和润滑材料、石墨导电涂料、石墨插层化合物、黏土层间化合物、云母珠光颜料、辐射屏蔽材料、触媒和催化材料等；与环境保护相关的硅藻土、膨润土、海泡石、凹凸棒石、沸石分子筛等具有高比表面积和选择性吸附活性的新型非金属矿物环保材料；以非金属矿为基料的道路标志、防酸雨、抗氧化、防火、耐候、防污、保温隔热等特种涂料;与新型建材相关的轻质、保温、防火、阻燃、节能建材和异形装饰石材;具有耐高温、耐冻、耐磨等功能的路面沥青改性填料；与快速交通工具相关的石棉和石墨等高性能摩擦材料等具有广阔的发展前景。

5. 非金属矿物化工

非金属矿物化工是综合和高效利用非金属矿物资源的重要途径之一，特别是对于重晶石、天青石、明矾等硫酸盐矿物，菱镁矿、石灰石、白云石等碳酸盐矿物，金红石、钛铁矿等含钛矿物，高铝黏土矿物，含锆、钾、磷、硫、硼等元素的非金属矿物，具有良好的发展前景。

非金属矿物化工技术的发展趋势之一是提高资源的利用率及原料中有用元素或化合物的提取率或回收率，如综合利用各种尾矿资源；通过采用新技术和新设备，更新改造传统工艺。

非金属矿物化工技术的发展趋势之二是拓展用非金属矿物制备的化工产品的品种，特别是通过采用新工艺和新技术生产纳米级产品，如纳米二氧化硅、纳米碳酸钙、纳米氧化铝、纳米氧化钛、纳米氧化镁、纳米氧化锆、纳米碳酸镁、纳米氢氧化镁、纳米氢氧化铝、纳米氧化钡、纳米碳酸钡、纳米碳酸锶、纳米碳化硼等以及不同晶形和一定孔径分布的多孔产品，如晶须、针状、片状、柱状、立方体状、球状等晶形的粉体产品和各种分子筛。

另外，保护环境、减少污染以及降低能耗和生产成本也是非金属矿物化工发展的趋势之一。

第四课　岩石的分类及其用途

虽然岩石的面貌千变万化，但是从它们形成的环境，也就是从成因上来划分，可以把岩石分为 3 大类：沉积岩、岩浆岩和变质岩。

沉积岩

沉积岩是在地表或近地表不太深的地方形成的一种岩石类型。它是由风化产物、火山物质、有机物质等碎屑物质在常温常压下经过搬运、沉积和石化作用，最后形成的岩石。

岩浆岩

岩浆岩也叫火成岩，是在地壳深处或在上地幔中形成的岩浆，在侵入到地壳上部或者喷出到地表冷却固结并经过结晶作用而形成的岩石。因为它生成的条件与沉积岩差别很大，因此，它的特点也与沉积岩明显不同。在野外观察，沉积岩常具有层状构造，这是沉积岩所独有的特征。

变质岩

在地壳形成和发展过程中，早先形成的岩石，包括沉积岩、岩浆岩，由于后来地质环境和物理化学条件的变化，在固态情况下发生了矿物组成调整、结构构造改变甚至化学成分的变化，而形成一种新的岩石，这种岩石被称为变质岩。变质岩是大陆地壳中最主要的岩石类型之一。既然我们知道了岩石大致分为 3 类，每类中又有各种岩石及矿物，诸如花岗岩、砾岩、泥岩、大理岩等，那么，在人类生产与生活中，岩石与我们有什么关系，又有什么用途呢？

用于工程建材方面

大理岩。大理岩的岩面质感细致，常用来作为壁面或地板。由于大理岩是由石灰岩变质而成，主要成分为碳酸钙，因此也是制造水泥的原料。大理岩材质软而细致，是很好的雕塑石材，许多有名的雕像都是由大理岩制作成的，如著名的维纳斯像。其他如墙面或摆饰，也常是由大理石加工琢磨而成，如花瓶、烟灰缸、桌子等家用品。

花岗岩。花岗岩在金门能看得到，因此金门的老房子几乎都是用花岗岩做成的。台湾的寺庙所用的花岗岩来自福建，多用于寺庙里的龙柱、地砖、石狮。

板岩。因其容易裂成薄板状，且在山区极易取得，故当地居民至今仍使用板岩作为建材，筑成石板屋或围墙。

砾岩。有些砾岩含有鹅卵石及砂，而且胶结不良，容易将它们分散开来，例如，台湾西部第四纪的头嵙山层中就是这种砾岩，其中卵石和砂都是建材。

石灰岩。台湾最常见的石灰岩是由珊瑚形成的，通称为珊瑚礁石灰岩。在澎湖，珊瑚礁石俗称“石”，居民用以作为围墙建材，以遮蔽强烈的东北季风，保护农作物。

泥岩。由于其主要成分是黏土，自古就被作为砖瓦、陶器的原料。

安山岩。由于材质坚硬，亦常用作庙宇的龙柱、墙壁的石雕、墓碑、地砖等。

从矿物中可提炼金属

金矿。含金的岩石经过风化和侵蚀作用，金会被分离出来而成自然金，因为金比泥沙重得多，容易沉积下来，经过淘洗，就成为黄金。

黄铜矿。黄铜矿是提炼铜最主要的矿物。

方铅矿。方铅矿呈现铅灰色，有立方体的解理，是最重要的含铅矿物。

赤铁矿。赤铁矿外观颜色呈现铁灰色或红褐色，是最重要的含铁矿物。

磁铁矿。磁铁矿属含铁矿物，具有磁性，吸附含铁物质。

珍贵的宝石

矿物若具有坚硬、稀有、耐久、透明且颜色美丽的特点，即常被用来作为装饰品，一般称为宝石，以下是常见的宝石简介。

钻石。即俗称的金刚石，有许多种颜色，如淡黄、褐、白、蓝、绿、红等，其中以无色透明的价值最高。

刚玉。刚玉也有许多不同的颜色，如红色的刚玉俗名红宝石，蓝色的刚玉叫作蓝宝石。

蛋白石。一般为无色或白色，有些具有特殊的晕彩。

水晶。纯石英单晶称为水晶，水晶内因含不同杂质而呈现不同颜色，如黄水晶、紫水晶等。石英的纤维状显微晶聚合体称为玉髓；石英的粒状显微晶聚合体称为燧石，这两种矿物是台东县重要的玉石。

作为颜料的矿物

有些矿物具有特别的颜色，可用来作成颜料，如蓝色的蓝铜矿，绿色的孔雀石，红色的辰砂。

其他用途

石英。石英是制造玻璃及半导体的主要原料，如苗栗县汶水溪的上福基砂岩中的石英砂即为制造玻璃的主要材料。

方解石。方解石存在于大理岩及石灰岩中，是制造水泥的主要原料。

白云母。白云母因不导电、不导热且具有高熔点的特性，因此经常被用作电热器中绝缘体的材料。

词语 **خام خەت**

1. 碎屑（名）suì xiè — پارچە - پۇرا
2. 地幔（名）dì màn — مانتسا(يەر پوستىدىن يەر يادروسىغىچە)
3. 琢磨（动）zhuó mó — پەردازلىماق، بىزىمەك، تارىماق

4. 珊瑚礁（名）shān hú jiāo　　مارجان خادا تاشلىرى
5. 赤铁（名）chì tiě　　قىزىل تۆمۈر
6. 晕彩（名）yūn cǎi　　گاز كەردىش
7. 辰砂（名）chén shā　　كىنۋار، گېل(بىرخىل مېنېرال ماددا)

作业与练习

一、词语解释

沉积岩　　岩浆岩　　变质岩　　大理岩

二、根据课文内容填空

1. 从岩石形成的环境，即从成因上来划分，可以把岩石分为 3 大类：________、岩浆岩和________。

2. 钻石即俗称的_________，有许多种颜色，如淡黄、褐、白、蓝、绿、红等，其中以_____________的价值最高。

3. 石英的纤维状显微晶聚合体称为_______；石英的____________________称为燧石，这两种矿物是台东县重要的玉石。

4. 白云母因_____________、______________且具有高熔点的特性，因此经常被用作______________________________。

三、根据课文内容回答问题

1. 简述岩石的分类。
2. 简述用于工程建材方面的岩石及其用途。
3. 哪些矿物能够提炼出金属，都是哪些金属？
4. 常见的宝石有哪些，各自的特点是什么？

科普阅读

世界名钻——库利南

1905 年 1 月 25 日，这是钻石发现史上具有历史意义的一天，正是在这一天，世界上最大的钻石——重达 3 106 克拉的“库利南”问世了。“库利南”不仅是世界上最大的钻石，也是最尊贵的钻石，堪称名钻中的名钻。经过切割后，“库利南”占据了象征权势和尊贵的英国权杖和女王王冠。

世界上最大的钻石坎坷问世

每年的英国议会开幕式，英国女王伊丽莎白二世都会头戴王冠，盛装出席，这顶世界上最华丽、历史瑰宝最多的王冠正前方是名钻库利南 2 号。更为有名的库利南 1 号镶嵌在英国权杖上，与其他皇冠珠宝同存于英国伦敦塔的珍宝馆内，每年都会有无数游客走进伦敦塔，一睹世界巨钻的风采。这两颗钻石同出于 1905 年 1 月发现的“库利南”钻石，那枚巨钻曾轰动世界，它的产地普里米亚矿区也得以闻名于世。

号称“非洲之星”的“库利南”钻石，是一块晶体不太完整的金刚石块，颜色为无色透明、无任何瑕疵、质地极佳、重达 3 106 克拉。当时就用该矿总经理的名字“库利南”

来同，来命名。

1905 年 1 月，南非普列米尔金刚石矿山的监督员佛烈德维尔，在矿场散步时，在夕阳的反射中发现一件闪光物体，对这件晶莹有光的东西，他以为是掉在泥里的玻璃瓶，用手杖把它挑起、刮去泥土，他几乎不相信自己的眼睛，竟是一块大如拳头的金刚石。由于他获得奇宝，得到了一万美元的赏金。

英国政府用 75 万美元买下了这块世界上最大的金刚石，运往英国，并于 1907 年献给英王爱德华七世，作为英王 66 岁的寿礼。后来这块巨大的金刚石被送往荷兰首都进行切磨，这块“非洲之星”经过多位专家几个月的研究分析评估，定为世上无价之宝，举世无双。最后众多专家一致决定把该金刚石分割成 3 颗大钻。专家们慎重地研究了它的分裂方向，并在分裂方向上先开一个 1/4 英寸的缺口，在 1908 年 2 月 10 日下午，由英王亲自选定的一位荷兰著名钻石分割专家约瑟菲赤兄弟二人分割。在分割现场有一顾问小组陪同，随时研究变化情况，并请一位医生和两个护士现场保驾。假如他们的估计有丝毫偏差或用力不当或下锤角度错误，这块金刚石就可能会分裂成上万粒碎石，那时分割专家的前途名望将就此终结。此时房内空气十分紧张，分割专家将钢刀锋刃直插预先划定的缺口处，举起木槌猛力向刀背一击，刀锋断了，巨钻丝毫未裂，此时分割专家已是大汗淋漓了，但还算镇静。再举木槌，此时紧张得连呼吸也感到困难了，分割专家大力一锤打在了新换上的刀背上，钻石按所愿完整地分割成 3 块。此时分割专家立即昏倒在地，以后又在医院里休养了很长时间，才恢复了常态。“非洲之星”的真实故事还远未说完。又过了 14 年之久的 1919 年，还是在同一座矿山，离找到“非洲之星”金刚石不远处，又找到了一颗重 1 500 克拉的不完整金刚石块，按重量应居世界第二，是一定要单独命名的，但人们对此块金刚石的特征进行研究，根据它的晶体特征、裂开形状等特点，认定它和 1905 年发现的“非洲之星”同属一块晶体，只是裂开后先后发现而已，因而未再给它命名。也就是说，要是“非洲之星”的“库利南”没有裂开的话，其总重量应在 4 606 克拉以上。

第五课　井巷矿压

矿压概念及类型

井巷矿压是指由于在地下岩体中进行采掘活动而引起的，作用在巷道、硐室等周围岩体中或支撑物上的压力，简称巷道矿压。按矿压的表现形式，可以将矿压分为4类：松动压力、变形压力、膨胀压力和冲击地压。

围岩的应力及其分布

一、原岩应力

井巷矿压是由井巷掘进后岩体中应力的重新分布引起的，研究掘进后巷道周围的应力，首先必须研究巷道所在的岩体区域内的原岩应力。天然存在于原岩内而与任何人为因素无关的应力称为原岩应力。原岩应力按产生的原因分为自重应力和构造应力。由于岩体自身重力作用而产生的应力，称为自重应力；由于地质构造运动而引起的应力，称为构造应力。

二、围岩的应力分布

原岩应力是自重应力和构造应力的叠加，开巷之前，原岩应力处于相对平衡状态，它们是沿垂直方向和水平方向传递的。开巷后，巷道周围应力开始重新分布。巷道开掘后的围岩应力分布可概括为3个区域。

1．应力降低区

在松软围岩中，岩体的强度低，不能承受开掘后急剧增大的巷道周边应力而产生塑性变形，沿巷道周边围岩应力松弛而形成一个应力降低了的区域，高应力向围岩深部转移。扰动的岩体向巷道内变形，若变形超过了一定的数值就会出现围岩失稳和坍塌。

2．应力升高区

围岩应力降低区外存在着应力升高区，但其强度尚未被破坏，相当于一个承载环。巷道上方形成承载拱，承受上覆岩层的重量，并将荷载向两侧岩层传递，即围岩的成拱作用。

3．初始应力区

距离巷道较远的岩体所受开掘的影响较小，仍处于初始的应力状态。

围岩的变形与破坏

一、围岩的弹性与塑性变形

巷道开掘后，岩体中形成了一个自由变形的空间，破坏了原岩的应力平衡状态，应力重新分布，以形成新的应力平衡状态。重新分布的围岩应力在未达到或超过围岩的强度时，围岩以弹性变形为主。当围岩应力超过围岩强度极限时，围岩则会出现塑性变形区域，甚至会发生破坏，此时围岩变形将以塑性变形为主。围岩的塑性变形延续时间长、变形量大，是巷道变形的主要组成部分。

二、围岩的流变变形

岩体在其形成与存在的过程中，长期经受着复杂的建造和改造两大地质作用，生成了各种不同类型和规模的结构面，如节理、裂隙等。节理、裂隙间的岩块相互错位、滑动，这种变形称为结构面变形。

三、围岩的破坏

变形与破坏是围岩变形发展的两个阶段。如果围岩变形超过了围岩本身所能承受的能力，则围岩就要发生破坏，并从母岩中脱落造成坍塌、滑动。

一般情况下，巷道围岩的变形与破坏，按其发生的部位，可概括地划分为顶板悬垂与冒落、侧壁鼓胀与滑落和底板鼓胀与隆破等破坏类型。

围岩的压力及其影响因素

一、围岩压力的确定

在地下开掘井巷后，由于应力的重新分布，会引起围岩的变形甚至破坏。为了防止围岩的过量变形和破坏，保护巷道正常使用和人员的安全，常对巷道进行必要的支护以约束围岩的变形和破坏的继续扩展，因而，支护物必然要受到岩石的压力。由于巷道围岩的变形和破坏而作用在支护物上的压力称为围岩压力，围岩压力是围岩与支护物间的相互作用力，它与围岩应力不是同一概念。围岩应力是岩体中的内力，而围岩压力则是针对支护物来说的，是作用于支护物的外力。巷道围岩压力的大小，与围岩性质、支护方式等因素有关。

二、影响围岩压力的因素

影响围岩压力的因素可以分为两大类：自然因素和开掘技术因素。

（1） 自然因素：深度的影响；岩体性质的影响；地质构造的影响。

（2） 开掘技术因素：巷道尺寸和形状的影响；时间的影响；施工技术的影响；支架刚度的影响；其他采掘工程的影响。

词语	خام سۆز
1. 围岩（名）wéi yán	تاش(ئەتراپتىكى تاشلار)
2. 应力（名）yìng lì	كۆچلىنىش
3. 失稳（动）shīwěn	تۇراقلىقنى يوقىتىپ قويۇش
4. 坍塌（动）tān tā	ئۆزۈلۈپ چۈشمەك، غۇلاپ چۈشمەك
5. 承载环（名）chéng zài huán	يۆگنگۈچى ھالقا (كۆتۈرۈپ تۇرۇش)
6. 承载拱（名）chéng zài gǒng	يۆگنگۈچى ئەگمە (كۆتۈرۈش ئەگمىسى)
7. 荷载（名）hè zǎi	يۈك
8. 节理（名）jié lǐ	دەز، چاك ئاجرىلىپ چۈشمەك
9. 顶板（名）dǐng bǎn	تورۇس (ئۈستىدىكى تاش قاتمىسى)
10. 冒落（动）mào luò	گۆمۈرۈلۈپ چۈشۈپ كېتىش
11. 隆破（动）lóng pò	پۈتۈنلەي بۇزۇلۇپ كېتىش،(بۇزۇلۇپ پومپىيىپ چىقىش)

作业与练习

一、词语解释

自重应力　　　　构造应力　　　　巷道矿压

二、根据课文内容填空

1．按矿压的表现形式，可以将矿压分为 4 类：松动压力、____________、膨胀压力和冲击地压。

2．开巷之前，原岩应力处于__________________________，它们是沿垂直方向和___________________传递的。

3. 巷道开掘后的围岩应力分布可概括为 3 个区域：_______________、_______________、_________________。

4．重新分布的围岩应力在未达到或超过围岩的强度时，围岩以_____________为主。

5．当围岩应力超过围岩强度极限时，围岩则会出现塑性变形区域，甚至会发生破坏，此时围岩变形将以________________为主。

三、根据课文内容回答问题

1．简述围岩的破坏类型。

2．影响围岩压力的因素有哪些?

科普阅读

不可再生能源

不可再生能源泛指人类开发利用后，在现阶段不可能再生的能源资源。如煤和石油都是古生物的遗体被掩压在地下深层中，经过漫长的演化而形成的（也称为“化石燃料”），一旦被燃烧耗用后，不可能在数百年乃至数万年内再生，因而属于“不可再生能源”。除此之外，不可再生能源还有煤、石油、天然气、核能、油页岩。

不可再生能源价格飙升 人们越来越依赖核能

石油、天然气、煤炭等不可再生能源价格急速上升，核能逐渐成了一种不可替代的能源，尤其是在亚洲国家。

英国一些核能公司的经理们正在为他们越来越高的受欢迎程度不知所措。在过去，他们的公司是众矢之的。

是石油、天然气等传统能源价格的飞涨给了他们受青睐的机会。2004 年 10 月底，纽约期货交易所的原油期货价格最高时达到每桶 55 美元，虽然后来价格回落，但是由于石油、天然气、煤炭等是不可再生能源，价格飙升带来对于常规能源的严重短缺的恐慌。

在中国曾连续两年发生“电荒”，中国原子能科学研究院的专家建议，应该改变国家能源发展策略，将“适度发展核电”的方针，调整为“积极发展核电”和“加快发展核电”。

西方的转变

核电站从一开始就受到批评，人道主义者批评其不够安全，环保主义者批评核废料容易造成严重污染，私人投资者批评其需要的投资太大。

英国的环保主义者根据1999年英国核燃料股份有限公司（BNFL）的虚报安全纪录事件，认定这个行业不值得信任。2003年英国将加快发展利用可再生能源写进了能源白皮书中，但是这种可再生能源主要指的是风能，而不是核能。

即使这样，核能在英国受到的礼遇，比过去它在欧洲大陆的大多数国家里受到的礼遇还是要好得多。欧盟中的8个国家共有143座核电站，占欧盟发电总量的35%。近年来欧盟的核能比例正逐渐下降，目前拥有核电站的国家中，除了法国、英国和芬兰之外，德国、西班牙、瑞典、荷兰和比利时等国已明确表示今后将不再更新核电站，使核电逐渐退出经济生活。

对于使用和开发核能的批评，在1986年乌克兰切尔诺贝利核电站发生的核泄漏造成重大损失之后达到顶峰。从此之后核电站的建设在欧洲陷入停滞，德国的绿党曾呼吁要让核电站永远从地球上消失。

环保主义者对于安全性的质疑是反对核能的主要原因。事实上，对环境造成污染的罪魁祸首是常规能源，常规能源的燃烧产生了导致地球变暖的温室气体，产生了导致酸雨的二氧化硫。

进入21世纪，特别是2003年以来，一些以往坚决反对核能建设的环保主义者转而成为核能建设的支持者。2003年5月，英国德高望重的环保主义者詹姆斯·拉弗劳克公开表示，支持英国发展核能以遏制全球气候变暖。2004年夏天，英国首相布莱尔告诉议会的议员们："如果你们对气候变暖真的比较关心的话，就不能把核能排除在议事日程之外。"英国1/4的电量都来自核电站，如果不对现有核电站进行升级的话，15年内这些核电站就会寿终正寝；如果不修建新的核电站的话，电量缺口将无法弥补，一方面由于《京都议定书》对温室气体减排的限制，无法大力发展常规电站，另一方面，"谁愿意推开窗子向大海望去的时候看到的全是风力涡轮机？"英国《独立报》记者提姆·韦伯写道。即使那些对待核能持坚定的排斥态度的欧盟国家，其政策也正在逐渐软化。原欧盟能源委员罗约拉·德帕拉西娅女士认为，欧盟各成员国应该保护并发展核能。她认为，核能还有发展的潜力，一是考虑到核能不会排放温室效应气体，这将有助于欧洲实现《京都议定书》提出的降低温室气体排放的目标；二是核能的发展将从战略上提高欧盟能源供应的独立性，如果欧盟从现在开始抛弃核能，未来二三十年内，其能源消费进口的比例将提高到70%，而不是现在的50%。

美国是核能第一大国，现有103座运转中的核电站。布什总统在2001年上任之初就言明要增加核能发电能力，2003年6月，美国国会通过议案要增加核能研究经费，同时提供政府贷款以解决兴建6座到7座核电站所需一半的资金。

2004年12月23日，美国能源部长斯宾塞·亚伯拉罕亲自向美国的大学研究机构颁发了35笔奖金，总额达2 100万美元，用来资助他们加强对核能的研究。在早些时候，美国能源部修改了核能研究计划，以方便让大学的研究机构能够直接参与进来，开发核能利用新技术。

美国同时也是最大的温室气体排放国，因不批准《京都议定书》而广遭批评，兴建新核电站是美国减少温室气体排放的重要策略，另外还可以减轻美国对进口常规能源的依存度。

日本

日本是亚洲最早利用核能发电的国家，早在1966年就开始建设核电站，现有的55座反应堆满足了日本25%的能源需求。现在早期的一批核电站已经进入了淘汰期。据《远东经济评论》报道，日本仍有3座核电站正在建设中，12座在规划中。

日本的核电站近年来发生了一些安全事故，比如说1999年的核泄漏造成了两名工人死亡，多名工人受到核辐射；2002年，东京电力公司因为安全隐患一度关停了17座核反应堆。2011年3月更是发生了最为严重的福岛核事故，引起日本不少民众的恐慌。尽管各方反对声音不断，日本发展核能的决心是不可动摇的，因为日本所需要的石油、煤炭等能源几乎全部依赖进口，发展核能有利于保证日本的能源安全。

中国

我国的核电起步晚，在电力消费中，核电只占1.4%，而国际平均水平为16%。截止到目前，我国只有浙江秦山、广东大亚湾和江苏田湾3个核电基地，共有9台核电机组投入运行。

由于建设核电站需要的投资额巨大、技术含量高，我国一直把发展核电站作为一种尝试，国家对核电建设的指导政策是“适度发展”。不过现在看来这一政策有些过时了。

我国长年依赖火力发电，因此煤炭运输问题、燃煤污染问题都很严重。我国也希望大力发展水力发电，但因河流分布不均和地形问题，这一希望难以实现。加强核能的发展作为具有现实意义的选择而广受注目。

中国原子能科学研究院的专家建议，应该改变国家能源发展策略，将“适度发展核电”的方针，调整为“积极发展核电”和“加快发展核电”。

中国核工业集团一位负责人指出，中国政府已正式开始致力于核能发展计划。他介绍说，国家发改委和国防科工委正在制订核能发展的长期计划，争取到2020年使核能发电所占的比例从现在的1.5%上升到4%左右。预计平均每座核电站的建设费用为15亿～20亿美元，实施整个计划将需要投入400亿美元资金。

中国国家原子能机构某负责人表示，这相当于今后15年内每年修建两三座100万千瓦级的核电站。这些核电站将建在经济发达的东南部和沿海地区，例如，广东、江苏和浙江省，现存的核电站也分布在这些地区。核电已占广东和浙江电力供应的13%以上，核能将成为沿海地区多种方式电力供应中的一个重要支柱。

第六课　钻眼机具和爆破器材

目前，井巷掘进破岩常用的破岩方法有机械破岩和钻眼爆破破岩；使用最普遍的仍是钻眼爆破破岩。钻眼机械按使用的动力不同可分为风动凿岩机、电动凿岩机、内燃和液压凿岩机。按爆破机理不同可分为冲击式、旋转式和旋转冲击式 3 类。我国煤矿掘进井巷作业中，在岩石上打眼主要采用冲击式风动凿岩机（风钻），在煤层上钻眼主要采用旋转式煤电钻。

冲击式凿岩机具

冲击式凿岩机是利用压气推动机体内的活塞前后移动打击钎子完成钻眼工作，即以压缩空气作动力，按其应用条件及夹持方法，可分为手持式、气腿式、伸缩式和导轨式等；按冲击频率可分为低频、中频和高频，冲击频率在 2 000 次/min 以下的为低频，2 000~2 500 次/min 的为中频，2 500 次/min 以上的为高频。国产风钻一般为中低频，少数为高频。

手持式凿岩机在立井向下掘进时采用；其他巷道掘进时，因工人操作时体力消耗大，目前已很少使用。

气腿式凿岩机机身重量和推力由气腿支撑和完成，减少了工人操作时的体力消耗，故在煤矿、铁路、公路或其他隧道掘进中被广泛采用。与气腿轴线平行或与气腿整体连接在同一轴线上的凿岩机称为伸缩式凿岩机。由于伸缩式凿岩机向上凿岩，用于反井、煤仓和打锚杆，又称为向上式凿岩机。

导轨式凿岩机属于大功率凿岩机，配备有导轨架和自动推进装置。由于重量大，冲击力大，在巷道或隧道内钻眼时，导轨架、自动推进装置和凿岩机安设在支撑作用的钻架上，与凿岩台机、钻装机配合使用。

旋转式钻眼机具

旋转式钻眼法的破岩原理是，钎刃在轴向压力的作用下侵入岩石，同时钎刃在回转力矩的作用下不停地旋转，将岩石一层层沿螺旋线切削下来，破碎的岩屑被排至孔外。压入—回转切削—排粉，这样的过程连续不断地进行，逐步形成钻孔。在软岩层或煤层中钻孔一般采用旋转钻孔法。煤电钻常用于煤矿中煤体或软岩中打眼；在较硬的岩体中打眼的电钻称岩石电钻。

一、煤电钻

煤电钻由电动机、减速器、散热风扇、开关手柄和外壳等组成。采用三相交流全封闭感应电动机，电压为 127V。煤电钻工作时的轴推力，靠人力推顶产生。为了安全，在手柄和后盖上均包有绝缘橡胶层。

二、煤电钻的安全操作

煤电钻打眼时，应注意以下几个要点。①平稳。要把电钻端平抱稳，全身用力并保持平衡。电钻要正对打眼方向，钻杆沿着直线前进，不要让电钻上下左右摆动。②匀、准。打眼时用力要均匀，不得猛推、硬顶。打眼方向要准，要按钻进方向进钻。③勤问、勤看、勤听、勤动手。④思想集中，注意安全。

三、岩石电钻

岩石电钻的扭矩和电机功率比煤电钻大，可在中硬岩石上钻眼。在凿眼时要求施加较大的轴推力，与煤电钻相比，增加了轴向推进装置。与冲击式凿岩机相比，优点是直接利用电能，能量利用率高，设备简单，钻速高，噪声小。

矿用炸药

矿用炸药应满足以下要求。原料来源广、加工易、成本低；有较大的爆炸威力和适当的敏感度；在制造、贮藏、运输、使用方面安全性高；爆炸生成的有毒、有害气体少；不会引爆瓦斯、煤尘。

矿用炸药可分为 3 类：第一类为煤矿许用炸药；第二类为岩石炸药；第三类为露天爆破工程中使用的炸药。

起爆器材

一、雷管

雷管是爆破工程的主要起爆器材，它的作用是产生起爆能来引爆各种炸药机导爆索、继爆管。雷管分为火雷管和电雷管两种。煤矿井下爆破均采用电雷管。

1．火雷管

火雷管具有结构简单，生产效率高，使用方便灵活，价格便宜，不受各种杂电、静电及感应电的干扰等优点。但由于导火索在传递火焰时，难以避免速燃、缓燃等致命弱点，在使用中爆破事故多，因此使用受到极大限制。在煤矿井下禁止使用火雷管。

2．电雷管

电雷管分为瞬发电雷管和延期电雷管。延期电雷管又分为秒延期电雷管和毫秒延期电雷管。

二、导爆索、继爆管和导爆管

1．导爆索

导爆索是以猛炸药为药芯，用纸条、防潮材料和纱线包裹成索状的起爆材料。它分为普通导爆索和安全导爆索两类。

2．继爆管

为了达到毫秒爆破的目的，可在导爆索网络中安置继爆管，继爆管是一种专门和导爆索配合使用的毫秒起爆材料。

3．导爆管

导爆管是根内壁涂有薄层炸药的塑料软管。其作用原理是，当起爆枪（或导爆索、雷管）对着管腔激发时，在管腔内产生冲击波，管壁的炸药受冲击波的作用发生反应，给冲击波补充能量，从而使冲击波稳定传播，速度达 2 000m/s。

词语　　　　　　　　خام سۆز

1. 钻眼（动）zuān yǎn　　　تۆشۈك تەشمەك
2. 凿岩（动）záo yán　　　تېشىش، تاش تېشىش،
3. 活塞（名）huó sāi　　　پورژىن
4. 液压（名）yè yā　　　سۇيۇقلۇق بېسىم
5. 钎刃（名）qiān rèn　　　چيەنزىنىڭ ئۇچى

作业与练习

一、词语解释

冲击式凿岩机　　伸缩式凿岩机　　煤电钻　　雷管

二、根据课文内容填空

1．井巷掘进破岩常用的破岩方法有_______________和_______________两种。

2．冲击式凿岩机按其应用条件及夹持方法，可分为__________、气腿式、伸缩式和__________等。

3．我国煤矿掘进井巷作业中，在岩石上打眼主要采用_____________________（风钻），在煤层上钻眼主要采用_________________________。

4．旋转式钻眼法的破岩原理是，_______在轴向压力的作用下侵入岩石，同时钎刃在_______的作用下不停地旋转，将岩石一层层沿_________切削下来，破碎的岩屑被排至_______。

5．煤电钻常用于煤矿中_______________________中打眼；在较硬的岩体中打眼的电钻称____________。

三、根据课文内容回答问题

1．煤电钻在安全操作方面应注意哪几点？

2．岩石电钻的优点是什么？

3．矿用炸药应满足哪些要求？分为几类？

4．简述旋转式钻眼机具的工作原理及种类。

5．简述起爆器材的种类。

科普阅读

工业炸药

工业炸药又称民用炸药，是以氧化剂和可燃剂为主体，按照氧平衡原理构成的爆炸性混合物，属于非理想炸药。工业炸药具有成本低廉、制造简单、应用可靠等特点，因而广泛应用于煤矿冶金、石油地质、交通水电、林业建筑、金属加工和控制爆破等方面。随着各国经济建设不断发展，工业炸药品种和产量的需求不断增大，因此得到迅速发展。工业炸药品种繁多，按组成特点可分为铵梯炸药、硝甘炸药（硝化甘油类炸药）、铵油炸药、含水炸药（乳化炸药、水胶炸药和浆状炸药）和特种炸药（含铝炸药、液体炸药等）。通常也按照使用场合分为岩石炸药、许用炸药和露天炸药等。

发展沿革

黑火药是最早的工业炸药，是我国劳动人民的四大发明之一。早在汉代（距今2000多年）就开始使用硝石、硫黄和木炭的混合物作为火攻武器。到了宋代，黑火药技术才逐渐经阿拉伯国家传到欧洲。后来黑火药在矿业开采中获得应用，大大提高了矿岩开采的效率。

黑火药作为世界上第一代工业炸药使用到19世纪中叶，延续达数百年之久。

硝化甘油发明以后，诺贝尔（Nobel）在一个偶然的机会把硝化甘油溅到包装用的硅藻土里，发现硅藻土能吸收大约3倍于自身质量的硝化甘油。于是他将75%硝化甘油和25%硅藻土混合物作为爆炸剂投放市场，这就是第一代“代拿买特”（Dynamite），后来用活性吸附剂硝化棉取代硅藻土制得爆胶，并掺入硝酸铵等氧化剂及其他添加剂，发展成一直沿用至今的胶质炸药。胶质“代拿买特”由于具备容易起爆、传爆稳定和爆炸威力高等特点，迅速取代了黑火药而获得广泛应用。

1867年瑞典工程师Ohlsson和Norrbein提出了硝酸铵和各种燃料制成的混合炸药专利，从而出现了硝铵炸药和“代拿买特”炸药相互竞争发展的局面。我国也比较早地研制和生产了硝甘炸药（代拿买特）和铵梯炸药（硝铵炸药），拥有性能优良的配方和工艺。尤其是铵梯炸药，广泛应用于露天、井下、矿岩、能源、水利、建筑及爆炸加工等各行各业。

铵油炸药（ANFO）是一种硝酸铵和燃料油组成的爆炸性机械混合物。它于20世纪中叶，由加拿大联合矿冶公司（Consolidated Mining and Smelting Co.）研究生产了普里尔多孔粒状硝酸铵以后，得到了极大发展。尤其在欧美国家，很快取代了长期沿用的硝化甘油类炸药和粉粒状硝铵炸药而居首要地位，使用量达70%～80%。

浆状炸药是1956年由Cook和Farnam发明和使用的。它是一种以胶凝剂稠化的无机氧化性盐类水溶液为连续相、燃料及敏化剂为分散相，通过交联剂形成网状结构的凝胶炸药。这种炸药打破了工业炸药不能含水的传统观点，将水引入体系中，以水抗水，不但增强了抗水性能，而且提高了炸药密度和体积威力。

在浆状炸药的基础上，各国也在发展水胶炸药。实际上，这是一种含硝酸胺盐等敏化剂的浆状炸药，同时含有硝酸铵、硝酸钠等多种氧化剂，降低了析晶点，所以物理稳定性和爆炸能力明显提高。

20世纪50年代以来，液体炸药以其良好的特性，在许多特殊爆破场合显示出独到之处。例如，我国研制成功的硝酸肼类液体炸药，以高爆速、高猛度和制作简便的特点，良好地应用在特种爆破工程上。

1969年6月，美国阿特拉斯（Atlas）化学工业有限公司发明了乳化炸药，它是含水炸药的新发展。它借助于乳化剂的作用形成油包水型乳状液，是一种反相的水胶炸药。这一结构特点进一步增强了含水炸药的抗水性和爆轰感度。很快，乳化炸药成为工业炸药的一支新秀，受到各国的普遍重视并被大量使用。

此外，塑性炸药、挠性炸药、耐热炸药和低爆速炸药等特种炸药都作为工业炸药不可缺少的品种而在不同的特殊场合获得应用。

性能特点

工业炸药以成本低廉、制作简单、使用方便和能量较高为特点，作为一个特殊能源，广泛应用于矿岩爆破、爆炸加工、推进驱动、高压相变、起爆传爆等各个方面。

现在主要使用的工业炸药品种有 3 类——硝铵炸药、铵油炸药和乳化炸药，其中包括安全许用炸药等系列产品。

第二单元　岩石巷道设计与施工

第七课　巷道断面和交岔点

巷道断面设计

巷道是井下生产的动脉，巷道断面设计，主要是选择巷道断面形状、确定巷道净断面尺寸和掘进断面尺寸，其合理与否，直接影响到煤矿生产的安全和经济效益。因此，巷道断面设计的原则是在满足煤矿安全、生产和施工等方面技术要求的前提下，最大限度地提高断面利用率，缩小断面、降低造价，有利于加快施工速度，以获得最佳的经济效益。

巷道断面设计的内容和步骤是，首先选择巷道断面形状，确定巷道净断面尺寸，并进行风速验算；其次，根据支架参数和道床参数计算出巷道的设计掘进断面尺寸，并按允许的超挖值算出巷道的掘进断面尺寸；然后布置水沟和管缆；最后，绘制巷道断面施工图，编制巷道特征表和每米巷道工程量及材料消耗表量。

巷道断面形状

我国煤矿采用的巷道断面，按其轮廓线可分为折线形和曲线形两大类。折线形有矩形、梯形、不规则形等；曲线形有半圆拱形、圆弧拱形、三心拱形、马蹄形、椭圆形和圆形等。

选择巷道断面形状的主要因素

选择巷道断面形状，主要考虑巷道的位置及围岩性质（即地压的大小和方向）、巷道的用途及服务年限、支架材料和支护方式、掘进方法和掘进设备以及通风要求等因素。上述各因素，彼此密切联系而又相互制约，条件变化时，影响因素的主次地位也会发生变化。在选择巷道断面形状时，要统筹兼顾，必须综合考虑巷道围岩的性质、地压的大小和方向，巷道的服务年限、用途及位置，巷道的支护方式和支护材料等基本因素，要抓住主导因素兼顾次要因素，以选择最合理的巷道断面。一般先根据前两个因素确定支护方式和支护材料，再根据充分发挥围岩和支架力学性能的原则，确定巷道断面形状。

巷道断面尺寸的确定

《煤矿安全规定》要求，巷道净断面必须满足行人、运输、通风、安全设施及设备安装、检修、施工的需要。因此，巷道断面尺寸取决于巷道的用途，存放或通过的机械、器材或运输设备的数量及规格，人行巷道宽度和各种安全间隙以及航道的通风量等。巷道断面尺寸的确定，包括巷道净宽度的确定、巷道净高度的确定、巷道净断面面积确定和巷道风速的验算。

巷道内水沟布置

设计巷道断面，应根据矿井生产时通过该巷道的涌水量设计水沟。水沟一般布置在人行道一侧，并尽量避免穿越运输线路。在特殊情况下，可将水沟布置在巷道中间或非人行道一侧。运输大巷可用混凝土浇筑水沟，也可将钢筋混凝土预制件运到井下铺设。水沟断面形状有对称倒梯形、倒直角梯形和矩形几种，其断面尺寸应根据水沟的水流量、坡度、支护材料和断面形状等确定。

巷道内管缆布置

巷道内管缆布置的原则是要保证安全和便于加设与检修，其要求如下。

（1）管缆一般设在人行道一侧，也可设在非人行道一侧。

（2）在架线式电机车运输巷道内，管道不能直接置于巷道地板上（用管墩），以免腐蚀管道。管道与运输设备之间的安全距离应不小于 0.2m。

（3）井筒和管道内的通信和动力电缆不宜设在同一侧。

（4）高压电缆和低压电缆在巷道同侧敷设时，其距离应大于 0.1m，同时高压电缆之间、低压电缆之间的距离不得小于 50mm。

（5）电缆与管道同侧敷设时，电缆要挂在管道上方 0.3m 以上。

（6）电缆悬挂高度要保证矿车掉道时不撞击电缆，或电缆发生坠落时，不会落在轨道上或者运输设备上。其高度一般为 1.5～1.9m；电缆悬挂点的间距不大于 3.0m；电缆与运输设备之间的安全距离不小于 0.25m。

巷道交岔点类型

交岔点是指巷道相交或分岔的地点，是井下巷道的重要组成部分。交岔点按其交岔方式，有斜交和正交两大类型。交岔点按支护形式可分为用料石或混凝土支护的砌碹交岔点；交岔点按其结构形式不同，可分为牛鼻子交岔点和穿尖交岔点。

道岔及类型

矿井内的窄轨运输线路，是由直线段、曲线段和道岔组成的。在巷道交岔点的运输系统中，道岔是必不可少的设施，它将交岔处轨道线路彼此衔接起来，使车辆能由一条线路驶向另一条线路。在运输线路中，轨道连接合理与否，对交岔点的设计质量、工程成本、运输效果和行车安全都有直接影响。

煤矿用的道岔有单开道岔、对称道岔和渡线道岔 3 种类型。单开道岔用于连接两条非平行的轨道线路；对称道岔用于将一条轨道分为两条对称的轨道线路；渡线道岔用于连接两条平行的轨道线路。

词语 **خام سۆز**

1. 验算（动）yàn suàn ھېسابلاش، ئېشلەش

2. 管缆（名）guǎn lǎn　　باشقۇرۇش، چاڭگىلىغا ئېلىۋېلىش
3. 统筹兼顾（动）tǒng chóu jiān gù　　بىر تۇتاش پىلانلاش، تەڭ ئېتىبار بېرىش
4. 浇筑（动）jiāo zhù　　بېتون قويماق
5. 预制（动）yù zhì　　ئالدىن تەييارلاش، ياساش
6. 腐蚀（动）fǔ shí　　چىرىش ، چىرىپ كېتىش
7. 敷设（动）fū shè　　ياتقۇزۇش، ئورۇنلاشتۇرماق
8. 砌碹（动）qì xuān　　ئېتىش(كېسەك ياكى تاش بىلەن ئەگمەچىقىرىپ ئېتىش)

作业与练习

一、名词解释

1. 交岔点
2. 道岔
3. 对称道岔
4. 渡线道岔

二、根据课文内容填空

1. 我国煤矿采用的巷道断面，按其轮廓线可分为________和________两大类。

2. 选择巷道断面形状，主要考虑 ______________________________、巷道的用途及服务年限、____________________________、掘进方法和掘进设备以及__________等因素。

3. 《煤矿安全规定》要求，巷道净断面必须满足________、__________、________、安全设施及设备安装、________、________的需要。

4. 巷道内管缆布置的原则是要________________和便于________________。

5. 煤矿用的道岔有_______________、对称道岔和 _____________3 种类型。

三、根据课文内容回答问题

1. 巷道断面设计的内容和步骤是什么？
2. 选择巷道断面形状的主要因素有哪些？
3. 简述巷道内管缆布置的要求。
4. 巷道交岔点类型有哪些？

科普阅读

火车道岔

道岔是一种使机车车辆从某一股道转入另一股道的线路连接设备，通常在车站、编组站大量铺设。

简介

汽车转弯靠司机转动方向盘，自行车转弯由骑车人扳动龙头。那么，几千吨重、几百米长的列车转“弯”，从一条铁路线转到另一条铁路线，是由谁来操控的呢？说来你也许不信，火车司机对列车走哪个股道是一点决定权也没有的，全由线路上铺设的道岔来“摆布”。至于道岔开通哪股道，那又属于车站行车管理人员的职权了。

种类

铁路上管道岔叫保证机车车辆安全转线的设备，种类和数量均很多。其中最常见和数量最多的是一种单开通岔，它能使直行股道与岔道上运行的列车互相转线，即使列车从直道转入岔道，或从岔道拐入直道。除了单开道岔之外，还有双开、三开道岔。前者将直道与两个对称岔道相连接，后者则可由直道直行或分行到两个不同的岔道上。双开与三开道岔较多地使用于编组场咽喉区，如杭州艮山门编组站驼峰下面的第一组分路道岔就是一个三开道岔。普通单开道岔以其分岔处的辙岔的不同大小，可以分为6号、9号、12号和18号等几种。号数越大，辙叉角度则越小，列车通过道岔的速度就可以提得越高。

扳动方式

道岔有手动、电动和气动等不同的扳动方式。用手扳动一副道岔要有力气和技巧，外行人可能一下子还扳不到位。如果你坐火车在晚间经过车站，看到星星点点黄色或紫色灯光时，这就是手动道岔所在地的标志。白天，看到的则是一块黄底黑条的鱼尾板。电动或气动岔则可以集中在控制台上进行操控。电动或气动道岔的转动速度很快，又可以集中控制，对提高铁路运输效率具有很大的意义。除了单开、双开、三开这样的“正宗”道岔之外，还有垂直交叉、菱形交叉、交叉渡线、复式交叉等道岔的组合或变种。在最小的仅有两股道的会让站，也有近十个道岔。至于大型的编组站，各种道岔星罗棋布，数以千计。因此，必须在现场将道岔一一编上序号，让它们井然有序地动作，保证列车轨道正确，畅通无阻。

轨道交通不管哪一种形式，都有一个共同的特点，那就是列车转线都得靠道岔，无法由司机来改变。例外的是，有些老式的有轨电车到了终点站，得由司机跳下车来，亲自扳动道岔才能转到岔线调头。个别的森林铁路、矿山铁路也是由司机自己下车扳道岔。此时，司机就身兼扳道员之职了。只是这种落后的方式是不能用在繁忙的铁路干线和地下铁道、高速铁道等现代轨道运输上的。

道岔安装装置检修

为保证铁路配件良好使用，需要经常对道岔设备进行检修和补强，以提高道岔设备质量，避免事故的发生。

道岔安装装置检修标准如下。

（1）道岔安装装置固定螺丝紧固，装置无旧伤裂纹。

（2）各连接杆、外锁装置无旧伤裂纹，杆件无磨卡及锈蚀，销孔磨耗不大于1mm，绝缘良好。

（3）表示杆连接铁绝缘良好，外锁连接铁与表示杆连接铁绝缘良好，无绝缘时保持有3mm以上间隙，不与其他部件相碰，螺栓紧固。

（4）检查道岔安装装置转辙机外壳无裂纹，安装牢固，加锁作用良好。

（5）检查油管槽路防护措施完好无破损，未被石碴等其他杂物埋没。

第八课　巷道掘进

煤矿巷道掘进工艺有钻眼爆破法和掘进机法两种。目前，我国多数煤矿巷道使用钻眼爆破法。掘进机法是一种较先进的掘进机工艺，工作面没有钻爆工序，直接靠掘进机上的刀具破落工作面的煤岩，形成所需断面的巷道，由于掘进机法机械化程度较高，我国煤矿正在推广使用。

钻眼爆破

巷道掘进过程中，破碎煤岩是掘进施工的一项重要工序。钻眼爆破工作质量的好坏，于能否实现快速、优质、高效、低耗、安全施工紧密相关。

一、炮眼布置

掘进工作面的炮眼，按其用途和位置不同可以分为掏槽眼、辅助眼和周边眼 3 种。影响炮眼布置的主要因素有煤岩性质、巷道断面的大小、炮眼深度和炸药性能等。其布置方式应遵循以下原则。

（1）工作面类炮眼布置是“抓两头，带中间”。即首先选择掏槽方式和掏槽眼位置，再布置周边眼，最后根据断面大小布置辅助眼。

（2）掏槽眼通常布置在巷道断面的中央偏下，尽量使辅助眼布置较为均匀，防止崩坏支护及其他设施。

（3）辅助眼均匀布置在掏槽眼和周边眼之间，充分利用掏槽眼所创造的自由面，最大限度地破落煤岩。

（4）周边眼眼口中心都应布置在巷道断面轮廓线上，眼底落在同一平面。

1．掏槽眼布置

掏槽眼的作用是首先在工作面将某一部分岩石破碎并抛出，在一个自由面的基础上崩出第二个面来，为其他炮眼的爆破创造有利的条件。目前常用的掏槽方式有两种，即斜眼掏槽和直眼掏槽。

2．辅助眼布置

辅助眼也称崩落眼，是大量崩落岩石扩大掏槽的炮眼。其布置原则是充分利用掏槽眼所创造的自由面，最大限度均匀地将岩石崩落，并为周边眼的光面爆破创造条件。其间距和最小抵抗线为 400～800mm，炮眼方向一般垂直于工作面。

3．周边眼布置

周边眼是控制形成巷道设计断面轮廓的炮眼。周边眼布置合理与否，直接影响巷道成型是否规整。现在光面爆破技术已经较为成熟，一般按照光面爆破要求进行周边眼布置。光面爆破机理要求周边眼同时起爆，利用炸药的爆力在两眼间形成贯穿裂缝，因此必须合理地选择周边眼的最小抵抗线和周边眼的间距。

二、爆破器材的选择

我国目前使用的矿用炸药有硝铵类炸药和含水炸药。硝铵类炸药价格较低廉，为煤矿普遍使用。硝铵类炸药一般装成直径 32mm、35mm、38mm，重量 100g、150g、200g 的药卷，有效期为 6 个月。当穿过有瓦斯地段时，应采用煤矿硝铵炸药和煤矿含水炸药。对于坚硬岩石可考虑采用粉状高威力炸药。

掘进通风与综合防尘

在巷道掘进过程中，为了给掘进工作面供给足够的新鲜空气，稀释和排出各种有毒有害气体和粉尘，营造一个良好的工作环境，改善劳动条件，保护工人健康，保证生产单位安全，必须进行机械通风和综合防尘。

一、掘进通风设施

掘进巷道时，常用的通风设备为局部通风机和风筒。

1．局部通风机

分为轴流式和离心式两种。轴流式局部通风机不仅产生的风压高、风量大、送风距离远、能克服风筒的较大阻力，而且效率高、体积小、搬运方便，所以被广泛使用。它的缺点是噪声较大，还有待进一步改进。

2．风筒

分为刚性和柔性两种。常用的刚性风筒有铁风筒、硬塑料风筒、玻璃钢风筒等几种。刚性风筒坚固耐用，适用于各种通风方式，但笨重、接头多、体积大，搬运、安装都不方便。常用的柔性风筒有胶布风筒、胶质风筒、软塑料风筒等。柔性风筒因重量轻，易安装、阻燃、安全性能可靠，特别是其漏风和阻力系数都小，通风效率高，因而被大量推广使用。

二、通风方式

巷道掘进中一般采用局部通风机通风。这种通风方式简单、方便、可靠。其通风方式可分为压入式、抽出式、混合式 3 种，其中以混合式的通风效果最佳。

1．压入式通风

局部扇风机把新鲜空气经风筒压入工作面，污浊空气沿着巷道流出，当巷道出口处的炮烟浓度下降到允许浓度时，即认为排烟过程结束。

2．抽出式通风

风筒的排风口必须布置在主要巷道风流方向的下方，利用局部扇风机把工作面的潮湿空气经风筒抽出，新鲜空气沿巷道流入。

3．混合式通风

混合式通风是压入式和抽出式的联合运用。掘进巷道时，单独使用压入式或抽出式通风都有一定的缺点。因此，为了达到快速通风的目的，可利用一局部通风机作压入式通风，使新鲜空气压入工作面而冲洗工作面的有害气体和粉尘；同时，为使冲洗后的污风不在巷道中蔓延而经风筒排出，可用另一台局部通风机进行抽出式通风。这样便构成了混合式通风方式。

三、综合防尘技术

掘进岩石巷道时，在钻眼、爆破、装岩、运输等工作中，不可避免地要产生大量的岩石粉尘。这些粉尘极易在空气中浮游，被人吸入体内，时间久了就易患矽肺病，严重地影响工人的身体健康。作业场所空气中粉尘浓度应符合《煤矿安全规程》的相关规定。

我国煤矿在掘进工作面综合防尘的具体措施如下。

（1）湿式钻眼综合防尘。湿式钻眼使岩粉变成浆液从炮眼流出，能显著降低巷道中的粉尘浓度。这也是最主要的防尘技术措施。

（2）喷雾、洒水有效降尘。喷雾、洒水对防尘和降尘都有良好的作用。在爆破前用水冲洗岩帮，爆破后立即进行喷雾，装岩前向岩堆上洒水，都能减少粉尘扬起。

（3）加强通风排尘。通风不仅可以不断向工作面供给新鲜空气，还可以将含尘空气排出，降低工作面的含尘量。

（4）加强个人防护工作。工人在工作面作业一定要戴防尘口罩。近年来，我国有关部门研制成了多种防尘口罩，对保护在粉尘区工作的工人的身体健康起到了积极作用。工人要定期进行身体健康检查，发现病情及时治疗。

生词　　خام سۆز

1. 掏槽（动）tāo cáo　　تۆشۈك(خاڭ يولى يۈزىنىڭ ئوتتۇرا قىسمىنىڭ ئاستى تەرىپىگە تېشىلىدۇ)
2. 轮廓线（名）lún kuò xiàn　　دائىرە سىزىقى(ئىزنا سىزىقى)
3. 稀释（动）xī shì　　سۇيۇقلۇقلاتماق، سۇيۇلدۇرماق
4. 轴流式（名）zhóu liú shì　　ئوق ئېقىملىق
5. 离心式（名）lí xīn shì　　مەركەزدىن قاچما ئېقىملىق
6. 矽肺病（名）xī fèi bìng　　چاڭ-توزان ئۆپكە كېسىلى

作业与练习

一、根据课文内容填空

1．煤矿巷道掘进工艺有__________和__________法两种。

2．掘进工作面的炮眼，按其用途和位置不同可以分为________、________和周边眼3种。

3．我国目前使用的矿用炸药有__________和含水炸药。

4．在巷道掘进过程中，为了给掘进工作面供给足够的新鲜空气，稀释和排出各种__________和粉尘，营造一个良好的工作环境，改善__________，保护工人健康，保证生产单位安全，必须进行__________和__________。

5．巷道掘进中一般采用局部通风机通风。这种通风方式简单、方便、可靠。其通风方式可分为________、________和混合式3种，其中以________的通风效果最佳。

二、根据课文内容回答问题

1．影响炮眼布置的主要因素有哪些？

2．炮眼布置的方式应遵循那些原则？

3．简述我国煤矿在掘进工作面综合防尘的具体措施？

科普阅读

矿山通风

矿山通风定义

矿山通风是在机械或自然动力作用下，将地面新鲜空气连续地供给矿山作业地点，稀释并排出有毒、有害气体和粉尘，调节矿内气候条件，创造安全舒适工作环境的一门工程技术。

矿山通风目的

控制污染物的浓度和空气温度，使之达到安全卫生标准，以保障矿工的劳动安全和健康，提高劳动生产率。对于矿山的安全卫生标准，各国均有具体规定。

矿山通风分类

按矿山类型，矿山通风可分为地下矿矿井通风与露天矿通风两种。

一、地下矿矿井通风

地下开采的矿井必须具备完善的通风系统，可靠的通风动力设施和风流控制设施，以保证将足够数量的新鲜空气连续供给井下各采掘作业面，并将污浊空气从矿井中排出，达到防止矿内大气污染，创造安全舒适作业环境的目的。每一矿井至少应有一个可靠的进风井和回风井。按进风井与回风井的相对位置，通风系统分为中央式、对角式和中央对角混合式3种不同布置型式。矿井通风动力分自然和机械两类。现代矿井多用机械通风。矿用扇风机按用途分为主要扇风机（简称主扇）、辅助扇风机（简称辅扇）和局部扇风机（简称局扇）。主扇用于全矿通风，其工作方式有抽出式、压入式和压抽混合式3种;辅扇安装于风量不足的分支风路中，用以增加风量;局扇用于无贯通风流的独失巷道通风矿井通风构筑物，是引导风流、遮断风流和调节风量的重要控制设施。采掘作业面一般有两种通风方法。能够形成贯穿风流的采掘作业面，多用主扇造成的总风压进行通风。独头的采掘作业面，需用风筒或风障引导风流，通常借助局扇的动力进行通风。供给矿井的风量，应满足同时作业的最多人数、同时爆破的炸药量、各作业面的排尘风速以及柴油设备和放射J胜氧及其子体等因素对风量的要求。加强日常的通风检查与管理工作是保证良好通风状况的重要手段。

二、露天矿通风

露天矿通风是以新鲜空气稀释和置换露天矿采场中的有毒、有害气体和粉尘，使污染的大气得以净化的技术，露天矿大气质量受采场小气候制约。当气候条件有利时，自然风流能及时冲淡和排出污染空气；当气候条件不利时，采场空间出现风流停滞现象，造成大气污染危害。露天矿可利用自然通风和人工通风这两种通风方式。

（1）自然通风有对流式、逆增式、直流式和复环流式等基本通风方式。自然通风量与地面风速和矿坑的几何尺寸有关。

（2）露天矿人工通风，按范围大小，分为全矿通风和局部通风;按风流输送方式，分为坑道或风筒通风和紊流射流通风;按通风动力类型，分为机械式、热力式和组合式通风。

露天矿利用专用扇风机产生的紊流自由射流进行通风，效率较高，所需功率较低。矿山通风，是以流体力学和热力学为理论基础，应用动量、质量和热量传递原理，研究矿山风流运动和污染物运移的规律。以流体力学为基础的矿山通风理论，将风流视为不可压缩的流体，不考虑风流内能的变化，只研究风流运动过程中机械能的变化。这一理论对于开采深度不超过 1km 的矿井可以满足工程计算的精度要求，应用较广泛。以热力学为基础的通风理论，将风流视为可压缩的流体，将矿井通风过程视为某种热力变化过程，既考虑风流机械能的变化，又考虑风流内能的变化。这一理论适用于大于 1km 的深矿井和灾变时期风流运动状态的分析。

第九课　岩巷掘进机

掘进机的发展现状

19 世纪 70 年代，英国为修建海底隧道，生产制造了第一台掘进机，美国在 20 世纪 30 年代开发了悬臂式掘进机，并把此项技术应用于采矿业，此后英、德、日等十几个国家相继投入了大量的人力、物力、财力用于掘进机技术的开发和研制，经过多年的不懈努力，现有 20 多家公司，先后研制了近百种机型。

追溯我国使用巷道掘进机的历史，是从 20 世纪 50 年代初使用前苏联生产的 JIK-2M，J_IK2—1 型煤巷掘进机开始的，到 80 年代中期，我国分别从英国、奥地利、日本、前苏联、美国、德国、匈牙利等国家引进了 16 种、近 200 台掘进设备，对我国煤矿用掘进机的发展起到了推动作用。近几年，随着煤炭工业的发展，国内掘进机呈快速增长。2000 年市场投入总量为 51 台、2001 年 103 台、2002 年 126 台、2003 年 236 台，到 2004 年将超过 400 台。佳木斯煤机公司处于行业领先地位，淮南煤机厂、南京晨光机器厂等均为我国掘进机的研制生产和不断发展做出了贡献。

掘进机的类型

掘进机是一种能够同时完成破岩、装岩、运输、支护、喷雾除尘和调动行走的联合机组，所以也称为联合掘进机。它具有掘进速度快，掘进巷道稳定，减少岩石冒落和超挖量，改善劳动条件，减轻劳动强度等优点，所以，掘进机在与综采工作面配套使用中发挥着越来越大的作用。掘进机的类型很多，根据掘进机所能截割岩石的硬度系数 f 值分，适用于 $f \leqslant 4$ 的煤巷的，称为煤巷掘进机；适用于 $f \leqslant 6$ 的煤或软岩石巷道的，称为煤—岩巷掘进机；适用于 $f > 4$ 或研磨性较高的岩石巷道的，称为岩掘进机。根据掘进机可掘巷道的断面大小分：可掘巷道断面大于 $8m^2$ 的，称为大断面掘进机；可掘巷道断面小于 $8m^2$ 的，称为小断面掘进机。根据工作机构截割工作面的方式分为部分断面掘进机和全断面掘进机。

掘进机的优缺点及发展前景

岩巷掘进机与钻爆相比较，它的施工速度快。例如，美国罗宾斯掘进机创了月进 2 089m 的记录，日进达到了 127.8m。我国古交东曲煤矿使用国产 EJ-5.0 岩巷掘进机，在页岩、砂岩、砂页岩钻进直径 5m 的全岩巷道 3300m，纯掘进速度 1.6～2.4m/h，最高月进尺 202m，日进尺 12.7m。此外，岩巷掘进机节省人力，机械化程度高，巷道施工质量好，支护容易，工作安全。

存在的缺点如下。设备重量大，动力消耗量大，刀具寿命较短，并且造价昂贵，因此工程成本高；机器安装、检修、拆除工作量大，所以目前只在较长的巷道中使用；适应性差，转弯的曲率半径过大，不适应多变的岩层，特别是遇到涌水大、断层破碎带复杂地质条件时，适应性更差，掘进速度下降甚至无法工作。因此，岩巷断面掘进机的发展受到限制。

从目前国内掘进机发展趋势来看，具有广阔的发展前景，在我国除用于煤矿巷道掘进外，掘进机已进入铁路、城市地铁隧道的掘进以及公路建设等行业。其发展趋势有如下 3 方面。

（1）重型掘进机。如$220、AM75 等机型，随着高产高效矿井建设需要，必然成为矿山的主力机型。另外，随着环保意识的强化，劳动力成本的提高，机械化掘进是一种必然发展趋势，市场前景更为看好。

（2）矮机身中型掘进机。随着我国煤炭采掘业的不断发展，中厚煤层将逐步减少，煤矿巷道必然趋于薄煤层、半煤岩巷道，如山东、贵州等地。因此，有一定的破岩能力，机身矮、功率大的机型会成为今后市场的抢手机型。

（3）辅助功能多的机型。

① 在掘进机上搭载湿式除尘系统或其他除尘方式。这是改善作业环境，清除肺矽病途径之一。

② 掘进机具有锚杆支护机等功能，若该项技术成熟，必将受到高度重视和开发研制。

③ 遥控技术、截割轨迹显示与红外线定位系统结合，实现机组远程遥控。

④ 故障自诊断功能更完备，并能实现辅助作业。

⑤ 连掘机组。实现房柱式采掘。

词语　　　　خام سۆز

1. 隧道（名）suì dào　　تونېل
2. 悬臂式（名）xuán bì shì　　ئاسما يەلكە شەكىللىك
3. 锚杆（名）máo gǎn　　لەنگەر دەستىسى
4. 截割（动）jié gē　　كېسىش

作业与练习

一、词语解释

1. 掘进机
2. 大断面掘进机
3. 岩巷掘进机

二、根据课文内容填空

1. 掘进机是一种能够同时完成破岩、装岩、运输、支护、喷雾除尘和调动行走的联合机组，所以也称为________________。

2. 岩巷掘进机与______相比较，它的施工速度快。

3. 岩巷掘进机节省人力，机械化程度高，____________，____________，工作安全。

4. 在我国除用于煤矿巷道掘进外，掘进机已进入_____、城市_________的掘进以及公路建设等行业。

5. 根据掘进机工作机构截割工作面的方式分为_____________和_____________。

三、根据课文内容回答问题

1. 简述掘进机发展现状。
2. 简要叙述掘进机的优缺点。
3. 国内掘进机具有广泛的发展前景，其发展趋势有哪 3 项？
4. 根据不同的划分方式，掘进机类型有哪些？

科普阅读

工业除尘设备

把工业用粉尘从烟气中分离出来的设备叫工业除尘器或工业除尘设备。除尘器的性能用可处理的气体量、气体通过除尘器时的阻力损失和除尘效率来表达。同时，除尘器的价格、运行和维护费用、使用寿命长短和操作管理的难易也是考虑其性能的重要因素。

种类

破碎机除尘器、脉冲布袋除尘器、机械回转反吹扁袋除尘器、硅锰铁合金电炉布袋除尘器、高炉煤气干法脉冲布袋除尘器、出铁场布袋除尘器、LCM 长袋脉冲布袋除尘器、气箱脉冲布袋除尘器、电石炉布袋除尘器、木业厂布袋除尘器、铁合金矿热炉除尘器、水泥厂气箱式脉冲袋式除尘器、木业厂除尘器、沥青拌合站脉冲袋式除尘器、离线脉冲长袋除尘器、垃圾焚烧炉布袋除尘器、单机袋除尘器、静电除尘器、ZC 机械回转反吹扁袋除尘器、MC 脉冲布袋除尘器 、MDC 系列磨机袋式除尘器、冲天炉布袋除尘器、焦炉袋式除尘器、配离心喷雾压力干燥机脉冲布袋除尘器、锅炉袋式除尘器、烘干机布袋除尘器、干粉砂浆工厂除尘器。

用途

除尘器广泛应用于冶金、矿山、建材、铸造、化工、烟草、电子、沥青、水泥、机械、粮食、机械加工、锅炉、面粉生产等行业中的车间粉尘净化体和含尘气体的回收再利用！

工作原理

一、布袋除尘

该除尘器主要由灰斗、过滤室、净气室、支架、提升阀、喷吹清灰装置等部分组成。工作时，含尘气体由风道进入灰斗。大颗粒的粉尘直接落入灰斗底部，较小的粉尘随气流转折向上进入过滤室，并被阻留在滤袋外表面，净化了的烟气进入袋内，并经袋口和净气室进入出风倒，由排风口排出。

随着过滤的不断进行，滤袋外表面的粉尘不断增加，设备阻力随之上升。当设备阻力上升到一定值时，应进行清灰操作，清除滤袋表面的积灰。

二、静电除尘

静电除尘是气体除尘方法的一种。含尘气体经过高压静电场时被电分离，尘粒与负离子结合带上负电后，趋向阳极表面放电而沉积。在冶金、化学等工业中用以净化气体或回收有用尘粒。利用静电场使气体电离从而使尘粒带电吸附到电极上。在强电场中空气分子被电离为正离子和电子，电子奔向正极的过程中遇到尘粒，使尘粒带负电吸附到正极被收集。常用于以煤为燃料的工厂、电站，收集烟气中的煤灰和粉尘。冶金中用于收集锡、锌、铅、铝等的氧化物。

工业除尘设备修理

除尘设备修理，是保证设备完好率，保持除尘设备性能稳定运行的重要手段。按其设备损伤修理程度，设备修理分为小修、中修和大修；其中，小修通常融于设备维护之中。

1. 除尘设备小修

小修，也称维修。面对设备运行中存在的轻微缺陷，采取局部修理措施即可复原技术性能的修理工程称为小修。

小修包括除尘工程的密封处理，脉冲喷吹清灰装置的高度与改进，漏水、漏气、漏油的缺陷处理，机械传动装置的局部缺陷改进与完善，出来系统的局部缺陷调理，等等。

2. 除尘设备中修

中修，就是在已有设备结构基础上，因设备磨损而对局部部件采取较大程度的修理或更新改造的工程。

中修包括脉冲除尘器的出灰系统改造；滤袋及其脉冲清灰系统的换代工程，等等。

3. 除尘设备大修

因设备寿命或提升设备性能等。面对原有除尘设备的主要部件采取更换性修理或全新的改造性工程，称为大修。

按其大修内容，大修又分为复原性大修和改造性大修。复原性大修，只允许按原有型号和结构组织大修更新；改造性大修，可按全新技术组织大修工程设计与改造，甚至可以易地大修。

除尘设备大修工程是固定资产增值的建设工程，其资金投入渗出应按国家规定组织审批。

大修包括静电除尘器全部更新沉淀极和电晕极的大修理工程；长袋低压脉冲除尘器更换滤袋、脉冲喷吹系统、出灰系统的一次性大修理工程。

注意事项

袋式除尘器要特别注意采取防止燃烧、爆炸和火灾事故的措施。在处理燃烧气体或高温气体时，常常有未完全燃烧的粉尘、火星、易燃烧和爆炸性气体等进入系统之中，有些粉尘具有自燃着火的性质或带电性，同时，大多数滤料的材质又都是易燃烧、摩擦易产生积聚静电的，在这样的运转条件下，存在着发生燃烧、爆炸事故的危害，这类事故的后果往往是很严重的。应很好地采取防火、防爆措施。

第十课　巷道支护

为了保证围岩的稳定性，防止围岩垮落或产生太大变形，在巷道掘进后需要对巷道进行及时支护。支护方式和支护材料的合理选择，对煤矿安全生产和提高经济效益有很重要的意义。随着煤矿生产机械化程度的不断提高，煤矿支护方式也经历了一系列的改革。从过去采用的棚式支架和石材整体支护发展到目前广泛使用的锚杆支护、锚喷支护等，是支护技术的一次重大进步。

巷道的主要支护形式和方法

1．锚杆和锚喷支护

锚杆是置入围岩内部的支护形式，它具有加固围岩的作用，是一种积极支护。其基本过程是当巷道附近围岩发生变形或破坏时，依靠固定在围岩深部的锚杆所具有较高刚度的能力，形成对围岩的约束作用。所以，和施加预应力的锚索相比，锚杆应属于被动支护。锚杆在一定条件下有显著效果，经济、施工简便。锚喷支护是锚杆和喷混凝土联合支护形式。喷混凝土不但有支护能力，也可作为临时支护，还能封闭岩石表面，防止因岩面破落、风化引起的围岩强度降低、锚杆失效等问题。喷混凝土的缺点是延性小，容易开裂、脱落。锚喷支护能作为临时支护，也能成为永久性支护。

2．补砌和装配式混凝土大弧板支护（补砌是由料石、混凝土（或钢筋混凝土）砌成的整体式支撑结构，靠补砌的刚度和强度抵抗围岩重力和变形荷载，这是一种被动的、消极性的支护。料石补砌整体性较差，抗弯性能弱；钢筋混凝土补砌承载能力强。补砌结构是一种刚性支护。补砌作为永久支护，可以和锚喷等临时支护联合使用。补砌可以砌成直墙半圆拱、三心拱或者马蹄形拱的形状。补砌与围岩的间隙应允填密实，不然就会导致围岩的局部破坏，还可能使补砌的承载能力降低、使结构提前破坏。补砌的壁后灌浆方式是密实间隙，是提高补砌结构整体性的一种较好的方法。

3．支架

（1）梯形金属支架。这种支架一般用 18～24kg/m 钢轨、16～20 号工字钢或矿用工字钢制作，型钢棚腿下焊有一块钢板，以防止它陷入巷道地板。还能在棚腿之下加设垫木，这种支架一般用在采区巷道中。

（2）拱形可缩性金属支架。这种支架用矿用特殊型钢制作，通过围岩适当的变形，发挥围岩的承载能力，避免支架损坏而能重复使用。

4．锚索

锚索是对围岩施加预应力，这是主动支护。锚索使用高强钢筋、钢绞线、高强钢丝材料，通常用水泥砂浆锚固，还可使用树脂锚固剂。锚索一般较长、锚固力高、预应力作用较大。通常在围岩破碎范围大、巷道变形大、围岩应力高、服务期限较长的条件下使用。

锚索能单根使用，还能组成锚索群，也能和各种支护形式联合使用。

井巷工程稳定与支护施工

1．充分利用围岩强度和围岩的自承能力

主要措施包括将井巷工程位置布置在围岩强度条件相对好的岩层；作业中要防止围岩破坏，应用合理的破岩和掘进措施及支护方法，如锚杆、注浆措施能加固围岩；进行柔性支护、可缩性支护，使围岩有适合的变形，发挥其自承能力。

2．控制围岩应力

控制围岩应力的措施包括合理布置井巷工程位置，不要选在构造应力地区和应力集中地区；合理选择巷道的断面和形状，使围岩内应力均匀、防止发生拉应力或高应力叠加，减少围岩的破裂区大小。使高应力转移到围岩又深又远的地方（又叫卸压）。

3．合理应用支护技术

支护就是要充分维护围岩强度并发挥围岩的自承能力。锚索就能提供及时作用的预应力，它具备较好的支护效果。同时，一定要加强和提高支护施工质量，如保证支护与围岩接触的均匀密贴，能保证支护能力的及时和充分。还应注意支护的选材选型与其结构的一致性。

词语 خام سۆز

词语	خام سۆز
1．支护（动）zhī hù	تىرەش
2．垮落（动）kuǎ luò	غۇلاپ چۈشۈش،ئۆرۈلۈپ چۈشۈش
3．锚喷（名）máo pēn	لەنگەرگە سېمونت لاي چاچماق(پۈركۈمەك)
4．锚索（名）máo suǒ	لەنگەر ئارغامچىسى
5．砂浆（名）shā jiāng	شىغىللىق لاي، شىغىل ئارىلاشتۇرغان لاي
6．注浆（动）zhù jiāng	لايىنى كىرگۈزۈش
7．卸压（动）xiè yā	بېسىمنى يېنىكلەشتۈرمەك
8．预应力（名）yù yìng lì	ئالدىن كۈچىنىش

作业与练习

一、词语解释

锚杆支护　　　锚喷支护　　　补砌

二、根据课文内容填空

1．为了保证围岩的稳定性，防止围岩垮落或产生太大变形，在巷道掘进后需要对巷道进行____________。

2．随着煤矿生产机械化程度的不断提高，煤矿____________也经历了一系列的改革。从过去采用的棚式支架和石材整体支护发展到目前广泛使用的________、锚喷支护等，是支护技术的一次重大进步。

3．锚喷支护是锚杆和____________联合支护形式。

4．补砌可以砌成直墙半圆拱、____________或者马蹄形拱的形状。

5．锚索一般较长、____________、预应力作用较大。通常在围岩破碎范围大、____________、围岩应力高、服务期限较长的条件下使用。

三、根据课文内容回答问题

1．巷道的主要支护形式和方法有哪几种？

2．如何保证井巷工程稳定与支护施工？

科普阅读

矽肺病

矽肺是由于长期吸入石英粉尘所致的以肺部弥漫性纤维化为主的全身性疾病，是我国目前常见的且危害较为严重的职业病。目前是职业病中发病率最高的病种之一，也是12种尘肺中较重的一种。

疾病分类

1．结节性矽肺。胸膜下和肺组织内，1～5mm矽结节，散在。长期吸入SiO_2含量较高粉尘所致。

2．弥漫性间质纤维化型矽肺。肺泡、呼吸性支气管、肺小叶间隔及小血管周围，纤维组织呈弥漫性增生并成块状，肺泡容量减小。长期吸入SiO_2含量较低粉尘所致。

3．团块型矽肺。上述各种类型矽肺进一步发展，病灶融合而成。又称进行性大块纤维化型。矽结节融合，纤维增生、透明性变。

发病原因

（1）生产性环境中很少有单纯石英粉尘存在，通常是多种粉尘存在，应考虑混合粉尘会有联合作用。

（2）工人的个体因素和健康状况对尘肺发生也起一定作用。

（3）粉尘中游离SiO_2含量越高，发病时间越短，病变越严重。

4．矽肺发生发及病变程度与肺内粉尘蓄积量有关，蓄积量主要取决于粉尘的浓度、分散度，接尘时间和防护措施。粉尘浓度越高、分散度越大、接尘工龄越长、防护措施差、吸入并蓄积在肺内的粉尘量越大，越易发生矽肺，病情越严重。

症状表现

矽肺的早期可能没有自觉症状，或症状很轻。Ⅱ期、Ⅲ期矽肺患者多有症状，但症状轻重和胸部X线改变的程度不一定平行，在有肺部并发症时，症状加重。

早晨咳嗽较重，无痰或有少量黏液痰。如有长期呛咳且不易控制时，可能因纵隔、肺门淋巴结肿大硬化压迫、刺激气管、支气管神经感受器所致，或因其他并发病所致。肺内有并发感染时，则痰量增多，或有脓性痰。

单纯矽肺多无胸痛或有轻微胸痛，一旦有明显胸病应考虑有肺内感染或并发肺结核的可能。胸膜摩擦音常是并发肺结核的征象。晚期矽肺，特别是并发肺结核的病人，突然胸痛，并伴有气短者，要注发生气胸的可能。

早期矽肺气短不明显，晚期矽肺并发肺结核、肺气肿时，气短明显。一般经吸氧可以缓解，晚期矽肺病人常需持续吸氧，十分痛苦。

咳血、发热多是并发肺结核或肺部感染的征象。单纯矽肺时，无发热；剧咳时痰中可带少量血丝。病情严重时，有体力衰弱、食欲减退、疲倦、烦躁等。

早期患者一般状态尚好，晚期则营养欠佳。晚期病人，特别是并发肺结核或肺部感染时，肺部可听到呼音，也可出现紫组。有肺气肿、气胸、肺源性心脏病时，可出现相应的体征。有杆状指时，应留心其他并发病的可能。

矽肺病人的胸膜脏层可有轻度增厚，但X线检查却难以观察到这些改变，有时有肺横裂可见增厚。有的学者观察到两肺上野可见胸膜斑，它不同于石棉所致胸膜斑之处是发生于肺上野，并对称出现，这点还有待于进一步观察和验证。

疾病预防

要控制矽肺病，关键在预防。我国各地厂矿采用了湿式作业，密闭尘源，通风除尘，设备维护检修等综合性防尘措施，加上个人防护，定期监测空气中粉尘浓度和加强宣传教育，使矽肺病的发生率大大减少，发病工龄延长，病变进展延缓。

各厂矿对于新参加粉尘作业的工人要做好就业前体格检查，包括X线胸片。凡有活动性肺内外结核、各种呼吸道疾患（慢性鼻炎、哮喘、支气管扩张、慢性支气管炎、肺气肿等）者，都不宜参加矽尘工作。在厂（矿）工人应做定期体格检查，包括X线胸片，检查间隔时间根据接触 SiO_2 含量和空气中粉尘浓度而定，1～3年一次。如发现有疑似矽肺，应重点密切观察和定期复查；如确诊矽肺，应立即调离矽尘作业，根据劳动能力鉴定，安排适当工作，并进行综合治疗。有矽尘的厂矿要做好预防结核工作，以降低矽肺合并结核的发病。

饮食注意

矽肺病人应当增加优质蛋白的摄入量，每日应在90～110克，以补充患者机体消耗，增加机体免疫功能；应当适当增加维生素C、维生素A的摄入量，维生素C有抗氧化等作用，维生素A能维持上皮细胞组织，特别是呼吸道上皮组织的健康。禁烟酒，忌食辛辣刺激食物，避免过度劳累。

矽肺并发症

1. 肺结核

矽肺并发结核多为纤维干酪性，矽结核结节、肉芽组织形成少见，所以不易治愈。少数病例表现为矽结节与结核结节分离存在。值得注意的是治愈的结核结节可失去结核的组织学特点而难与矽结节区别，从而混淆两种不同性质的病变。此时如仔细检查仍能发现结核的残迹。

2. 肺炎

肺炎的发生由脓性支气管炎开始，由于矽肺时大量消耗了巨噬细胞，致使肺炎不易局限，进而发展成融合性小叶肺炎直至波及整个肺大叶。个别病例形成肺脓肿。由于炎性渗出物吸收不全，容易发展成机化性肺炎和肺肉质样变，从而加重了右心负担。及时治疗支气管炎是控制肺炎的重要手段。

3. 肺癌

在矽肺纤维化组织中常见肺泡上皮腺样增生、细支气管上皮鳞状化生等癌前病变。

第十一课　巷道施工组织

巷道施工要达到快速、优质、高效、低耗和安全要求，除应合理选择施工技术装备及施工方法外，正确选择施工作业方式，采用科学的施工组织与合理的劳动组织，也是很重要的组成部分。

一次成巷及其作业方式

巷道施工方法有两种，一种是分次成巷；另一种是一次成巷。分次成巷施工法的实质是，先以小断面掘进，架设临时支架，过一段时间后再扩大到所设计的断面，并进行永久支护。实践证明，这种方法材料消耗量大，围岩暴露时间长，而且围岩受风化和其他外力作用，在后期施工中容易引起冒顶和片帮，给施工带来很大的困难，施工安全和速度都受到很大的影响。因此，除了为解决通风、排水或运输等急需贯通的巷道外，一般不采用分次成巷。

所谓一次成巷，就是把巷道施工中掘进、永久支护、水沟掘砌 3 项分部工程（有条件还应加上永久轨道的铺设和管线的安装）看成是一个整体，有机联系起来，在一定的距离内按设计及质量标准要求，相互配合，前后连贯地、最大限度地同时施工，做到一次成巷，不留收尾工程。一次成巷施工法能在掘进后及时对围岩进行永久支护。因此，它不但作业安全、有利于保证支护质量、加快成巷速度，且材料消耗及工程成本也较低。一次成巷施工法可分为以下 3 种作业方式。

1. 掘进与永久支护平行作业

这种作业方式的难易度，取决于永久支护的类型。当永久支护采用支架或预制钢筋混凝土支护时，工艺过程很简单，永久支护随着掘进架设即可，最多在爆破之后进行一些修复工作。当永久支护采用料石或混凝土块砌碹支护时，掘进与砌碹之间就必须保持一定的距离（一般为 20～40m），才不会造成两工序的互相干扰和影响，也可防止爆破时崩坏碹拱。这种作业方式因同时有几个工种和几道工序进行施工，工艺过程显得比较复杂，一般适用于围岩比较稳定，掘进断面面积大于 8 m^2 的巷道，以免互相干扰，影响成巷速度。

2. 掘进与永久支护顺序作业

这种作业方式是先将巷道掘进一段距离，然后停止掘进，边拆临时支架，边进行永久支护。当围岩稳定时，掘、支间距为 10～20m。若永久支护采用锚喷支护，也要根据围岩的稳定情况来决定掘进和锚喷的距离。通常有两种方式，即两掘一锚喷，或三掘一锚喷（即掘进两个班或三个班，然后用一个班进行锚喷），一般空顶距以不超过 5m 为宜。这种作业方式的特点是掘、支轮流进行，由一个工作队来完成。因此要求工人既会掘进又会砌碹或锚喷。这种作业方式组织工作比较简单，但成巷速度较慢，适用于掘进断面小于 8 m^2，巷道围岩不太稳定的情况。

3．掘进与永久支护交替作业

在距离较近而又平行的两条或两条以上的巷道同时掘进时，可采用这种作业方式。该作业方式的特点是，由一个综合工作队负责施工，对每条巷道来讲，掘进与永久支护是顺序作业，但在相邻的两条巷道中，掘、支是交替进行的。它集中了顺序作业和平行作业的特点。这种作业方式一般用于车场主、副水仓，上下山巷道及主、副石门等施工中。

一次成巷的施工方法不但作业安全，有利于保证支护质量，加快成巷速度，而且材料消耗和工程成本也可显著降低。实践证明，采用一次成巷比分次成巷具有明显的优点，可有效地避免分次成巷材料消耗量大，围岩暴露时间长，而受风化和其他外力作用，在以后施工中容易引起冒顶和片帮，给施工带来很大的困难，不安全，速度慢等缺点。

一次成巷的劳动组织

一次成巷平行作业是把掘进、永久支护、掘砌水沟以及铺轨等几个分部工程视为一个整体，前后有机配合并保持一定距离，进行最大限度地平行施工。因此必须有与这种施工方法相适应的劳动组织，才能保证各项施工任务的顺利完成。实践证明，综合工作队是实现一次成巷平行作业的一项行之有效的组织形式，是保证各工种之间配合和协作的有效措施，因而得到了广泛的采用。

综合工作队的主要特点是，将巷道施工中的主要工种和辅助工种都组织在一起，使各工种既有明确的分工，又要在统一领导下密切配合和协作，共同完成各项施工任务。因此，它具有以下优点。

（1）各工种间能够互相协助，基本消除各工种间工作量不均衡的现象，从而能充分利用工时，提高功效。

（2）各工种在统一指挥和调动下，工序的衔接更加紧密，可减少或避免相互间的影响，有利于缩短循环时间。

（3）能使各主要工种和辅助工种人员的思想统一，目标一致，形成一个团结协作的有机整体，有利于加快施工速度和提高工程质量。

综合工作队的规模，可根据各地区特点、工作面运输提升条件等确定。一般有单独运输系统的施工工程，如平硐或井下独头巷道，可以组成包括掘进、支护、砌水沟、铺轨、运输、机电检修和通风等工种的大型综合工作队；当许多工作面合用一套运输、检修系统时，如井底车场、运输大巷及运输石门等，可组织一支只有掘进、支护和砌水沟的小型综合工作队。

词语　　　　خام سۆز

1. 崩坏（动）bēng huài　　غۇلاپ چۈشۈش، بۇزۇلۇش
2. 碹拱（动）xuān gǒng　　ئەگمە چىقرىش
3. 片帮（动）piàn bāng　　پارچىلىنىپ چۈشۈش
4. 掘砌（动）jué qì　　كولاپ ئىتىپ چىقىش

作业与练习

一、词语解释

一次成巷　　　　分次成巷　　　　永久支护

二、根据课文内容填空

1．巷道施工要达到快速、优质、高效、低耗和安全要求，除应合理选择施工技术装备及施工方法外，______________________________，采用科学的施工组织与__________________，也是很重要的组成部分。

2．巷道施工方法有两种，一种是______________；另一种是一次成巷。

3．分次成巷施工法的实质是，先以小断面掘进，架设___________，过一段时间后再刷大到所设计的断面，并进行_____________。

4．所谓一次成巷，就是把巷道施工中________、永久支护、水沟掘砌 3 项分部工程看成是一个_______，有机联系起来。

5．一次成巷平行作业是把掘进、___________、掘砌水沟以及_______等几个分部工程视为一个整体，前后有机配合并保持一定距离，进行最大限度地________。

6. 综合工作队的主要特点是将巷道施工中的主要________和__________都组织在一起，使各工种既有明确的分工，又要在统一领导下密切配合和协作，共同完成各项施工任务。

三、根据课文内容回答问题

1．什么是分次成巷？其弊端有哪些？

2．一次成巷的优点是什么？

3．一次成巷施工法可分为几种作业方式？

4．简述一次成巷的劳动组织。

科普阅读

煤矿瓦斯

瓦斯概念

煤矿瓦斯指的是天然气。主要成分是烷烃，其中甲烷占绝大多数，另有少量的乙烷、丙烷和丁烷，此外，一般还含有硫化氢、二氧化碳、氮和水气，以及微量的惰性气体，如氦和氩等。植物在成煤过程中生成的大量气体，又称煤层气。腐植型的有机质，被细菌分解，可生成瓦斯；其后随着沉积物埋藏深度增加，在漫长的地质年代中，由于煤层经受高温、高压的作用，进入煤的碳化变质阶段，煤中挥发成分减少，固定碳增加，又生成大量瓦斯，保存在煤层或岩层的孔隙和裂隙内。

我国煤矿术语中的“瓦斯”是从英语 gas 译音转化而来的，往往单指 CH_4（甲烷，也称沼气）。地下开采时，瓦斯由煤层或岩层内涌出，污染矿内空气。每吨煤、岩含有的瓦斯量称煤、岩的瓦斯含量，主要决定于煤的变质程度、煤层赋存条件、围岩性质、地质构造和水文地质等因素。一般情况下，同一煤层的瓦斯含量随深度而递增。

出现形式

瓦斯从煤、岩层涌出的形式如下。

（1）缓慢、均匀、持久地从煤、岩暴露面和采落的煤炭中涌出，是矿内瓦斯的经常来源。

（2）在压力状态下的瓦斯，大量、迅速地从裂隙中喷出，即瓦斯喷出。

（3）短时间内煤、岩与瓦斯一起突然由煤层或岩层内喷出，即煤、岩和瓦斯突出。单位时间涌出的瓦斯量称绝对涌出量（m^3/min）；平均生产一吨煤涌出的瓦斯量称相对涌出量（m^3/t）。

根据《煤矿安全规程》的规定，按照 CH_4（瓦斯）相对涌出量和涌出形式将矿井分为以下 3 类。

（1）相对涌出量等于或小于 $10m^3/t$ 为低瓦斯矿井。

（2）大于 $10m^3/t$ 为高瓦斯矿井。

（3）煤与沼气突出矿井。瓦斯涌出量的大小决定于煤、岩层瓦斯含量和开采技术因素。瓦斯涌出量在同一矿井内随开采深度的增加、开采规模的扩大和机械化程度的提高而增大。1981 年我国主要煤矿中高沼气矿占 29%；煤与沼气突出矿井占 16%，大部分位于辽宁、四川、贵州和湖南等省。

当其在空气中的浓度超过 55%时，能使人很快窒息死亡，是煤矿生产中的主要危害因素。防止瓦斯集聚的基本方法是以足够的风量将瓦斯冲淡，排出地面。当瓦斯涌出量很大时，还须用专门措施控制瓦斯的涌出，最有效而广泛使用的方法是用管道将瓦斯抽到地面。抽出的 CH_4 可做工业、民用燃料和化工原料。CH_4 燃烧热为 8 540～9 500kcal/m^3，$1m^3$ 约相当于 1.5kg 烟煤。瓦斯爆炸即为 CH_4 燃烧，化学方程式为 $CH_4+2O_2=CO_2+2H_2O$ 在煤矿里它从煤岩裂缝中喷出。

矿井瓦斯爆炸是一种热—链式反应（也叫链锁反应）。当爆炸混合物吸收一定能量（通常是引火源给予的热能）后，反应分子的链即行断裂，离解成两个或两个以上的游离基（也叫自由基）。这类游离基具有很大的化学活性，成为反应连续进行的活化中心。在适合的条件下，每一个游离基又可以进一步分解，再产生两个或两个以上的游离基。这样循环不已，游离基越来越多，化学反应速度也越来越快，最后就可以发展为燃烧或爆炸式的氧化反应。所以，瓦斯爆炸就其本质来说，是一定浓度的甲烷和空气中的氧气在一定温度作用下产生的激烈氧化反应。

瓦斯爆炸产生的高温高压，促使爆源附近的气体以极大的速度向外冲击，造成人员伤亡，破坏巷道和器材设施，扬起大量煤尘并使之参与爆炸，产生更大的破坏力。另外，爆炸后生成大量的有害气体，造成人员中毒死亡。

爆炸条件

瓦斯爆炸的条件是，一定浓度的瓦斯、高温火源的存在和充足的氧气。

1. 瓦斯浓度

瓦斯爆炸有一定的浓度范围，把在空气中瓦斯遇火后能引起爆炸的浓度范围称为瓦斯爆炸界限。瓦斯爆炸界限为 5%～16%。 当瓦斯浓度低于 5%时，遇火不爆炸，但能在火焰外围形成燃烧层，当瓦斯浓度为9.5%时，其爆炸威力最大（氧和瓦斯完全反应）；瓦斯浓度在16%以上时，失去其爆炸性，但在空气中遇火仍会燃烧。瓦斯爆炸界限并不是固定不变的，它还受温度、压力以及煤尘、其他可燃性气体、惰性气体的混入等因素的影响。

2. 引火温度

瓦斯的引火温度，即点燃瓦斯的最低温度。一般认为，瓦斯的引火温度为650～750℃。但受瓦斯的浓度、火源的性质及混合气体的压力等因素影响而变化。当瓦斯含量在7%～8%时，最易引燃；当混合气体的压力增高时，引燃温度即降低；在引火温度相同时，火源面积越大、点火时间越长，越易引燃瓦斯。

高温火源的存在，是引起瓦斯爆炸的必要条件之一。井下抽烟、电气火花、违章放炮、煤炭自燃、明火作业等都易引起瓦斯爆炸。所以，在有瓦斯的矿井中作业，必须严格遵照《煤矿安全规程》的有关规定。

3. 氧的浓度

实践证明，空气中的氧气浓度降低时，瓦斯爆炸界限随之缩小，当氧气浓度减少到12%以下时，瓦斯混合气体即失去爆炸性。这一性质对井下密闭的火区有很大影响，在密闭的火区内往往积存大量瓦斯，且有火源存在，但因氧的浓度低，并不会发生爆炸。如果有新鲜空气进入，氧气浓度达到12%以上，就可能发生爆炸。因此，对火区应严加管理，在启封火区时更应格外慎重，必须在火熄灭后才能启封。瓦斯爆炸产生的高温高压，促使爆源附近的气体以极大的速度向外冲击，造成人员伤亡，破坏巷道和器材设施，扬起大量煤尘并使之参与爆炸，产生更大的破坏力。另外，爆炸后生成大量的有害气体，造成人员中毒死亡。

预防

预防瓦斯爆炸的方式主要有以下几种。

①用矿井通风和控制瓦斯涌出等方法，防止瓦斯浓度超过规定（如瓦斯抽放、加强通风等）。

②控制火源，消灭电器失爆，杜绝非生产需要的火源，如井下严禁吸烟、携带如火柴、打火机等点火物品入井、明火照明等。对生产中不可避免的高温热源，采用专门措施严加控制，如只准使用特制的矿用安全炸药和电气设备，加强井下火区的管理，禁止井下拆开矿灯等。

③配备足够数量专职瓦斯检查工加强检查，配备矿井瓦斯在线监测系统，自动连续检查工作地点的CH_4浓度和通风状况。

第十二课　巷道施工管理

在一次成巷施工中，为了充分利用工时，提高施工速度和质量，做到安全生产，减少材料消耗，在正确选择施工作业方式与合理的劳动组织的同时，还必须建立以工种岗位责任制为中心的各项规章制度。

1．工种岗位责任制

工种岗位责任制就是按照工作性质，将每一小班的全体人员划分为钻眼爆破组、装岩运输组和支护组等，每个人自始至终按照规定的循环次数和进度，在一定时间内使用固定的工具或设备，在各自的岗位上完成规定的任务；在一个时期内，每循环如此，每班如此，形成固定人员、固定设备、固定任务、固定地点、固定时间的一项制度。它的主要特点是，任务到组、固定岗位、责任到人，因此可加强工人的责任感，使其努力做好本职工作，同时又可使各项工作井然有序，从而有利于提高工程质量和施工速度，并能有效地防止事故的发生。

2．交接班制度

在巷道掘进中，要实行工作面的交接班制度，不仅每班的负责人要进行交接，而且各工种甚至每个岗位上的工人都应进行对口交接，同时要做到四交——交任务、交措施、交设备、交安全，使下一班能很快做到情况清、任务明，马上就能连续作业，充分利用工时。

3．巡回检查制

掘进队必须组织相关人员对工作面进度、安全、质量以及设备使用情况等进行定期的巡回检查，以便及时掌握施工情况，发现问题及时解决。

4．设备维修保养制

对施工中所使用的设备，要建立定期的检修、保养、维修制度，从而使设备经常处于良好状态，不断提高设备的使用率。

5．质量负责制

百年大计、质量第一。掘进工程是各项建设中的主体工程，保证施工质量意义十分重大。因此，施工中必须严字当头，确保工程质量，尤其是对隐蔽工程，更要随时加强施工质量的检查，以防患于未然，把不合格的工程消灭在施工过程中。为了切实把好质量关，掘进队要建立起班组质量自检和互检制度。

6．岗位练兵制

对工程队各工种的工人，都要明确提出在巷道施工技术方面的具体要求。

7．安全生产制

安全生产制是保护工人生命和健康，保护国家财产不受损失，确保各项任务完成的一项必不可少的制度。必须经常对工人进行安全生产的教育，并在工程队的班组内设立兼职和专职的安全检查员，定期定点地检查安全生产情况，一旦发现不安全情况和不利于安全生产的因素，要及时纠正和处理。

8．班组经济核算制

班组经济核算制是依靠群众、人人当家作主、把勤俭办企业的方针落实到基层的一项重要制度。要求各个工种对自己所担负的施工任务，在工时、出勤率、材料消耗方面进行核算，做到施工有预算、消耗有定额、领料有记录、完工有核销。另外，要大力提倡修旧利废、交额领新的节约风尚，努力降低工程成本。在工程队内，要设立专职的核算员，班组内设不脱产的核算员，掌握每天工料消耗、出勤率和掘进进尺，及时填表报队，对成绩好的要给予表扬和奖励。

多年的实践证明，以上各项管理制度都是行之有效的，是搞好企业基层管理所必不可缺少的。只有切实执行这些管理制度，才能优质、快速、高效、低耗、安全地完成巷道施工任务。

词语　　　　خام سۆز

1．井然有序 jǐng rán yǒu xù	تەرتىپلىك رەتلىك
2．巡回（动）xún huí	ئايلىنىپ يۈرۈش، كۆچمە، سەييارە
3．出勤率（名）chū qín lǜ	ئىشقا چىقىش نىسبىتى، خىزمەتكە چىقىش نىسبىتى
4．修旧利废 xiū jiù lì fèi	كونا ئۈسكۈنە جاھازىلارنى رېمونت قىلماق

作业与练习

一、词语解释

核销　　严字当头　　工种岗位责任制　　修旧利废　　巡回检查制

二、根据课文内容填空

1．在一次成巷施工中，为了充分利用工时，提高施工速度和质量，做到______，减少材料消耗，在正确选择施工作业方式与合理的劳动组织的同时，还必须建立以为中心的各项规章制度。

2．做到四交——_________、交措施、_________、交安全，使下一班能很快做到情况清、任务明，马上就能连续作业，充分利用工时。

3．为了切实把好质量关，掘进队要建立起班组质量_______和_________制度。

4．安全生产制是保护工人生命和健康，保护__________________________，确保各项任务完成的一项必不可少的制度。

5．班组经济核算制是依靠群众、________________________、把勤俭办企业的方针落实到基层的一项重要制度。

三、根据课文内容回答问题

1．简述在一次成巷施工中必须建立和完善的规章制度。

2．简述交接班制度。

3．简述班组经济核算制。

科普阅读

煤矸石

煤矸石是采煤过程和洗煤过程中排放的固体废物，是一种在成煤过程中与煤层伴生的一种含碳量较低、比煤坚硬的黑灰色岩石。包括巷道掘进过程中的掘进矸石、采掘过程中从顶板、底板及夹层里采出的矸石以及洗煤过程中挑出的洗矸石。其主要成分是 Al_2O_3、SiO_2，另外还含有数量不等的 Fe_2O_3、CaO、MgO、Na_2O、K_2O、P_2O_5、SO_3 和微量稀有元素（镓、钒、钛、钴）。

成分

煤矸石的无机成分主要是硅、铝、钙、镁、铁的氧化物和某些稀有金属。

回收用途

煤矸石弃置不用，会占用大片土地。煤矸石中的硫化物逸出或浸出会污染大气、农田和水体。矸石山还会自燃发生火灾，或在雨季崩塌，淤塞河流造成灾害。我国积存煤矸石达 10 亿吨以上，每年约排出煤矸石 1 亿吨。为了消除污染，自 20 世纪 60 年代起，很多国家开始重视煤矸石的处理和利用。利用途径有以下几种。

1. 回收煤炭和黄铁矿

通过简易工艺，从煤矸石中洗选出好煤，通过筛选从中选出劣质煤，同时拣出黄铁矿。或从选煤用的跳汰机——平面摇床流程中回收黄铁矿、洗混煤和中煤。回收的煤炭可作动力锅炉的燃料，洗矸可作建筑材料，黄铁矿可作化工原料。

2. 用于发电

主要用洗中煤和洗矸混烧发电。我国已用沸腾炉燃烧洗中煤和洗矸的混合物（发热量每公斤约 2 000 大卡）发电，炉渣可生产炉渣砖和炉渣水泥。日本有 10 多座这种电厂，所用中煤和矸石的混合物，一般每公斤发热量为 3 500 大卡，火力不足时，用重油助燃。德国和荷兰把煤矿自用电厂和选煤厂建在一起，以利用中煤、煤泥和煤矸石发电。

测试煤矸石的发热量应使用专门的仪器进行，微机量热仪可以满足发热量的测试。

3. 制造建筑材料

用煤矿石代替黏土作为制砖原料，可以少挖良田。烧砖时，利用煤矸石本身的可燃物，可以节约煤炭。

煤矸石可以部分或全部代替黏土组分生产普通水泥。自燃或人工燃烧过的煤矸石，具有一定活性，可作为水泥的活性混合材料，生产普通硅酸盐水泥（掺量小于 20%）、火山灰质水泥（掺量 20%～50%）和少熟料水泥（掺量大于 50%）。还可直接与石灰、石膏以适当的配比，磨成无熟料水泥，可作为胶结料，以沸腾炉渣作骨料或以石子、沸腾炉渣作粗细骨料制成混凝土砌块或混凝土空心砌块等建筑材料。英国、比利时等国有专用煤矸石代替硅质原料生产水泥的工厂。

煤矸石可用来烧结轻骨料。日本于 1964 年用煤矸石作主要原料制造轻骨料，用其建造高层楼房，建筑物重量减轻 20%。

用盐酸浸取可得结晶氯化铝。浸取后的残渣，主要为二氧化硅，可作生产橡胶填充料和湿法生产水玻璃的原料。剩余母液内所含的稀有元素（如锗、镓、钒、铀等），视含量决定其提取价值。

此外，煤矸石还可用于生产低热值煤气，制造陶瓷，制作土壤改良剂，或用于铺路、井下充填、地面充填造地。在自燃后的矸石山上也可种草造林，美化环境。

第十三课　巷道损坏

煤矿井下所有开挖的巷道、硐室，均被赋予不同的功能，发挥着相应的作用。开挖并经过一段时间使用后，会或多或少地出现巷道损坏的情况。

巷道开挖后，破坏了煤岩体的原岩应力状态，引起巷道周边围岩应力的重新分布，围岩或煤体将向巷道内移动。巷道支架的支护力在一定程度上能起到减少围岩移动的作用，但巷道支护的效果却不仅仅取决于支架本身的支撑力，而是受到围岩性质、支架力学性质、支架密度、安设支架时间的早晚、支架安设质量及与围岩的接触方式（点接触、面接触）等一系列因素的影响。为了合理进行巷道支护，不能仅仅考虑支架支撑力这一因素，而应从多个方面采取措施。在巷道支架与围岩相互作用过程中，应充分利用围岩本身的自承能力，以从总体上取得最佳支护效果。

巷道的稳定性从根本上讲，取决于巷道围岩承受的载荷与其承载能力的相对关系、支护物的强度及其围岩变形的适应性。围岩承载能力和支护物的强度大于围岩承受载荷，巷道是稳定的，开挖后巷道不变形或变形小；反之，围岩就会变形失稳。

巷道变形损坏的原因是十分复杂的。大量实践表明，引起巷道变形损坏的重要因素有以下几个方面。

1．开拓布局的合理与否

开拓布局的合理性直接影响巷道的稳定性。不同的巷道布置方式和采掘时空关系，对各种巷道、硐室产生的影响不同；不同的巷道布置层位，在相同条件下，巷道产生的变形和破坏也不尽相同。开拓布局的影响主要表现在以下两个方面。

（1）巷道位置的选择。

巷道围岩性质是影响巷道稳定性的重要因素。巷道所处的围岩性质对其变形和支架受压状况有着很大的影响。实践证明，巷道所处的围岩性质越好，变形量就越小，巷道也越稳定。一般情况下，应尽量把开拓巷道布置在完整、坚硬且大的岩石中，这样可以使巷道使用较长时间而不需返修。巷道位置的确定也应尽量避免使其位于非匀质的煤与岩体中。否则巷道周边煤或岩体的强度不一致，导致支架受力不均，往往造成巷道在某一部位首先产生变形和破坏，而不能充分利用支架的整体强度。为方便开采，一般将主要大巷布置在距煤层相对较近的底板岩层中。

（2）护巷煤岩柱的尺寸大小。

根据工程设计，开挖巷道时，要留设合理宽度的护巷煤岩柱。煤岩柱过小易造成应力叠加，使巷道产生变形破坏；而煤岩柱过大，虽可避免应力叠加的影响，但又会给巷道布置和实际生产施工带来不利影响。因此在实际井巷工程设计中，应根据煤岩性质的不同和生产实际的需要留设合理宽度的煤岩柱。

2．采动影响

煤层开采破坏了采场周围原始的应力分布状态。随着煤层的开采，上覆岩层产生离层、冒落、顶部压力重新分布，在周边煤岩柱上产生支撑压力；同时，其底板随开采失去约束而卸载，底部围岩整体向采空区产生位移。因此，采矿活动会致使采场四周围岩应力发生很大改变，在其影响范围内的所有井巷工程，均将受这一应力变化的影响而产生变形以致破坏。可以说，采动是煤岩巷发生变形破坏的最重要的因素。

3．深部矿压

随着开采深度的增加，以自重应力为主的地应力也随之增加。当自重应力增加到接近围岩强度时，就会引起围岩的破坏。

4．地质构造

煤系地层经历了长期地质构造应力的作用，岩层本身以弹性变形的形式储存了变形能。一旦在地层中掘进巷道，这些能量将以变形的形式向相邻的开挖区释放，表现为巷道内移。另外，岩层在巷道形成时应力状态从三维向二维转变，在构造应力作用下，极易产生非线弹性变形。这种变形往往导致巷道支护损坏。

地质构造破坏了岩层的连续性和完整性，使局部范围内的岩体裂隙发育，结构松散，有的甚至因导水而使岩层泥化，变得松散脆弱，表现出软岩的基本特性。当在此类构造影响带中开挖巷道时，极易使巷道产生变形。

另外，巷道的支护形式、支护参数等的选择，也是影响巷道损坏变形的因素。

词语　　　　خام سۆز

1. 载荷（名）zài hè　　يۈك ئېغىرلىق
2. 位移（名）wèi yí　　ئورۇن يۆتكەش، سىلجىش
3. 返修（动）fǎn xiū　　قايتا ئوڭشاش، قايتا رېمونت قىلىش
4. 三维（名）sān wéi　　ئۈچ ئۆلچەملىك
5. 二维（名）èr wéi　　ئىككى ئۆلچەملىك
6. 顶板（名）dǐng bǎn　　تورۇس (كۆمۈر ياكى تاشلار ئۈستىدىكى)
7. 底板（名）dǐ bǎn　　تەگ، ئاستى(كۆمۈر ياكى تاشلارنىڭ ئاستىدىكى قاتلىمى)

作业与练习

一、根据课文内容填空

1. 巷道开挖后，破坏了煤岩体的原岩______状态，引起巷道周边围岩应力的重新分布，围岩或煤体将向________移动。

2. 为了合理进行巷道支护，不能仅仅考虑______________这一因素，而应从多个方面采取措施。

3．围岩承载能力和支护物的强度大于________________，巷道是稳定的，开挖后巷道_________或___________；反之，围岩就会变形失稳。

4．根据工程设计，开挖巷道时，要留设合理宽度的____________________。

5．煤岩柱过小易造成___________，使巷道产生变形破坏；而煤岩柱过大，虽可避免应力叠加的影响，但又会给巷道布置和__________________带来不利影响。

6．地质构造破坏了岩层的连续性和__________，使局部范围内的岩体裂隙发育，结构松散，有的甚至因导水而使岩层泥化，变得____________，表现出软岩的基本特性。当在此类构造影响带中开挖巷道时，极易使巷道产生_________。

7．巷道的____________、支护参数等的选择，也是影响巷道损坏变形的因素。

二、根据课文内容回答问题

1．引起巷道变形损坏的重要因素有哪几个方面？

2．开拓布局的影响主要表现在哪两个方面？

3．简述地质构造对巷道的破坏因素。

科普阅读

页岩气

页岩气，是从页岩层中开采出来的天然气，是一种重要的非常规天然气资源。页岩气的形成和富集有着自身独特的特点，往往分布在盆地内厚度较大、分布广的页岩烃源岩地层中。与常规天然气相比，页岩气开发具有开采寿命长和生产周期长的优点，大部分产气页岩分布范围广、厚度大，且普遍含气，这使得页岩气井能够长期地以稳定的速率产气。

基本介绍

页岩气特指赋存于页岩中的非常规气。页岩亦属致密岩石，故也可归入致密气层气。取得工业开发成功的仅为北美洲（以美国为主）。它起始于阿巴拉契亚盆地的泥盆系页岩，为暗褐色和黑色，富有机质，可大量生气。储集空间以裂缝为主，并以吸附气和水溶气形式赋存，为低（负）压、低饱和度（30%左右），因而为低产。但在裂缝发育带可获较高产量，井下爆炸和压裂等改造措施效果也好。20世纪90年代中期已扩大到密歇根和伊利诺伊盆地，产层扩大到下石炭统页岩，产量达84亿m^3。其资源量可达数万亿m^3。

生成

页岩气是从页岩层中开采出来的天然气，主体位于暗色泥页岩或高碳泥页岩中，页岩气是主体上以吸附或游离状态存在于泥岩、高碳泥岩、页岩及粉砂质岩类夹层中的天然气，它可以生成于有机成因的各种阶段天然气主体上，以游离相态（大约50%）存在于裂缝、孔隙及其他储集空间，以吸附状态（大约50%）存在于干酪根、黏土颗粒及孔隙表面，极少量以溶解状态储存于干酪根、沥青质及石油中。天然气也存在于夹层状的粉砂岩、粉砂质泥岩、泥质粉砂岩、甚至砂岩地层中。天然气生成之后，在源岩层内就近聚集表现为典型的原地成藏模式，与油页岩、油砂、地沥青等差别较大。与常规储层气藏不同，页岩既是天然气生成的源岩，也是聚集和保存天然气的储层和盖层。因此，有机质含量高的黑色页岩、高碳泥岩等常是最好的页岩气发育条件。

页岩气发育具有广泛的地质意义，存在于几乎所有的盆地中，只是由于埋藏深度、含气饱和度等差别较大分别具有不同的工业价值。中国传统意义上的泥页岩裂隙气、泥页岩油气藏、泥岩裂缝油气藏、裂缝性油气藏等大致与此相当，但其中没有考虑吸附作用机理也不考虑其中天然气的原生属性，并在主体上理解为聚集于泥页岩裂缝中的游离相油气。因此属于不完整意义上的页岩气。因此，我国的泥页岩裂缝性油气藏概念与美国现今的页岩气内涵并不完全相同，分别在烃类的物质内容、储存相态、来源特点及成分组成等方面存在较大差异。

储量

我国主要盆地和地区页岩气资源量约为 15 万亿～30 万亿 m^3，与美国 28.3 万亿 m^3 大致相当，经济价值巨大。另外，生产周期长也是页岩气的显著特点。页岩气田开采寿命一般可达 30～50 年，甚至更长。美国联邦地质调查局数据显示，美国沃思堡盆地 Barnett 页岩气田开采寿命可达 80～100 年。开采寿命长，就意味着可开发利用的价值大，这也决定了它的发展潜力。

分布

在美国，页岩气分布北美克拉通盆地、前陆盆地侏罗系、泥盆系，密西西比系富集多种成因、多种成熟度页岩气资源。

我国许多盆地发育有多套煤系及暗色泥、页岩地层，互层分布大套的致密砂岩存在根缘气、页岩气发育有利条件，不同规模的天然气发现，但目前尚未在大面积区域内实现天然气勘探的进一步突破。资料显示，我国南方海相页岩地层可能是页岩气的主要富集地区。除此之外，松辽、鄂尔多斯、吐哈、准噶尔等陆相沉积盆地的页岩地层也有页岩气富集的基础和条件。 重庆綦江、万盛、南川、武隆、彭水、酉阳、秀山和巫溪等区县是页岩气资源最有利的成矿区带，因此被确定为首批实地勘查工作目标区。

据估计，全球页岩气资源约为 456 万亿 m^3，主要分布在北美、中亚、中国、拉美、中东、北非和前苏联，其中北美最多。但其丰度低，技术可采量占资源总量的比例较低，同时页岩气的储层具有低孔隙率和低渗透率的特点，开采难度大，需要高水平的钻井和完井技术。目前，多采用水平井技术和水基液压裂技术提高采收率。

目前，已实现对页岩气商业开发的国家有美国和加拿大，其中美国已实现大规模商业化生产。我国页岩气资源也很丰富，但开发还处于起始阶段。国家正在积极推进页岩气的开发利用工作。

特点

页岩气开发具有开采寿命长和生产周期长的优点——大部分产气页岩分布范围广、厚度大，且普遍含气，使得页岩气井能够长期地稳定产气。但页岩气储集层渗透率低，开采难度较大。随着世界能源消费的不断攀升，包括页岩气在内的非常规能源越来越受到重视。页岩气藏的储层一般呈低孔、低渗透率的物性特征，气流的阻力比常规天然气大，所有的井都需要实施储层压裂改造才能开采出来。另外，页岩气采收率比常规天然气低，常规天然气采收率在 60%以上，而页岩气仅为 5%～60%。低产影响着人们对它的热衷，现在美国已经有一些先进技术可以提高页岩气井的产量。我国页岩气藏的储层与美国相比有所差异，如四川盆地的页岩气层埋深要比美国的大，美国的页岩气层深度在 800～2 600 米，而四川盆地的页岩气层埋深在 2 000～3 500 米。页岩气层深度的增加无疑在我们本不成熟的技术上又增添了难度。

价值

随着技术的进步，页岩气井压裂措施的费用也逐步降低。水平井是页岩气藏成功开发的另一关键因素。根据美国经验，水平井的日均产气量及最终产气量是垂直井的3～5倍，产气速率则提高10倍，而水平井的成本则不足垂直井的2～4倍。因此，水平井的推广应用加速了页岩气的开发进程。由于页岩气发育规模较大单口井的控制可采储量高（可达60 000 000m^3），采取措施后的单井日产量可达3万m^3，加之页岩气井的产量递减率低，容易实现30～50年的稳产时间，因此能实现相对高产的经济价值。

随着中石油在四川发现页岩气，证实了我国这种非常规燃料储量巨大。页岩气可作为廉价而充足的新型燃料来源，预期可在未来几十年里改变我国的能源供给格局。

现在美国是世界最大的页岩气生产国。根据美国能源情报署（Energy Information Administration）估计，中国的页岩气储量超过其他任何一个国家，可采储量有1 275万亿立方英尺。按当前的消耗水平，这些储量足够中国使用300多年。北京将天然气视为解决我国日益增长的能源需求的方案的一部分，国家鼓励对页岩气和煤层气等"非常规"天然气资源进行开发。

我国富顺—永川的页岩气项目于2012年年底实现了页岩气商业化运营，成为我国开始页岩气革命的重要标志性事件。

第十四课　巷道维护与修复

巷道掘进后，不可避免地会产生一定的变形，有些巷道变形直接或潜在地威胁到矿井的安全生产。维护和修复巷道是煤矿生产中的重要部分，是保证矿井安全生产的一项重要工作。

常用的巷道修复支护技术有棚式维护（木棚、工字钢或U形钢棚）、料石或混凝土砌碹维护、锚网维护、锚注加固维护、锚网和锚索联合维护。在形式上，可分为以下两类。

（1）主动维护。如锚网维护、锚注加固维护、锚网和锚索联合维护等，适应于围岩裂隙不发育、松动圈小且锚杆孔成孔率高的巷道。

（2）被动维护。木棚维护、工字钢棚维护、U形钢棚维护、碹体维护等，适应于服务时间短、围岩裂隙发育的巷道。

岩巷的维护与修复

岩石巷道多为矿井的主干大巷，采区上下山，因其服务年限长，是矿井巷道维护与修复的主要对象。

一、岩巷的维护

采动影响是致使岩巷发生变形破坏的最主要因素。采动引起岩巷的变化，其表现形式因开采方式、推进速度等不同而千差万别，但其基本形式巷道围岩稳定性遭到破坏，距巷道表层一定深度的围岩产生裂隙。因此要控制围岩进一步变形，避免巷道破坏的最基本的方法是对巷道围岩进行加固支护。

巷道加固支护，适用于未产生本质破坏的巷道，即巷道或变形量不大的硐室，其基本功能尚未丧失，未严重影响矿井安全生产的局部巷道区域。根据巷道与回采工作面的采动时空关系，可分为采前预加固和开采后加固两种。

二、巷道修复改造

巷道维护是不改变巷道基本尺寸和外形，仅对巷道进行加固支护；修复（或修复改造）是对已经变形或受破坏，且全部或部分丧失功能的巷道进行改造。这种改造需要改变其原有尺寸或外形。

岩巷的修复改造大致表现为扩巷（卧底、挑顶、刷帮）后的加固支护和处理冒顶加固支护。当以上措施不能完整地恢复巷道功能时，则要进行特殊改造修复，如掘替代巷道等。

煤巷的维护与修复

相对岩巷而言，由于巷道的支护形式和巷道的变形破坏形式不同，煤层巷道的维护与修复技术有自己的特点。

一、煤巷锚网梁支护巷道的维护与修复

此类巷道属主动支护，常用于综采放顶煤工作面两巷的支护，其变形一般表现为围岩表面位移量加大，顶板下沉，两帮内移或片帮和底板隆起。具体处理方法如下。

（1）当原有支护未发生严重破坏时，可采取卸载放顶帮煤的方法。剪开承载的金属网，用长柄工具或钻具松动爆破的煤体，使之冒落，然后恢复支护。连接金属网，上紧锚杆。当煤体出现空洞，锚杆紧固效果达不到预期效果时，可加托板等，必要时可补打锚杆以达到补强支护的目的。

（2）当原有的锚杆支护已经失效，简单维护难以达到预期效果时，应进行必要的修复。先卸载放掉部分煤炭，使巷道初步恢复原形，然后及时扶设架棚进行支护，架棚一般采用金属工字钢支架。

（3）巷道发生冒顶时，需根据围岩的稳定程度及冒落高度确定具体的处理方法，一般采取架棚装设木垛的处理方法。在锚网梁支护的煤巷中，常用的有锚梁支护修复法等。

二、煤巷架棚巷道的维护与修复

1．架棚巷道片帮的处理

（1）木垛法。当巷道片帮不太严重，片帮一侧稍有冒顶、柱腿压折、煤矸挤入巷道时，先在顶梁下打一根顶柱，然后清矸换新腿，用木料架木垛，支架用背板和荆笆背好并撤去顶柱。

（2）撞楔法。巷道一侧片帮严重，撤掉压坏柱腿时，片帮继续扩大，可以用撞楔法处理。在片帮地点选择完好的柱腿，打上 1.4m 左右的斜撞楔；然后在顶梁下打上顶柱，换好新柱腿；支架顶帮要背严，依次将支架修好。

2．冒顶的处理修复

煤巷冒顶往往导致生产受阻，影响正常的安全生产。应据冒顶范围选择不同的处理方法。仅直接顶冒落时，巷道可选用出净煤矸后恢复架棚支护方法进行。

词语　　　　خام سۆز

1．卧底（动）wò dǐ　　ئىچى تەرەپ

2．挑顶（动）tiāo dǐng　　لەمپە، تورۇس

3．刷帮（动）shuā bāng

ئېلىۋېتىش(كۆمۈر قازغاندا ئۇستىدىن بىر قەۋەتنى ئېلىۋېتىش)

4．卸载（动）xiè zǎi　　چۈشۈرۈش، ئېلىۋېتىش

5．木垛（名）mù duò　　ياغاچ ،ياغاچ دۆۋىسى(ئۇششاق ياغاچلار)

6．荆笆（名）jīng bā　　چىتلاق (ئەتراپىنى قورشاش)

7．斜撞楔（名）xié zhuàng xiē　　شىنە (يانتۇ ئۇرۇلىدىغان ياغاچ پارچىسى)

作业与练习

一、词语解释

主动维护　　　被动维护　　　木垛法　　　撞楔法

二、根据课文内容填空

1．常用的巷道修复支护技术有______________________________、料石或

混凝土砌碹维护、____________________、____________________、锚网和锚索联合维护。

2．巷道加固支护根据巷道与回采工作面的____________，可分为______________以及____________两种。

3．巷道维护是不改变巷道________________________，仅对巷道进行加固支护；巷道修复（或修复改造）是对已经__________________，且全部或部分丧失功能的巷道进行改造。这种改造需要改变其________________________。

4．____________是致使岩巷发生变形破坏的最主要因素。

三、根据课文内容回答问题

1．常用的巷道修复支护技术有哪些？

2．岩巷的修复改造大致表现为什么？

3．简述煤巷锚网梁支护巷道的维护与修复。

4．简述煤巷架棚巷道的维护与修复。

科普阅读

稀土

发现

稀土一词是历史遗留下来的名称。稀土元素（Rare Earth Element）是在18世纪末陆续被发现的，当时人们常把不溶于水的固体氧化物称为土。稀土一般是以氧化物状态分离出来的，又很稀少，因而得名为稀土（Rare Earth，简称RE或R）。

这些稀土元素的发现，从1794年芬兰人加多林（J.Gadolin）分离出钇到1947年美国人马林斯基（J.A.Marinsky）等制得钷，历时150多年。其中大部分稀土元素是欧洲的一些矿物学家、化学家、冶金学家等发现制取的。钷是美国人马林斯基、格兰德宁（L.E.Glendenin）和科列尔（C.D.Coryell）用离子交换分离，在铀裂变产物的稀土元素中获得的。过去认为自然界中不存在钷，直到1965年，芬兰一家磷酸盐工厂在处理磷灰石时发现了痕量的钷。

元素组成

化学元素周期表中镧系元素——镧（La）、铈（Ce）、镨（Pr）、钕（Nd）、钷（Pm）、钐（Sm）、铕（Eu）、钆（Gd）、铽（Tb）、镝（Dy）、钬（Ho）、铒（Er）、铥（Tm）、镱（Yb）、镥（Lu），以及与镧系的15个元素密切相关的元素——钇（Y）共16种元素，称为稀土元素。是周期系ⅢB族中原子序数为39和57～71的16种化学元素的统称。其中原子序数为57～71的15种化学元素又统称为镧系元素。

稀土元素的共性是：①它们的原子结构相似；②离子半径相近（REE3+离子半径$1.06\times10^{\wedge-10}$m～$0.84\times10^{\wedge-10}$m，Y3+为$0.89\times10^{\wedge-10}$m）；③它们在自然界密切共生。

稀土元素有多种分组方法，目前最常用的有以下两种。

（1）两分法。铈族稀土，La～Eu，亦称轻稀土（LREE）钇族稀土，Gd～Lu+Y，亦称重稀土（HREE）

两分法分组以Gd划界的原因是，从Gd开始在4f亚层上新增加电子的自旋方向改变了。而Y归入重稀土组主要是由于Y^{3+}离子半径与重稀土相近，化学性质与重稀土相似，它们在自然界密切共生。

也有的根据稀土元素物理化学性质的相似性和差异性，除钪之外（有的将钪划归稀散元素），划分成三组，即轻稀土组为镧、铈、镨、钕、钷；中稀土组为钐、铕、钆、铽、镝；重稀土组为钬、铒、铥、镱、镥、钇。

（2）三分法。轻稀土为La～Nd；中稀土为Sm～Ho；重稀土为Er～Lu+Y。

特性

稀土元素是周期表中IIIB族钇和镧系元素之总称。其中钷是人造放射性元素。他们都是很活泼的金属，性质极为相似，常见化合价+3，其水合离子大多有颜色，易形成稳定的配化合物。溶剂萃取和离子交换是目前分离稀土的较好方法。镧、铈、镨、钕等轻稀土金属，由于熔点较低，在电解过程可呈熔融状态在阴极上析出，故一般均采用电解法制取。可用氯化物和氟化物两种盐系，前者以稀土氯化物为原料加入电解槽，后者则以氧化物的形式加入。稀土矿物

在自然界中主要矿物有独居石、铈硅石、铈铝石、黑稀金矿和磷酸钇矿。因其天然丰度小，又以氧化物或含氧酸盐矿物共生形式存在，故得名。

已经发现的稀土矿物有250种以上，最重要的有氟碳铈镧矿[（Ce，La）FCO_3]、独居石[$CePO_4$，$Th_3(PO_4)_4$]、磷钇石（YPO_4）、黑稀金矿[（Y，Ce，Ca）（Nb，Ta，Ti）$_2O_6$]、硅铍钇矿（$Y_2FeBe_2Si_2O_{10}$）、褐帘石[（Ca，Ce）$_2$（Al，Fe）$_3Si_3O_{12}$]、铈硅石[（Ce，Y，Pr）$_2Si_2O_7 \cdot H_2O$]。

现已查明，稀土元素并不稀少，特别是我国的稀土资源十分丰富，有开采价值的储量占世界第一位。

用途

大多数稀土元素呈现顺磁性。钆在0℃时比铁具更强的铁磁性。铽、镝、钬、铒等在低温下也呈现铁磁性，镧、铈的低熔点和钐、铕、镱的高蒸气压表现出稀土金属的物理性质有极大差异。钐、铕、钇的热中子吸收截面比广泛用于核反应堆控制材料的镉、硼还大。稀土金属具有可塑性，以钐和镱为最好。除镱外，钇组稀土较铈组稀土具有更高的硬度。

稀土元素已广泛应用于电子、石油化工、冶金、机械、能源、轻工、环境保护、农业等领域。应用稀土可生产荧光材料、稀土金属氢化物电池材料、电光源材料、永磁材料、储氢材料、催化材料、精密陶瓷材料、激光材料、超导材料、磁致伸缩材料、磁致冷材料、磁光存储材料、光导纤维材料等。

常用的氯化物体系为$KCl-RECl_3$，它们在工农业生产和科研中有广泛的用途，在钢铁、铸铁和合金中加入少量稀土能大大改善其性能。用稀土制得的磁性材料磁性极强，用途广泛。稀土在化学工业中被广泛用作催化剂。稀土氧化物是重要的发光材料、激光材料。

我国拥有丰富的稀土矿产资源，成矿条件优越，堪称得天独厚，探明的储量居世界之首，为发展我国稀土工业提供了坚实的基础。

第十五课　立井井筒及施工

井筒概述

井筒是从地表开掘进入地下的通道，是矿井生产期间运输煤炭、升降人员、材料、设备及通风、排水的咽喉要道。

根据井田开拓方式的不同，井筒分为立井、斜井和平硐。立井井筒按其用途又分为主井、副井、混合井和风井。主井是专门用作提升煤炭的井筒，在大、中型矿井中，提升煤炭的容器多采用箕斗，所以主井又常称作箕斗井。 副井是用作升降人员、材料、设备和提升矸石的井筒，并常兼作入风井，由于副井采用的提升容器是罐笼，所以副井又称为罐笼井。在同一个井筒内安设有箕斗和罐笼两种提升容器时，该井筒称为混合井，它主要用于小型矿井和老矿井改扩建的延深井。风井是主要用于通风的井筒。风井尽管有时也安设有提升设备，但仍然按其主要用途命名为风井。

立井井筒的组成自上而下可分为井颈、井身和井底 3 个部分。靠近地表的一段井筒称井颈，井颈部分一般处于表土层或风化岩层内，岩性松软。另外，井颈又承受附近地面各种构筑物的作用及各种孔洞的影响，使得其受力较大，所以井颈部分常需要加强支护。井颈长度与地表土有关，一般要求井颈的深度为 15～20m。井颈以下至井底车场水平的井筒部分叫做井身。井身是井筒的主要组成部分。井底车场水平以下部分的井筒叫做井底。

立井井筒断面形状有矩形、椭圆形、圆形。早期开凿的立井井筒断面采用矩形、椭圆形，目前已很少采用。圆形断面的井筒具有承受地压性能好，通风阻力小，服务年限长，维护费用低，施工容易等优点，所以目前广泛采用圆形断面的井筒。

立井井筒中提升容器的选择是根据井筒用途、井筒深度、矿井年产量和提升机类型决定的。一般提升煤炭用箕斗提升，升降人员、材料设备等用罐笼。箕斗和罐笼提升根据提升方式的不同又分为单绳提升和多绳提升。

立井表土施工

井筒施工根据施工措施及地层赋存条件的不同，分为普通凿井法与特殊凿井法。

普通凿井法是在稳定或含水较少的地层中采用钻眼爆破或其他常规手段凿井的方法。特殊凿井法是在不稳定或含水量很大的地层中，采用非钻爆法的特殊技术与工艺的凿井方法。

一、普通凿井法

井筒表土普通施工法根据表土层的稳定程度和施工工艺不同，分为井圈背板普通施工法、吊挂井壁施工法、板桩法。

1. 井圈背板普通施工法

井圈背板普通施工法就是在做好的封口盘上竖立掘进井架，采用人工或抓岩机掘土，下掘一小段后，即用井圈、背板进行临时支护，掘进一定长度后（一般不超过30m），再由下而上拆除临时支护，砌筑永久支护。如此反复进行，直至基岩。该法工艺简单，安全。适用于较稳定的表土层。

2．吊挂井壁施工法

吊挂井壁法采用小段高，一般段高0.5～1.0m，随掘进砌混凝土井壁，无需临时支护，在上段井壁内，埋设有竖向吊挂钢筋，用以承担下段井壁重量，该法适用于稳定性较差的土层中。吊挂井壁法工序简单，工作条件好，便于施工作业，但井壁接茬多，封水性差，故用在含水性不大的土层中。该法常在通过整个表土层后，自上而下两次复砌井壁。

3．板桩法

板桩法是在开挖之前，用人工方法或打桩机在地面沿井筒周围打入一圈板桩，形成封闭的圆筒，用以支承井壁，在板桩的保护下进行掘进。板桩可用木材或金属材料。木板可用松木或柞木制成，金属材料常用槽钢制成。该法适用于表土层厚度不大的不稳定表土层。

普通凿井法适用于井筒涌水量小于30m^3/h的情况，在施工时应注意处理积水，如果工作面有积水，可采取降低水位法增加表土层的稳定性。

二、特殊凿井法

特殊凿井法是当井筒穿过不稳定含水地层，用普通凿井法无法通过时采用的特殊施工方法。特殊凿井法按施工工艺不同分为冻结法、钻井法、沉井法、混凝土帷幕凿井法、注浆凿井法等。

1．冻结法

冻结法就是在井筒掘进之前，将井筒周围含水层用人工制冷法冻结成为具有一定厚度的封闭的圆筒形冻结圈，然后在冻结圈的保护下开挖井筒。

2．钻井法

钻井法是利用钻井机将井筒全断面或井筒分次扩孔钻成井筒的方法。其主要工艺包括钻进、泥浆洗井护壁、悬浮下沉井壁和壁后注浆。钻井法施工的井筒，在钻进的同时，将已在地面预制好的钢筋混凝土或钢板混凝土复合井壁从井口逐节接进，整体悬浮下沉到预定深度，然后再以水泥浆充填壁后空间进行支护。

用钻井法凿进井筒，实现了掘进和支护的综合机械化，工人不用下井操作，作业安全，劳动生产率高。

3．沉井法

沉井法是先支护后掘进的一种施工方法。其方法是利用自重或自重加附加力使在地面预制好的钢筋混凝土井筒强迫下沉进入土中，在其保护下进行掘进，随着掘进，井筒下沉，在地面相应接长井壁，如此往下进行，为了减少下沉阻力，在井筒底部一段做成比外径稍大的台阶和刃角。当掘进到达设计位置后，进行封底与壁后注浆加固。

沉井法施工工艺简单，所需设备少，井壁质量好，但技术难度大，且要求井筒穿过的土层质均匀，以免偏斜。

4．混凝土帷幕凿井法

在井筒周围钻挖槽孔，槽孔达到设计深度并互相连通后，再用垂直导管法在泥浆下灌注混凝土，置换槽孔内的泥浆，并使各槽孔内的混凝土相互衔接，形成一个封闭的、具有一定厚度和强度的圆形混凝土帷幕结构，在其保护下掘砌井筒。该法具有工艺和设备简单，材料消耗少、准备期短等优点。

5．注浆凿井法

注浆凿井法是在井筒周围打钻孔，用注浆机经钻孔注入一种或几种胶结性浆液，堵塞裂隙或固结砂层，在井筒周围形成一个隔水的和有足够强度的帷幕，然后在其保护下进行井筒掘砌的施工方法。

词语   خام سۆز

1. 箕斗（名）jī dǒu   سۈكەن(كۆمۈر تارتىدىغاندا ئىشلىتىدىغان نەرسە)
2. 罐笼（名）guàn lóng   كان ئېلېۋاتورى (مەخسۇس ئادەم ۋە ماتېرىيال توشۇش ئۈچۈن ئىشلىتىدىغان نەرسە
3. 吊挂（动）diào guà   ئېسىپ قويۇش
4. 槽孔（名）cáo kǒng   ئوقۇرسىمان تۆشۈك
5. 井圈（名）jǐng quān   قۇدۇق ئايلانمىسى
6. 灌注（动）guàn zhù   قۇيماق، تۆكمەك
7. 帷幕（名）wéi mù   پەردە
8. 刃角（名）rèn jiǎo   بىس، تىغ
9. 堵塞（动）dǔ sè   ئېتىلىپ قېلىش، توسۇلۇپ قېلىش
10. 胶结性（名）jiāo jié xìng   قېتىشچانلىقى

作业与练习

一、词语解释

井筒　副井　井颈　井身　井底　吊挂井壁施工法　板桩法

二、根据课文内容填空

1．根据井田开拓方式的不同，井筒分为________、________、________。

2．立井井筒按其用途又分为________、________、________、________。

3．立井井筒的组成自上而下可分为________、________和________3 个部分。

4．立井井筒断面形状有__________、__________、__________。

5．立井井筒中提升容器的选择是根据__________，__________、矿井年产量和提升机类型决定的。一般提升煤炭用箕斗，升降人员、材料设备等用__________。箕斗和罐笼根据提升方式的不同又分为单绳提升和多绳提升。

6．井筒施工根据施工措施及地层赋存条件的不同，分为______________与______________。

7．井筒表土普通施工法根据表土层的稳定程度和施工工艺不同，分为井圈背板施工法、__________、__________。

8．钻井法是利用________将井筒全断面或井筒分次扩孔钻成井筒的方法。其主要工艺包括________、泥浆洗井护壁、悬浮下沉井壁和______________。

三、根据课文内容回答问题

1．简述井巷施工普通凿井法。

2．简述井巷施工特殊凿井法。

科普阅读

雅丹地貌

“雅丹”源于维吾尔语，意为“有陡壁的小丘”。雅丹地貌系因强大的风力侵蚀和搬运、堆积作用而形成的地貌，常呈现风蚀垄脊、土墩、风蚀沟槽、洼地等形态。此种地貌出现于多大风、干涸的古湖盆或湖积平原和戈壁滩。新疆的罗布泊、乌尔禾为此种地貌的典型。每当大风狂吼时，卷起漫天沙尘，日月无光，不辨方向，风声有如鬼哭狼嚎，完全是一个恐怖世界。大风停息之后，风蚀垄脊、土墩、风蚀沟槽、洼地犹如城堡、街巷及各种其他形象。而当再一场大风之后，会一切都变了模样。故乌尔禾的雅丹地貌被称为“魔鬼城”。

“雅丹”是“雅丹尔”的转音，后者意为险峻陡峭的沙丘。雅丹地貌是一种风蚀地貌，也叫沙蚀丘或风蚀丘，在维吾尔语中意为“风化土堆群”。在地理学上是干旱地区风蚀地域地貌的统称。干旱荒漠，岩石结构疏松，当地风力较大是形成雅丹地貌的基本因素。

雅丹地貌土质坚硬，岩石呈浅红色，大漠狂风雕刻成的千奇百怪、错落有致的岩沙形态各异，与青色的戈壁滩形成强烈的对比，在蓝天白云的衬托下格外引人注目。

在冷湖1.7万平方公里的土地上,雅丹林的面积占到94%以上。柴达木的雅丹,是7500万年前第三纪晚期和第四纪早期的湖泊沉积物，由于地质运动抬高而脱离水体，期间的盐和沙凝结地壳被西风侵蚀雕塑而成。它们广布于柴达木西北部，是世界最大最典型的雅丹景观之一，尤其是南八仙，一里坪一带，分布面积达千余平方公里。因其奇特怪诞的地貌，飘忽不定的狂风，由于地形奇特而生成的诡秘瑟人的风声，再加上当地岩石富含铁质，地磁强大，常使罗盘失灵，导致无法辨别方向而迷路，被世人视为魔鬼城、迷魂阵，别具一格。这里的雅丹林总面积约2.1万平方公里，平均海拔3 260米，是迄今国内发现最大的风蚀土林群。

雅丹林的高度，低的约四五米，高的有二三十米，长宽由几十米到数百米不等。其整体，有的酷似古城堡、庙宇、帝王坟、千军帐；有的类似“鲸群戏沙海”“百万海狮朝阳”“万龙布阵”……千姿百态，十分壮观。从近处看它们也是气象万千：有的土堆就像一艘艘鼓满风帆的战船即将远航；有的像雄纠纠的大公鸡，正伸脖打鸣；有的像小桥流水里的亭台楼阁，有的像骏马、骆驼、大象、狮、虎、鲸、龙、乌等动物。一切都给人神秘莫测、奇幻万千之感。

20世纪50年代有8位南方来的女地质队员，为寻找石油资源进入这里，因迷失方向而牺牲，所以这里有个地名叫“南八仙”。风蚀地貌是青海天然一大奇观。

雅丹地貌的成因

雅丹地貌按成因可归纳为3种类型，这里以罗布泊地区为例。

（1）以风的吹蚀作用为主的雅丹地貌类型。平原地区分布的雅丹地貌，距山地较远，山区的暴雨和洪水不易到达。风蚀形成的雅丹地貌，沟谷长轴走向与当地主风一致。如孔雀河以南楼兰古城一带。

（2）以流水的侵蚀作用为主的雅丹地貌类型。邻近山地或湖滨附近的雅丹地貌，沟谷长轴走向与附近山地洪水沟走向一致，并在雅丹的土丘上留有洪水冲刷的痕迹。如龙城的北部和三垅沙一带。

（3）在流水作用的基础上，再经风的吹蚀作用的雅丹地貌类型。目前流水作用不甚明显，但发育最初阶段和流水作用有联系，首先是洪水作用，将平坦地表冲刷成无数条沟谷，使疏松的沙层直接暴露在地表，然后再经风的吹蚀作用，有时风和流水作用交替进行。沟谷长轴走向既与洪水走向一致，也和当地主风向一致。如白龙堆北部的雅丹。

地理位置及分布

我国的雅丹地貌面积约 2 万多平方公里，主要分布于青海柴达木盆地西北部，疏勒河中下游和新疆罗布泊周围。新疆的雅丹地貌仅 3 000～4 000 平方公里，规模小，典型的雅丹高 4～5 米，10～20 米高的雅丹又称为 mesa（麦萨），即方台地。非洲乍得盆地的特贝斯荒原的雅丹群范围最大，约 26 万平方公里。而最高大的雅丹在伊朗的卢特荒漠东南部，约 2 万平方公里，雅丹高 200 米，风蚀谷宽 500 米，雅丹呈垅脊状延伸，长数公里至十几公里。而敦煌古海雅丹高 20～100 米，属于中大型雅丹群，而且风蚀谷狭窄，雅丹造型丰富多彩，高密集型为世界所少见。它距离敦煌很近，交通方便，具有优良的区位优势，是旅游、科研的宝地。

从安西县城东北行 265 公里即到嘉峪关市，沿途戈壁风光独特。其中，县城东 45 公里处的布隆基乡，公路两侧到处是造型各异、犬牙交错的风蚀滩地，为典型的雅丹地貌奇观。雅丹地貌以罗布泊附近雅丹地区的风蚀地貌最为典型而得名。布隆吉一带由于千万年的风吹日晒，使地表平坦的砂岩层形成风蚀壁龛、风蚀蘑菇、风蚀柱、风蚀垄槽和风蚀洼地、残丘、城堡等各种地貌形态，风景壮观，令人无不称奇。安西县素有“世界风库”之称，这里地处两山之间类似狭管的走廊地带，海拔仅 1 170 米，地势低平。当空气流入后，狭管起到了加速气流运动的作用，故常形成大风。风沙长期以来危及安西居民生活和 3 000 亩耕地。全县有 6 个沙漠据点，占地 30 多万亩。这种大风天气往往使雅丹地貌的姿态发生巨大变化，形态各异。

电气工程部分

第一课　自动控制理论概述

自动控制理论是研究各种自动控制系统共同规律的技术科学，是工程控制论的一个重要分支，在工程应用和科技发展中起着极其重要的作用。它以数学为研究工具，以系统为研究和应用对象，以控制方法和控制规律为研究内容，是分析、设计和调试自动控制系统的必备理论基础。

自动控制理论可以分为经典控制理论、现代控制理论和智能控制理论 3 大部分，其发展过程也经历了 3 个阶段。

经典控制理论是指在 20 世纪 50 年代末期所形成的理论体系，它以描述输入—输出关系的传递函数为理论基础，并且采用时域和复频的双重方法，主要研究单输入—单输出线性定常系统的分析和设计问题。

现代控制理论是在 20 世纪 60～70 年代发展起来的新理论。它满足了当时宇航、国防等尖端技术和复杂系统的发展需要，采用能够描述系统内部特征的状态空间法，着重研究具有高性能、高精度的多输入—多输出、线性或非线性、定常或时变系统的分析和设计问题，如最优控制、最佳滤波和自适应控制等。

智能控制理论是在计算机技术和人工智能理论取得重大进展的 20 世纪后期发展起来的新型控制理论。它是试图模仿具有高度自组织、自适应、自调节能力的人类活动的机理，研究具有仿人智能的工程控制和信息处理问题，以使具有高度复杂性、高度不确定性的系统达到更高的要求。

首先以恒温系统为例，对其实现温度自动控制的基本原理加以研究，并从中引出自动控制和自动控制系统的基本概念。

实现恒温控制有两种方法：人工控制和自动控制。箱内的加热元件为电阻丝，箱内温度则由温度计来测量显示。改变流过电阻丝的电流和电阻丝产生的热量，就可以达到控制箱内温度的目的。这种人工调节过程可归结如下。

（1）观测由测量元件测出的恒温箱的实际温度（也称被控量）。

（2）与要求的温度值（也称给定值）进行比较，得出温度偏差的大小和方向。

（3）根据偏差的大小和方向再进行控制：当恒温箱的实际温度高于给定值时，就调节调压器动触头使电流减小，温度降低；当恒温箱的实际温度低于给定值时，就调节调压器动触头使电流增大，温度升高。

对于上述人工控制的恒温箱，如果能找到一个控制装置来替代人的职能，它也就变成一个自动控制系统了。这种无需人工直接干预，利用外加控制装置操作被控对象，使被控对象按照预定规律运行变化的过程，就称为自动控制。

通过上例，可以明确下列基本概念。

被控对象（也称受控对象）：指被控制的机器设备或生产过程，如恒温箱等。

被控量：指表征被控对象工况的、需要加以控制的物理量，通常作为系统的输出量，如恒温箱的实际温度。

给定值：指要求被控量达到的希望值，通常作为系统的输入量，如恒温箱的期望温度。

控制装置：指能够通过对被控对象实施操作、从而完成控制任务的外部装置。

控制系统：指有机结合在一起的被控对象和控制装置构成的总体。

自动控制有两种基本控制方式：开环控制和闭环控制。与这两种控制方式对应的系统分别称之为开环控制系统和闭环控制系统。

开环控制系统是指系统的输出端与输入端不存在反馈关系、系统的输出量对控制作用不发生影响的系统。这种系统既不需要对输出量进行测量，也不需要将输出量反馈到输入端与输入量进行比较，控制装置与被控对象之间只有顺向作用，没有逆向联系。该系统的特点是：系统结构和控制过程简单，成本低廉，稳定性好，但抗干扰能力差，没有自动调节能力。一般仅用于控制性能要求不高，系统输入—输出关系明确，干扰较小且相对确定的场合。

闭环控制系统就是反馈控制系统。这种系统的控制装置与被控对象之间不仅有顺向作用，而且输出端与输入端之间存在反馈联系，因此，输出量的大小对控制作用有着直接影响。该系统的突出优点是控制精度高，抗扰能力强，适用范围广。但它也有其固有的缺点，一是结构复杂，原件较多，成本较高；二是稳定性要求较高。

自动控制系统主要有以下几种分类方法和基本类型。按输入信号的变化规律可分为恒值控制系统、程序控制系统、随动系统；按系统传输的信号特征可分为连续控制系统、离散控制系统；按系统各环节输入—输出关系的特征可分为线性控制系统、非线性控制系统；按系统参数的变化特征可分为定常参数控制系统、时变参数控制系统。

词语

1. 自动控制 zì dòng kòng zhì　ئاپتوماتىك كونترول قىلىش
2. 传递函数 chuán dì hán shù　يەتكۈزۈپ بېرىش فۇنكسىيەسى
3. 时域（名）shíyù　ۋاقىت دائىرىسى
4. 复频域（名）fù pín yù　مۇرەككەپ چاستوتا دائىرىسى
5. 线性（名）xiàn xìng　سىزىقلىق
6. 非线性（名）fēi xiàn xìng　سىزىقلىق بولمىغان
7. 定常系统 dìng cháng xì tǒng　سىزىقلىق مۇقىم سىستېما
8. 时变系统 shí biàn xì tǒng　ۋاقىت بويىچە ئۆزگىرىدىغان سىستېما
9. 最佳滤波 zuì jiā lǜ bō　ئەڭ ياخشى دولقۇن تاسقاش
10. 自适应控制 zì shì yìng kòng zhì　ماسلاشقان كونترول قىلىش
11. 被控对象 bèi kòng duì xiàng　كونترول قىلىنىدىغان ئەسلىھە
12. 被控量（名）bèi kòng liàng　كونترول قىلىنىدىغان مىقدار
13. 给定值（名）gěi dìng zhí　بېرىلگەن قىممەت
14. 控制装置 kòng zhì zhuāng zhì　كونترول قىلىدىغان قۇرۇل
15. 控制系统 kòng zhì xì tǒng　كونترول قىلىش سىستېمىسى
16. 开环控制 kāi huán kòng zhì　ئوچۇق ھالقىلىق كونترول قىلىش

17. 闭环控制 bì huán kòng zhì يېپق هالقلق كونترول قلش
18. 反馈控制系统 fǎn kuì kòng zhì xì tǒng قايتلما كونترول قلش سېستمسى
19. 顺向（动）shùn xiàng سائەت ئستېرلكسى يۆنلشى
20. 逆向（动）nì xiàng سائەت ئستېرلكسغا قارشى يۆنلش
21. 控制精度 kòng zhì jīng dù كونترول قلشنڭ ئنچكلك دەرجسى
22. 恒值控制系统 héng zhí kòng zhì xì tǒng تۇراقلق قممەت كونترول قلش سېستمسى
23. 随动系统 suí dòng xì tǒng ئەگەشمە هەركەتلك سېستما
24. 连续控制系统 lián xù kòng zhì xì tǒng ئۈزلۈكسز كونترول قلش سېستمسى
25. 离散控制系统 lí sàn kòng zhì xì tǒng تارقلپ كونترول قلش سېستمسى
26. 参数（名）cān shù كوئففېتسنت

作业与练习

一、词语解释

给定值　　受控对象

控制装置　　被控量

开环控制系统　　闭环控制系统

自动控制

二、根据课文内容填空

1. 自动控制理论是研究各种____________共同规律的技术科学，是工程控制论的一个重要分支，在___________________中起着极其重要的作用。它以____________ 为研究工具，以系统为研究和应用对象，以控制方法和____________为研究内容，是自动控制系统的必备理论基础。

2. 自动控制有两种基本控制方式：__________和___________。与这两种控制方式对应的系统分别称之为________和__________。

3. 开环控制系统的特点是，系统结构和控制过程_____________，成本低廉，好，但_________能力差，没有自动调节能力。一般仅用于__________________不高，明确，干扰_____且相对确定的场合。

三、根据课文内容回答问题

1. 自动控制理论包括哪几部分？各自的特征是什么？
2. 简述开环控制系统与闭环控制系统的优缺点。
3. 简述自动控制系统的基本分类。

科普阅读

MATLAB 软件及其应用介绍

MATLAB 软件是由美国 MathWorks 公司于 1982 年首次推出的一套高性能的数值计算和可视化软件，是现今国内外广泛流行的工程应用软件。学习 MATLAB 软件，对学生掌握自动控制系统进行计算机辅助分析与设计的手段是非常必要和有效的。

MATLAB 软件主要包括 MATLAB 语言和各种控制系统工具箱两个部分，运用其进行自动控制系统的分析与设计，会使问题的解决变得十分简单，从而提高工作效率。

首先，我们来了解数学模型的 MATLAB 表示与变换。在 MATLAB 中，控制系统的数学模型的表示形式包括有理函数形式的传递函数、零极点形式的传递函数等。MATLAB 软件版本中允许使用对象数据类型，从而使传递函数模型在 MATLAB 中表现得更直观，使用也更加方便。当控制系统的数学模型采用对象数据类型表示时，很容易实现传递函数的等效变换。这种等效变换有两种：一种是控制系统结构的等效变换，如串联、并联和反馈；另一种是不同对象之间的等效变换，如传递函数的有理函数形式化为零极点形式。

其次，应用 MATLAB 软件可以对任意形式的线性系统进行仿真分析，既可以相当精确地描画出系统的时域响应曲线，也可以比较准确地描画出开环频率特性曲线，还能通过计算机或观察得到各种性能指标。此外，MATLAB 软件可以实现对直流调速系统的仿真分析和优化设计。同时，MATLAB 软件具有很强的仿真功能，可以对校正前后的系统进行仿真比较来判断校正的效果。

因此，MATLAB 软件是自动控制系统分析、校正不可多得的有效工具。

词语

1. 可视化软件 kě shì huà ruǎn jiàn　　كۆرگىلى بولىدىغان يۇمشاق دېتال
2. 数学模型 shù xué mó xíng　　ماتېماتىكىلىق مودېل
3. 有理函数 yǒu lǐ hán shù　　راتسىئونال كوئىففېتسىنت
4. 零极点（名）líng jí diǎn　　نۆل قۇتۇپ نۇقتىسى
5. 对象数据类型 duì xiàng shù jù lèi xíng　　ئوبيېكتىپلىق سانلار تۈرى (تىپى)
6. 等效变换 děng xiào biàn huàn　　تەڭ ئۈنۈملۈك ئالمىشىش
7. 串联（动）chuàn lián　　ئارقىمۇ - ئارقا
8. 并联（动）bìng lián　　يانداش
9. 仿真（动）fǎng zhēn　　تەقلىد قىلىش
10. 时域响应曲线 shí yù xiǎng yìng qū xiàn
ۋاقىت دائىرىسىنى ئىنكاس قىلىدىغان ئەگرى سىزىق
11. 开环频率特性曲线 kāi huán pín lǜ tè xìng qū xiàn
ئوچۇق ھالقىلىق چاستوتا ئالاھىدىلىكىنى ئىپادىلەيدىغان ئەگرى سىزىق
12. 直流调速系统 zhí líu tiáo sù xì tǒng
تۇراقلىق توك سۈرئەت ئۆزگەرتىش سىستېمى
13. 校正（动）jiào zhèng　　توغرىلاش

第二课　控制系统的数学模型

研究控制系统，除了要定性了解系统的组成、功能和原理以外，还必须定量分析系统的动、静态性能。而要完成此项任务，就必须建立系统的数学模型。

所谓系统的数学模型，就是描述系统内部变量之间本质联系的数学表达式。数学模型有动态模型和静态模型之分，一般意义上的数学模型均指动态模型。经典控制理论中常用的数学模型有时域模型——微分方程、复域模型——传递函数、频域模型——频率特性、结构模型——动态结构图。其中最基本的数学模型是微分方程，最常用的数学模型是传递函数，最直观的数学模型是动态结构图，频率特性则是传递函数的特殊形式。

建立控制系统数学模型的方法一般有分析法和实验法两种。分析法是指通过对系统各部分的运动机理进行分析，根据它们所遵循的物理、化学或其他规律来列写各部分的运动方程，进而建立整个系统的数学模型。例如，建立电气系统的数学模型就是基于霍夫定律；建立机械系统的数学模型则要基于牛顿运动定律。这种方法适用于对系统中各元件或环节的物理、化学等性质比较清楚的情况。否则，就必须通过实验法来建立系统的数学模型。实验法是指对实际控制系统或元件施加一定形式的典型输入信号，再根据测取的输出响应来建立其数学模型。

在控制系统的分析和设计中，建立合理的控制系统数学模型是一项极为重要的工作，它直接关系到系统分析结果的正确性和系统设计结果的可用性。因此，在建立系统的数学模型时，既要考虑数学模型的精确性，又要注重数学模型的简易型。一个合理的数学模型应该能够以最简单的形式来正确描述系统的性能。

控制系统的数学模型主要研究用分析法建立和表示线性定常系统数学模型的基本方法，以期为后续的系统分析和系统设计奠定基础。

数学模型是描述系统（或元件）动态特性的数学表达式，是从理论上进行系统分析和系统设计的主要依据。

描述线性定常系统常用的数学模型是微分方程、传递函数、动态结构图和频率特性。

微分方程是自动控制系统最基本的数学模型，也是系统的时域数学模型。对一个实际的控制系统来说，系统微分方程的列写应从输入端入手，依次根据有关的物理定律，写出各元件或环节的微分方程，然后消去中间变量，并将方程整理成标准形式。

传递函数是系统或环节在初始条件为零时输出量的拉式变换式和输入量的拉式变换式之比。传递函数只与系统（或环节）内部的结构、参数有关，而与参考输入量、扰动量等外界因素无关。它表征系统（或环节）的固有特性，是自动控制系统中的复域模型，也是自动控制系统中最常用的数学模型。对于同一系统，若选取的输入量和输出量不同，则其对应的微分方程式和传递函数也不同。

动态结构图是自动控制系统的一种图形化数学模型，它直观地显示了系统的结构特点、各参变量和作用量在系统中的作用和地位，清楚地表明了各环节间的相互关系。

动态结构图可以进行等效变换，因此，同一个系统的动态结构图不是唯一的。但同一个系统（包括输入量和输出量也相同）的微分方程式和传递函数却是唯一的。在动态结构图的基础上，可以通过等效变换和梅逊公式求取系统的传递函数。

一般地讲，系统传递函数多指闭环系统输出量对输入量的传递函数，但严格来说，系统传递函数是个总称，它包括几种典型传递函数，即开环传递函数、闭环传递函数、在给定和扰动作用下的闭环传递函数及由给定和扰动引起的误差传递函数。

频率特性是控制系统或元件对不同频率正弦输入信号的稳态响应特性，是传递函数的特殊形式，其表达式是复数，既可以用直角坐标式、极坐标式和指数式来描述，也可以用麦奎斯特图（幅相频率特性图、极坐标图）和伯德图（半对数坐标图）来表示，它们本质上是相同的。

任何系统都是由各种实际环节构成的。实际系统都是由各种各样的环节组成的，而且每个环节的复杂程度也不一样，很难用系统的表达式来描述，这给系统分析和设计带来了困难。为此，在自动控制理论中，常把系统的数学模型分解为典型环节来加以研究。这些典型环节与实际环节不存在一一对应关系，一个实际环节可能是若干个典型环节的组合。同样的道理，也只考虑系统的典型结构。但这并不影响理论研究。因此，掌握典型环节的数学模型和典型结构控制系统的传递函数，对进行系统分析和系统设计是十分必要的。一个复杂的系统常可以分解成若干个典型环节，包括比例环节、积分环节、微分环节、一阶微分环节、振荡环节和延迟环节等。

应用 MATLAB 软件分析系统时，不但可以用有理函数形式的传递函数模型和零极点形式的传递函数模型的形式来表示和输入系统的数学模型，还可以进行模型结构的等效变换和模型之间的等效变换。

词语

1. 动态模型 dòng tài mó xíng ھەرىكەتچان مودېل
2. 静态模型 jìng tài mó xíng تىنچ مودېل
3. 频率特性 pín lǜ tè xìng چاستوتا ئالاھىدىلىكى
4. 频域模型 pín yù mó xíng چاستوتا دائىرە مودېلى
5. 动态结构图 dòng tài jié gòu tú ھەرىكەتچان قۇرۇلما سخېمىسى
6. 微分方程 wēi fēn fāng chéng دىففېرېنسىئال تەڭلىمىسى
7. 运动机理 yùn dòng jī lǐ ھەرىكەت مېخانىزمى
8. 霍夫定律 huò fū dìng lǜ خوفۇ (ئادەم ئىسمى) قانۇنى
9. 牛顿运动定律 niú dùn yùn dòng dìng lǜ نيوتۇن ھەرىكەت قانۇنى
10. 输出响应 shū chū xiǎng yìng چىقىرىش ئىنكاسى
11. 线性定常系统 xiàn xìng dìng cháng xì tǒng سىزىقلىق مۇقىم سىستېما
12. 拉式变换式 lā shì biàn huàn shì لاپلاسى ئۆزگىرىش ھاسىل قىلىش ئىپادىسى
13. 扰动量（名）rǎo dòng liàng كاشىلا ھەرىكەت مىقدارى
14. 等效变换 děng xiào biàn huàn تەڭ ئۈنۈملۈك ئالمىشىش
15. 梅逊公式 méi xùn gōng shì مېيسۇن (ئادەم ئىسمى) فورمۇلاسى
16. 开环传递函数 kāi huán chuán dì hán shù
ئوچۇق ھالقىلىق يەتكۈزۈپ بېرىش فۇنكسىيەسى

17. 闭环传递函数 bì huán chuán dì hán shù يېپىق ھالقىلىق ئۆزاتما فۇنكسىيە
18. 误差传递函数 wù chā chuán dì hán shù خاتالىق پەرقى ئۆزاتما فۇنكسىيەسى
19. 复数（名）fù shù كومپلېكس سان
20. 直角坐标（名）zhí jiǎo zuò biāo تىك بۇلۇڭلۇق كوئوردىنات سىستېم
21. 极坐标（名）jí zuò biāo تار بۇلۇڭ
22. 麦奎斯特图（名）mài kuí sī tè tú
كۆرسەتكۈچلۈك مەدىنىسى (ئادەم ئىسمى) سىخېمىسى
23. 幅相频率特性 fú xiàng pín lǜ tè xìng tú
ئامپلىتۇدىلىق قازا چاستوتا ئالاھىدىلىك سىخېمىسى
24. 伯德图（名）bó dé tú بودى (ئادەم ئىسمى) سىخېمىسى
25. 半对数坐标图 bàn duì shù zuò biāo tú
يېرىم لوگارىتىملىق كوئوردىنات سىستېمىسى
26. 一阶微分环节 yī jiē wēi fēn huán jié
بىرىنچى دەرىجىلىك دىففېرېنسىئال ھالقا
27. 振荡环节 zhèn dàng huán jié تەۋرىنىش ھالقىسى
28. 延迟环节 yán chí huán jié كېچىكتۈرگۈچى ھالقا
29. 有理函数 yǒu lǐ hán shù راتسىئونال فۇنكسىيە
30. 比例环节 bǐ lì huán jié تاناسىپلىق ھالقا
31. 积分环节 jī fēn huán jié ئىنتېگراللىق ھالقا
32. 典型环节 diǎn xíng huán jié ئۈلگىلىك ھالقا

作业与练习

一、词语解释

微分方程

动态结构图

频率特性

二、根据课文内容填空

1. 所谓系统的数学模型，就是描述系统内部变量之间本质联系的数学表达式。数学模型有__________和__________之分，一般意义上的数学模型均指动态模型。经典控制理论中常用的数学模型有时域模型——__________、复域模型——__________、频域模型——__________、结构模型——__________。

2. 传递函数是__________在初始条件为零时__________的拉式变换式和__________的拉式变换式之比。传递函数只与系统（或环节）内部的______、______有关，而与__________、等外界因素无关。

3. 频率特性是_________的特殊形式，其表达式是________，既可以用_________式、式和________ 式来描述，也可以用麦奎斯特图（幅相频率特性图、极坐标图）和_________（半对数坐标图）来表示，它们本质上是相同的。

三、根据课文内容回答问题

1. 建立控制系统数学模型的方法一般有哪几种？请对这些方法进行简要说明。

2. 系统传递函数严格来说只是个总称，它包括哪些典型传递函数？

3. 典型环节与实际环节之间是什么关系？典型环节包括哪些环节？

科普阅读

未来的自动化之光——RFID 技术的兴起（一）

19 世纪末，无线电的发明使得远隔大洋的人们突然之间感觉近在咫尺；20 世纪末，移动通讯技术的普及使得我们能够随时随地掌握万千信息；今天，RFID 技术的兴起又悄然点亮了未来生活的自动化之光……

RFID（无线射频识别，Radio Frequency Identification）是一种非接触式的自动识别技术。一套最简单的 RFID 系统由标签（Tag）、阅读器（Reader）和天线（Antenna）3 部分组成。RFID 的工作原理并不复杂：标签进入磁场后，如果接收到阅读器发出的特殊射频信号，就能凭借感应电流所获得的能量发送出存储在芯片中的产品信息（即 Passive Tag，无源标签或被动标签），或者主动发送某一频率的信号（即 Active Tag，有源标签或主动标签），阅读器读取信息并解码后，送至中央信息系统进行有关数据处理。

目前 RFID 在保安系统和过路收费系统中已经取得广泛应用，如某研究所现在使用的一卡通系统，就是在 125kHz 频率下产生振荡，从而发送 64Bit 的数据信息。在零售业中，RFID 被认为是条形码的终结者。国外曾有这样一则广告：一个窃贼进入超市，看看左右没人，便大肆将货架上的商品放进自己宽松的外衣中。超市监控系统忠实地记录下这个过程，却没有拉响警报。因为 RFID 系统早已扫描过他身上所有商品，甚至还有他的信用卡信息，电脑自动处理账单。所以当他走出超市的时候，保安还会微笑地说上一句，祝您购物愉快，并将打印出来的账单交给他。

这就是未来 E-business 的生活。如果你喜欢，再来看看 E-home 的生活吧。清晨，主控电脑发现你已经起床，便会为你加热牛奶；当你进入洗手间，水温早已调节到最舒适的温度；把衣服扔进洗衣机，便会自动选择洗涤时间，还会告诉你里面有件衣服不能甩干；走进厨房，早餐正热气腾腾地等着你；打开冰箱，它会主动提醒你，面包没有了，是否需要列入采购清单，并且沙拉过期了，应该扔掉……

尽管这样的生活离我们还很遥远，但是通常只有米粒大小的标签已经藏于 ID 卡、衣服袖口、汽车挡风玻璃的收费标记、家畜的耳标、防盗钥匙以及星球大战的玩具中。墨西哥的一家公司曾推出这样一项业务：在儿童的皮肤下植入 RFID 标签以作为一种防绑架措施。

在不经意之间，RFID 已经进入了我们的生活。面对 RFID，我们做好准备了吗？

全球零售商沃尔玛曾宣布，要求其前 100 家供应商在 2005 年 1 月之前向其配送中心发送货盘和包装箱时使用 RFID 技术，2006 年 1 月前在单件商品中使用这项技术。供应商们不敢怠慢沃尔玛的要求，否则“你的东西就有可能被从零售商的货架上撤下来。”

中国的供应商也不例外，因为沃尔玛全球每年有约 120 亿美元的采购量来自中国，如果不了解其标准，必将造成贸易壁垒。2004 年 1 月，中国电子标签国家标准工作组应声成立，这个在中国国家标准化管理委员会旗下的组织，负责起草、制定中国有关电子标签的国家标准，使其既具有中国的自主知识产权，同时和目前国际的相关标准互通兼容，促进中国的“电子标签”发展纳入标准化、规范化的轨道。

第三课　直流调速系统

调速系统是当今电力拖动自动控制系统中应用最广泛的一种系统。目前对调速性能要求较高的各类生产机械大多采用直流传动，简称为直流调速。

早在 20 世纪 40 年代采用的是发电机——电动机系统，又称放大机控制的发电机——电动机组系统（G-M 系统）。这种系统在 20 世纪 40 年代广泛应用。但它的缺点是占地大、效率低、运行费用昂贵，维护不方便等，特别是至少应包含两台与被调速电机容量相同的电机（交流电动机和直流电动机）。为了克服这些缺点，20 世纪 50 年代开始使用水银整流器作为可控变流装置。这种系统缺点也十分明显，主要是污染环境，危害人体健康。20 世纪 50 年代末晶闸管——电动机调速系统（VC-M 系统）已成为当今主要的直流调速系统，广泛应用于世界各国。

近几年，交流调速飞速发展，逐渐有赶超并替代直流调速的趋势。直流调速理论基础是经典控制理论，而交流调速主要依靠现代控制理论。经典控制理论是现代控制理论的基石，直流调速的研究同样也是交流调速研究的前奏。

笼统地说，一个好的调速系统，应该既能在较宽的范围内进行调速，又要求一旦把转速调整到某一数值后，尽可能不受外部或内部干扰的影响，同时还要求系统具有良好的起、制动性能。为了从技术和经济两方面比较各种调速方案的优劣，将用到以下几个主要技术指标。静差率 s 是指电动机在某一机械特性上运行时，额定负载下的转速与理想空载转速之比；调速范围 D 是指生产机械或控制对象要求电动机所能提供的最高转速和最低转速之比，也叫调速比。

早期的调速系统，主要是通过功率放大装置调节电机电枢电压实现转速调节的。从结构上看属于开环控制。它的调速范围、静差率和动态性能都不能满足高性能的要求。为了满足调速指标的要求，必须引入转速负反馈，构成单闭环调速系统。

有许多生产机械需要经常工作在启动、制动、反转的过渡过程中。它们很大一部分时间工作在过渡过程中。如机械制造工业中的龙门刨床、纺织印染生产中的卷染机、印染联合机中的探边机构等都具有这种动态要求，有的甚至几秒钟正反转一次。还有如冷轧机和卷取机的控制，虽无正反转要求，但是它需要实现快速减速、停车。所以，在电力拖动系统中无论正反转、调速，还是制动，都要改变转矩的方向。因此，必须引出可逆调速系统，实现四象限运行。

为了使读者进一步掌握分析自动调速系统的方法，学到一些有关调试和运行方面的知识，本文将以系统实例来阐述直流调速系统定性分析、工程估算与调试的一般方法和步骤，并简要介绍日常维护应注意的问题。

分析一个实际系统，应该先进行定性分析，明确其基本工作原理后，再进行定量分析（即工程估算）。定性分析时，首先应化整为零，把系统分成若干个控制单元，明确各控制单元的功能与工作原理。然后再集零为整，明确整个系统的工作原理。在此基础上再进行定量分析，为此应建立系统的动态结构图，计算为保证系统静、动态性能的调节器所应具备的参数，以便进行系统调试时，做到心中有数。

定性分析和调试一个控制系统时，一般可遵循下列步骤进行。

第一，了解系统组成与原理。

首先，分析系统功能。这是定性分析时首先需要明确的问题。一个控制系统所能实现的控制功能，可以从以下几个方面了解：从生产机械对控制系统提出的要求来了解。从控制装置的产品功能介绍中进行了解；根据已有的原理图进行分析。直流调速系统的功能应包括：对电动机能否实现可逆控制、能否实现多台电动机分部传动控制、是有静差还是无静差调节、能否实现限制加速度的控制以及系统能完成的各种保护功能和其他功能等。

其次，化整为零、逐级分析。明确了系统所具备的各种控制功能以后，则可将控制系统分成若干个控制单元（也可将控制单元再划分成若干个控制环节），逐个搞清各控制单元（含各控制环节）的工作原理与功能，并明确它们分别在控制系统中所完成的控制任务。最后，集零为整、进行整体分析。在明确系统各控制单元及控制环节功能和工作原理的基础上，抓住各控制单元的输入及输出两端，依其信号的传递关系，把各控制单元连接起来进行整体分析，即集零为整。进行整体分析时应包括：启动、调速、稳定运行及停车时控制系统工作的全过程以及当系统处于各种故障状态下，控制系统完成保护控制的全过程等。

第二，做好调试准备。

掌握控制系统的工作原理、控制系统应满足的各项性能指标以及为实现这些指标各调节器应具有的参数。仔细检查传动系统各机械部件及检测装置的安装情况是否正常，运转是否灵活。系统的调试必须在电控装置完全合格的前提下进行，因此在调试前要对各单元进行测试，检查它们的工作是否正常、接线是否正常、接触是否良好、电气设备是否受潮、绝缘有无损伤。如发现遭受损伤或受潮，应在进行修复或干燥之后，再进行绝缘检查。准备好必要的仪器、仪表。例如双线示波器、高内阻万用表、负载电阻箱、慢扫描示波器或光线示波器、兆欧表及其他监控仪表（如电压表、电流表、转速表等）以及稳压电源和印刷电路接长板等。制订调试大纲，明确调试步骤。

在进行各项调试时，遵循的原则应该是先单元，后系统；先控制回路，后主电路；先检验保护环节，后投入运行。通电调试时，先用负载电阻代替，待电路正常后，再换接电动机负载。电动机投入运行时，应先轻载，后重载；先低速，后高速。对多环系统，应先调试内环，后调试外环。

系统的日常维护应注意下列事项。遵守操作次序，送电运行时，先接通控制电路电源，再接通主电路电源，然后才允许操作。断电运行时，应先停止操作，断开主电路，最后切断控制电路电源。不允许带电插拔控制单元插件，以免产生事故，或因插拔时产生异常电压而损坏半导体器件。不要用手去摸插件的插接部位，以免引起接触不良。存放印刷线路板插件时，应用纸或塑料袋包好，妥善保管。为了避免静电感应损伤半导体器件，不要用布、毛刷等清扫印刷线路板，一般可用皮老虎吹。应检查零线是否正常，过电保护是否灵敏，试验台前应穿胶底鞋，主电路部分一定要断电触摸。线路搭好后，应认真检查，随原理图和接线图过一遍，无错误后才可通电试验。

词语

1. 直流调速 zhí liú tiáo sù　　تۇراقلىق توك سۈرئەت ئۆزگەرتىش

2. 放大机（名）fàng dà jī　كۈچەيتكۈچ
3. 电动机组（名）diàn dòng jī zǔ　ئېلېكتر ماتور گۇرۇپپىسى
4. 交流电动机（名）jiāo liú diàn dòng jī　ئۆزگىرىشچان توك ئېلېكتر ماتورى
5. 直流电动机（名）zhí liú diàn dòng jī　تۇراقلىق توك ئېلېكتر ماتورى
6. 水银整流器（名）shuǐ yín zhěng liú qì　سىمابلىق توك توغۇرلىغۇچ
7. 可控变流装置 kě kòng biàn liú zhuāng zhì
كونترول قىلىنىدىغان توك ئۆزگەرتكۈچ قۇرۇلما
8. 晶闸管（名）jīng zhá guǎn　كىرىستاللىق توسقۇچى قۇرۇلما
9. 电动机调速系统 diàn dòng jī tiáo sù xì tǒng
ئېلېكتر ماتور سۈرئەت ئۆزگەرتىش سىستېمىسى
10. 静差率（名）jìng chā lǜ　تىنىچ پەرقلىق
11. 调速范围 tiáo sù fàn wéi　سۈرئەت ئۆزگەرتىش دائىرىسى
12. 调速平滑性（名）tiáo sù píng huá xìng
سۈرئەت ئۆزگەرتكۈچ تەكشى سىيرىلمە خۇسۇسىيتى
13. 功率放大装置 gōng lǜ fàng dà zhuāng zhì　قۇۋۋەت كۈچەيتكۈچى قۇرۇلما
14. 电机电枢电压 diàn jī diàn shū diàn yā
ئېلېكتر ماشىنىلىرىنىڭ ياكور توك بېسىمى
15. 动态性能 dòng tài xìng néng　دىنامىكىلىق خۇسۇسىيەت
16. 转速负反馈 zhuàn sù fù fǎn kuì　ئايلىنىش تېزلىكىنىڭ مەنپى قايتۇرۇشى
17. 单闭环调速系统 dān bì huán tiáo sù xì tǒng
يەككە يېپىق ھالقىلىق سۈرئەت ئۆزگەرتىش سىستېمىسى
18. 启动（动）qǐ dòng　قوزغىتىش
19. 制动（动）zhì dòng　تورمۇزلاش
20. 反转（动）fǎn zhuàn　تەتۈر ئايلىنىش
21. 电力拖动系统 diàn lì tuō dòng xì tǒng　مېخانىزىملارنى ئېلېكتر ئېنېرگىيەسى
ئارقىلىق ھەرىكەتلەندۈرۈش سىستېمىسى
22. 转矩（名）zhuàn jǔ　ئايلىنىش كۈچى مومىنتى
23. 可逆调速系统 kě nì tiáo sù xì tǒng　قايتىلىما سۈرئەت ئۆزگەرتىش سىستېمىسى
24. 四象限运行 sì xiàng xiàn yùn xíng　تۆت چارەك يۈرگۈزۈش
25. 定性分析 dìng xìng fēn xī　مۇقىم خۇسۇسىيەتلىك ئانالىز
26. 定量分析 dìng liàng fēn xī　مىقدار ئانالىزى
27. 控制单元 kòng zhì dān yuán　كونترول قىلغۇچ بۆلەك
28. 无静差调节 wú jìng chā tiáo jié　تىنىچ پەرق بولمىغان تەڭشەش
29. 限制加速度 xiàn zhì jiā sù dù　تېزلىنىشنى تىزگىنلەش
30. 绝缘（动）jué yuán　ئىزولياتور
31. 双线示波器（名）shuāng xiàn shì bō qì　قوش سىملىق دولقۇن كۆرسەتكۈچ
32. 高内阻万用表（名）gāo nèi zǔ wàn yòng biǎo
يۇقىرى قارشىلىق ئۇنىۋېرسال مېتر
33. 负载电阻箱（名）fù zài diàn zǔ xiāng　يول قارشىلىق ساندۇقى

34. 慢扫描示波器（名）màn sǎo miáo shì bō qì

ئاستا تەسۋىر يايدىغان دولقۇن كۆرسەتكۈچ

35. 光线示波器（名）guāng xiàn shì bō qì　　نۇر دولقۇن كۆرسەتكۈچ

36. 兆欧表（名）zhào ōu biǎo

مېگگىر (كابولنىڭ ئىزولياتورلۇق قىممىتىنى ئۆلچەيدىغان سائەت)

37. 监控仪表（名）jiān kòng yí biǎo　　نازارەت قىلىپ كونترول قىلىش سائىتى

38. 稳压电源（名）wěn yā diàn yuán　　بېسىمى تۇراقلاشتۇرۇلغان توك سائىتى

39. 印刷电路接长板（名）yìn shuā diàn lù jiē cháng bǎn

باسما توك يولى سىم ئۇلاش تاختىسى

40. 控制回路 kòng zhì huí lù　　كونترول قىلغۇچ قايتىش توك يولى

41. 负载电阻（名）fù zài diàn zǔ　　يۈك قارشىلىقى

42. 多环系统 duō huán xì tǒng　　كۆپ ھالقىلىق سىستېما

43. 异常电压（名）yì cháng diàn yā　　نورمالسىز توك بېسىمى

44. 半导体器件（名）bàn dǎo tǐ qì jiàn　　يېرىم ئۆتكۈزگۈچلۈك ئەسۋاپ

45. 印刷线路板插件（名）yìn shuā xiàn lù bǎn chā jiàn

باسما يولى تاختىسى چېتىلىش قۇرۇلمىسى

46. 静电感应 jìng diàn gǎn yìng　　تىنىچ ئېلېكتر ئىندۇكسىيەسى

47. 过电保护 guò diàn bǎo hù　　توك ئېشىپ كەتكەندە قوغداش

作业与练习

一、词语解释

直流调速　　　　静差率　　　　调速范围

二、根据课文内容填空

1．早期的调速系统，主要是通过________调节________实现转速调节的。从结构上看属于________。它的调速范围、静差率和动态性能都不能满足高性能的要求。为了满足调速指标的要求，必须引入________，构成 ________ 系统。

2．分析一个实际系统，应该先进行________，明确其基本工作原理后，再进行(即工程估算)。定性分析时，首先应化整为零，把系统分成若干个________，明确各控制单元的功能与工作原理。然后再集零为整，明确整个系统的________。

3．不允许带电插拔控制单元插件，以免产生事故，或因插拔时产生________而损坏________ 。不要用手去摸插件的插接部位，以免引起接触不良。存放__________时，应用纸或塑料袋包好，妥善保管。为了避免________损伤半导体器件，不要用布、毛刷等清扫印刷线路板，一般可用皮老虎吹。

三、根据课文内容回答问题

1．简要说明直流调速系统发展历程。

2．一个控制系统所能实现的控制功能，可以从哪几个方面进行了解？

3．直流调速系统的功能应包括哪些？

4．直流调速系统在进行各项调试时，遵循的原则有哪些？

5．直流调速系统的日常维护应注意哪些事项？

科普阅读

未来的自动化之光——RFID 技术的兴起（二）

RFID 目前还存在很多尚未解决的问题，例如成本较高、标准不统一、差错率偏高、技术支持与流程控制管理不足、未建立协同商务模式等。我们必须面对由此产生的隐私、法律和道德等社会问题。

问题的存在给我国带来了机会。一个或几个 IT 厂商的努力远远不能解决全部问题，它需要全社会的通力合作。如果能够在以下几方面取得突破，那么我们同样可以坐到这场盛宴的餐桌旁。

（1）降低标签的生产成本。美国一个电子标签最低的价格是 20 美分。已经有公司宣称，只要年生产量在 100 亿个以上，单个标签的成本就可以降到 10 美分甚至更低。而仅沃尔玛一家全年生产的商品即有 600 亿件。

（2）RFID 的远距离传输。RFID 信号很容易被屏蔽，短距离内可以被金属材料所衰减，而较长距离内甚至可以被人体所屏蔽。所以一个潜在的研究方向即是设计新的标签天线以及更灵敏的读取器阵列。

（3）降低差错率。差错率的存在使经营者头痛，而目前 RFID 高达 20%的误读率就更加让人难以接受了。

（4）附属产品设计开发。为了适应 RFID 带来的变化，以充分享用自动化程度提高所带来的利益，企业必将花费巨资对现有业务流程进行再造。简单地实现门店自动销售，就涉及 RFID 识别系统制造、无线数据通信、数据加密、自动数据收集与数据挖掘等技术；把门店销售系统与企业资源计划（ERP）和仓库管理系统（WMS）结合起来，实现整个供应链的自动化管理，则需要一套更新更强大的软件系统支持；最重要的是，所有这些技术与系统都必须实现无缝连接，这对系统集成是个极大的挑战。

（5）统一标准。成立于今年 3 月的日本泛在 ID 中心（Ubiquitous ID Center）已经与位于 MIT 的 Auto-ID 中心直接形成了对抗之势。与 Auto-ID 中心提出的 96 位电子产品编码（Electronic Product Code，EPC）和相应的支持体系不同，泛在 ID 中心提出了 128 位编码和相应的专用协议。由于“物联网”是跨地区和跨国家的全球统一网络，假如标准不统一，那么将对“物联网”方案的实现形成一个非常大的障碍。而对中国来说，电子标签国家标准工作组将如何制定自主而又与国际兼容的标准又将是一个必须做出的艰难抉择。

（6）对隐私权的保护。越是看不见的技术，顾客越会产生一种天然排斥，甚至是恐惧感。假如所有商品中真的嵌入了标签，那么个人信息将会前所未有地被披露。而且随着标签传输距离的增加，也许每个人都将被更轻松地跟踪，而自己却一无所知。一个可能的解决办法是使用 Kill Command 技术，即收到特定指令后，RFID 芯片自行毁坏。但这种措施将完全剥夺 RFID 在顾客购物后所起到的作用，例如产品召回、与智能家电互动和家居物品管理等。

RFID 带给我们美好的远景，足以让每个人惊叹不已，但这个目标的实现道路却充满了荆棘甚至曲折。我们已经看到它射出的第一缕光芒，如何去迎接它呢？

自动化是机器设备或生产过程，在不需要人直接干预下，按预期的目标、目的或某种程序，经过逻辑推理、判断，普遍地实行自动测量、操作等信息处理和过程控制的统称。自动化科学技术就是探索和研究实现这种自动化过程的理论、方法和技术手段的一门综合性技术科学。通过对自动化学科的研究，使各种自动化技术工具可以在一定程度上代替人的部分体力劳动和脑力劳动，从而增强人类改造自然界的能力。

自动化作为一个现代技术科学领域，在实现社会科学化中得到蓬勃的发展，自动化技术在社会各行各业中的推广应用，提高了产品的数量和质量，降低了成本和能源消耗，改善了劳动条件，促进了高新技术的发展，并使企业管理科学化和社会管理信息化。同时，在体现当今科学技术发展规律的机电一体化技术，和以电子技术改造传统产业这两个大的方面，自动化技术亦无可置疑地起着主力军的作用。可以说，自动化技术已渗透到人类生产和社会生活的许多领域，自动化程度的高低，已经成为衡量一个国家科学技术和经济发展水平的重要标志。

事实上，早在自动化技术科学形成之初，控制论的奠基人、美籍犹太学者维纳（N · Wiener，1894～1964）等人就预见到自动化将给社会带来一次新的工业革命。维纳第一个把控制论引起的自动化同“第二次工业革命”联系起来，并提高到相当的高度来认识。英国物理学家、科学史家贝尔纳（J · D · Bernal，1901～1971）于1954年也曾说过：“我们有理由提到一次新的工业革命，因为我们引用了电子装置所能提供的控制因素、判断因素和精密因素，还有进行工业操作的速度大大增加了。巨型的自动化生产线，甚至完全自动化的工厂都有了……”。他还认为自动化的兴起不仅是一次“新的工业革命”，而且“这场革命或许可以更公允地叫作第一次科学技术革命”。

第四课　张力控制系统和位置随动系统

张力控制是指能够持久地控制原料在设备上输送时的张力的能力。张力控制是自动控制理论应用的一个很好的扩展，同时也是拖动系统的一个分支，广泛应用于纺织、矿山、机器人等领域。研究张力系统对于我国的工业、国防及尖端科技有重大作用。在实际生产过程中，由于加工对象和工艺要求的不同，生产机械对电动机转速控制的要求也不同。前面几课所学的调速系统，无论是开环、闭环或是不可逆、可逆，其基本目的就是要使转速保持稳定，而在冶金、轻工、纺织等行业中，经常需要对加工对象进行卷绕，使用各类卷取机、开卷机、旋绕机等卷绕生产机械。这些生产机械不是要求转速保持稳定，而是要求对转速进行控制，以保证整个卷绕过程中，加工对象受到的张力恒定，要使受控对象的张力恒定，必须引入张力负反馈。

张力控制系统可分为直接张力闭环控制、扰动补偿张力控制和复合控制 3 类。直接张力闭环控制就是直接以张力为被控对象，通过测量实际张力并与给定张力相比较，然后通过偏差来纠正偏差。扰动补偿张力控制则是通过测量与张力有确定数学关系的其他变量来间接反映张力的变化，并据此对张力的偏差予以补偿。

直接张力闭环控制和扰动补偿张力控制是常用的两种方式。

在自动控制中，有许多要求具有一定精度的位置控制问题，如机床的自动控制、数控机床的定位控制、轧钢机的压下装置的定位控制、火炮的瞄准、雷达天线的跟踪等，必须引入位置随动系统，因此位置随动系统得到了广泛的应用。随动系统（servo system）是一种反馈控制系统，在这种系统中，输出量是机械位移、速度或者加速度。因此随动系统这一术语，与位置或速度、或加速度控制系统是同义语。位置随动系统的特点是，输入量是随时间变化的函数，要求系统的输出量能以尽可能小的误差跟随输入量的变化。在随动系统中，扰动的影响是次要的，重点是研究输出量跟随的快速性和准确性。该系统的另一个特点是可以用功率很小的输入信号操控功率很大的工作机械，只要选用大功率的功放装置和电动机即可，此外还可以进行远距离控制。

位置随动系统的组成主要包括检测元件、电压和功率放大、执行机构等部分。常用的线位移检测元件有差动变压器和感应同步器，常用的角位移检测元件有伺服电位器、自整角机和光电编码器等。为保证随动系统的执行机构根据偏差方向进行动作，就需要采用相敏整流电路，目前常采用由两组二极管桥式整流电路组成的相敏整流电路。

电压放大采用集成运算放大器，功率放大采用大功率晶体管组成的 PWM 放大器，其基本原理是利用大功率晶体管的开关作用，将直流电源电压转换成频率约为 2 000Hz 的方波脉冲电压，加在直流电动机的电枢上面。通过对方波脉冲宽度的控制，改变电机电枢的平均电压，从而调节电机的转速。

位置随动系统的执行机构通常由直流或交流伺服电机和减速器构成。位置随动系统的常见控制方案和控制类型有位置反馈单环随动系统、位置转速负反馈双环随动系统、复合控制随动系统等。其中，位置单环随动系统适用于负载小、非线性因素不强、扰动不大的场合；双环随动系统采用转速负反馈主要是为了提高系统的动态性能。

词语

1. 张力控制 zhāng lì kòng zhì　كېرىلىش كۈچىنى كونترول قىلىش
2. 张力恒定 zhāng lì héng dìng　كېرىلىش كۈچىنى تۇراقلاشتۇرۇش
3. 负载特性 fù zài tè xìng　يۈك ئالاھىدىلىكى
4. 偏差（名）piān chā　پەرىق
5. 直接张力闭环控制 zhí jiē zhāng lì bì huán kòng zhì
بىۋاستە كېرىلىش كۈچىنى يېپىق ھالەتتە كونترول قىلىش
6. 扰动补偿张力控制 rǎo dòng bǔ cháng zhāng lì kòng zhì
كاشىلا ھەرىكەتنى تولۇقلاپ، كاشىلا كۈچىنى كونترول قىلىش
7. 数控机床 shù kòng jī chuáng　رەقەملىك كونترول قىلىش ئىستانوكى
8. 卷绕（动）juǎn rào　تورمەل ئوراش
9. 卷取机（名）juǎn qǔ jī　يۆگەپ ئېلىش ماشىنىسى
10. 开卷机（名）kāi juǎn jī　يۆگەلمە ئىش يېيىش ماشىنىسى
11. 轧钢机（名）zhá gāng jī　پولۇكاتلاش ماشىنىسى
12. 旋绕机（名）xuán rào jī　ئايلىنىپ ئوراش ماشىنىسى
13. 位置随动 wèi zhi suí dòng　ئورنىغا ئەگىشىپ ھەرىكەت قىلىش
14. 功放装置 gōng fàng zhuāng zhì　قۇۋۋەت كۈچەيتىش قۇرۇلمىسى
15. 检测原件 jiǎn cè yuán jiàn　تەكشۈرۈپ ئۆلچەش قۇرۇلمىسى
16. 线位移（名）xiàn wèi yí　سىزىقلىق يۆتكىلىش
17. 差动变压器（名）chā dòng biàn yā qì
پەرقلىق ھەرىكەتلىنىدىغان ترانسفورماتور
18. 感应同步器（名）gǎn yìng tóng bù qì　ئىندۇكسىيەلىك ماس قەدەملەشتۈرگۈچ
19. 角位移（名）jiǎo wèi yí　بۇلۇڭلۇق يۆتكىلىش
20. 伺服电位器（名）sì fú diàn wèi qì　سېرۋولۇق پوتېنسىئومېتىر
21. 自整角机（名）zì zhěng jiǎo jī　ئاپتوماتىك بۇلۇڭ توغرۇلاش ماشىنىسى
22. 光电编码器（名）guāng diàn biān mǎ qì　فوتو ئېلېكتىرلىق سىفىر تۈزگۈچ
23. 相敏整流电路 xiàng mǐn zhěng liú diàn lù
24. 桥式整流电路 qiáo shì zhěng liú diàn lù　كۆرۈكسىمان توك رەتلەش توك يولى
25. 方波脉冲电压 fāng bō mài chōng diàn yā
كۋادرات دولقۇنلۇق ئىمپۇلسلۇق توك بېسىمى
26. 电枢（名）diàn shū　ياكور
27. 减速器（名词）jiǎn sù qì　سۈرئەت ئاستىلاتقۇچ
28. 位置反馈单环随动 wèi zhi fǎn kuì dān huán suí dòng
ئورنىغا قايتىدىغان تاق ھالقىلىق ئەگەشمە ھەرىكەت

29. 位置转速负反馈双环随动 wèi zhi zhuàn sù fù fǎn kuì shuāng huán suí dòng ئايلىنىش تېزلىكى ئورنىغا تەتۈر قايتىدىغان قوش ھالقىلىق ئەگەشمە ھەرىكەت

30. 负载（名）fù zài يۈك

31. 非线性（名）fēi xiàn xìng سىزىقلىق بولمىغان

32. 转速负反馈 zhuàn sù fù fǎn kuì ئايلىنىش تېزلىكى تەتۈر مەنپىي قايتىشى

作业与练习

一、词语解释

张力控制　　直接张力闭环控制　　扰动补偿张力控制　　位置随动

二、根据课文内容填空

1．在冶金、轻工、纺织等行业中，经常需要对加工对象进行__________，使用各类卷取机、开卷机、旋绕机等卷绕生产机械。这些生产机械不是要求转速__________，而是要求对转速________，以保证整个卷绕过程中，加工对象受到的__________，要使受控对象的张力恒定，必须引入____________。

2．常用的线位移检测元件有____________和___________，常用的角位移检测元件有____________、自整角机和____________等。

3．为保证随动系统的执行机构根据偏差方向进行动作，就需要采用_____________，目前常采用由两组__________________组成的相敏整流电路。

三、根据课文内容回答问题

1．张力控制系统可分为哪几类？

2．位置随动系统的特点是什么？

3．位置随动系统一般应用于哪些领域？

4．PWM 放大器的基本原理是什么？

5．位置随动系统的执行机构通常由什么构成？具有什么特点？

科普阅读

未来的自动化之光——RFID 技术的兴起（三）

回顾自动化技术数十年的发展过程，就其理论基础来说，大体经历了经典控制理论、现代控制理论和大系统理论这 3 个阶段。通常以 1948 年作为形成经典控制理论的起点，到 1957 年已发展成为一门独立的学科，相继产生了若干对分析实际控制系统卓有成效的方法。这一时期对系统采用的分析法，可以说主要是面向频域的，即通常用传递函数来研究设计自动化系统，而主要的设计准则是系统的稳定性。尽管这类分析方法直到 20 世纪 70 年代甚至现在还在被一些工程技术人员应用于生产过程自动化等场合，但由于在 3 个或 4 个自由度以上相互作用的情况下，采用这种方法建立起来的控制系统，在确定其稳定性方面受到了限制，因而束缚了控制技术的发展。

人们在困惑中寻找出路，力求摆脱这种束缚。控制工作者认识上的一大飞跃，是改变过去那种只依据传递函数来考虑控制系统设计问题的概念，而过渡到从这些函数的基础——微分方程来考虑的基本构想。这个过渡的最基本的概念之一是“状态”的概念，俄国力学家和数学家、稳定性理论的创始人李雅普诺夫（1857～1918）等人，正是利用了状态空间来研究系统的稳定性，产生了用时域的一阶微分方程对线性系统的描述，所得的结果与模拟计算和数字计算更一致。在“状态”“最优化”和“不确定性量化”等概念基础上发展起来的控制技术，为1957年第一颗人造卫星的发射及其后若干空间计划的实施，提供了制导和信息传输等手段，这些应用对控制技术产生了持续推动，现代控制理论在这个过程中也就逐渐得以形成，从时间上来看，这一时期大体是从1957～1965年。

从1965～1973年，现代控制理论在自动化技术中得到了更为广泛的发展，并应用于控制技术的一系列子学科，特别是应用于航空航天方面，并因此相应产生了一些新的控制系统。诸如自适应和随机控制，分布参数系统等。

到20世纪70年代中期，科学技术的发展和社会的进步，需要控制工作者对许多工程的、经济的、社会的若干大规模的、复杂的系统进行研究并实施控制。这些系统往往由于自身和外界的交互作用，而具有很强的不确定性，加之，由于一些系统实在太大，甚至涉及数以千计的可分状态，因而结合大系统所具有的一些特性，需要进行大系统分析和大系统综合。这就刺激了现代控制理论不得不向前发展，逐渐形成了大系统理论的雏形，成为第三代控制理论的一个重要内容。它着重研究大系统的结构方案、总体设计中的“分解”方法和协调等问题。如实现分级多层系统的控制问题，或以分散控制理论指导实现分散控制。从而解决大系统的最优设计、最优控制和最优管理。因此也可以说，大系统理论是系统工程学发展的一个新阶段。作为系统工程应用的成功实例，美国阿波罗计划的实现，推进了控制技术对当代科学和工程实践的影响。

自动化技术是紧紧伴随着生产过程自动化、军事装备的控制以及航空、航天事业的需要而迅速发展起来的。仅从作为现代控制技术的一个分支——制导技术来看，约70年前，法西斯德国向伦敦发射了约2 000枚射程 300公里的V-2火箭（采用原始的机电式制导系统，制导精度很低），只有1 230枚落入市区，而其中也只有约600枚散落在目标中心13公里的范围之内。今天的射程10 000公里的洲际导弹弹头落点圆公差偏差在30米以内。今日自动化技术的迅速发展的确是值得称道的。

自动化作为一个现代技术科学领域，是从20世纪40年代中期开始形成的。其实，自动机械的历史，可以追溯到古代。早在3 000多年前，我国就发明了“铜壶滴漏”的自动装置。大约在2 000年前，发明了自动记录行程的“记里鼓车”和自动指示方向的“指南车”。东汉张衡（78～139）利用铜壶滴漏装置制成了水力天文仪，北宋苏颂又在此基础增加了一个相当于自动调节器的天衡装置，该装置对铜壶滴漏中的受水壶作了改进，使得36个均匀分布的受水壶所盛之水均保持一定重量，从而使天衡装置内的机构尽可能保持恒定的转速，以提高水力天文仪的精度。用今天自动化的观点来看，铜壶滴漏装置属于自动检测或参数恒定系统；指南车是自动定向系统；天衡装置则是个自动调节器；而张衡利用齿轮系、杆、凸轮传动机构，完成一系列的顺序动作，来自动表示水力天文仪上的每个月的日期，则属于程序控制的范畴。

18世纪中叶蒸汽机问世后，蒸汽机的控制问题成为其推广应用的关键。1784年英国瓦特（J·Watt，1736～1819）采用了能自动调节蒸汽机速度的离心式调速器，才使蒸汽机成为安全实用的动力装置，得到了广泛的应用，1829年法国数学家蓬斯莱（J·

Poncelet，1788～1838）制造了一种按扰动调节原理工作的蒸汽机转速调节器。1874年俄国工程师契柯列夫提出并在实际上应用了作为现代电机自动调节基础的调整方法，开始应用了按调节量偏差和按扰动进行调节的原理。与此同时，麦克斯韦在离心式调速器应用了几十年的基础上，总结出调速器的一些理论。由于对蒸汽机控制的实践，1877年英国的劳斯（E·J·Routh，1831～1907）和德国的赫尔维茨（Hurwitz）提出了至今还在沿用的系统稳定性判据。他们的方法的优点是，只需根据系统的特征方程式的系数，应用代数方法就能判别自动调节系统的稳定性，而不必求出其特征根。人们依照判据，能够大体定量地知道调节参数的变化，在什么条件下系统是稳定的，为设计较为稳定可靠的自动调节器提供了依据。这是当时能事先判定调节器及自动调节系统稳定性的重要判据。

至此，自动装置随着生产的需要，初步积累了一些设计、应用的经验，也逐步建立了一些自动化技术的理论基础，孕育着控制技术的迅速发展的能量。

第五课　过程控制概述

什么是过程控制？过程控制是生产过程自动化的简称。它泛指石油、化工、电力、冶金、轻工、建材、核能等工业生产中连续的或按一定周期程序进行的生产过程自动化控制，是自动化技术的重要组成部分。过程控制正在为实现工业生产中各种最优经济指标、提高经济效益和社会效益、节约能源、改善劳动条件、保护生态环境等方面起着越来越大的作用。

过程控制通常是对生产过程中的温度、压力、流量、液位、成分和物性等工艺参数进行控制，使其保持为定值或以一定规律变化，以确保产品质量和生产安全，并使生产过程按最优化目标自动进行。

从控制的角度，通常将工业生产过程分为 3 类，即连续型、离散型和混合型。过程控制主要是针对连续型生产过程采用的一种控制方法。连续型生产过程的主要特征通常表现为，呈流动状态的各种原材料在生产过程中，经过传热、传质或物理、化学变化等，大多会发生相变或分子结构的变化，从而产生新的产品。在这个过程中，有关工艺参数是决定产品产量和质量的关键因素，它们不仅受生产过程内部条件的影响，也受外界条件的影响。由于影响生产过程的参数往往不止一个，所起的作用也各不相同，有时还会相互影响，这就增加了对过程工艺参数进行控制的复杂性和特殊性，从而也决定了过程控制的特点、任务及要求与一般自动控制有所不同。

过程控制的发展，大致经历了局部自动化、综合自动化和全盘自动化等阶段。

1．基于仪表的局部自动化阶段

20 世纪 50 年代前后，过程控制开始发展，一些工矿企业率先实现了基于仪表的局部自动化，这是过程控制发展的早期阶段。这个阶段的主要特点是，采用的过程检测控制仪表大多为基地式仪表或部分单元组合式仪表，而且多数是气动仪表（即用气压源作为驱动源）；过程控制系统的结构绝大多数是单输入—单输出系统；被控参数主要是温度、压力、流量和物位等工艺参数；控制的目的主要是保证这些工艺参数稳定在期望值以确保生产安全；过程控制系统分析、综合的理论基础是基于传递函数的经典控制理论。

2．基于仪表/计算机的综合自动化阶段

到了 20 世纪 60 年代前后，随着工业生产的不断发展，对过程控制的要求不断提高；随着电子技术的迅速发展，自动化技术工具也不断完善，过程控制进入了综合自动化阶段。这一阶段的主要特点是，过程控制大量采用单元组合式仪表（包括气动和电动）或组装式仪表；各种高性能或特殊要求的控制系统，如串级控制、前馈—反馈复合控制、史密斯预估控制以及比值、均匀、分程、自动选择性控制等相继出现，这一方面提高了控制质量，同时也满足了一些特殊工艺的控制要求；与此同时，计算机开始应用于过程控制领域，出现了直接数字控制（direct digital control，DDC）和计算机监督控制（supervisory computer control，SCC）；过程控制系统分析与综合的理论基础，由基于传递函数的经典控制理论发展到基于状态空间法的现代控制理论；控制系统由单变量发展到多变量，以解决生产过程中遇到的更为复杂的问题。

3．基于网络的全盘自动化阶段

自20世纪70年代中期以来，随着现代工业的迅猛发展与微型计算机的广泛应用，过程控制的发展达到了一个新的水平，即实现了过程控制最优化与现代化的集中调度管理相结合的全盘自动化方式，这是过程控制发展的高级阶段。这一阶段的主要特点是，在新型自动化技术工具方面，开始采用以微处理器为核心的智能单元组合仪表（包括可编程序控制器等），成分在线监测与数据处理技术的应用也日益广泛，模拟调节仪表的品种不断增加，可靠性不断提高，电动仪表也实现了本质安全防爆，适应了各种复杂过程控制的要求。过程控制由单一的仪表控制发展到计算机/仪表分布式控制，如集中/分散型控制、现场总线控制等。与此同时，现代控制理论的主要内容如过程辨识、最优控制、最优估计以及多变量解耦控制等获得了更加广泛的应用。

当前，过程控制已进入全新的、基于网络的计算机集成过程控制（CIPS）时代。CIPS是以企业整体优化为目标，以计算机及网络为主要技术工具，以生产过程的管理与控制为主要内容，将过去传统自动化的“孤岛”模式集成为一个有机整体，而网络技术、数据库技术、分布式控制、先进过程控制策略、智能控制等则成为实现CIPS的重要基础。可以预见，过程控制将在我国现代化建设过程中得到更快的发展和发挥更重要的作用。

词语

1. 液位（名）yè wèi　سۇيۇقلۇق ئورنى
2. 物性（名）wù xìng　ماددىلارنىڭ خۇسۇسىيىتى
3. 离散型（名）lí sàn xíng　تارقىلىش تورى
4. 传质（名）chuán zhì　ئۇزاتقۇچ ماددا
5. 仪表（名）yí biǎo　ئۆلچەش سائىتى
6. 局部自动化 jú bù zì dòng huà　قىسمەن بۆلەكنى ئاپتوماتلاشتۇرۇش
7. 过程检测 guò chéng jiǎn cè　جەرياننى تەكشۈرۈپ ئۆلچەش
8. 基地式仪表 jī dì shì yí biǎo　ئاساسى ئورۇندىكى ئۆلچەش سائىتى
9. 单元组合式仪表（名）dān yuán zǔ hé shì yí biǎo
   قۇرۇلما بىرىكمە خاراكتېرلىك ئۆلچەش سائىتى
10. 气动仪表（名）qì dòng yí biǎo　يەل بىلەن ھەرىكەتلىنىدىغان ئۆلچەش سائىتى
11. 综合自动化 zōng hé zì dòng huà　ئۇنىۋېرسال ئاپتوماتلاشتۇرۇش
12. 串级控制 chuàn jí kòng zhì　ئارقىمۇ- ئارقا ئۇلاپ كونترول قىلىش
13. 前馈—反馈复合控制 qián kuì - fǎn kuì fù hé kòng zhì
   ئالدى- كەينىگە قايتۇرۇپ مۇرەككەپ كونترول قىلىش
14. 史密斯预估控制 shǐ mì sī yù gū kòng zhì
   سىمىسى ئالدىن مۆلچەرلەپ كونترول قىلىش
15. 比值（名）bǐ zhí　نىسبەت قىممىتى
16. 分程（名）fēn chéng　ئايرىش ئارىلىقى

17. 自动选择性控制 zì dòng xuǎn zé xìng kòng zhì
ئاپتوماتىك تاللاش خۇسۇسىيىتىگە ئىگە كونترول قىلىش

18. 直接数字控制 zhí jiē shù zì kòng zhì بىۋاستە رەقەم بىلەن كونترول قىلىش

19. 计算机监督控制 jì suàn jī jiān dū kòng zhì
كومپيۇتېر ئارقىلىق كۆزىتىپ كونترول قىلىش

20. 全盘自动化 quán pán zì dòng huà ئومۇمىيۈزلۈك ئاپتوماتلاشتۇرۇش

21. 可编程序控制器（名）kě biān chéng xù kòng zhì qì پروگراممىلاپ تۈزۈپ كونترول قىلغۇچ

22. 成分在线监测 chéng fèn zài xiàn jiān cè
تەركىبىنى سىم يولىدا كۆزىتىپ ئۆلچەش

23. 模拟调节仪表（名）mó nǐ tiáo jié yí biǎo تەقلىدىي تەڭشەش ئەسۋابى

24. 计算机/仪表分布式控制 jì suàn jī / yí biǎo fēn bù shì kòng zhì
كومپيۇتېر/ئەسۋابقا تەقسىملەپ كونترول قىلىش

25. 集中/分散型控制 jí zhōng / fēn sàn xíng kòng zhì
مەركەزلەشتۈرۈپ/تارقاقلاشتۇرۇپ كونترول قىلىش

26. 现场总线控制 xiàn chǎng zǒng xiàn kòng zhì
نەق مەيداندا غول سىم ئارقىلىق كونترول قىلىش

27. 过程辨识 guò chéng biàn shí جەرياننى پەرق ئېتىپ تونۇش

28. 最优控制 zuì yōu kòng zhì ئەڭ ياخشى كونتول قىلىش

29. 最优估计 zuì yōu gū ji ئەڭ ياخشى مۆلچەرلەش

30. 多变量解耦控制 duō biàn liàng jiě ǒu kòng zhì
كۆپ ئۆزگىرىشچان، يېشىپ بىرىكتۈرۈپ كونترول قىلىش

31. 计算机集成过程控制 jì suàn jī jí chéng guò chéng kòng zhì
كومپيۇتېر توپلاشتۇرۇلغان جەرياننى كونترول قىلىش

32. 先进过程控制策略 xiān jìn guò chéng kòng zhì cè lüè
ئىلغار جەرياننى كونترول قىلىش

作业与练习

一、词语解释

过程控制　　　　CIPS

二、根据课文内容填空

1. 过程控制通常是对生产过程中的_______、压力、流量、_____、成分和_____ 等工艺参数进行控制，使其保持为______或以一定规律变化，以确保产品质量和生产安全，并使__________按最优化目标自动进行。

2. 自 20 世纪 70 年代中期以来，随着现代工业的迅猛发展与_______的广泛应用，过程控制的发展达到了____________，即实现了过程控制________ 与________的集中调度管理相结合的____________，这是过程控制发展的___________ 。

3. 基于网络的全盘自动化阶段,过程控制由单一的______________________发展到________________，如集中/分散型控制、____________ 等。与此同时，现代控制理论的主要内容如过程辨识、_________、最优估计以及______________等获得了更加广泛的应用。

三、根据课文内容回答问题

1. 连续型生产过程的主要特征是什么？
2. 过程控制的发展，大致经历了哪几个阶段？
3. 基于仪表的局部自动化阶段的特点是什么？
4. 基于仪表/计算机的综合自动化阶段的特点是什么？
5. 目前，过程控制进入了什么阶段？它有什么特点？

科普阅读

未来的自动化之光——RFID 技术的兴起（四）

20 世纪自动控制技术得到了飞速发展，并开始形成一个现代科学技术领域。通常，设计控制系统的首要要求就是稳定性，要求系统在各种不利因素的影响下能保持预定的工作状态。继劳斯和赫尔维茨提出了稳定性判据之后，李雅普诺夫在力学中广泛研究了运动的稳定性问题，所提出的理论和方法，指导了近半个世纪控制系统特别是非线性系统稳定性的研究，至今未失其作用。李雅普诺夫 1892 年提出的稳定性定义，不仅反映了客观存在着的大量实际问题的共同特点，而且可以把一个定性问题转变为一个定量分析问题去研究，特别是对那些不可能用分析方法求解的非线性方程或线性变系数方程描述的调节系统，有着重要意义。在上述理论与应用的基础上，1923 年英国希维赛德（O · Heaviside，1850 ~ 1925）为了简化控制系统的分析与设计，提出了算子法。瑞典的尼魁斯特（H. Nyquist，1889 ~ 1976）于 1932 年研制了电子管振荡器，提出以传递函数为依据的稳定性判别准则。由于组成控制系统的各个部件的频率特性的数据通常可用实验方法来确定，因而形成尼氏法的一大优点。1938 年，前苏联的米哈依洛夫第一个应用频率法来研究调节器的稳定性，提供了以应用柯西幅角原理为基础的线性自动调节系统稳定性的判据，把自动调节系统环节按动态特性加以典型化作为进行结构分析的基础。1948 年，美国的伊文思（W · R · Evans）提出了一种找特征方程的根的简单图解方法，即所谓“根轨迹法”，这是一个研究特征方程的根与系统中某一参数关系的图解方法，弥补了上述尼氏法不能确定系统可以稳定到何种程度的缺点，特别适用于迅速获知系统的响应，并可使设计者能够了解满足系统性能指标可以达到何种程度的近似结果。从而使根轨迹法和频率响应法一道，成为构成经典控制理论的两大支柱。特别是 20 世纪 70 年代以后，随着电子计算机的广泛应用，建立了用计算机对根轨迹的辅助制图的算法和程序，对直至 20 世纪 90 年代初的从事控制系统分析和设计人员，提供了一种简捷而准确的手段。1945 年美国伯德（H · W · Bode，1905 ~ ）总结了负反馈放大器原理，出版了《网络分析和反馈放大器设计》一书，利用对数频率特性，形成了尼魁斯特—伯德法。这种对数频率响应稳定判据，由于频率响应的幅值对数图和相角图易于绘制，从而使这种稳定性判据得到更广泛的应用。至此，自动调节装置及系统的稳定性问题基本获得解决。

第二次世界大战中，对火炮、雷达、战斗机等设计和生产的需要，促使更多的工程师、学者投入军事工程的研究，在总结以往自动调节器、反馈放大器等控制技术的基础上，逐渐形成了调节原理、伺服系统理论，并以此为指导，生产了战时所需的具有高精度、快速响应的伺服机构的武器装备。战后陆续公开了这些理论并推广应用于一般工业生产。例如，由美国麻省理工学院物理学家詹姆斯（H·M·James，1908～ ）、工程师尼克尔斯（N·B·Nichols）和数学家菲利浦（R·S·Philips）于1947年出版的《伺服机构原理》一书，系统总结了战时共同研究的成果，从而促进了向民用工业的移植。在实现生产过程自动化的进程中，除需要了解被控对象的特性外，往往也需要了解人在控制生产过程中的作用，以便有所借鉴，研制出具有相应作用的自动检测仪表、自动调节装置和执行机构，从而模仿或代替人的视觉、思维判断以及手和脚的若干功能，以自动控制取代人工控制。此外，由于一些自动化系统还需要人参与操作、调度、管理，对于这种人—机系统，既要研究人，又要研究机器，特别是要研究人和机器的信息交换和控制过程，而且要研究自动机器与生物机体之间存在着的共同规律，因而一门以数学为纽带，把研究自动控制、通讯、计算技术等工程技术与生物科学中神经系统的生理和病理等学科共同关心的共性问题，提炼出来而形成的边缘学科——控制论诞生了。其标志是1949年出版的维纳的《控制论》（Cybernetics），该书揭示了机器中的通信和控制机能与人的神经、感觉机能的共同规律。与此同时，美国应用数学家，当时在贝尔实验室工作的香农（C·E·Shannon，1916～ ）发表了《通信的数学理论》，宣告了信息论的诞生。这也主要是由于第二次世界大战后，一部分数学工作者和电子学工作者，总结了多年来通信系统的丰富实践和第二次世界大战中得到迅速发展的雷达系统的实践，加以提高而创立的一门研究各种信息传输系统共同规律的学科，它的高度概括性和联系多种学科的广泛性，对自动控制理论的形成，起了有力的促进作用。在上述成果和其他有关理论基础上，经典控制理论渐趋成熟，它大大促进了自动化技术的发展，并逐渐形成了自动化学科。

第六课　过程参数的检测与变送

过程控制通常是对生产过程中的温度、压力、流量、物位、成分等工艺参数进行控制使其保持为定值或按一定规律变化，以确保产品质量和生产安全，并使生产过程按最优化目标自动进行。要想对过程参数实行有效控制，首先要对它们进行有效的检测，而如何实现有效的检测，则由检测仪表来完成，检测仪表是过程控制系统重要组成部分，系统的控制精度首先取决于检测仪表的检测精度。检测仪表的基本特性和各项性能指标又是衡量检测精度的重要因素，因此了解过程控制系统中检测仪表的基本特性和构成原理，分析和计算检测仪表的性能指标等是正确使用检测仪表，更好地完成检测任务的重要前提。

过程参数检测仪表通常由传感器和变速器组成。

传感器是与人的感觉器官相对应的元件，它是能感受规定的被测量并按照一定的规律将其转换成可用输出信号的器件或装置，通常由敏感元件和转换元件组成。传感器的作用是检测被控过程的状态及其相应的物理量，以便控制过程参数出现的偏差。由于传感器的输出信号都十分微弱，因此需要有信号调理/转换电路对其进行放大及转换等，此外，信号调理/转换电路以及传感器工作时还要有电源供电，所以常常将信号调理/转换电路以及所需的电源也看做传感器的一部分。

在单元组合式自动化仪表中，变送器是变送单元的主要组成部分。在过程控制系统中它常常和传感器组合在一起，共同完成对被控参数的检测并转换成统一标准的输出信号，该标准的输出信号一方面被送往显示记录仪表进行显示记录；另一方面则送往控制器实现被控参数的控制。所以，从某种意义上说，变送器是将输出信号变成统一标准信号的传感器。

传感器的作用主要是基于各种自然规律和基础效应，把被测变量转化为便于传送的信号，所以必须由变送器将其转化为统一标准信号。变送器的种类很多，一般分为两类，一类是按传递信号分为模拟式变送器、数字式变送器；另一类则按被测参数的名称分为温度变送器、压力变送器、流量变送器等。

所谓压力是指垂直作用于单位面积上的力，在国际单位之中，压力的单位是帕斯卡。压力是生产过程中的重要参数，许多生产过程尤其是化工、炼油等生产过程都是在一定的压力条件下进行的，例如，高压容器的压力不能超过规定值，某些减压装置则要求在低于大气压的真空下进行，在某些生产过程中压力大小还直接影响产品的产量与质量，此外，压力检测的意义还在于其他一些过程参数，如温度、流量、液位等往往要通过压力来间接测量。由于参考点不同，在工程上又将压力表示为如下几种。差压，又叫压差，是指两个压力之间的相对差值；绝对压力是指相对于绝对真空所测得的压力；表压是指绝对压力与当地大气压力之差；负压是指当绝对压力小于大气压力之时，大气压力与绝对压力之差。

和温度压力一样，流量也是过程控制中的重要参数。一方面，它是判断生产状况、衡量设备运行效率的重要指标。例如，在许多工业生产中，一方面用测量和控制流量来确定物料的配比与消耗，以实现生产过程自动化和最优控制；另一方面，还需要将介质流量作为生产操作和控制其他参数的重要依据，所以，对流量的测量与控制是实现生产过程自动化的一项重要任务。在工程上常把单位时间内流过工艺管道某截面的流体数量称为瞬时流量，而把某一段时间内流过工艺管道某截面的流量总量称为累积流量。

物位是指存放在容器和工业设备中的物体的高度或位置，主要包括液位，指设备或容器中液体介质液面的高低；料位，指设备或容器中固体粉末或颗粒状物质堆积的高度；界位，指液体与液体或液体与固体之间分界面的高低。在工业生产中，经常需要对物位进行检测，其主要目的是监控生产的正常与安全运行并保障物料之间的动态平衡。

物位检测常用以下几种方法。静压式测量法，可通过压力或压差来测量液体的液位，这种方法的最大优点是可以直接采用任何一种测量压力或压差的仪表实现对液位的测量与变送。电气式测量法，该方法既可以测量液位，也可以测量料位，最大的优点是可以与电容式差压变送器配合使用输出标准统一信号。声学式测量法，它是一种非接触测量方法，适用于液体、颗粒状与粉末状物以及黏稠、有毒等介质的物位测量，并能实现安全防爆。但对声波吸收能力强的介质，则无法进行测量。射线式测量法，也是一种非接触测量方法，适用于操作条件苛刻的场合，如高温、高压、强腐蚀等工艺过程，几乎不受环境因素的影响。不足之处是射线对人体有害，需要采取有效的安全防护措施。

词语

1. 过程参数 guò chéng cān shù　جەريان پارامېترى
2. 变送（动）biàn sòng　ئۆزگەرتىپ يوللاش
3. 检测仪表检测精度 jiǎn cè yí biǎo jiǎn cè jīng dù　تەكشۈرۈپ ئۆلچەش پرىبورى ئۆلچەش ئىنچىكىلىك دەرىجىسى
4. 传感器和变速器 chuán gǎn qì hé biàn sù qì　سېنزور بىلەن ئۆزگەرتىپ يوللىغۇچ
5. 敏感元件和转换元件 mǐn gǎn yuán jiàn hé zhuǎn huàn yuán jiàn　سەزگۈر ئېلېمېنتى بىلەن ئالمىشىش ئېلېمېنتى
6. 被控过程 bèi kòng guò chéng　كونترول قىلىنىدىغان جەريان
7. 信号调理 xìn hào tiáo lǐ　سىگنال تەڭشەش پرىنسىپى
8. 转换电路 zhuǎn huàn diàn lù　ئالمىشىش توك يولى
9. 介质（名）jiè zhì　مۇھىت (قىستۇرۇلما، ۋاستە)
10. 模拟式变送器（名）mó nǐ shì biàn sòng qì　تەقلىدىي ئۆزگەرتىپ يوللىغۇچ
11. 数字式变送器（名）shù zì shì biàn sòng qì　رەقەملىك ئۆزگەرتىپ يول
12. 高压容器（名）gāo yā róng qì　يۇقىرى بېسىم سىغىمچانلىق
13. 差压（名）chā yā　پەرق بېسىم
14. 绝对压力 jué duì yā lì　مۇتلەق بېسىم كۈچ
15. 表压（名）biǎo yā　سىچوتچىكتا ئىپادىلەنگەن بېسىم
16. 负压（名）fù yā　ھەنپىس بېسىم
17. 截面（名）jié miàn　كەسمە يۈز
18. 瞬时流量（名）shùn shí liú liàng　پەيتلىك ئېقىم مىقدارى

19. 累积流量（名） lěi jī liú liàng جۇغلانما ئېقىم مىقدارى
20. 料位（名）liào wèi ماتېرىيال ئورنى
21. 界位（名）jiè wèi دائىرە
22. 静压式测量法 jìng yā shì cè liáng fǎ تىنچ بېسىملىق ئۆلچەش قائىدىسى
23. 电气式测量法 diàn qì shì cè liáng fǎ ئېلېكترلىق ئۆلچەش قائىدىسى
24. 电容式（名）diàn róng shì ئېلېكتر سىغىمى
25. 声学式测量法 shēng xué shì cè liáng fǎ ئاۋاز ئارقىلىق ئۆلچەش قائىدىسى
26. 射线式测量法 shè xiàn shì cè liáng fǎ نۇر ئارقىلىق ئۆلچەش قائىدىسى
27. 强腐蚀（动）qiáng fǔ shí كۈچلۈك چىرىش

作业与练习

一、词语解释

传感器　　物位　　压力　　表压　　绝对压力　　负压

二、根据课文内容填空

1．传感器的作用是检测＿＿＿＿＿＿及其相应的＿＿＿＿＿，以便控制过程参数出现的＿＿＿＿＿。

2．在单元组合式自动化仪表中，变送器是＿＿＿＿＿的主要组成部分。在过程控制系统中它常常和＿＿＿＿＿＿组合在一起，共同完成对＿＿＿＿＿的检测，并转换成统一标准的输出信号，该标准的输出信号一方面被送往＿＿＿＿＿＿进行显示记录；另一方面则送往控制器实现被控参数的控制。

3．在工程上，常把单位时间内流过工艺管道某截面的流体数量称为＿＿＿＿＿，而把某一段时间内流过工艺管道某截面的流量总量称为＿＿＿＿＿。

三、根据课文内容回答问题

1．为什么检测仪表是过程控制系统重要组成部分？
2．变送器是如何进行分类的？
3．在工业生产中为什么要对流量进行检测？
4．物位检测中常用哪些方法？它们有哪些优缺点？
5．液位、料位、界位分别指的是什么？为什么要对它们进行检测？

科普阅读

未来的自动化之光——RFID 技术的兴起（五）

早在 19 世纪前半叶，在机械加工上，车、磨、钻、铣、刨、锻等加工方法均已出现，生产机械化初步形成。到 19 世纪后期，开始出现了第一批自动车床，单机自动化也就开始萌芽。到了 20 世纪 50 年代初，由于批量生产的需要，以及经典控制理论的指导，单一生产过程自动化、自动生产线等局部自动化也就应运而生，把人从单调的、繁重的和受机器运转制约的手工操作以生产零部件的状态中解放出来。20 世纪 50 年代数控技术的发展，可以美国麻省理工学院研制出来的第一台数控装置的“加工中心”为代表，它是小批量和中批量生产自动化的关键，对当时的飞机制造工业起到了很大的推动作用。

在工业生产过程中亦已广泛应用PID（比例、积分、微分）调节器，对被调量与给定值的偏差，分别或同时按照比例、积分、微分作用的调节规律来控制工业对象。当时，大部分PID调节器是电动或机电式，也有一些是气动或液压式，因而在结构上显得相当复杂，如通常的控制装置一般分装为两个机柜，一个机柜装各种PID调节器，另一个机柜则装有许多继电器和接触器，实现控制中的启动、停止、联锁和保护等功能，这种调节装置的控制速度和控制精度一般都不太高，可靠性也不很理想，但确起到了其历史作用，直到20世纪90年代初在一些老的工厂、老的设备中，仍然还可看到这种模拟式的调节器在起作用。到1958年才引入第一代电子控制系统，并用模拟电子计算机来研究和实现这种调节器的功能。在工业控制中也开始应用由继电器构成的逻辑控制器，出现了程序控制。同时，用计算机进行机器零件的计算、数控程序的设计亦得到发展，即现今通常所说的计算机辅助设计CAD开始萌芽。这一时期由于数字控制和数据处理技术的发展，使机械制造业的结构发生了很大的变化。

从20世纪40年代末到20世纪50年代，自动化的理论基础是“经典控制理论”，集中反映在自动调节原理方面。经典控制理论的命名，是相对于“现代控制理论”而言的。它是以反馈为核心，把具有单一输入和单一输出的线性自动调节系统作为主要研究对象，研究的主要内容是自动调节系统的稳定性；所采用的数学模型则以传递函数描述，分析、综合调节系统的主要方法是频域法（即频率响应法）；所能达到的目的，基本是实现局部自动化。这一理论的形成、发展与广泛应用的时间，大体在1948～1957年。

对于控制对象是单输入—单输出的线性自动调节系统来说，按其控制作用的特点，大体有以下3种类型。其一是自动镇定系统，其控制作用的目的是使控制对象保持恒定值，亦称之为定值控制系统。其二是顺序调节系统，或程序控制系统，控制作用的目的是使控制对象按给定的时间函数工作，如飞机的着陆期间满足给定的高度变化规律，机床按一条已知轮廓的程序加工零件等。其三是伺服系统，或叫随动系统，其控制作用的变化事先不能准确地确定，而取决于系统之外进行着的过程，如天文望远镜的导星系统等。

那么，设计一个被控对象的线性自动调节系统，就需要促进基础理论和实现手段与方法的发展，了解理论和应用之间存在着什么样的依存关系，明确这些问题，对了解经典控制理论的发展过程会是有益的。

通常，从事自动化技术工作的人员，在得到给定任务的技术要求或性能指标后，首先要了解给定控制对象的动态特性以及可能采用的元、部件的特性和设计参数，然后对系统进行初步的分析或综合。为此，就要建立起以传递函数表示的数学模型，这就将实际的物理对象抽象为数学问题，而不管该系统是机械的、电的、或是气动、液压的，甚至是上述的混合体。用系统的方法进行设计，或是在计算装置上进行模拟，或是将系统的线性微分方程，用拉氏变换法转换成复变数的代数方程进行计算，以求得数学解，并同时对各种信号和扰动作用下的响应进行测试或试算。一般需经过若干次的试探法的演算，才能获得较为满意的系统参数，然后再依此建立起实际的物理系统，并通过系统实验，检验其所能达到的技术要求或性能指标，最后进行适当的修改、校正，完成系统设计的全过程。可以看出，控制理论在与应用的结合中，显示了它作为主要研究系统状态的运动规律，以及改变这种运动规律的方法和可能性的作用。

第七课　过程控制仪表概述

在过程控制中，常将调节器（含可编程序控制器）、电/气转换器、执行器、安全栅等称为过程控制仪表，它们是实现工业生产自动化的核心装置。在过程控制系统中，参数检测仪表将被控量转换成电流信号或气压信号，一方面通过显示仪表对其进行显示和记录；另一方面，将其送往调节器与给定信号进行比较产生偏差，并按照一定的调节规律产生调节作用去控制调节器，以改变控制介质的流量，从而使被控量符合生产工艺要求。

目前使用的调节器以电动调节器占绝大多数，而执行器则以气动为主，它们之间需要用电/气转换器进行信号转换，此外，智能式电动执行器将逐渐取代常规的气动执行器而成为执行器新的发展方向。

一般调节器除了对偏差信号进行各种控制运算外，还需具备如下功能。

（1）偏差显示　调节器的输入电路接收测量信号和给定信号，两者相减后的偏差信号由偏差显示仪表显示其大小和正负。

（2）输出显示　调节器输出信号的大小由输出显示仪表显示，习惯上显示仪表也称阀位表。阀位表不仅显示调节阀的开度，而且通过它还可以观察到控制系统受干扰影响后的调节过程。

（3）内、外给定的选择　当调节器用于定值控制时，给定信号常由调节器内部提供，称为内给定；而在随动控制系统中，调节器的给定信号往往来自调节器的外部，则称为外给定。内、外给定信号由内、外给定开关进行选择或由软件实现。

（4）正、反作用的选择　工程上通常将调节器的输出随反馈输入的增大而增大时称为正作用调节器；而将调节器的输出随反馈输入的增大而减小时称为反作用调节器。为了构成一个负反馈控制系统，必须正确地确定调节器的正、反作用，否则整个控制系统将无法正常运行。调节器的正、反作用可通过正、反作用开关进行选择或由软件实现。

（5）手动切换操作　调节器的手动操作功能是必不可少的。在控制系统投入运行时，往往先进行手动操作改变调节器的输出，待系统基本稳定后再切换到自动运行状态；当自动控制的工况不正常或调节器失灵时，必须切换到手动状态以防止系统失控。通过调节器的手动/自动双向切换开关，可以对调节器进行手动/自动切换，而在切换过程中，又希望切换操作不会给控制系统带来扰动，即要求无扰动切换。

除了上述功能外，有的调节器还有一些附加功能，如抗积分饱和、输出限幅、输入越限报警、偏差报警、软手动抗漂移、停电对策等，这些附加功能都是为了进一步提高调节器的控制功能。

执行器由执行机构调节阀两部分组成，过程控制系统中它接受来自调节器的控制信号，并转换成直线位移或角位移来改变调节阀阀门开度，从而达到控制介质流量的目的。因此，执行器也是过程控制系统中一个重要的、必不可少的组成部分。

执行器直接与控制介质接触，常常在高温、高压、深冷、高黏度、易结晶、闪蒸、气蚀等恶劣条件下工作，因而是控制系统的最薄弱环节。如果执行器的选择或使用不当，往往会给生产过程自动化带来困难，甚至会导致严重的生产事故，为此，对执行器的正确选用以及安装、维修等各个环节，必须给予足够的重视。

执行器按使用的能源可分为气动、电动、液动3种。其中气动执行器具有结构简单、工作可靠、价格便宜、维护方便、防火防爆等优点，在过程控制中获得了广泛的应用；电动执行器的优点是能源取用方便，信号传输速度快和便于远传，其缺点是结构复杂、价格贵，适用于防爆要求不高或缺乏气源的场所；液动执行器的推力最大，但目前使用不多。若执行器是采用电动式的，则无需电/气转换器；若执行器是采用气动的，则电/气转换器是必不可少的。

安全栅是构成安全火花防爆系统的关键仪表，其作用一方面保证信号的正常传输，另一方面则控制流入危险场所的能量在爆炸性气体或爆炸性混合物的点火能量以下，以确保过程控制系统的安全火花性能。

词语

1. 调节器（名）tiáo jié qì تەڭشىگۈچ
2. 可编程序控制器（名）kě biān chéng xù kòng zhì qì پروگراممىا تۈزۈپ كونترول قىلىش
3. 电/气转换器（名）diàn / qì zhuǎn huàn qì ئېلېكترلىق ئالماشتۇرغۇچ
4. 执行器（名）zhí xíng qì ئىجرا قىلغۇچ
5. 安全栅（名）ān quán shān بىخەتەر تور
6. 核心装置 hé xīn zhuāng zhì نۇقتىلىق قۇرۇلما
7. 被控量（名）bèi kòng liàng كونترول قىلىنىدىغان مىقدار
8. 电动调节器（名）diàn dòng tiáo jié qì ئېلېكترلىك تەڭشىگۈچ
9. 气动执行器（名）qì dòng zhí xíng qì ھاۋا بىلەن ھەرىكەتلىنىدىغان بىجىرگۈچ
10. 偏差信号（名）piān chā xìn hào سىگنالنى پەرقلەندۈرۈش ياكى پەرقلەندۈرۈلگەن سىگنال
11. 给定信号（名）gěi dìng xìn hào بېرىلگەن سىگنال
12. 偏差显示仪表（名）piān chā xiǎn shì yí biǎo پەرقنى كۆرسىتىپ بېرىدىغان ئىشكالا
13. 阀位表（名）fá wèi biǎo كلاپان ئورنىنى بەلگىلەيدىغان ئىشكالا
14. 开度（动）kāi dù ئېچىش دەرىجىسى
15. 定值控制 dìng zhí kòng zhì مۇقىم قىممەتنى كونترول قىلغۇچ
16. 内给定（名）nèi gěi dìng ئىچكى جەھەتتىن مۇقىملاش
17. 外给定（名）wài gěi dìng تاشقى جەھەتتىن مۇقىملاش
18. 负反馈控制系统 fù fǎn kuì kòng zhì xì tǒng مەنپىي قايتۇرۇپ كونترول قىلىش سىستېمىسى
19. 无扰动切换 wú rǎo dòng qiē huàn كاشىلا ھەرىكەت بولمىغان ئالماشتۇرۇش
20. 积分饱和 jī fēn bǎo hé ئىنتېگراللىق تويۇنۇش
21. 输出限幅 shū chū xiàn fú ئۈزۈتۈپ چىقىرىشنى ئامپلىتۇدىلىق چەكلەش
22. 输入越限报警 shū rù yuè xiàn bào jǐng قوبۇل قىلىشنىڭ چەكلىمىدىن ھالقىپ ئۆتكەنلىكىدىن خەۋەر بەرگۈچ
23. 偏差报警 piān chā bào jǐng پەرقنى سىگنال بېرىپ ئاگاھلاندۇرۇش

24. 软手动抗漂移 ruǎn shǒu dòng kàng piāo yí
يۇمشاق قول ھەرىكىتى بىلەن لەيلىمىگە قارشى تۇرۇش
25. 深冷（形）shēn lěng بەك سوغۇق
26. 高黏度（形）gāo nián dù يېپىشقاقلىقى يۇقىرى
27. 易结晶（动）yì jié jīng ئاسان كىرىستاللىشىش
28. 闪蒸（动）shǎn zhēng پارلىنىش
29. 气蚀（动）qì shí ھاۋادا چىرىش
30. 点火能量 diǎn huǒ néng liàng ئوت ئالدۇرۇش ئېنىرگىيە مىقدارى
31. 安全火花 ān quán huǒ huā بىخەتەر ئوت ئۇچقۇنى

作业与练习

一、词语解释

偏差显示　　输出显示　　内给定　　外给定

二、根据课文内容填空

1．在过程控制中，常将________（含可编程序控制器）、电/气转换器、________、等称为过程控制仪表，它们是实现工业生产自动化的_________。

2．目前使用的调节器以________占绝大多数，而执行器则以_____为主，它们之间需要用____________进行信号转换，此外，智能式电动执行器将逐渐取代常规的而成为执行器新的发展方向。

3．在控制系统投入运行时，往往先进行手动操作改变调节器的输出，待系统基本稳定后再切换到________状态；当自动控制的工况不正常或调节器失灵时，必须切换到手动状态以防止_______ 。

三、根据课文内容回答问题

1．在过程控制系统中，参数检测仪表起什么作用？

2．在过程控制系统中，阀位表有什么作用？

3．一般调节器除了对偏差信号进行各种控制运算外，还需具备哪些功能？

4．执行器按使用的能源可分为哪几类？有何优缺点？

5．在过程控制系统中，安全栅有什么作用？

科普阅读

未来的自动化之光——RFID 技术的兴起（六）

对于一些简单的自动化系统，尽管在应用自动调节技术的初期（20 世纪 50 年代初）曾经采用了一些开环控制以及简易自动化装置，由于其控制简单、投资少、收效快，甚至到 20 世纪 90 年代初在一些要求不太高的场合还被采用。但是，这个时期的自动化，主要以引进反馈概念为其特征，形成闭环系统，即所谓反馈控制，该系统依据输入的控制指令，通过控制器控制被控对象，然后将控制结果的信息再返回来馈送给控制器，经过控制器与原给定值的比较（分析），再对被控对象实施控制，如此反复循环，以达到或接近所要求的控制目的。这种反馈闭环控制可以克服被控制对象的特性变化和各种干扰因素所带来的误差，改善系统的品质，缩短控制的过渡过程时间，提高静态和动态精度等。驱动雷达天线跟踪移动目标的伺服系统就是一个典型的实例。在生产上，这种方式多用于连续生产过程的自动化。由于石油、化工、冶金等生产过程，其处理对象大都是流体或连续生产过程，工艺比较稳定，传输、控制比较容易，因而在这些部门，生产过程的自动化进展就较快。

如前所述，用经典控制理论对控制系统的分析和综合的核心是采用频域法，其中包含主要用于线性系统的对数频率法、根轨迹法，以及用于非线性系统的描述函数法等，研究的内容主要是稳定性和动态品质问题。

所谓频域法，是指用传递函数来研究设计自动化系统。传递函数概念的产生与电工学有密切关系，且在线性电路的分析上得到了广泛的应用。但在一个较长时期内，在自动化技术领域中，常常把以多项式代数和拉氏变换为基础的传递函数方法，作为控制理论的研究和实际自动化系统设计工作中的一个主要方法。这一时期自动化系统的运算等工作，一般通过模拟计算装置来实现，由于模拟计算装置在性能上有一定局限性，所以尽管在设计系统时已尽量考虑得合理，依据运算结果也确定了所需的参数，但实际调试系统时，往往也只能作为近似的参考值，仍需靠富有实践经验的人员在现场反复试凑。加上应用调节原理进行系统设计，通常只适用于对某些单输入—单输出的线性系统进行分析，而对于多输入—多输出的系统，以及随时间变化的时变系统、非线性系统等，则显得无能为力。勉力为然后再之，则必须加以若干假设条件的限制，这就不能不影响到控制系统的设计效果，从而也就需要寻找能适应这类控制对象的控制理论和设计手段。

进入 20 世纪 50 年代以后，经典控制理论有了许多新的发展。1951 年前苏联科学家齐普金提出了脉冲系统（一种离散时间系统）的分析和设计方法。1952 年美国哥伦比亚大学教授拉加齐尼（J·R·Ragazzini）领导的一个小组详细研究了采样系统（一种离散时间系统）的分析和设计方法。与此同时，一些历史上早已提出的问题又得到了新的研究。如 1938 年香农等人提出的逻辑控制，1943 年前苏联沃兹涅先斯基提出的协调控制，1941 年前苏联数学家柯尔莫戈罗夫和美国数学家维纳分别独立研究出来的最优线性滤波器，1951 年美籍中国科学家李耀滋（1914～）等人提出的自寻最优控制，1952 年美籍匈牙利数学家冯·诺伊曼提出的冗余技术，以及 1952 年英国精神病医生阿什比（W·R·Ashby）提出的自镇定和自适应等概念，逐渐渗入控制理论的研究中来。高速飞行、核反应堆、大电力网和大化工厂提出的新的控制问题，促使一些科学家对非线性系统、继电系统、时滞系统、时变系统、分布参数系统和有随机输入的系统的控制问题进行了深入的研究。经典控制理论的方法基本上能满足第二次世界大战中军事技术上的需要和战后工业发展上的需要。但是到了 20 世纪 50 年代末就发现把经典控制理论的方法推广到多变量系统时会得出错误的结论。经典控制理论的方法显示出了一定的局限性。

在某种意义上讲，实现自动化就是把人对生产过程的测量、控制作用，转移到自动化仪表、装置上去，因而研究、设计各种自动化仪表、装置，就成为自动化技术科学的一个重要任务。尤其就现代的工业来说，生产装置本身就是非常复杂的系统，具有相互关联的特点，需要协调动作和控制。对于生产对象或过程特性的变量多、速度快、范围大和不确定性增加等情况，依靠人直接进行控制几乎是不可能的，而且有些生产本身是对人有危害的。因此，不广泛采用自动化仪表装置，要想使工业生产迅速发展，工艺过程强化，生产对象扩大，确实是不可思议的。

第八课 简单控制系统设计概述

简单控制系统是只对一个被控参数进行控制的单回路闭环控制系统。这类系统虽然结构简单，却是最基本的过程控制系统。即使在复杂、高水平的过程控制系统中，这类系统仍占大多数。况且，复杂过程控制系统也是在简单控制系统的基础上构成的，即便是一些高级控制系统，也往往是将这类控制系统作为最低层的控制系统，因此，学习和掌握简单控制系统的分析和设计方法既具有广泛的实用价值，又是学习和掌握其他各类复杂控制系统的基础。简单过程控制系统的设计步骤如下。

（1）确定控制目标。为实现不同的控制目标，应采用不同的控制方案，这是首先需要确定的。

（2）控制方案的确定。控制方案与控制目标有着密切的关系。对于简单控制系统，控制方案的确定主要包括系统被控参数的选择、测量信息的获取及变送、控制参数的选择、调节规律的选取、调节阀（执行器）的选择和调节器正、反作用的确定等内容。

被控参数亦称被控量或是生产过程中系统的输出。被控参数的选取对于提高产品质量、安全生产以及生产过程的经济运行等都有决定性的意义。如果控制参数选取不当，无论采取何种控制方法，还是采用何种先进的检测仪表都难以达到预期的控制效果。这里给出被控参数选取的一般原则：首先，对于具体的生产过程，应尽可能选取对产品质量和产量、安全生产、经济运行以及环境保护等具有决定性作用的可直接进行测量的工艺参数（直接参数）作为被控参数。其次，当难以用直接参数作为被控参数时，应选取与直接参数有单值函数关系的所谓间接参数作为被控参数。再次，当采用间接参数时，该参数对产品质量应具有足够高的控制灵敏度，否则难以保证对产品质量的控制效果。最后，被控参数的选取还应考虑工艺上的合理性和所用测量仪表的性能、价格、售后服务等因素。

控制参数亦称控制量，一般情况下控制量是由生产工艺规定的，一个被控过程通常存在一个或多个可供选择的控制量。究竟用哪个控制量去控制哪个被控制量，这是需要认真考虑的。

（3）选择控制策略，被控过程决定控制策略。对比较简单的被控过程，在大多数情况下，只需选择常规 PID 控制策略即可达到控制目的；对比较复杂的被控过程，则需采用高级过程控制策略，如模糊控制、推理控制、预测控制、解耦控制、自适应控制策略等。这些控制策略亦称控制算法，涉及许多复杂的计算，所以只能借助计算机才能实现。控制策略的合理选择也是系统设计的核心内容之一。

（4）执行器的选择。在过程控制中，使用最多的是气动执行器，其次是电动执行器。究竟选用何种执行器，应根据生产过程的特点、对执行器推力的需求，以及被控介质的具体情况（如高温、高压、易燃易爆、剧毒、易结晶、强腐蚀、高黏度等）和保证安全的因素加以确定。气动执行器分气开、气关两种形式，它的选择首先应根据调节器输出信号为零时使生产处于安全状态的原则确定；其次，在保证安全的前提下，还应根据是否有利于节能，是否有利于开车、停车等进行选择。

（5）调节器正/反作用方式的选择。由于工程控制系统中的执行器有气开和气关两种形式，为了与此相对应，通常把被控过程和调节器也分为正作用与反作用两种类型。当被控过程的输入量增加时，过程的输出量（被控参数）也随着增加，则称为正作用被控过程；反之，则称为反正用被控过程。在工程实际中，调节器正/反作用的实现并不难，若是电动调节器，则可以通过正/反作用选择开关来实现；若是气动调节器，调节换接板即可改变调节器的正反极性。

（6）设计报警和连锁保护系统。报警系统的作用在于及时提醒操作人员密切注视生产中的关键参数，以便采取措施预防事故的发生。对于关键参数，应根据工艺要求设定其高、低限制。连锁保护系统是指当生产一旦出现事故时，为确保人身与设备的安全，要迅速使被控过程按预先设计好的进程进行操作，以便使其停止运转或转入“保守”运行状态。因此，正确设计报警和连锁保护系统是保证安全生产的重要保证措施。

（7）系统投运、调试和整定调节器的参数。完成工程设计、控制系统安装之前，应按照控制方案的要求检查和调试各种控制仪表和设备的运行状况，然后进行系统安装与调试，最后进行调节器的参数整定，使控制系统运行在最优状态。

综上所述，控制系统的设计是件复杂而细致的工作，尤其要从工程角度考虑，需要注意的问题更是多方面的。对具体的过程控制系统的设计者而言，只有通过认真调查研究，熟悉各个生产工艺过程，具体问题具体分析，才能获得预期的效果。

词语

1. 单回路闭环控制系统（词组）dān huí lù bì huán kòng zhì xì tǒng
تاق لىنىيەلىك يېپىق ھالقا كونترول قىلىش سىستېمىسى
2. 控制目标 kòng zhì mù biāo　كونترول قىلىش نىشانى
3. 控制方案 kòng zhì fāng àn　كونترول قىلىش لايىھەسى
4. 被控参数 bèi kòng cān shù　كونترول قىلىنىدىغان كوئېففىتسىنت
5. 变送（动）biàn sòng　ئۇزۇتۇش
6. 控制参数 kòng zhì cān shù　كونترول قىلىش كوئېففىتسىنتى
7. 调节阀（名）tiáo jié fá　تەڭشىگۈچ كلاپان
8. 单值函数 dān zhí hán shù　بىر قىممەتلىك فۇنكسىيە
9. 控制灵敏度 kòng zhì líng mǐn dù　كونترول قىلىش سەزگۈرلۈكى
10. 控制策略 kòng zhì cè lüè　كونترول قىلىش تاكتىكىسى
11. 模糊控制 mó hu kòng zhì　ئوچۇق بولمىغان كونترول قىلىش
12. 推理控制 tuī lǐ kòng zhì　ئىلمى يەكۈن چىقىرىپ كونترول قىلىش
13. 预测控制 yù cè kòng zhì　ئالدىن ئۆلچەپ كونترول قىلىش
14. 解耦控制 jiě ǒu kòng zhì　يېشىپ باغلاپ كونترول قىلىش
15. 自适应控制 zì shì yìng kòng zhì　ئۆزلۈكىدىن سىناپ كونترول قىلىش
16. 控制算法 kòng zhì suàn fǎ　كونترول قىلىشنى ھېسابلاش قائىدىسى
17. 被控介质 bèi kòng jiè zhì　كونترول قىلغۇچى ۋاستە

18. 气开（名）qì kāi يەل بىلەن ئېچىش
19. 气关（名）qì guān يەل بىلەن يېپىش
20. 调节换接板 tiáo jié huàn jiē bǎn تەڭشىگۈچنى ئالماشتۇرۇپ ئۇلايدىغان تاختا
21. 正反极性 zhèng fǎn jí xìng ئوڭ تەتۈر قۇتۇپلار
22. 连锁保护系统（词组）lián suǒ bǎo hù xìtǒng
زەنجىرسىمان قۇلۇپلاپ ئاسراش سىستېمىسى
23. 参数整定（词组）cān shù zhěng dìng كوئېففىتسىنتنى توغۇرلاپ بېكىتىش

作业与练习

一、词语解释

被控参数　　　　控制参数　　　　连锁保护系统

二、根据课文内容填空

1. 简单控制系统是只对一个被控参数进行控制的________________。

2. 由于工程控制系统中的执行器有气开和气关两种形式，为了与此相对应，通常把和____________也分为正作用与反作用两种类型。

3. 完成工程设计、控制系统安装之前，应按照__________的要求检查和调试各种控制仪表和设备的运行状况，然后进行__________，最后进行调节器的__________，使控制系统运行在__________。

三、根据课文内容回答问题

1. 简单过程控制系统设计有哪些基本步骤？
2. 控制方案的确定主要包括哪些方面？
3. 被控参数的选取一般有哪些原则？
4. 如何依据被控过程选择过程控制系统中的控制策略？
5. 在过程控制系统设计中如何选择执行器？

科普阅读

未来的自动化之光——RFID 技术的兴起（七）

最初的仪表大多属于机械式的测量仪表，如离心式转速表等，此时的自动化仪表一般只作为主机的附属部件，结构简单，功能单一。后来发展到气动式和电子式的单元组合式仪表，每个单元都具有一定的特定功能，可以按测量、控制要求进行任意组合，如系列化的 DDZ 型电动单元组合仪表就是属于这一类。从传感器、变送器来说，20 世纪 60 年代主要采用结构型传感器，大都通过机构部分的位移或作用力，产生电阻、电感、电容、气隙等的变化，从而检测出被测信号，这是至今仍应用得较多的一类传感器。从显示技术来说，20 世纪 40～50 年代，以模拟指示和记录为主，进行单参数显示，仪表盘通常设在生产装置处，由操作者巡回监视。到了 20 世纪 60 年代，则以模拟指示和记录、数字显示和打印为主，显示特征为多参数显示和报警发讯数据及打印记录。此时的仪表盘一般集中安装，集中管理，并相应配置模拟流程图表盘。

这一时期主要是解决自动化仪表从无到有以及达到基本性能要求的问题，如自动化仪表在性能方面，主要解决测量范围、精确度、线性度、分辨率、滞环和死区、重复性、再现性、稳定性、灵敏度、时滞和响应时间等问题，在形式与功能方面主要采用静态和接触的方式对热工参量、电工参量和单参数的模拟量进行测量，并可适当进行数字测量。在控制方式上，从 20 世纪初的开关控制发展到比例控制，然后是积分控制，到 20 世纪 40 年代发展到微分控制，利用这一类简单的反馈技术，形成一整套自动化调节过程的通用控制方式，即通常以比例—积分—微分（PID）调节器为中心，按偏差调节。

到了 20 世纪 60 年代，大量的工程实践，特别是空间技术等方面的实践，提出了一些新的控制问题：如控制对象是距离很远的高速飞行体；控制对象的特性随时间急剧变化，要求较严格的数学描述；控制通道是多路的；要求精度高、地面装置大而复杂等。显然，对待这样的一些控制对象，必须发展新的控制理论和方法。

关于这方面的早期成就，我国科学家钱学森结合其从事火箭控制方面的工作，系统总结了当时工程控制理论与技术方面的成果，指出工程控制领域中的重要课题及发展方向，使控制论的基本原理成功地应用于工程技术领域，从而成为工程控制论的奠基者。20 世纪 50 年代后期到 20 世纪 60 年代前期，在工程控制系统设计方面，发展了多变量控制理论、最优控制理论、自适应控制理论，研究了自学习、自组织系统。在工程控制技术方面，促进了电子计算机在国防及国民经济部门的广泛采用，促使生产过程自动化向多机、机组自动化以及综合自动化发展。

20 世纪 50 年代末 60 年代初，在大量工程实践基础上逐渐形成了第二代控制理论，或称现代控制理论。一般认为，它是由匈牙利出生的美国学者卡尔曼（R · E · Kalman, 1930～）奠定的。他在控制论创始人维纳工作的基础上，引进了数字计算方法中的“校正”概念，汲取了 20 世纪 50 年代“最优化”的研究成果，于 1960 年国际自动控制联合会第一届大会上发表了《控制系统的一般理论》，以及相继发表的《线性估计和辨识问题的新结果》，对于控制系统的属性及其关联作用，提供了更深入的认识，奠定了现代控制理论的基础。

第一代控制理论的经典控制理论主要是使用频域法来研究单输入—单输出的自动调节系统，第二代控制理论则发展到用状态空间法或时域法解决多输入—多输出、最优化及时变系统的分析和综合等问题。第二代控制理论大体包括多变量控制、系统辨识、最优估计和最优控制等主要内容及自适应控制等问题。尽管 20 世纪 50 年代即已提出“最优化”的概念，并试图对被控对象实施最优控制，但由于理论上还不够成熟和限于当时的技术装备水平，最优控制并未能真正实现。直到 1960 年前后，“状态空间”的概念和方法才得到发展并获得许多重要的数学结果，如发展了极大值原理、动态规划方法、矩量理论方法、函数空间方法等，并以不同形式给出了最优控制所必须满足的必要或充分条件，推出了最优控制的许多定性性质。这些理论、方法和在实际工程上的应用，成为 20 世纪 60 年代自动控制领域热门的课题。

第九课　电器基础

凡是自动或手动接通和断开电路，以及能实现对电路或非电对象切换、控制、保护、检测、变换和调节目的的电气元件统称为电器。

电器的用途广泛，功能多样，种类繁多，构造各异，其分类方法很多。按工作电压等级常分为：低压电器，工作电压在交流 1 200V 或直流 1 500V 以下的各种电器，例如接触器、继电器、刀开关、按钮等；高压电器，工作电压高于交流 1 200V 或直流 1 500V 以上的各种电器，例如高压熔断器、高压隔离开关、高压断路器等。

按用途可分为：控制电器，用于各种控制电路和控制系统的电器，例如接触器、各类继电器、启动器等；主令电器，用于自动控制系统中发送控制指令的电器，如控制按钮、主令开关、行程开关等；保护电器，用于保护电路及电气设备的电器，如熔断器、热继电器、断路器、避雷器等；配电电器，用于电能的输送和分配的电器，如各类刀开关、断路器等；执行电器，用于完成某种动作或传动功能的电器，如电磁铁、电磁阀、电磁离合器等。

按工作原理可分为：电磁式电器，依据电磁感应原理来工作的电器，如交直流接触器、各种电磁式继电器、电磁阀等；非电量控制电器，这类电器是靠外力或某种非电物理量的变化而动作的，如行程开关、按钮、压力继电器、温度继电器等。

具备电气控制电路阅读分析能力，是电气工程技术人员应具备的基本素质，也是课程的基本任务。为此，首先要掌握电气技术资料分析的内容与要求和电路分析的基本方法与步骤。

通过对各种技术资料的分析，掌握电气控制电路的工作原理、技术指标、使用方法、调试维护要求等。分析的具体内容和要求主要包括以下方面。

首先是设备说明书，设备说明书由机械（包括液压部分）和电气两部分组成。在分析时一定要阅读这两部分说明书，重点掌握以下内容：设备的构造，主要技术指标，机械、液压、气动部分的传动方式与工作原理；电气传动方式，电动机及执行电器的数目、规格型号、安装位置、用途与控制要求；了解设备的使用方法，各操作手柄、开关、旋钮、指示装置的布置以及在控制电路中的作用；必须清楚地了解与机械、液压部分直接关联的电器（行程开关、电磁阀、电磁离合器、传感器等）的位置，工作状态及与机械、液压部分的关系，在控制中的作用等。

其次是电器控制原理图，这是控制电路分析的中心内容。电气控制原理图由主电路、控制件的控制方式、位置及作用，各种与机械有关的位置开关，主令电器的状态等。在原理图分析中还可以通过所选用的电器元件的技术参数，分析出控制电器的主要参数和技术指标，估计出各部分的电流、电压值，以便在调试或检修中合理地使用仪表。

再次是电气设备的总装接线图，阅读分析总装接线图可以了解系统的组成分布状况，各部分的连接方式，主要电气部件的布置、安装要求，导线和穿线管的规格型号等，这是安装设备不可缺少的资料。阅读分析总装接线图要与阅读分析说明书、电气原理图结合起来。

最后是电器元件布置图与接线图，这是制造、安装、调试和维护电气设备必需的技术资料。在调试、检修中可通过布置图和接线图方便地找到各种电器元件和测试点，进行必要的检测、调试和维修保养。

从说明书中已了解生产设备的构成、运动方式、相互关系以及各电动机和执行电器的用途和控制要求，电气原理图就是根据这些要求设计而成的。电气原理图阅读分析的基本原则是，化整为零、顺藤摸瓜、先主后辅、集零为整、安全保护、全面检查。

对电气原理图进行分析，最常用的方法是查线分析法。即采用化整为零的原则以某一电动机或电器元件（如接触器或继电器线圈）为对象，从电源开始，自上而下，自左而右，逐一分析其接通断开系统（逻辑条件），并区分出主令信号、联锁条件、保护要求。根据图区坐标标注的检索和控制流程的方法可以方便地分析出各控制条件与输出结果之间的因果关系。

电气原理图的分析步骤如下。

（1）分析主电路，无论是电路设计还是电路分析都是先从主电路入手。主电路的作用是保证整机拖动要求的实现。从主电路的构成可分析出电动机或执行电器的类型、工作方式、启动、转向、调速、制动等控制要求与保护要求等内容。

（2）分析控制电路，主电路各控制要求是由控制电路来实现的，运用“化整为零”和“顺藤摸瓜”的原则，将控制电路按功能划分为若干个局部控制电路，从电源和主令信号开始，经过逻辑判断，写出控制流程，以简便明了的方式表达出电路的自动工作过程。

（3）分析辅助电路。辅助电路包括执行元件的工作状态显示、电源显示、参数测定、照明和故障报警等。这部分电路具有相对独立性，起辅助作用但又不影响主要功能。辅助电路中很多部分是受控制电路中的元件来控制的。

（4）分析联锁与保护环节。生产机械对于安全性、可靠性有很高要求，实现这些要求，除了合理地选择拖动、控制方案外，在控制线路中还设置了一系列电气保护和必要的电气联锁。在电气控制原理图的分析过程中，电气联锁与电气保护环节是一个重要内容，不能遗漏。

（5）分析特殊控制环节。在某些控制电路中，还设置了一些与主电路、控制电路关系不密切，相对独立的某些特殊环节。如产品计数装置、自动检测系统、晶闸管触发电路、自动调温装置等。这些部分往往自成一个小系统，其读图分析的方法可参考上述分析过程，并灵活运用所学过的电子技术、变流技术、自控原理、检测与转换等知识逐一分析。

（6）总体检查。经过“集零为整”的方法检查整个控制电路，看是否有遗漏，特别要从整体角度去进一步检查和理解各控制环节之间的联系，以达到正确理解原理图中每一个电器元器件的作用、工作过程及主要参数。

掌握电气系统的分析方法，具备对一般电气设备控制电路的阅读分析能力，是一个电气工程师必备的能力。为此，要强调 3 个方面的内容，其一是要掌握电气控制系统分析的基本内容、基本分析方法和步骤；其二是要掌握电气系统图的最新标准和有关规定；其三是要熟练掌握电气控制基本电路的组成、工作原理和分析方法，并不断总结和积累，进而为电气控制系统设计打下坚实基础。

词语

1. 电器元件 diàn qì yuán jiàn ئېلېكتىر زاپچاسلىرى
2. 接触器（名）jiē chù qì كونتاكتور
3. 继电器（名）jì diàn qì رېلې
4. 刀开关（名）dāo kāi guān قىڭراقسىمان ۋىكلىيۇلچاتېل
5. 主令电器 zhǔ lìng diàn qì باش ئېلېكتىر ئۇسكۇنە
6. 行程开关 xíng chéng kāi guān مۇساپە ۋىكلىيۇلچاتېل
7. 按钮（名）àn niǔ كونۇپكا
8. 熔断器（名）róng duàn qì ئېرىپ ئۈزۈلگۈچ
9. 电磁阀（名）diàn cí fá ئېلېكتىر ماگنىتلىق كلاپان
10. 电磁感应 diàn cí gǎn yìng ئېلېكتىر ماگنىت ئىندۇكسىيەسى
11. 避雷器（名）bì léi qì چاقماق قايتۇرغۇچ
12. 连锁环节 lián suǒ huán jié زەنجىرسىمان ھالقا
13. 总装接线图（名）zǒng zhuāng jiē xiàn tú ئۇمۇمىي قۇرۇلمىنىڭ سىم ئۇلىنىش سىخېمىسى
14. 控制流程 kòng zhì liú chéng كونترول قىلىش تەرتىپى
15. 晶闸管（名）jīng zhá guǎn كرىستال تاك توسقۇچى لامپا
16. 触发电路 chù fā diàn lù قوزغاتقۇچ توك يولى
17. 自动调温 zì dòng tiáo wēn ئاپتوماتىك ھالدا تېمپېراتۇرا تەڭشەش
18. 变流技术 biàn liú jì shù توك ئېقىمىنى ئۆزگەرتىش تېخنىكىسى

作业与练习

一、词语解释

电器　电气原理图　主令开关　控制电器　高压电器　执行电器

二、根据课文内容填空

1．电磁式电器是依据______________来工作的电器，如____________、各种电磁式继电器、__________ 等；非电量控制电器是靠______或某种__________的变化而动作的，如__________、按钮、压力继电器、温度继电器等。

2．电器元件布置图与接线图是______、_______、______和维护电气设备必需的技术资料。在调试、检修中可通过布置图和接线图方便地找到各种________ 和测试点，进行必要的检测、调试和__________。

3．掌握电气系统的分析方法，具备对一般_____________的阅读分析能力，是一个电气工程师必备的能力。为此，要强调 3 个方面的内容，其一是要掌握电气控制系统分析的基本内容、基本分析方法和步骤；其二是要掌握__________的最新标准和有关规定；其三是要熟练掌握电气控制基本电路的______、_______和分析方法，并不断总结和积累，进而为电气控制系统设计打下坚实基础。

三、根据课文内容回答问题

1．电器功能多样、种类繁多，一般是如何分类的？

2. 设备说明书一般由哪几部分组成?

3. 如何阅读设备说明书?

4. 电气控制原理图一般由哪些部分组成?

5. 电器原理图的分析原则是什么?

科普阅读

未来的自动化之光——RFID 技术的兴起(八)

对一个实际的控制对象,要实现最优控制,通常要依据控制系统的状态或输出情况进行反馈,找到最优的控制规律,对系统的某些性能指标取极小(或极大)值,实现最优控制过程。例如,为了使航天飞机的有效载荷(即航天飞机扣除自身的支承结构、通讯设备、能源设备及有关控制装置等的重量以后的实际运载量)达到极大,就必须按推进剂消耗量最小的原则来选择推力程序和使命设计,以便进行其他部件的最优设计,达到总体最优化。最优控制在导弹方面的应用,其性能指标通常可以是燃料消耗量最小、脱靶量最小、时间最短等。至于民用控制系统实现最优控制,往往以考虑经济效益为主,如原材料消耗最小、成本最低、实际利润最大等。但是,要找到一个控制对象的最优控制规律不是轻而易举的,首先就得了解控制对象的特性,建立以数学关系式描述的数学模型。但很多人工的或自然的复杂系统不可能或者不完全可能运用传统的力学、物理学等的基本规律给出其中现象的数学描述,而只能从"黑箱"观点出发,用实验方法,根据实验和运行数据,估算出控制对象的数学模型及其参数,然后才能对这类复杂系统进行定性定量的研究,这就是系统辨识所用的方法。系统辨识是实现复杂的工业控制的必要前提。一些控制系统虽经控制工作者针对特定条件作了精心的设计,可是环境条件一旦发生变化,控制品质可能会大大降低,甚至严重到完全不能工作,这就进一步要求所设计的系统能够随着外界条件的变化,自动地调整自身结构或参数,以保持该系统达到满意的控制品质,20 世纪 50 年代出现了一些极值控制系统,或叫自寻最优点系统,以及条件反馈系统等。目前,系统辨识已经发展成为现代控制理论中一个独立而重要的分支,除已用于冶金、化工等工业生产外,亦已用于医学以及飞行体气动力学参数的辨识。通过系统辨识建立飞行物体与舰船运动的简化模型等项工作,已超出工业自动控制范围,成为向多方面科学技术研究移植应用的一个良好开端。在数学模型已经建立的基础上,利用统计方法对系统输入和输出数据的量测,对系统的未来"状态"进行估计,这就是所谓最优估计。如利用所谓"卡尔曼滤波",有时能够从带有噪声的量测数据,有效地实时估计出系统的状态,为实施最优控制提供必要的条件。

1960 年前后,控制工作者发现传递函数法对于多变量系统往往只能反映系统的输入—输出之间的外部关系,而具有相同传递函数矩阵的若干系统可以有完全不同的内在结构。这就要求要有不同的设计原则,从而提出了"结构不确定原理"。卡尔曼等人在此基础上进行了更深入的研究并建立了"可控性"和"可观测性"的理论,这是我们对于控制系统认识深化的一个标志。如果某些系统的状态变量或其组合,在一定条件下可以受控制变量的影响,则称这类系统具有"可控性",因而对该系统有可能实施最优控制。为此，知道该系统在什么条件下是可控的，是十分重要的。反之，如果系统的状态变量完全不受控制变量影响，也就谈不上什么最优控制了。同时，由于最优控制需取得状态的反馈信息，以便对系统状态进行最优控制，就必须能从观测值（一般指输出量）中获得关于系统状态的信息，即“可观测性”。否则，同样不能实施最优控制。

60 年代中期，现代控制理论初步形成。之后的十几年，最优控制的问题受到很大重视。这主要是由于人们对高质量控制的需求和在控制系统中更有效地使用计算机所导致的必然结果。人们常用第二代控制理论的这些手段进行系统设计，大大改善了系统的精度及技术经济指标。除应用于航空、航天、航海等部门外，在冶金、石油、化工、交通运输等部门也得到广泛应用。

从生产过程自动化的角度来看，60 年代中期已经从单参数自动调节（如温度、压力、流量等）或控制某一工艺参数的单机和局部自动化，发展到多参数最优控制，实现了多机和机组自动化，并开始向综合自动化过渡。

第十课 PLC概述

PLC 就是可编程序控制器。20 世纪 60 年代，计算机教室已开始应用于工业控制，但由于计算机技术本身的复杂性，编程难度高，难以适应恶劣的工业环境以及价格昂贵等原因而未能广泛用于工业控制。1968 年美国最大的汽车制造商——通用汽车公司，为适应汽车型号的不断翻新，想寻找一种方法，在汽车改型时以尽可能减少重新设计和更换继电器控制系统、降低成本、缩短时间。设想把计算机的完备功能、灵活性与通用性等优点和继电器控制系统的简单易懂、操作方便、价格便宜等优点结合起来，做成一种能适应工业环境的通用控制装置。并把计算机的编程方法和程序输入方式加以简化，用面向控制过程、面向问题的“自然语句”进行编程，使得不熟悉计算机的人也能方便地使用。装置的要求充分体现在提出的招标指标中，即编程简单，可在现场修改程序，维护方便，最好是插件式，可靠性高于继电器控制柜，体积小于继电器控制柜，可将数据直接送入管理计算机，在成本上可与继电器控制柜竞争，输入可以是交流 115V，在扩展时，原有系统只需作很小变更，输出为交流 115V、2A 以上，能直接驱动电磁阀，用户程序存储器容量至少扩展到 4KB。

根据招标要求，一年之后，美国数字设备公司（DEC）率先研制出第一台可编程序控制器，并在通用汽车公司的自动装配线上试用，获得成功，从而开创了工业控制的新局面。从此，这一更新技术就以很快速度发展起来。

1987 年 2 月，国际电工委员会（IEC）颁布了可编程序控制器标准草案第三稿。该草案中对可编程序控制器的定义是：可编程序控制器是一种数字运算操作的电子系统，专为在工业环境下应用而设计，它采用了可编程序的存储器，用来在其内部存储执行逻辑运算、顺序控制、定时、计数和算术运算等操作的指令，并通过数字式和模拟式的输入和输出，控制各种类型机械或生产过程。可编程序控制器及其有关外围设备，都按易于与工业系统联成一个整体，易于扩充其功能的原则设计。

PLC 出现后就受到普遍重视，其应用发展也十分迅速。原因在于与现有的各种工业自动化控制方式相比，它有一系列受用户欢迎的特点。主要如下。

（1）可靠性高，抗干扰能力强。在恶劣的工业环境下，工业生产对控制设备的可靠性提出很高的要求，PLC 是专为工业控制而设计制造的，由于在产品设计和制造工艺方面采用了一系列措施，使 PLC 的平均无故障间隔时间（MTBF）长达几十万小时，远远超过传统继电器控制和现代计算机控制系统。保证 PLC 工作可靠性高、抗干扰能力强的主要措施是，在工作原理方面，采用循环扫描、集中输入与集中输出的特殊工作方式。在硬件设计方面，采用模块式结构并在 I/O 通道增加隔离、滤波、屏蔽与连锁等一系列先进的抗干扰措施；增加输出连锁、环境控制和故障诊断与处理等电路；采用双 CPU 构成冗余系统或由三 CPU 构成表决式系统；采用性能优良的开关电源等。在软件设计方面，系统程序中设置实时监控、自诊断、信息保护与恢复等程序与硬件电路相配合，实现各种故障的诊断、处理、报警显示等功能。在制造工艺方面，采用超大规模集成电路芯片、扁平封装电路和表面安装技术，对电子器件进行严格的筛选和老化处理。

（2）编程简单，易于掌握。这是 PLC 优于微机的另一个特点。梯形图编程方式是 PLC 最常用的编程语言，它与继电器控制原理图类似，具有直观、清晰、修改方便、易掌握等优点，即使未掌握专门计算机知识的人也能很快熟悉掌握，因而受到广大现场技术人员和操作者的欢迎。

（3）组合灵活，使用方便。尽管 PLC 是一台专用计算机，但由于它采用标准化的通用模块结构，其 I/O 电路设计又采用一系列抗干扰措施，因而用户无需进行硬件的二次开发，即能灵活方便地组合成各种不同规模、不同功能的控制系统。控制系统接线简单，工作量小，使用、维护都很方便。

（4）功能强，通用性好。现代 PLC 运用了计算机、电子技术和集成工艺的最新技术，在硬件和软件两方面不断发展，使其具备很强的信息处理能力和输出控制能力。

（5）开发周期短，成功率高。大多数工业控制装置的开发研制包括机械、液压、气动和电气控制等部分，需要一定的研制时间，也包含着各种困难与风险。大量实践证明采用以 PLC 为核心的控制方式具有开发周期短、风险小和成功率高的优点。

（6）体积小，重量轻，功耗低。由于 PLC 采用了半导体集成电路，其体积小、重量轻、结构紧凑、功耗低，因而是机电一体化的理想控制器。

（7）安装简单，维修方便。PLC 采用模块结构，安装时只需将相应 I/O 端口相连接便可构成 PLC 控制系统。而且各种模块上均有运行和故障指示与软件配合，方便用户了解运行情况和进行故障判断。

词语

1. PLC　پروگرامما ئارقىلىق تۈزەش ئارقىلىق كونترول قىلىش ئۇقۇمى
2. 插件（名）chā jiàn　قىستۇرغۇچ ئەسۋاب
3. 继电器控制柜 jì diàn qì kòng zhì guì　رېلىلىق ئېلېكتىر كونترول قىلىش ئىشكاپى
4. 循环扫描 xún huán sǎo miáo　ئايلانما تەسۋىر يېيىش
5. 滤波（动）lǜ bō　دولقۇن تاسقاش
6. 屏蔽（动）píng bì　يېپىق
7. 输出连锁 shū chū lián suǒ　چىقارغۇچى زەنجىرسىمان
8. 冗余系统 rǒng yú xì tǒng
9. 表决式系统 biǎo jué shì xì tǒng　ئېپادىلىگۈچى سىستېما
10. 自诊断（动）zì zhěn duàn　ئۆزىگە دىئاگنوز قويۇش
11. 芯片（名）xīn piàn　ياپراق ئۆزەك (پلاستىنكا)
12. 扁平封装电路 biǎn píng fēng zhuāng diàn lù
ياپىلاق ھىملەنگەن قۇرۇلما توك يولى
13. 老化处理 lǎo huà chù lǐ　كونىراشنى بىر تەرەپ قىلىش
14. 梯形图编程方式 tī xíng tú biān chéng fāng shì
پەلەمپەي شەكىللىك سىخېما ئارقىلىق پروگرامما تۈزۈش شەكلى

15. 端口（名）duān kǒu ئۇچ ئېغىز

16. 逻辑运算 luó ji yùn suàn لوگىكىلىق ھېسابلاش

17. 顺序控制 shùn xù kòng zhì تەرتىپى بويىچە كونترول قىلىش

作业与练习

一、词语解释

PLC

二、根据课文内容填空

1．PLC 在制造工艺方面，采用超大规模________、________和表面安装技术，对电子器件进行严格的筛选和________。

2．尽管 PLC 是一台专用计算机，但由于它采用标准化的_______ 结构，其 I/O 电路设计又采用一系列________措施，因而用户无需进行硬件的二次开发，即能灵活方便地组合成各种不同规模、不同功能的控制系统，控制系统接线_____，工作量____，使用、维护都很______。

3．PLC 采用模块结构，安装时只需将相应_______相连接便可构成 PLC 控制系统，而且各种模块上均有运行和________与软件配合，方便用户了解_______和进行故障判断。

三、根据课文内容回答问题

1．简述 PLC 的历史由来。

2．保证 PLC 工作可靠性高、抗干扰能力强的主要措施是什么？

3．PLC 是因为哪些优点而受到用户欢迎的？

4．PLC 在软硬件设计方面具有什么特点？

科普阅读

未来的自动化之光——RFID 技术的兴起（九）

20 世纪 60 年代，由于光、电、热和辐射线等物理效应在工业上的应用，逐步形成了非电量的电测法和自动记录仪表，研制出由检测到记录的自动测量系统，已可以应用各种独立的元件来设计一个特定测量功能的装置，可以实现按系统设计要求进行选配组装，以提供成套的装置。

在测量方法上，到 70 年代已可进行二维的图形测量和实现三维的物体识别。由于集成电路的出现，可以更好地研制与生产可编程序控制器、小型工业控制用专用计算机、光笔与字符显示终端和自动绘图机等计算机外部设备，实现了计算机辅助设计和辅助制造，研制和生产了简易型和重复型工业机器人。为了实现综合自动化，要求自动化元器件、控制设备等的性能进一步提高，因而提出了提高可靠性、经济性和使用寿命等的要求。如自动化仪表应满足使用环境的要求，以及能承受测量对象的条件变化而引起对稳定性的影响，还需具有灵巧性、扩充性、互换性、经济性和降低仪表故障率等。

在传感器和变送器方面，70 年代已可利用某些材料的物理性质变化，发展了可实现参数测量的传感器，如热敏、光敏、磁敏、压敏、气敏、湿敏、辐射转换和电光转换等类型传感器。

到80年代初，已逐渐发展出配有微处理器的智能型传感器，配在机器人上，使之具有“五官”的功能。显示技术已可进行字符图形显示、大屏幕显示以及进一步实现智能式CRT显示终端。显示特征分为全部参数集中显示和趋势显示，操作者可通过键盘实施人—机直接对话等。

在控制器方面，已由模拟式PID调节器发展到直接数字控制仪，以及以数字计算机为基础的数字式控制装置。60年代末开始出现的可编程序控制器（PLC），由于集计算机和工业过程控制系统的优点于一身，具有很强的生产现场适应能力。又由于采用了浅显易懂的继电器逻辑语言为软件编程的基础，因而在80年代应用十分广泛，每年约以30%的增长速度发展。进入90年代已趋于将中央处理单元（CPU）和输入／输出单元（I／O）做成一体形结构，全体作成平板薄形，以追求低价和便于安装于受控机器的内部。由于PLC的广泛适用性，一些国家PLC的产值达到全部工业控制用产品销售额的1／10，甚至将发展应用PLC作为国策之一，与工业机器人一起成为国家的战略性产品。特别是由于微处理器和高集成度的半导体存储器的出现，综合自动化的控制任务，不再是只由一台高效能的计算机处理，而是将控制任务分散开来，分配到数台微处理器上，再将它们联接起来，形成一个多处理机系统型的综合控制系统。这种系统具有通用性和灵活性，可以适应各种不同自动化水平的要求，也可以经济地构成大、小规模不等的系统。

1975年年底推出的分布式控制系统（DCS）或称集散控制系统，到80年代得到了迅猛发展，并成为90年代工业过程控制的主流和发展方向。其特点是“过程控制分散，信息管理集中”，表现了递阶控制的思想，整个系统由基本控制回路和上位控制管理计算机两级构成，并可向更上一级计算机通信。由于采用了分布式结构形式和冗余技术，提高了系统长期运行能力和可靠性。

90年代正在发展中的工业过程控制系统结构称之为网络控制，其特点是将最下位的现场传感器、调节器、执行器和可编程序控制器、过程控制站、管理操作站均纳入系统，且引入MAP（美国制造商自动化协议，国际通用的工厂自动化协议标准之一）协议标准和现场总线概念，形成一个全分布式的计算机控制系统，实现综合自动化。

电子计算机是实现综合自动化的关键设备。它具有进行最普遍意义的信息自动化处理的能力，同时由于工业控制机和微型机性能价格比的提高和高达数千小时的无故障时间，为控制理论与应用的结合提供了优越的条件，并扩大了自动控制的应用范围。首先，由于数字计算机有着计算精确的特点，有利于和数字化传感器和数字化执行机构结合，使工业生产过程的精密控制成为可能；其次，由于数字计算机具有很强的计算能力，可以实现依据生产过程运行状况的改变而自动改变控制参数，并能计算出生产过程的发展趋势，从而预先确定要调整的操作条件，实现对复杂的工业生产过程的自动控制；最后，更由于使用计算机不仅能对生产过程进行最优控制，而且可以对敏感器件、执行机构和包括计算机本身在内的全部生产设备进行监督控制，使得实现整个企业和企业体系生产过程的综合自动化具有可能性和现实性。到了80年代，计算机图形技术有了飞速发展。进入90年代，多媒体技术成为计算机和自动化领域的热点，1992年多媒体技术已达到商品化、实用化阶段，销售额已达50亿美元。其最主要的特点之一是集成化，是计算机、控制、通讯、网络和软件等多种技术的综合，有机地组合数值、文字、声音、图形、图像等信息载体与使用计算机的人进行自然对话，交换信息，为实施计算机控制并更好地实现控制系统中的信息存储、处理、传输、控制、管理等手段提供了有效的技术基础。可以说，计算机的引入，使自动化技术的发展出现了一个飞跃。

现代化的大工业生产，系统庞大而复杂，单纯靠仪表、巡回检测和反馈控制等局部自动化已不能适应需要，也就逐渐创建了由组织管理与过程控制相结合的多级计算机控制的大规模自动化系统，从而逐步走上了综合自动化的发展道路。1975 年前后，新型综合控制系统装置问世，这个装置将通用计算机、工业控制机、微处理机、通讯技术与常规仪表等综合成一套通用性大、操作集中、显示醒目和具有多种功能的最佳控制系统；以及采用包括快速数据通道、操作显示和过程控制等具有成套硬件和软件的组合式标准组件。根据冶金、电力、化工、轻工等部门的需要，可以组成从简到繁，可逐步扩充功能的计算机控制系统。

第十一课　PLC的网络系统

随着自动化技术、微电子技术、计算机技术、网络技术和传感技术的飞速发展，电力电子器件、智能控制芯片和智能传感器的不断出现。计算机网络控制系统已成为工业控制领域的先进性与可发展性的热门技术。

在工程实践中，被广泛使用的是模拟仪表系统中的传感器、变送器和执行机构，其信号传送一般采用 4～20mA 的电流形式。一个变送器或执行机构需要一对传输线来单向传送一个模拟信号。这种传输方法的导线多，现场安装及调试的工作量大，投资高，传输准确度和抗干扰能力较低，不便维护。中控室的工作人员无法了解现场仪表的实际情况，不能对其进行调整和故障诊断，所以处于最底层的模拟变送器和执行机构成了计算机控制系统中最薄弱的环节，即所谓的 DCS 系统的发展瓶颈。现场总线控制系统正是在这种情况下应运而生的。

工业现场自动控制的发展可分为以下 5 个阶段。

（1）模拟仪表控制系统阶段。模拟仪表控制系统于 20 世纪六七十年代占主导地位。其显著缺点是，模拟信号正确度低，易受干扰。对于工艺流程的改变，整个系统硬件必须重新设计、重新组合，其工作量非常之大。

（2）直接数字控制系统阶段。集中式数字控制系统（DDC）于 20 世纪七八十年代占主导地位。它采用单片机、可编程序逻辑控制器（PLC）、顺序逻辑控制器（SLC）或微机作为控制器，在控制器内部传输的是数字信号，因此克服了模拟仪表控制系统中模拟信号正确度低的缺陷，提高了系统的抗干扰能力。直接数字控制系统的优点是易于根据全局的情况进行控制计算和判断，在控制方式、控制时间的选择上可以统一调度和安排。不足的是，对控制器本身要求很高，必须具有足够的处理能力和极高的可靠性，当系统任务增加时，控制器的效率及可靠性将急剧下降。

（3）集散控制系统阶段。集散控制系统（DCS）在 20 世纪八九十年代占主导地位。其核心思想是集中管理、分散控制，即管理与控制相分离。上位机用于集中监视管理功能，若干台下位机下放分散到现场实现分布式控制，上下位机之间用控制网络互联以实现相互之间的信息传递。因此，这种分布式的控制系统体系结构有力地克服了直接数字控制系统中对控制器处理能力和可靠性要求高的缺陷。在集散控制系统中，分布式控制思想的实现正是得益于网络技术的发展和应用，遗憾的是，不同的 DCS 厂家为达到垄断经营的目的而对其控制通信网络采用各自专用的封闭形式，不同厂家的 DCS 系统之间以及 DCS 与上层 Intranet、Internet 信息网络之间难以实现网络互联和信息共享，因此从该角度而言，集散控制系统是一种封闭专用的、不具有可互操作性的分布式控制系统，并且 DCS 造价昂贵。在这种情况下，用户对网络控制系统提出了开放性和降低成本的迫切要求。

（4）现场总线控制系统阶段。现场总线控制系统（FCS）是顺应潮流而诞生的，它用现场总线这一开放的、具有互操作性的网络将现场各控制器及仪表设备互联，构成现场总线控制系统，同时控制功能彻底下放到现场，降低了安装成本和维护费用。因此，FCS 实质是一种开放的、具有互操作性的、彻底分散的分布式控制系统，有望成为 21 世纪控制系统的主流产品。

现场总线是应用在生产现场的，在测量控制设备之间实现双向、串行、多点通信的数字通信系统。基于现场总线的控制系统被称为现场总线控制系统（FCS）。

现场总线把通用或专用的微处理器置入传统的测量控制仪表，使之具有数字计算和数字通信能力，采用一定的传输媒体（如双绞线、同轴电缆、光纤、无线、红外等）作为通信总线，按照公开、规范的通信协议，在位于现场的多个设备之间以及现场设备与远程监控计算机之间，实现数据传输和信息交换，形成各种网络相互适应的，满足各种实际需要的自动化控制系统。

（5）工业以太网控制系统阶段。工业以太网是指技术上与商用以太网（即 IEEE802.3 标准）兼容，但其实时性、互操作性、抗干扰性和本质安全等方面可满足工业现场需要。

工业以太网的形成是由于现存的现场总线标准互不兼容，导致了不同公司的产品之间难以实现高速的实时数据传输问题，由此，开始转向开发能结合 IT 技术的工业网络构架，即工业以太网。工业以太网是由 NTI 渗透至工业自动化领域。

目前，工业以太网全面代替现场总线还存在一些问题，工业以太网技术的发展将与现场总线相结合。如物理介质采用标准以太网连线，如双绞线、光纤等；使用标准以太网连接设备，如交换机等，在工业现场使用工业以太网交换机；采用 IEEE 802.3 物理层标准、TCP/IP 协议组；应用层采用现场总线应用层、用户协议；兼容现有成熟的传统控制系统，如 DCS、PLC 等。

FCS 技术使现场仪表之间、现场仪表和控制室设备之间构成互联体系，实现全数字化、双向、多变量数字通信通道，为工程控制的全数字化奠定了基础。FCS 技术把实现先进控制算法中难以处理的系统复杂性、实时性、多变性的问题以信息交换的形式形成集成优化设计、准确控制和实时控制为一体的自动化集成控制系统。创造了把先进控制理论应用于工程实际中的一个大的进步。工业以太网技术直接应用于工业现场设备间的通信已形成发展趋势。Ethernet 和 TCP/IP 将成为器件总线和现场总线的基础协议，由于以太网有“一网到底”的美誉，即它可以一直延伸到企业现场设备控制层，所以工业以太网已成为现场总线中的主流技术。

词语

1. 电力电子器件 diàn lì diàn zǐ qì jiàn ئېلېكتر ئېلېكترون ئەسۋاپ
2. 智能控制芯片 zhì néng kòng zhì xīn piàn
ئەقلى ئىقتىدارلىق كونترول قىلىش پلاستىنكا
3. 模拟信号 mó nǐ xìn hào تەقلىدى سىگنال
4. 单片机（名）dān piàn jī يالاڭ ياپراقچە
5. 直接数字控制系统 zhí jiē shù zì kòng zhì xì tǒng
بىۋاستە ئۇلاپ رەقەم ئارقىلىق كونترول قىلىش سىستېمىسى
6. 顺序逻辑控制器 shùn xù luó ji kòng zhì qì
لوگىكىلىق تەرتىپ بويىچە كونترول قىلغۇچ

7. 集散控制系统 jí sàn kòng zhì xì tǒng — يىغىپ تارقىتىپ كونترول قىلىش سىستېمىسى
8. 微处理器 wēi chú lǐ qì — مىكرو بىر تەرەپ قىلغۇچ
9. 传输媒体 chuán shū méi tǐ — يوللانغان ئاخبارات
10. 双绞线（名）shuāng jiǎo xiàn — قوش يۆگەلمە سىم
11. 同轴电缆（名）tóng zhóu diàn lǎn — ئوخشاش ئوقتىكى كابول
12. 光纤（名）guāng xiān — نۇر تالا
13. 通信协议 tōng xìn xié yì — خەۋەرلىشىش كېلىشىمى
14. 远程监控 yuǎn chéng jiān kòng — يىراقتىن كۆزۈتۈپ كونترول قىلىش
15. 以太网（名）yǐ tài wǎng — يىتەي تورى
16. 互操作性 hù cāo zuò xìng — ئۆزئارا مەشغۇلات قىلىش خۇسۇسىيىتى

作业与练习

一、词语解释

直接数字控制系统　模拟仪表控制系统　集散控制系统　现场总线控制系统　以太网

二、根据课文内容填空

1. 随着________、微电子技术、________、网络技术和传感技术的飞速发展，电力电子器件、__________和_________ 的不断出现。计算机网络控制系统已成为工业控制领域的先进性与可发展性的_________。

2. 模拟仪表控制系统于 20 世纪________年代占主导地位。其显著缺点是，模拟信号_________，易__________。对于工艺流程的改变，整个系统硬件必须重新设计、重新组合，其工作量非常之大。

3. 现场总线把通用或专用的_________ 置入传统的测量控制仪表，使之具有数字计算和数字通信能力，采用一定的传输媒体作为_________，按照公开、规范的通信协议，在位于现场的多个设备之间以及现场设备与_______________之间，实现数据传输和_________，形成各种网络相互适应的，满足各种实际需要的____________。

三、根据课文内容回答问题

1. 工业现场自动控制的发展可分为几个阶段？

2. 直接数字控制系统的优点和不足包括哪些？

3. 什么原因使工业以太网形成？

4. 目前，工业以太网全面代替现场总线还存在一些问题，工业以太网技术与现场总线在哪些方面可以结合？

科普阅读

未来的自动化之光——RFID 技术的兴起（十）

这个系统实际上是 20 世纪 80 年代得到迅速发展的计算机集成制造系统（CIMS）的一个雏形。CIMS 是管理工程、控制工程、计算机工程、电子工程和机械工程等多学科的交叉，是多种技术的集成和渗透形成的，是实现综合自动化的基本模式，也是21世纪的“未来产业基本模式”。CIMS在1991年世界范围内的销售额就已达700亿美元。CIMS从用户订货单开始即输入产品需要的有关信息，是从产品初始构思、设计、制造、检验、管理、经营均有机联系的一个高技术综合生产控制系统。它将工厂控制系统与企业行政事务管理信息集成在一起，在企业内部完成自动化作业的全过程。它采用层次式的控制结构，将管理信息系统（MIS）、柔性制造系统（FMS）、计算机辅助设计（CAD）、计算机辅助制造（CAM）、计算机辅助工程（CAE）等功能集于一身，采用MAP作为通信网络并与远程网络相连。因此，CIMS的发展已使综合自动化成为现实。

遥测遥控系统是利用遥测技术实现远距离测量、控制和监视的系统，是自动化技术科学的一个重要分支，它是在自动控制、传感技术、微电子技术、计算机技术和现代通信技术的基础上不断完善和发展起来的。凡是距离遥远、对象分散或难以接近的系统，均可采用遥测遥控实现集中监控和管理，这已在无人驾驶飞机、人造卫星、导弹、空中交通管制、铁路调度、核工业、电力系统、地震预报台网、输油和输气管线等军事和国民经济部门得到广泛应用。

最早的遥测遥控系统只是测控距离较近的机械式或液压、气动式。19世纪出现使用电的有线遥测遥控系统，20世纪初出现无线遥测遥控系统。在20世纪20年代末，遥控飞行器的往返飞行距离已达1 000公里。这项技术在第二次世界大战中得到迅速发展，40年代初先后研制成功飞机和火箭用的调频/调幅遥测系统，以及脉幅调制和脉宽调制等遥测系统。50年代又发展了脉码调制，标志着遥测遥控系统从模拟式发展到数字式。现今的遥测遥控系统的最大传输距离已达几亿公里，能传输兆比特级的数字图像信息，并出现了可编程序、自适应和分集式遥测遥控系统。航天遥控系统已发展成一个利用微波波段的载波作为遥控、遥测、测距和测速的共同载波，称为S波段统一载波测控系统，使系统设备大为简化。

随着航天技术的发展，进入20世纪80年代，遥技术的概念应运而生。遥技术实际是一种用户技术，是指地面人员利用自控、遥控操作和机器人技术来控制空间实验的技术。例如在欧洲空间局（ESA）的哥伦布空间计划中，由于用户所需的各类实验将在宇宙空间的空间站上完成，且长期处于无人介入的状态，依靠遥技术可以不需宇航员参与，而直接在地面对空间实验进行遥控操作，也就使受生理条件限制的宇航员从那些要求在太空中驻留时间长和工作强度大的任务中解放出来，这解决了许多专业人员和科学家由于身体条件限制无法进入空间实验室进行现场工作的问题。为了对遥技术进行实验性论证，欧洲空间技术中心（ESTEC）组织了人员对流体、材料和生命科学的三大实验提出技术要求，研制并建立了遥技术测试台（TTB）和技术保障、接口技术、仿真遥控操作实验，并对实验进行分析、评估。90年代初，第一台TTB在ESTEC安装完毕并开始了实验研究，标志着遥技术这一门新学科开始步入成熟阶段。可以说，从遥测遥控发展到今日的遥技术，是未来空间技术的发展趋势，标志着人类对太空的认识已经从探索研究阶段到90年代中期开始的开发利用时代。

20世纪70年代以来，随着科学的发展和社会的进步，现代的工业、电力、交通、生物、生态以及军事指挥等大规模的生产和管理系统越来越多，日益复杂。例如大型钢铁企业的控制和管理系统；全国或地区性的商品供销量的实时监督和分类调度；货币的发放和回笼，储蓄业务的存取自动化管理等银行业务管理；包括人事档案管理自动化和职工每日出勤记录，以及总出勤率的自动化统计分析等的大企业和部门的人事自动化管理；生态系统和环境污染的分析、管理和控制；人口的发展计划和控制，人口长期预报；工业区和大城市郊区的公路网上的交通信号管制，乘客密度的实时分析和车辆调度，等等。现今对于那些能够在大范围内采集数据、处理数据、分析情况，从而进行指挥管理和控制的系统，往往统称为大系统。对于这样一些大规模的复杂的系统评价、设计、控制与管理，只能求助于运用系统工程学的方法，对其实施系统控制。如通过分别解决大系统中各自独立而又相互制约的子系统的最优化问题，来达到全系统的整体最优化目的。

大系统是系统工程学发展的一个新阶段，大系统的理论和实践，主要是研究解决系统工程中关于事物发展过程的定量描述、模拟、预测和控制的那一部分问题。因此可以说，系统工程也是自动化技术科学工作者的重要研究内容之一，系统工程研究的问题概括起来不外乎两个方面：一是工程技术系统，二是社会经济系统。各类系统工程的共同理论基础是运筹学，目的是实现各类系统的组织和管理技术。作为从事自动化技术的人员，则是要研究系统各个构成部分，如何进行组织，以便实现系统的稳定和有目的的行动。由于系统工程在实现一个国家现代化中处于十分重要的地位，加强这方面研究工作的开展，必然能在技术上、经济上和社会上见诸效益。

第十二课　电气保护类型实现方法

电气保护是电气线路设计中必须考虑的一个重要问题，在前面已介绍了一些常用的保护。下面从电流、电压和位置的角度讨论电气故障的类型、产生原因、保护方法以供设计中选用参考。

1．电流型保护

电气元件在正常工作中，通过的电流一般在额定电流以内。短时间内，只要温升不超过允许值，超过额定电流也是允许的，这就是各种电器设备或电器元件根据其绝缘情况和散热条件的不同，具有不同的过载能力的原因。电器元件由于电流过大引起损坏的根本原因是发热引起的温升超过绝缘材料的承受能力。在散热条件一定的情况下，温升决定发热量，而发热量不仅决定于电流大小，而且与通电时间密切相关。因此，在谈到电流保护时，总是要与通电时间这一因素紧密联系在一起的。电流型保护的基本原理是，通过保护电器检测电流信号，经过变换或放大后去控制被保护对象，当电流达到整定值时保护电气动作。属于电流型保护的主要有以下几种。

一是短路保护。绝缘损坏、负载短接、接线错误等故障，都可能产生短路现象。短路时产生的瞬时故障电流可达到额定电流的几倍到几十倍，使电气设备或配电线路因产生过热、电动力而损坏，甚至因电弧而引起火灾。短路保护要求在很短时间内迅速切断电源。

短路保护的常用方法是采用熔断器、断路器或采用专门的电路保护继电器。可以根据前文介绍的方法去选用和整定动作值。

二是过电流保护。过电流保护是区别于短路保护的另一种电流型保护。所谓过电流是指电动机或电器元件超过其额定电流的运行状态，时间长了同样过热损坏绝缘，需要采取保护。这种保护的特点是电流值比短路时小，在过电流情况下，电器元件并不是马上损坏，只要在达到最大允许温升之前，电流值能恢复正常，还是允许的。

过电流保护要求有瞬动保护特征，即只要过电流值达到整定值，保护电器就会立即动作，切断电源。通常，过电流保护是采用过电流继电器与接触器配合动作的方法，即将过电流继电器线圈串联在被保护电路中，电路电流达到其整定值时，过电流继电器动作，其常闭触头串联在接触器控制回路中，由接触器去切断电源。这种控制办法，既可用于保护，也可达到一定的控制目的。

三是过载保护。过载保护是类似于过电流保护的一种电流型保护。过载也是指电动机的运行电流大于其额定电流，但超过额定电流的倍数更小些。引起电动机过载的原因很多，如负载的突然增加，电网电压降低等。长期处于过载运行，也将引起电动机的过热，使其温升超过允许值而损坏绝缘，因而必须进行过载保护。

由于过载保护特性与过电流保护不同，故不能采用过电流保护方法来进行过载保护，因为引起过载保护的原因往往是一种暂时因素，例如，负载的临时增加而引起过载，过一段时间又转入正常工作，对电动机来说，只要过载时间内绕组不超过运行温升即是允许的。如果采用过电流保护，势必会影响生产机械的正常工作，生产效率及产品质量会受到影响。

过载保护要求保护电器具有反时限特性，即根据电流过载倍数的不同，其动作时间是不同的，它随着电流的增加而减小。

四是欠电流保护。所谓欠电流保护是指被控制电路电流低于整定值时需动作的一种保护。例如弱磁保护就是其中的一种。

欠电流保护通常是采用欠电流继电器来实现的。欠电流继电器线圈串联在被保护电路中，正常工作时吸合，一旦发生欠电流就释放切断电源。

五是断相保护。异步电动机在正常运行中，由于电网故障或一相熔断器熔断引起对称三相电压缺少一相，电动机将在两相电源中低速运转或堵转，定子电流很大，是造成电动机绝缘及绕组烧损的常见故障之一。断相时，负载的大小，绕组的接法引起相电流与线电流的变化差异较大。对于正常运行采用三角形联结的电动机（我国生产的三相笼型异步电动机在 3kW 以上均采用三角形联结），如负载在 53%～67%，发生断相故障，会出现故障相的线电流小于对称性负载保护电流动作值，但相绕组最大一相电流却已超过其额定值。由于热继电器热元件是串接在三相电流进线中的，因此采用普遍三相式热继电器起不到保护作用。

断相保护可以采用专门为断相运行而设计的断相保护热继电器，也可以在三相电路上跨接两只电压继电器，当发生缺相时，电压继电器动作带动控制元件去切断电源。

2．电压型保护

电动机或电器元件都是在一定的额定电压下正常工作的，电压过高、过低或者工作过程中非人为因素的突然断电，都可能造成生产机械的损坏或人身事故，因此在电气控制电路设计中，应根据要求设置失电压保护、过电压保护及欠电压保护。

电动机正常工作时，如果因为电源电压的消失而停转，那么在电源电压恢复时，就可能自行启动，电动机的自行启动将可能造成人身事故或机械设备损坏。对电网来说，许多电动机同时启动，也会引起不允许的过电流和过大的电压降，而电热类电器则可能引起火灾。为防止电压恢复时电动机的自行启动或电器元件的自行投入工作而设置的保护，称为失电压保护。

采用接触器及按钮控制电动机的起停，具有失电压保护作用，因为如果正常工作中，电网电压消失，接触器就释放而切断电动机电源，当电网恢复正常时，由于接触器自锁电路已断开，不会自行启动，但如果不是采用按钮，而是用不能自动复位的手动开关、行程开关等控制接触器，必须采用专门的零压继电器。对于多位开关，要采用零位保护来实现失电压保护，即电路控制必须先接通零压继电器。工作过程中，一旦失电，零压继电器释放，其自锁也释放，当电网恢复正常时，就不会自行投入工作。

电动机或电器元件在正常运行中，电网电压降低到额定电压的 60%～80%时，就要求能自动切除电源而停止工作，这种保护称为欠电压保护。因为电动机在电网电压降低时，其电磁转矩转速都将降低甚至堵转。在负载一定情况下，电动机电流将增加，不仅影响产品加工质量，还影响设备正常工作，使机械设备损坏，以致出现人身事故。另外，由于电网电压的降低，如降到额定电压的 60%，控制电路中的各类交流接触器和继电器既不释放又不能可靠吸合，处于抖动状态（有很大噪声），线圈电流增大，甚至过热造成电器元件和电动机的烧毁。

除上述采用接触器及按钮控制方式实现欠电压保护作用外，还可以采用断路器或专门的电磁式电压继电器、直流高返回系数电压继电器来进行欠电压保护，其方法是将电压继电器线圈接在电源上，其常开触头串接在接触器控制回路中。当电网低于整定值时，电压继电器动作直接带动脱勾器或使接触器释放。

为防止电网电压过高引起电流增大或绝缘击穿而损坏电气设备的保护措施称为过电压保护，通常用过电压继电器实现。

电磁铁、电磁吸盘等类电感量较大负载，在切断电源时会产生很高的浪涌电压，为此需采用适当的保护。常用的保护方法是在线圈两端并接电阻、电阻电容串联或二级管等方式（视电源类型而定），以构成续流回路。

3．位置保护

生产机械运动部件的行程、越位大小及运动部件的相对位置都要限制在一定范围内。如龙门刨床横梁上升与下降不能超过极限位置，横梁下降与侧刀架上升不能相撞，工作台面由前进换后退或后退换前进过程中的越位要控制在一定范围内。又如起重设备的左右、上下、前后运动行程都必须适当保护，否则就可能损坏生产机械并造成人身事故。这类保护称为位置保护。

位置保护可以采用限位开关、干簧继电器、接近开关等类电器，当运动部件到达调定位置，使限位开关或继电器动作，其常闭触点串联在接触器控制电路中，因常闭触头打开而使接触器释放，于是，运动部件停止运动。

词语

1. 电气保护 diàn qì bǎo hù — ئېلېكتىرلىق قوغداش
2. 温升（动）wēn shēng — تېمپېراتۇرىنىڭ ئۆرلىشى
3. 绝缘材料 jué yuán cái liào — ئىزلىياتورلۇق ماتېرىيال
4. 额定电流 é dìng diàn liú — نورمىلىق توك كۈچى
5. 瞬时故障电流 shùn shí gù zhàng diàn liú — پەيتلىك كاشىلا توك كۈچى
6. 电弧（名）diàn hú — ئېلېكتىر يايى
7. 过电流保护 guò diàn liú bǎo hù — توك كۈچى ئېشىپ كېتىشنى قوغداش
8. 电流比值 diàn liú bǐ zhí — توك كۈچى نىسبەت قىممىتى
9. 控制回路 kòng zhì huí lù — قايتىش توك يولىنى كونترول قىلىش
10. 过载保护 guò zài bǎo hù — يۈك ئېشىپ كېتىشنى قوغداش
11. 反时限（名）fǎn shí xiàn — تەتۈر ۋاقىت چەكلىمىسى
12. 欠电流保护 qiàn diàn liú bǎo hù — توك كۈچى كېمەيگەندە قوغداش
13. 断相保护 duàn xiāng bǎo hù — قازا ئۈزۈلگەندە قوغداش
14. 异步电动机（名）yì bù diàn dòng jī — بىماس قەدەملىك ئېلېكتىر ماتورى
15. 失电压（名）shī diàn yā — يوقالغان توك بېسىمى
16. 欠电压（名）qiàn diàn yā — كەم توك بېسىمى
17. 多位开关（名）duō wèi kāi guān — كۆپ توچكىلىق ۋىكلىيۇلچاتىل
18. 位置保护 wèi zhi bǎo hù — ئورنىغا يەتكەندە قوغداش

19. 干簧继电器（名）gān huáng jì diàn qì　　پۇرژۇنلۇق رېلى
20. 常闭触点（名）cháng bì chù diǎn　　يېپىق تەگىشىش نۇقتىسى
21. 常闭触头（名）cháng bì chù tóu　　دائىم يېپىق تەگىشىش بېشى
22. 限位开关（名）xiàn wèi kāi guān　　ئورۇن تىزگىنلەش ۋىكلىيۇلچاتىلى

作业与练习

一、词语解释

反时限　过电流保护　过载保护　欠电流保护　失电压保护　位置保护

二、根据课文内容填空

1．短路时产生的瞬时故障电流可达到_________的几倍到几十倍，使电气设备或配电线路因_________、电动力而损坏，甚至因_______而引起火灾。短路保护要求在很短时间内迅速___________。

2．采用接触器及按钮控制电动机的起停，具有___________作用，因为如果正常工作中，电网电压消失，接触器就释放而切断___________，当电网恢复正常时，由于接触器已断开，不会自行启动，但如果不是采用按钮，而是用不能自动复位的手动开关、行程开关等___________，必须采用专门的零压继电器。

3．位置保护可以采用限位开关、___________、接近开关等类电器，当运动部件到达调定位置，使_______开关或继电器动作，___________串联在接触器控制电路中，因常闭触头打开而使________ 释放，于是，运动部件停止运动。

三、根据课文内容回答问题

1．电气保护类型实现方法有哪些？

2．电流型保护的基本原理是什么？

3．电流型保护包括哪几种？

4．过电流保护有什么特点？

科普阅读

未来的自动化之光——RFID 技术的兴起（十一）

大系统通常具有下面3个特点。信息的采集和处理量大面广；系统的多级结构模型；集中与分散的控制方式。如从地理上看，需要从各地区或各部门去采集数据，经过对大量数据的处理加工，再由控制中心进行分析并做出决定，最后再反馈到这些部门或地区去执行。或者虽不具备上述地理分布上的特征，但由于设备多，任务过程复杂，具有多级控制结构的系统，也可作为其特征之一。因为在很多情况下，复杂的大系统可以分解为较小的相互作用的子系统进行分析，然后再重新组合为大系统。这些分解方法产生了子系统的分级模型，对分级结构中的每一层需经该层的性能测度，实现每层的控制最优化，最后再力图实现整个系统的综合最优化。因此，要实施对这类大系统的分析，就要对已有的系统实现“模型化”，也就是要根据需要与可能，建立系统的数学模型，用以描述系统的动态和静态特性、性能指标、运行状态的数学表达式等；或建立系统的网络模型，绘制出表示系统信息流或物质流、时间顺序、逻辑关系等相互联系的网络图（由支路、节点等组成）和计划评审图等；如果有条件，还须进一步建立系统的物理模型，用以对大系统进行仿真，模仿实际系统的物理过程、运动状态、生理或心理的活动，等等。对于尚待筹建的大系统，则通常要根据大系统的总任务、总目标选择设计方案，确定控制规律，制定管理办法，这就要实施对大系统的综合。综合的目的，就是要对大系统进行决策、规划、设计，对大系统的筹建过程与实际运行，进行科学的计划协调与组织管理。有这样一个实例，一个复杂的战略防御系统的战术单位，它包括几台大型计算机联合控制预警雷达，精密相控阵雷达，并承担导弹的发射和引导以及模拟训练等任务。在这个复杂系统中，它实时控制 6 个子系统，具有 735 000 条软件指令，还包含有 580 000 条软件指令的 6 个支援子系统，以及含软件指令 830 000 条的 6 个方面的调试维护系统，这样一个大系统，它的控制、支援和维护使用都用计算机实现了自动化。也只有在计算技术发展到今天，才有可能实施对大系统进行实时的、不间断的、自动化的监视和控制。现代自动化技术科学的一些内容，如动态规划、评价问题、决策问题、对策问题等已引起了自动化工作者的关注，一些著名学者和研究机构亦纷纷转向该问题的研究。1965 年美国学者切斯纳特（H · Chesnut）以系统模型化、最优化、信息处理等为核心，归纳成系统工程学的方法，并担任了国际自动控制联合会中新成立的系统工程学技术委员会的主席，正式把生产系统和经济系统问题作为活动内容之一。以后每隔一两年召开一次有关问题的讨论会。着重从控制与信息的观点，研究各种大系统的结构方案、总体设计中的“分解”方法和协调等问题。大系统理论应运而生，有人称之为“第三代”控制理论。

进入 20 世纪 80 年代，复杂系统的控制问题已提到日程，这是由于人们面对复杂工业过程、生物医学、社会经济、环境、资源等一类找不到精确的但又可处理的模型的复杂系统，发现单纯运用 70 年代发展起来的分解、降阶、集结等简化方法，以及递阶协调、分散化等控制技术，还不足以解决那些由于系统规模庞大带来的诸如信息采集、通讯、计算、决策的复杂性、可靠性、费用昂贵等问题。大系统并不一定与复杂系统等价，复杂系统的“复杂”并不一定是系统的维数高、尺度大而是线性关系，而且不同种类子系统相互耦合时的数学困难和不同宏观、微观层次上运动形态有着质的差异。与此同时，在数学等一些学科的研究领域，亦提出了一些有关微分动力系统、突变和分岔理论，以及耗散结构、协同学、混沌、分维和分形等一系列新的理论，加深了自动化工作者对复杂系统行为的认识。例如对于大型的航天器结构来说，包括有刚体、液体和细薄而长的挠性体，各有不同的数学模型而且其间耦合关系非常复杂。对于计算机集成制造系统，需要从功能结构、信息结构和物料处理等多方面分别描述，其中物料处理既是一种由离散事件驱动的过程，又要按操作逻辑顺序、时间调度、随机排队等几个层次而采用不同的数学模型来描述。智能机器人则包括行走、抓取等功能的机械运动控制以及触觉、视觉图像处理等不同的子系统。这一类控制和决策问题都对原有的系统控制理论提出了严峻的挑战。

第十三课　电力系统、电力网及动力系统

电力系统通常是指由发电机、变压器、电力线路、用户等组成的三相交流系统。

电力系统中的电气设备也称电力系统的元件，它们之间互相作用完成发电/输配电/用电的过程。发电机产生电能，升压变压器把发电机发出的低压电能变换为高压电能，电力线路输送高压电能，降压变压器把网络中的高压电能变换为低压电能便于用户使用电能。这样一个产生电能、输送和分配电能、使用电能所连接起来的有机整体称为电力系统。

确切地说，电力系统是指由发电机、变压器、电力线路、用户等在电气上相互连接所组成的有机整体。

电网是指由各种电压等级的输、配电线路以及由它们所联系起来的各类变电所所组成的电力网络。由电源向电力负荷中心输送电能的线路，称为输电线路，包含输电线路的电力网称为输电网。而主要担负分配电能任务的线路称为配电线路，包含配电线路的电力网称为配电网。

电力系统再加上它的动力部分称为动力系统。换言之，动力系统是指“电力系统”与“动力部分”的总和。

所谓动力部分，是指随电厂的性质不同而不同，主要有以下几种。

（1）火力发电厂的锅炉、汽轮机、供热网络等。

（2）水力发电厂的水库、水轮机。

（3）核能发电厂的反应堆。

（4）风能、太阳能等。

由以上分析可知，电力网是电力系统的一个组成部分，而电力系统又是动力系统的一个组成部分。

我国的电力工业起步很早，几乎与世界同步。自 1879 年 5 月上海公共租界点亮第一盏电灯开始即写下了中国使用电力照明的历史。1882 年中国第一家公用电业公司——上海电气公司在上海创办，建成的第一个发电厂是上海乍浦路建设电灯厂，装机只有 11.8kW（16 马力）。到 1949 年底新中国成立时，全国发电装机容量仅有 185kW，发电量 43 亿 kW·h，分别居世界第 21 位和第 25 位。

新中国成立后，我国电力工业得到迅速发展。1950～1978 年期间，国产 10 万 kW、12.5 万 kW、20 万 kW、30 万 kW 汽轮发电机组和国产 15 万 kW、22.5 万 kW、30 万 kW 的水轮发电机组相继制成并投产。至 1978 年底，全国发电装机容量达到 5 712 万 kW，年发电量达到 2 566 万 kW·h，分别居世界第 8 位和第 7 位。截至 2006 年底，全国发电装机容量达到 62 200 万 kW，连续 10 年居世界第 2 位。

2009 年 1～7 月，我国电力装机突破 8 亿 kW。截至 2009 年 7 月底，全国 6 000kW 及以上电厂发电装机容量更新为 78 341 万 kW。

我国电力工业进入了大机组、大电厂、大电网、超/特高压、远距离输电、交直流输电、

自动化、信息化，水电、火电、核电、新能源发电全面发展的新时期。目前，我国电力工业正在逐步进入跨大区联网和推进全国联网的新阶段。我国电网已基本实现全国互联，到2010年，全国330kW及以上交流线路达11.4万km，变电容量为4.7亿kV·A，直流线路为8 200km，直流换流站容量为4 000万kW。

20世纪80年代以来，我国电力需求连续20年实现快速增长，年均增长速度接近8%。根据我国的具体情况，预计我国全面实现小康社会的人均用电水平在3 000kW·h左右。在未来的20年，电力需求仍然需要保持5.5%～6%左右的快速增长。到2020年，全社会用电将达到39 400亿～43 200亿kW·h，需要装机8.2亿～9.0亿kW。电力与经济紧密相关，电力是保证经济发展的重要物质基础，经济发展是电力发展的内在动力。为满足全面建设小康社会的需要，电力发展的任务艰巨，责任重大。

词语

1. 电力系统 diàn lì xì tǒng　　ئېلېكتىر سىستېمىسى
2. 发电机（名）fā diàn jī　　گېنىراتور
3. 变压器（名）biàn yā qì　　ترانسفورماتور
4. 三相交流 sān xiàng jiāo liú　　ئۈچ قازلىق ئۆزگىرىشچان توك
5. 输配电 shū pèi diàn　　ئۆزۈتۈپ تەقسىملەش توكى
6. 动力系统 dòng lì xì tǒng　　ھەرىكەت ئېنېرگىيە سىستېمىسى
7. 锅炉（名）guō lú　　پار قازان
8. 核能（名）hé néng　　يادرو ئېنېرگىيىسى
9. 反应堆（名）fǎn yìng duī　　ئىنكاس توپلىمى
10. 汽轮发电机（名）qì lún fā diàn jī　　پار تۈئابىنلىق گېنىراتور
11. 装机容量（名）zhuāng jī róng liàng　　ماشىنا قۇرۇلما سىغىمىسى

作业与练习

一、词语解释

电力系统　　电网　　动力系统

二、根据课文内容填空

1．电力系统中的电气设备也称电力系统的_____，它们之间互相作用完成发电/输配电/用电的过程。发电机产生_____，___________把发电机发出的低压电能变换为高压电能，电力线路输送高压电能，降压变压器把网络中的_________变换为低压电能便于_____使用电能。

2．电网是指由各种电压等级的___________以及由它们所联系起来的各类变电所所组成的____________。由电源向电力负荷中心输送电能的线路，称为_______，包含输电线路的电力网称为_________。而主要担负分配电能任务的线路称为配电线路，包含配电线路的电力网称为___________。

三、根据课文内容回答问题

1．动力系统中的动力部分指的是哪些？

2．简述新中国成立后我国电力系统的发展状况。

科普阅读

未来的自动化之光——RFID 技术的兴起（十二）

20 世纪 80 年代中后期，人们在研究复杂系统的过程中，又进一步认识到复杂性还有不同的层次，提出了巨系统的概念。在巨系统中，组成的部件或子系统数量极多、成千上万乃至无法枚举。例如一团气体，它包含有大量分子，但品种不多、结构也较简单，通常可用统计方法处理，故称为简单巨系统。而像生物体中大量细胞构成的各种组织、器官、大脑中亿万的神经元等一类系统，其子系统品种繁多，且处在复杂的组织结构之中，故称为复杂巨系统。这一类系统组织结构通常由“自组织”的演化过程形成，因此它必须是开系统，和外界环境具有物质、能量或信息的交换。从而进一步发展了只能用从定性到定量的综合集成方法，借助于计算机等处理定量信息和处理定性知识的能力加以实现。

进入 90 年代，这类问题已成为许多学科家所共同关注的研究课题。但对于自动控制学科来说，由于复杂控制系统包含着复杂受控对象，复杂多变而不确定的工作环境，以及具有很强信息处理能力的复杂的控制机构这 3 个方面的复杂性以及它们的相互作用，与“自在”的复杂系统相比，其复杂性和处理的困难程度是明显的，也就决定了系统控制工作者必须具有自己独特的思维方式和发展系统控制理论。现今正孕育着在大系统理论的基础上进一步发展复杂系统控制的理论体系的趋向。一些国家已将上述系统控制问题，列为首要的重大研究课题，以求在不远的将来取得重大突破。可以说，这是自动化技术科学向广度发展的一种趋势，反映出自动化技术科学已进入控制与信息科学、经济管理科学、生物与环境科学等各种不同科学领域互相渗透的阶段。

智能控制是研究与模拟人类智能活动及其控制与信息传递过程的规律，研制具有某些仿人智能的工程控制与信息处理系统的一个新兴分支学科。它在控制论、信息论、计算机科学、神经生理学、实验心理学、仿生学等有关学科互相渗透的基础上，汇集各有关方面的研究成果进行综合性研究，成为自动化技术科学向纵深发展的标志之一。

智能控制的思想最早是由华裔美国模式识别与机器智能专家傅京孙（K・S・Fu，1930～1985）于 1965 年提出的，直至 1985 年建立实用智能控制系统的条件才逐渐成熟，并在美国首次召开了智能控制学术讨论会，1987 年再次在美国召开了智能控制首届国际学术会议，标志着智能控制作为一个新的学科分支得到承认，较重要的智能控制系统之一是分级递阶智能控制系统，是在学习控制系统的基础上，将人工智能与适应控制系统和自组织系统结合而形成的，用以在一定程度上解决复杂离散事件的控制设计问题，以及应用于工业、航天、核处理和医学等方面的自主控制系统的设计问题。

专家控制系统是智能控制的另一重要方面，它能模仿某一方面的专家和熟练操作人员的控制技能和经验。它具有专家控制系统和专家式控制器两种形式，一般兼有理解、预测、诊断、计划制定、监控等多种功能。表明了工程控制技术与知识工程的结合，意味着系统科学与思维科学的相互渗透。

进入 90 年代，属于智能控制范畴的模糊控制技术得到了较快发展，它是一种采用由模糊数学语言描述的控制规则来操纵系统工作的控制方法。其特点是不需要考虑控制对象的数学模型和复杂情况，只需要依据由操作人员经验所制订的控制规则即可构成。这就使模糊控制如同专家系统一样具有重大而深远的意义，这是由于众多的实践证明，许多复杂控制过程难以用数学方法建立定量计算模型，而必须用知识工程技术建立定性分析模型，有时还需要建立定性分析与定量计算相结合的理论模型。通过模糊控制方法而设计出由计算机执行的模糊控制器，所依据的控制规则通常不是精确定量的，其模糊关系的运算法则、各模糊集的隶属度函数，以及从输出量模糊集到实际的控制量的转换方法等，均有相当大的任意性，这种控制器的性能和稳定性，往往难以从理论上做出确定的估计，只能依据实际效果评价其优劣。值得欣慰的是，近几年来国内外已开发出数以百计的应用方面的模糊控制器，并在多种领域得到成功的应用，可以说正是方兴未艾。另一类由专家控制器和模糊控制器互相渗透而发展起来的专家模糊控制器，亦是智能控制中一种研究得十分活跃的专家控制器，只是在名称上略有区别。

第十四课　电力系统的电压调整

电压波动对用电设备的影响巨大，由于各种用电设备都是按照规定的额定电压来设计制造的，因此，用电设备在其额定电压下运行性能最好，如果其端电压偏离额定电压，用电设备的性能就要受到影响。如果用电设备的端电压较大幅度地上升或下降，很可能使设备损坏，产品质量下降，产量降低等，甚至引起系统的“电压崩溃”，造成大面积停电。因此，电力系统的电压调整是非常必要的，现分别说明如下。

系统电压降低时，发电机的定子电流将因其功率角的增大而增大。如果这个电流原来已达到额定值，当电压降低后，将会使电流超过额定值，为使发电机定子绕组不至于过热，不得不减少发电机所发功率。相似地，系统电压降低后，也不得不减少变压器的负荷。

当系统电压降低时，各类负荷中占比重最大的异步电动机的转差率增大，从而电动机各绕组中的电流将增大，温升将增加，效率将降低，寿命将缩短，而且某些电动机驱动生产机械的机械转矩与转速的高次方成正比，转差率增大、转速下降时，其功率将迅速减小。如发电厂厂用电动机输出功率的减少，又将影响锅炉、汽轮机的工作，从而影响发电厂所发功率。尤为严重的是，系统电压降低后，电动机的启动过程将大大加长，电动机可能在启动过程中因温度过高而烧毁。电炉的有功功率与电压的二次方成正比，炼钢厂的电炉将因电压过低而影响冶炼时间，从而影响产量。

系统电压过高将使所有电气设备绝缘受损，而且变压器、电动机铁芯会饱和，铁芯损耗增大，温升将增加，寿命将缩短。

照明负荷，尤其是白炽灯，对电压变化的反应最灵敏。电压过高，白炽灯的寿命将大为缩短；电压过低，光通量和发光效率又要大幅度下降。

至于因系统中无功功率短缺，电压水平低下，某些枢纽变电所母线电压在微小扰动下顷刻之间的大幅度下降，即“电压崩溃”现象，则更是一种将导致发电厂之间失步、系统瓦解的灾难事故。

由此可见，电力系统正常运行时，应保持各节点电压在额定值，但因系统中节点很多、网络结构复杂、负荷分布不均匀等原因，要做到这一点是很困难的。

1．电力系统允许的电压偏移

电力系统在正常运行时，负荷经常会发生变化，电力系统的运行方式也常有变化，它们都将使电力网中功率分布不断变化，造成网络中电压损耗的不断改变，使系统的运行电压也不断变化，因此严格保证所有用户在任何时刻电压都为额定值几乎是不可能的。从用电方面来说，用电设备在其额定电压下运行时性能最好，但对大多数用电设备，都允许有一定的电压偏移。允许的电压偏移是根据用电设备对电压偏移的敏感性和电压偏移对用电设备所造成后果的严重性而定的。从供电方面来说，允许的电压偏移越大，供电系统的技术指标就越容易达到。综合考虑供电和用电两个方面的情况，得出反映国民经济整体利益的合理的允许电压偏移标准。

2．电压中枢点的选择

电力系统调整电压的目的，是要在各种运行方式下，各用电设备的端电压能维持在规定的波动范围内，从而保证电力系统运行的电能质量和经济性。由于电流系统结构复杂，用电设备数量极大，因此电力系统运行部门对网络所有母线电压及用电设备的端电压都进行监视和调整是不可能的，而且也没有必要。在电力系统中，常常选择一些有代表性的点（母线）作为电压中枢点，运行人员监视中枢点电压，将中枢点电压控制调整在允许的电压偏移范围内。只要这些中枢点的电压质量满足要求，其他各点的电压质量就基本上能满足要求。所谓电压中枢点，是指那些能反映和控制整个系统电压水平的点。一般选择下列母线作为中枢点。

（1）大型发电厂的高压母线（高压母线上有多回出线时）；

（2）枢纽变电所的二次母线；

（3）有大量地方性负荷的发电厂母线。

3．中枢点的调试方式

当在实际运行的电力系统中，由于缺乏必要的数据而无法确定中枢点的电压控制范围时，可根据中枢点所管辖的电力系统中负荷分布的远近及负荷波动的程度，对中枢点的电压调整方式提出原则性要求，以确定一个大致的电压波动范围。这种电压调整方式一般分为逆调压、顺调压和常调压 3 类。

词语

1. 电压调整 diàn yā tiáo zhěng　توك بېسىمنى تەڭشەپ رەتلەش
2. 电压波动 diàn yā bō dòng　توك بېسىمنىڭ دولقۇن ھەركىتى
3. 端电压（名）duān diàn yā　ئىككى ئۇچىدىكى بېسىم
4. 转差率（名）zhuǎn chā lǜ　ئايلىنىش پەرقى
5. 无功功率 wú gōng gōng lǜ　پايدىسىز قۇۋۋەت
6. 定子（名）dìng zǐ　ستاتور
7. 铁芯（名）tiě xīn　تۆمۈر ئۆزەك
8. 枢纽变电所 shū niǔ biàn diàn suǒ　تۈگۈنلۈك بېسىم ئۆزگەرتىش ئورنى
9. 失步（名）shī bù　قەدەم خاتا
10. 电压偏移 diàn yā piān yí　توك بېسىمنىڭ ئېغىشى
11. 中枢点（名）zhōng shū diǎn　ئوتتۇرا مەركەز نۇقتا
12. 母线（名）mǔ xiàn　غول سىم
13. 逆调压（名）nì tiáo yā　تەتۈر ئايلانما تەڭشەش بېسىمى
14. 顺调压（名）shùn tiáo yā　ئوڭ ئايلانما تەڭشەش بېسىمى
15. 常调压（名）cháng tiáo yā　دائىملىق تەڭشەش بېسىمى

作业与练习

一、词语解释

电压崩溃中枢点

二、根据课文内容填空

1．照明负荷，尤其是白炽灯，对电压变化的反应_______。电压过高，白炽灯的寿命将_________；电压过低，光通量和发光效率又要大幅度_______。

2．当在实际运行的电力系统中，由于缺乏___________而无法确定中枢点的电压控制范围时，可根据_________所管辖的电力系统中负荷分布的_____及负荷波动的_____，对中枢点的电压调整方式提出原则性要求，以确定一个大致的_____________。

三、根据课文内容回答问题

1．电力系统为什么要进行电压调整？

2．系统电压降低时会造成什么影响？

3．如何选择电压中枢点？

科普阅读

未来的自动化之光——RFID 技术的兴起（十三）

智能机器人是智能控制的综合研究对象、工具与成果，人工智能与模式识别的研究，是为实现智能控制提供理论基础与技术手段的重要前提。实现智能控制是人工智能与模式识别研究的最终目的的一个重要方面。智能机器人作为一个典型的智能控制系统，也必然要引用人工智能与模式识别的研究成果并作为它们理论与实践结合的主要对象之一。

智能机器人的研究，实际上就是研制具有仿人智能的自动机器，这是人们长期以来的愿望，直到 20 世纪 60 年代后期，具有极简单智能的机器人雏形方才问世。60 年代后期发展起来的“智能机器人”，亦多限于在“积木世界”中活动，它仅仅具有识别简单的三维物体的形状，进行积木分类、堆放的智能，或少量具有视觉、触觉。如日立中心研究所研制成的“手—眼”装置与带触觉手的智能机器人，它有两只眼，一只眼用于看图纸，另一只眼与机械手进行装配作业，依靠两只眼的协调配合，完成按图纸装配的工作。日立公司研制的具有视觉与触觉的机器人，用来制造水泥杆，并可将螺钉拧到水泥杆的模具上去。当机器人走近螺钉和其他凸台时，作为“眼”的电视摄像机搜索目标，识别其形状与位置，再由带触觉的手进行确认后，将工作指令传给伺服执行机构，用碰撞扳手紧固螺钉。识别与紧固一个螺钉只需 2.5 秒，大大提高了工效。

进入 70 年代，智能机器人的研究着重在环境的识别（如场景分析）、对行为的计划与决策及通过自然语言与人对话等。前一个功能依赖于模式识别的研究成果，后两个功能则需引进人工智能的成就。对于智能机器人，还有许多问题需要研究，如手和脚运动的协调控制问题；步行式有脚机器人的运动稳定性问题；多关节手臂的最佳运动轨迹问题；在有障碍环境中机器人的最佳通道问题；可调机械手的自适应控制问题；多个机器人的系统控制问题。这一类问题目前都已开始研究，有的已取得了可喜成就。

对智能机器人的进一步研究，既属于计算机科学、心理学等学科的研究范畴，又是自动化学科一个基本的研究领域，即从用机器延伸人的筋肉功能，以代替人的一部分体力劳动进而发展到用机器扩展人的某些智力功能，即代替人的一部分脑力劳动。如能够阅读日文的机器人已在日本研制成功，利用人工智能中图形识别的功能，使机器可直接按照设计图纸进行工件的自动加工，识别患者的X光照片和心电图，对冠心病等疾病进行自动判读与诊断等。反过来，利用对景物分析和识别的功能，对需加工的工件识别后，则可自动制图，自动编制加工的控制程序。发展中的“智能机器人”，既能够识别、判断、决策，又能领会人的口述命令，适应环境，灵巧地代替人到深海探矿、采油，观察地壳运动和用以进行宇宙空间的科学考察，它能完成多种控制与信息处理的任务，更好地为人类服务。

人工智能的研究，在60年代中期之前还是建立在很不稳固的科学基础上。在电子计算机出现后的一段时期内，人们通常认为它仅能进行快速计算而已。但也确有少数人，如图灵在考虑计算机是否可以进行简单的逻辑推理，提出一种图灵判别方法，即你对一类机器所做的工作结果进行判别，如果你并不能够判别出该项工作是人做的还是机器做的，那么，这个机器就可以认为具有“智能”，这就是人工智能。对于这一类问题，当时还只有一些控制论的专家对其发生兴趣。时至今日，人工智能问题已吸引着哲学家、语言学家、逻辑学家、心理学家、社会学家和经济学家们的注意。更为重要的是已经有了一些实用成果，在科学活动、工程实践、经济、医学等领域中，得到一定的应用。知识工程是人工智能的一个重要分支，它的中心课题之一就是构造专家系统，目前国内外已研制了付诸实用的医疗诊断、地质勘探、口语和图像理解、军事指挥、大规模集成电路设计等多种专家系统。其中一个成功例子，是1972年美国斯坦福大学费根巴欣（Feigenbacim）开始做的专家系统，目的是为了解决医学诊断和疗法选择问题，这个系统可以根据化验结果向医生提供给病人开什么药方的建议。目前，对做出决定过程的自动化；使人对电子计算机用自然语言（即人们在日常生活中常用的习惯语言，不一定要经过规范化）交互的系统做深入研究；机器翻译与定理证明；程序设计与检验程序正确性的自动化；建立数据智力库，建立自学的和信息—咨询系统；识别现实时间范围内的形象；制造完整化的机器人等，都是人工智能问题研究的领域。其目的是模拟人的思维活动，以便把大量“墨守成规”的课题转交给电子计算机，更深刻地论证人做出的种种决策，以便使人能腾出更多的时间，解决真正创造性的课题。

第十五课　电力系统故障概述

在电力系统的运行过程中，时常会发生故障，如短路故障、断线故障等。其中大多数是短路故障（简称短路）。

所谓短路，是指电力系统正常运行情况以外的相与相之间或相与地（或中性线）之间的故障连接。在正常运行时，除中性点外，相与相或相与地之间是绝缘的。电力系统的运行经验表明，单相短路接地占大多数。三相短路时三相回路依旧是对称的，故称为对称短路；其他几种短路均使三相回路不对称，故称为不对称短路。上述各种短路均是指在同一地点短路，实际上也可能在不同地点同时发生短路，例如两相在不同地点短路。

产生短路的主要原因是电气设备载流部分的相间绝缘或相对绝缘被损坏。例如，架空输电线的绝缘子可能由于受到过电压（如由雷击引起）而发生闪络，或由于空气的污染使绝缘子表面在正常工作电压下放电。再如，其他电气设备，如发电机、变压器、电缆等的载流部分的绝缘材料在运行中损坏。还有，鸟兽跨接在裸露的导线载流部分以及大风或导线覆冰引起架空线路杆塔倒塌所造成的短路故障。电力系统的短路故障大多数发生在架空线路部分。总之，产生短路的原因有客观的，也有主观的，只要运行人员加强责任心，严格按规章制度办事，就可以把短路故障的发生控制在一个很低的限度内。

短路对电力系统的正常运行和电气设备有很大的危害。在发生短路时，由于电源供电回路的阻抗减小以及突然短路时的暂态过程，使短路回路中的短路电流值大大增加，可能超过该回路的额定电流许多倍。短路点距发电机的电气距离愈近（即阻抗愈小），短路电流愈大。例如在发电机端发生短路时，流过发电机定子回路的短路电流最大瞬时值可达发电机额定电流的10~15倍。在大容量的系统中短路电流可达几万甚至几十万安培。短路点的电弧有可能烧坏电气设备。短路电流通过电气设备中的导体时，其热效应会使电气设备在通过最大可能的短路电流时不至损坏。

短路还会引起电网中电压降低，特别是靠近短路点处的电压下降得最多，结果可能使部分用户的供电受到破坏。电力网电压的降低使由各母线供电的用电设备不能正常工作，例如作为系统中最主要的电力负荷——异步电动机，它的电磁转矩与外施电压的二次方成正比，电压下降时电磁转矩将显著降低，使电动机转速减慢甚至完全停转，从而造成产品报废及设备损坏等严重后果。

系统中发生短路相当于改变了电网的结构，必然引起系统中功率分布的变化，而且发电机输出功率也相应地变化。短路使发电机输出的有效功率下降，但发电机的输入功率由原动机的进汽量或进水量决定，不可能立即变化，因而发电机的输入和输出功率不平衡，发电机的转速将发生变化，这就有可能引起并列运行的发电机失去同步，破坏系统的稳定，引起大片地区停电。这是短路造成的最严重的后果。

不对称接地短路所引起的不平衡电流产生的不平衡磁通，会在临近的平行的通信线路内感应出相当大的感应电动势，造成对通信系统的干扰，甚至危及设备和人身的安全。

为了减少短路对电力系统的危害，可以采取限制短路电流的措施，最主要的措施是迅速将发生短路的部分与系统其他部分隔离。发电机可以照常向直接供电的负荷和配电所的负荷供电。由于大部分短路不是永久性的而是短暂性的，就是说当短路处和电源隔离后，短路点不再有短路电流流过，则该处可以重新恢复正常，因此现在广泛采取重合闸的措施。所谓重合闸就是当短路发生后断路器迅速断开，使故障部分与系统隔离，经过一定时间再将断路器合上。对于短暂性故障，系统可因此恢复正常运行，如果是永久性故障，断路器合上后短路仍存在，则必须再次断开断路器。

短路问题是电力技术方面的基本问题之一。在电厂、变电所以及整个电力系统的设计和运行工作中，都必须事先进行短路计算，以此作为合理选择电气接线、选用有足够稳定度和动稳定度的电气设备及载流导体、确定限制短路电流的措施、在电力系统中合理配置各种继电保护并整定其参数等的重要依据。为此，掌握短路发生以后的物理过程以及计算短路时各种运行参量（电流、电压等）的计算方法是非常必要的。

电力系统的短路故障有时也称为横向故障，因为它是相对相（相对地）的故障。还有一种称为纵向故障的情况，即断线故障，例如一相断线使系统发生两相运行的非全相运行情况。这种情况往往发生在当一相上出现短路后，该相的断路器断开，因而形成一相断线。这种一相断线或两相断线故障也属于不对称故障，它们的分析计算方法与不对称短路的分析计算方法类似。

词语

1. 短路（动）duǎn lù　قىسقا تۇتىشىش
2. 故障连接 gù zhàng lián jiē　كاشىلىنى ئۇلاش
3. 中性点（名）zhōng xìng diǎn　مەركىزى نۇقتا
4. 对称短路 duì chèn duǎn lù　سىممېترىك قىسقا تۇتىشىش
5. 载流（动）zài liú　يۈكلىمە توك
6. 闪络（动）shǎn luò　چاقناش
7. 跨接（动）kuà jiē　ئارتىلدۇرۇپ ئۇلاش
8. 架空线路 jià kōng xiàn lù　ئاسما سىم لىنىيەسى
9. 电磁转矩 diàn cí zhuǎn jǔ　ئېلېكتىر ماگنىتلىق ئايلىنىش مومېنتى
10. 外施电压 wài shī diàn yā　سىرتقى بېسىم
11. 接地短路 jiē dì duǎn lù　يەر بىلەن قىسقا تۇتىشىش
12. 感应电动势 gǎn yìng diàn dòng shì　ئىندىكسۇن ئېلېكتىر يۈرگۈزگۈچى كۈچ
13. 电抗器（名）diàn kàng qì　رېئاكتور
14. 重合闸 chóng hé zhá　رۇبىلىنكىنى قايتا بىرىكتۈرۈش
15. 参量（名）cān liàng　پارامېتىر

作业与练习

一、词语解释

短路对称短路

二、根据课文内容填空

1. 不对称接地短路所引起的__________产生的_______磁通，会在临近的平行的通信线路内感应出相当大的_____________，造成对通信系统的干扰，甚至危及设备和人身的安全。

2. 在电厂、变电所以及整个________ 的设计和运行工作中，都必须事先进行短路计算，以此作为合理选择_________、选用有足够稳定度和动稳定度的电气设备及_________、确定限制短路电流的措施、在电力系统中合理配置各种继电保护并整定其参数等的重要依据。为此，掌握短路发生以后的_________以及计算短路时各种__________的计算方法是非常必要的。

三、根据课文内容回答问题

1. 产生短路的主要原因是什么？

2. 短路对电力系统的正常运行和电气设备有什么危害？

3. 如何减少短路对电力系统的危害？

科普阅读

未来的自动化之光——RFID 技术的兴起（十四）

人工智能的另一个重要分支——模式识别（PR）得到了更为广泛的研究和应用，我们都知道，人类的一项基本活动是由感官获得外界的原始信息，如由眼睛看到的景物、图形、文字，由耳朵听到的声音等原始信息，通过大脑对所得信息进行加工处理，从而对周围的事物与现象进行判别和理解。这就是说，人们通过大脑能够直接利用原始信息，识别和理解客观世界中的各种模式，如景物、图形、文字、声音等。模式识别就是研究如何把脑力劳动的部分职能，在近代微电子学和计算技术发展的基础上，用机器模拟并代替人的部分脑力劳动，达到识别和理解客观世界中各种模式的原理、方法和技术，并予以实现的一门技术科学。

模式识别的发展，首先是利用第二次世界大战期间迅速发展起来的通讯理论、统计决策理论等，形成了统计方法。后来发现有些信息并不能用统计法得到解决，又发展出结构法，即句法模式识别，两种方法在应用中各取所长，互为补充。模式识别的首要任务是实现模式分类，然后进一步达到识别。20 世纪 70 年代后期，一种可识别 24 种口令，并能按口令操作机器的“口音号令系统”已正式生产。目前用模式识别和图像处理的方法，已可以进行文件的处理，产品质量检查，人体器官如心血管系统、呼吸系统、脑血管、眼底血管等以及癌细胞等方面的图像分析和识别等。

人们从生物体本身具有高度适应性、组织结构的灵活性以及具有积累经验和学习机能方面受到启发，用仿生学的方法进行“智力机”的研究。如神经仿生控制系统就是模仿神经网络或感觉器官制造成具有一定智能的“智力机”，它具有记忆过去的“经验”，辨识环境变化的能力，以按照一定的规律改变自己的结构或工作程序。实际上在 50 年代就已提出“智力机”的概念，并作为 60 年代控制论研究中的一个重要课题的自组织系统。近十多年来随着其他科学技术领域的进展，解决该问题的前景有望给予人们新的刺激，而重新提到重要日程。当前，包括我国在内的一些国家，正从事自组织系统及与其有关的神经元模型、感觉器官模型、脑模型以及在 90 年代初，在优化理论中，新近发展了的一种遗传算法（简称 GA 算法）等内容的研究，以期给信息处理和实现智能控制带来更多的启示和技术实现手段。

早在 40 年代就提出了许多神经元的数学模型，经过近 40 年的发展，使人工神经网络的研究在 80 年代达到了一个新的高潮，大量研究人员和厂商对人工神经网络在硬件实现技术以及各个领域的应用进行了广泛的研究。如 1984 年提出的玻兹曼机等具随机演化规则的神经网络及其在全局寻优中的模拟退火方法，以及儒默哈特等人提出的多层神经网络的误差反向传播自学习算法等，使人工神经网络在 80 年代末 90 年代初已较广泛地应用于信号处理、数据压缩、模式识别、机器人视觉、知识处理及其应用，以及预测、评价和决策问题、调度排序、路由规划等组合优化问题。在控制系统设计中，也较广泛应用于模拟被控对象特性、搜索和学习控制规律，以及实现模糊和智能控制。

智能控制是一个多学科交叉的新型学科和技术，目前尚处于迅速发展的阶段，截止到 1996 年年底，尽管有一些技术已在实际中获得应用，但可以说智能控制的理论还不成熟，还有待多个有关领域的科学家和工程技术人员通力合作，逐步建立和完善其理论体系和智能控制系统的结构框架，以使自动化技术科学进一步得以向深层发展。

化学工程部分

第一课　流体

流体是气体和液体的总称，是由大量的、不断地做热运动而且无固定平衡位置的分子构成的，它的基本特征是没有一定的形状和具有流动性。在人们的生活和生产活动中随时随地都可遇到流体，所以流体是与人类日常生活和生产事业密切相关的。大气和水是最常见的两种流体，大气包围着整个地球，地球表面约 70%是水面。

流体包括液体和气体。液体的体积有一定的大小并可以形成自由表面；气体则没有固定的体积，能充满整个容器。两者都几乎不能承受拉力；在静止状态下不能承受任何微小的剪切力，在剪切力作用下将产生连续的变形。任何流体的密度都与温度和压力有关，但压力的变化对液体密度的影响很小（压力极高时除外），液体可压缩性很小，故称液体是不可压缩的流体。而气体的可压缩性较大，在流体的形状改变时，流体各层之间也存在一定的运动阻力即黏滞性。具有黏性的流体在发生变形时将产生阻力，而没有黏性的流体则不会有任何阻力，表示流体黏性大小的物理量称为动力黏度或绝对黏度，简称黏度。不同流体的黏性是不一样的，例如从桶里把油倒出来要比把水从桶里倒出来需要更长时间，这说明油的黏性比水大。当流体的黏滞性和可压缩性很小时，可近似看做理想流体，它是人们为研究流体的运动和状态而引入的一种理想模型。

流体的流动形式是有区分的。若流速很慢，流体会分层流动，互不混合，称为层流。若流速增加，越来越快，流体开始出现波动性摆动，此情况称为过渡流。当流速继续增加，达到流线不能清楚分辨，会出现很多漩涡，这便是湍流，又称作乱流、扰流或紊流。研究流体流动的类型在一般工业中的意义在于可以解决流体流动中的能量消耗计算问题，以便设计管路系统和对泵和风机等的选择。在航空工业领域对飞机外形的设计，发动机的研制，进行风洞实验等都有很重要的实用意义。同时，对流体流量进行正确测量和调节也是保证生产过程安全经济运行、提高产品质量、降低物质消耗、提高经济效益、实现科学管理的基础。在能源计量中，使用了大量的流量计，例如石油工业，从石油开采、储运、炼制直到贸易销售，任何一个环节都离不开流量计。

流体流动与输送过程中，流体的状态与规律都与流体的密度、压力、黏度、挥发性、燃烧爆炸极限、闪点、最小引燃能量、燃烧热等物理和化学性质有关。

词语

1. 流体（名）liú tǐ　ئاققار جىسىم، ئاققۇچى جىسىم
2. 压力（名）yā lì　بېسىم، بېسىم كۈچى
3. 承受（动）chéng shòu　بەرداشلىق بېرىش
4. 故（介）gù　شۇڭلاشقا، سەۋەبىدىن
5. 剪切力（名）jiǎn qiē lì　قىيىش كۈچى، قايچىلانما كۈچ

6. 密度（名）mì dù　　زىچلىق

7. 压缩（动）yā suō　　قىسىش ، سىقىش، پرېسلاش

8. 黏滞（动）nián zhì　　يېپىشىش

9. 黏性（名）nián xìng　　يېپىشقاقلىق ، چاپلاشقاقلىق

10. 近似（动）jìn sì　　ئوخشاپ كەتمەك ، يېقىن كەلمەك ، ئاساسەن ، تەقرىبىي

11. 看做（动）kàn zuò　　... دەپ بىلمەك ، ...دەپ ھېسابلىماق ، ...دەپ قارىماق

12. 分辨（动）fēn biàn　　پەرق ئېتىش

13. 漩涡（名）xuán wō　　قايىنام

14. 紊流（名）wěn liú　　قالايمىقان ئېقىش

15. 挥发（动）huī fā　　پارلىنىش ، ئۇچۇش

16. 流量（名）liú liàng　　ئېقىم مىقدارى ، ئېقىش مىقدارى

17. 在于（动）zài yú　　ـ دا ، ـ تا ، ـ دە ، ـ تە ، ... گە باغلىق بولماق

18. 以便（连）yǐ biàn　　ئوڭاي بولسۇن ئۈچۈن

19. 由……构成 yóu……gòu chéng　　ـ دىن تۈزۈلمەك ، ـ دىن تەركىب تاپماق

20. 与……相关 yǔ……xiāng guān　　... بىلەن مۇناسىۋەتلىك ، ـ گە مۇناسىۋەتلىك

21. 为……而…… wèi……ér……　　... ئۈچۈن

作业与练习

一、根据课文内容添空

1．流体是________的总称，是由________做热运动而且________的分子构成的，它的基本特征是没有一定的________和具有________。

2．任何流体的密度都与________和________有关，但压力的变化对液体密度的影响很小（压力极高时除外），液体可压缩性________。

3．气体的可压缩性________，在流体的形状改变时，流体各层之间也存在一定的运动阻力即________。

4．当流体的________和________很小时，可近似看做理想流体。

5．当流速继续________，达到流线不能清楚分辨，会出现很多________，这便是湍流，又称作乱流、扰流或________。

二、根据课文内容回答问题

1．什么是流体？

2．液体和气体的共同点和不同点分别是什么？

3．流体的各种流动形式有什么区别吗？

4．研究流体流动的类型有什么意义？

5．流体的状态和规律与什么有关？

科普阅读

伯努利效应

1726 年，伯努利通过无数次实验，发现了“边界层表面效应”，即流体速度加快时，物体与流体接触的界面上的压力会减小，反之压力会增加。为纪念这位科学家的贡献，这一发现被称为“伯努利效应”。伯努利效应适用于包括气体在内的一切流体，是流体做稳定流动时的基本现象之一，反映出流体的流速与压强的关系：流体的流速越大，压强越小；流体的流速越小，压强越大。例如，管道内有一稳定流动的流体，在管道不同截面处的竖直开口细管内的液柱的高度不同，表明在稳定流动中，流速大的地方压强小，流速小的地方压强大。这一现象称为“伯努利效应”。伯努利方程：$p+1/2\rho v^2=$常量。

在列车站台上都划有安全线。这是由于列车高速驶来时，靠近列车车厢的空气将被带动而运动起来，压强就减小，站台上的旅客若离列车过近，旅客身体前后出现明显压强差，将使旅客被吸向列车而受伤害。

伯努利效应的应用举例：飞机机翼、喷雾器、汽油发动机的汽化器、球类比赛中的旋转球。

邓亚萍和她的队友乔红在第 43 届世乒赛上的一场争夺战，真可谓是速度和力量的化身。她们凶猛地抽杀推挡，把小球变成了一道道银色的电弧，直看得人们眼花缭乱，叹为观止。人们可曾知道，在她们不断加大攻球的速度和力量时，那一个个击出去的球都带着上旋。

乒乓球运动中的攻球，以快速和凶狠给对方造成很大的威胁。但是攻球往往会遇到这样的尴尬：挥拍过猛，球会不着台面飞出界外；如果因此而不适当地压低弧线高度，球又会触网失分。不解决这个准确落点的问题，所谓攻球的威胁也就成了水中月、镜中花了。那么有没有一种攻球，可以携裹着强劲的力量和速度杀向对方，又能缩短打出的距离、增加乒乓球飞行弧线的高度呢？有，这就是带上旋的攻球。

乒乓球的上旋，会使球体表面的空气形成一个环流，环流的方向与球的上旋方向一致。这时，球体还在向前飞行，所以它同时又受到了空气的阻力。环流在球体上部的方向与空气阻力相反，在球体下部的方向与空气阻力一致，所以，球体上部空气的流速慢，而下部空气的流速快。流速慢的压强大，流速快的压强小，这样就使球体得到了一个向下的力，这个力又让球得到了一个加速度。我们把球体向前上方的运动看作这样两个运动的合成：一个是沿水平方向的匀速直线运动，另一个是竖直上抛运动。以此可得出相应的计算式，然后把具体数值代入计算式中，并把计算结果在坐标中画出来，就会连接出一个具有一定弯曲度的弧线，这就是上旋，能增大乒乓球飞行弧线的弯曲程度，也就是被运动员用来增加保险系数的弧度。

上旋的利用，使得许多运动员如虎添翼。马文革在 1994 年世界明星巡回赛上速度加旋转，以 2∶0 轻取 1993 年世界杯男单冠军普里莫拉茨，第 2 局的比分是 21∶6，在与法国盖亭争夺冠军的决赛中，又以 3∶1 取胜。上旋的特性在弧圈球中表现得最为出色，因为弧圈球的上旋力非常强。法国埃卢瓦凌厉的两面弧圈技术，使他得以在乒坛上称霸一方。

第二课　流体输送机械

在化工生产过程中，流体输送是最常见的，甚至是不可缺少的单元操作。流体输送机械就是向流体做功以提高流体机械能的装置，因此流体经输送机械后即可获得能量，以用于克服流体输送沿程中的机械能损失，提高位能以及提高液体压强（或减压等）。通常，将输送液体的机械称为泵；将输送气体的机械按其产生的压力高低分别称之为通风机、鼓风机、压缩机和真空泵。

用于流体输送的一类通用机械，其功能在于将电动机或其他原动机的能量传递给被输送的流体，以提高流体的位能（即单位流体所具有的机械能）。流过的单位流体得到的能量大小是流体输送机械的重要性能。用扬程或压头来表示液体输送机械使单位重量液体所获得的机械能；用风压来表示气体输送机械使单位体积气体所获得的机械能。气液两类输送机械的原理相似，但由于气体密度小，且有可压缩性，故两者在结构上有所不同。

在化工生产中，被输送的液体的性质各不相同，所需的流量和压头也相差悬殊。为满足多种输送任务的要求，泵的类型繁多。根据泵的工作原理划分，一是动力式泵，又称叶片式泵，包括离心泵、轴流泵和旋涡泵等，由这类泵产生的压头随输送流量而变化；二是容积式泵，包括往复泵、齿轮泵和螺杆泵等，这类泵的输送流量与出口压力几乎无关；三是流体作用泵。包括以高速射流为动力的喷射泵，以高压气体（通常为压缩空气）为动力的酸蛋（因最初是用来输送酸的容器，且呈蛋形而得名）和空气升液器。

气体输送机械常根据进出口气体的压力差，即出口压力的表压或压缩比（出口气体的绝对压力与进口气体的绝对压力之比）来分类；也可根据结构和作用原理分类。

离心通风机、离心鼓风机和离心压缩机，它们的结构和作用原理与离心泵相似。离心通风机的风压低，通常只具有一个叶轮，鼓风机则往往是多级的。通风机和鼓风机的压缩比小，不需要冷却装置，离心压缩机的压缩比大，机器转速很高，叶轮数也多，而且还设置中间冷却器，将经过几级叶轮压缩的气体冷却，以减少功耗。与往复压缩机相比，离心压缩机的加工要求较高，工作效率稍低，仅适于大气量；但它具有体积小、重量轻、运转平稳、调节容易、维修方便和气体不受润滑油污染等优点，应用日趋广泛。靠高速回转叶轮对气体做功的还有轴流式通风机。其特点是风压小，风量大，主要用于通风换气，如用在凉水塔、空气冷却器中。

往复式压缩机和往复真空泵，它们的工作原理与往复泵相似。由于气体具有可压缩性，必须尽量减少余隙容积，以提高气缸容积利用系数（气缸容积的实际利用程度）。当压缩机的总压缩比大于 8 时，通常采用多级压缩，并在级间设置中间冷却器。往复压缩机现仍广泛应用，特别在压力很高或送气量较小的场合。真空泵通常用单级压缩，压缩比大，对余隙的要求更严。作用原理与往复式压缩机（泵）类似的还有罗茨鼓风机和液环泵等。罗茨鼓风机由机壳和一对转子组成，靠转子的脱开与啮合使气压升高，其出口气压一般不超过 80kPa（表压）。常用的液环泵称为纳氏泵，它由椭圆形泵壳和叶轮组成。泵内有适量的液体，在旋转叶轮的作用下沿泵体内壁形成液环，靠液环与叶片间形成的若干密闭工作室的容积大小变化，将气体吸入或排出。这种泵可用作真空泵，也可用作压缩机。用作压缩机时出口压力可达 500～600kPa（表压）。

喷射真空泵由喷嘴、混合室与扩散管组成，当具有一定压力的工作流体经喷嘴流出时，泵内形成真空，将气体吸入。两股流体在混合室内进行动量交换，速度趋向一致，经扩散管时将大部分动能转化为压力能，从而排出泵外。喷射真空泵的工作流体常用蒸汽，也可用水。用蒸汽时称为蒸汽喷射真空泵，用水时称为水喷射真空泵。单级喷射真空泵仅能达到 90%的真空度。为获得更高的真空度，可采用多级喷射真空泵。喷射真空泵的优点是结构简单、抽气量大、适应性强；缺点是效率低、能耗大。

词语

1. 输送（动）shū sòng　يەتكۈزۈپ بېرىش ، يوللاش
2. 甚至（连）shèn zhì　ھەتتا
3. 做功（动）zuò gōng　ئىش قىلماق
4. 以（介）yǐ　...ئۈچۈن ، تايانماق ، قىلماق ، ئەتمەك ، دەپ قالماق
5. 位能（名）wèi néng　پوتېنسىئال ئېنېرگىيە
6. 泵（名）bèng　پومپا ، ناسوس
7. 通风机（名）tōng fēng jī　ۋېنتىلياتور ، ھاۋا ئالماشتۇرغۇچ
8. 鼓风机（名）gǔ fēng jī　شامالدۇرغۇچ ، شامال بېرىش ماشىنىسى
9. 压缩机（名）yā suō jī　كومپرېسسور ، پرېسلىغۇچ
10. 真空泵（名）zhēn kōng bèng　ۋاكۇئوم، پومپا ، ھاۋاسىزلاندۇرغۇچى پومپا
11. 能位（名）néng wèi　ئېنېرگىيە ، ئېنېرگىيە ئورنى
12. 扬程（名）yáng chéng　كۆتۈرۈش ئېگىزلىكى ، كۆتۈرۈش ئارىلىقى
13. 压头（名）yā tóu　ناپور
14. 相差悬殊 xiāng chà xuán shū　پەرقى چوڭ
15. 叶片式泵（名）yè piàn shì bèng　ياپراقچىلىق پومپا
16. 离心泵（名）lí xīn bèng　مەركەزدىن قاچما پومپا
17. 轴流泵（名）zhóu liú bèng　ئوق ئېقىملىق پومپا
18. 旋涡泵（名）xuán wō bèng　قاينام پومپا ، قۇيۇن پومپىسى
19. 往复泵（名）wǎng fù bèng　مۇكا پومپا ،قايتىلانما پومپا
20. 齿轮泵（名）chǐ lún bèng　چىشلىق چاقلىق پومپا
21. 螺杆泵（名）luó gǎn bèng　بۇرما دەستىلىك پومپا
22. 喷射泵（名）pēn shè bèng　پۈركۈش پومپىسى
23. 空气升液器（名）kōng qì shēng yè qì　ھاۋا بىلەن سۇيۇقلۇق كۆتۈرگۈچ
24. 压缩比（名）yā suō bǐ　قىسىلىش نىسبىتى
25. 离心通风机（名）lí xīn tōng fēng jī　مەركەزدىن قاچما ھاۋا ئالماشتۇرغۇچ
26. 离心鼓风机（名）lí xīn gǔ fēng jī　مەركەزدىن قاچما شامالدۇرغۇچ
27. 离心压缩机（名）lí xīn yā suō jī　مەركەزدىن قاچما پرېسلىغۇچ

28. 叶轮（名）yè lún قاناتلىق چاق ، چاقپەلەك

29. 功耗（名）gōng hào قۇۋۋەت سەرپىياتى

30. 润滑油（名）rùn huá yóu سىلىقلاش مېيى ، سىلىقلاشتۇرغۇچى ماي

31. 日趋（副）rì qū بارغانسېرى ، كۈنسايىن ، كۈندىن - كۈنگە

32. 轴流式通风机（名）zhóu liú shì tōng fēng jī ئوق ئېقىملىق شامالدۇرغۇچ

33. 往复式压缩机（名）wǎng fù shì yā suō jī قايتىلانما كومپرېسسور

34. 往复真空泵（名）wǎng fù zhēn kōng bèng قايتىلانما ۋاكۇئۇم پومپىسى

35. 余隙容积（名）yú xì róng jī قالدۇق ، ھەجىم (سىغىم) ، يوچۇق سىغىمى

36. 罗茨鼓风机（名）luó cí gǔ fēng jī روئوتېس شامالدۇرغۇچ

37. 液环泵（名）yè huán bèng سۇيۇقلۇق ئايلانما پومپا

38. 纳氏泵（名）nà shì bèng نۇتىتالى پومپىسى

39. 泵壳（名）bèng ké پومپا قېپى

40. 喷射真空泵（名）pēn shè zhēn kōng bèng پۈركۈشلۈك ۋاكۇئۇم پومپىسى

41. 喷嘴（名）pēn zuǐ پۈركۈش ئېغىزى

42. 趋向（动）qū xiàng ئىنتىلمەك ، يۆنىلىش ، ئېغىش

43. 蒸汽（名）zhēng qì ھور ، پار

作业与练习

一、根据课文内容填空

1. 流体输送机械就是______________________________的装置。
2. 输送气体的机械按______分别称为通风机、_______和真空泵。
3. 液体输送机械使单位重量液体所获得的机械能用___________来表示。
4. 气体输送机械常根据_______________来分类。
5. 由于气体具有可压缩性，必须尽量减少__________，以提高气缸容积利用系数。
6. 往复压缩机现仍广泛应用，特别在_________________的场合。

二、根据课文内容填空

1. 流体输送机械的重要性能是什么？
2. 气液两类输送机械的原理相似，为什么两者在结构上有所不同？
3. 根据泵的工作原理，泵可以划分为几类？举例说明。
4. 离心压缩机与通风机和鼓风机有什么不同？
5. 与往复压缩机相比，离心压缩机有哪些优点？
6. 喷射真空泵有哪些优点？

科普阅读

泵

泵，一指改变容积内流体的压力或输送流体的机器；二指具有 ATP 酶活性的穿膜蛋白。可利用水解 ATP 产生的能量，将离子或小分子逆电化学梯度穿膜运输。

泵是吸入和排出流体的机械，能提升、输送或压缩流体。如水房（安装泵的房屋）

是受原动机控制，驱使介质运动，是将原动机输出的能量转换为介质压力能的能量转换装置。

泵主要用来输送液体，包括水、油、酸碱液、乳化液、悬乳液和液态金属等，也可输送液体、气体混合物以及含悬浮固体物的液体。

从泵的性能范围看，巨型泵的流量每小时可达几十万立方米以上，而微型泵的流量每小时则在几十毫升以下；泵的压力可从常压到高达 19.61MPa（200kgf/cm^2）以上；被输送液体的温度最低达−200℃以下，最高可达 800℃以上。

在化工和石油部门的生产中，原料、半成品和成品大多是液体，而将原料制成半成品和成品，需要经过复杂的工艺过程，泵在这些过程中起到了输送液体和提供化学反应的压力流量的作用，此外，在很多装置中还用泵来调节温度。

在农业生产中，泵是主要的排灌机械。我国农村幅员广阔，每年农村都需要大量的泵，一般来说农用泵占泵总产量一半以上。

在矿业和冶金工业中，泵也是使用最多的设备。矿井需要用泵排水，在选矿、冶炼和轧制过程中，需用泵来供水等。

在电力部门，核电站需要核主泵、二级泵、三级泵、热电厂需要大量的锅炉给水泵、冷凝水泵、循环水泵和灰渣泵等。

在国防建设中，飞机襟翼、尾舵和起落架的调节、军舰和坦克炮塔的转动、潜艇的沉浮等都需要用泵。高压和有放射性的液体，有的还要求泵无任何泄漏等。

在船舶制造工业中，每艘远洋轮上所用的泵一般在百台以上，其类型也是各式各样的。其他如城市的给排水、蒸汽机车的用水、机床中的润滑和冷却、纺织工业中输送漂液和染料、造纸工业中输送纸浆，以及食品工业中输送牛奶和糖类食品等，都需要有大量的泵。

总之，无论是飞机、火箭、坦克、潜艇，还是钻井、采矿、火车、船舶，或者是日常的生活，到处都需要用泵，到处都有泵在运行。正是这样，所以把泵列为通用机械，它是机械工业中的一类主要产品。

第三课　离心泵

离心泵有立式、卧式、单级、多级、单吸、双吸、自吸式等多种形式。离心泵是由叶轮、泵体、泵轴、轴承、密封环、填料函 6 部分组成的。离心是物体惯性的表现。比如雨伞上的水滴，当雨伞缓慢转动时，水滴会跟随雨伞转动，这是因为雨伞与水滴的摩擦力作为给水滴的向心力使然。但是如果雨伞转动加快，这个摩擦力不足以使水滴再做圆周运动，那么水滴将脱离雨伞向外缘运动。就像用一根绳子拉着石块做圆周运动，如果速度太快，绳子将会断开，石块将会飞出。这个就是所谓的离心，离心泵就是根据这个原理设计的。高速旋转的叶轮叶片带动水转动，将水甩出，从而达到输送的目的。

离心泵的主要工作原理是，叶轮被泵轴带动旋转，对位于叶片间的流体做功，流体受离心力的作用，由叶轮中心被抛向外围。当流体到达叶轮外周时，流速非常高。

泵壳汇集从各叶片间被抛出的液体，这些液体在壳内顺着蜗壳形通道逐渐扩大的方向流动，使流体的动能转化为静压能，减小能量损失。所以泵壳的作用不仅在于汇集液体，它更是一个能量转换装置。

液体吸上原理是，依靠叶轮高速旋转，迫使叶轮中心的液体以很高的速度被抛开，从而在叶轮中心形成低压，低位槽中的液体因此被源源不断地吸上。

如果离心泵在启动前壳内充满的是气体，则启动后叶轮中心气体被抛时不能在该处形成足够大的真空度，这样槽内液体便不能被吸上。这一现象称为气缚。

叶轮外周安装导轮，可使泵内液体能量转换效率提高。导轮是位于叶轮外周的固定的带叶片的环。这些叶片的弯曲方向与叶轮叶片的弯曲方向相反，其弯曲角度正好与液体从叶轮流出的方向相适应，引导液体在泵壳通道内平稳地改变方向，使能量损耗最小，动压能转换为静压能的效率高。

后盖板上的平衡孔消除轴向推力。离开叶轮周边的液体压力已经较高，有一部分会渗到叶轮后盖板后侧，而叶轮前侧液体入口处为低压，因而产生了将叶轮推向泵入口一侧的轴向推力。这容易引起叶轮与泵壳接触处的磨损，严重时还会产生振动。平衡孔使一部分高压液体泄露到低压区，减轻叶轮前后的压力差。但由此也会引起泵效率的降低。

轴封装置保证离心泵正常、高效运转。离心泵在工作时泵轴旋转而壳不动，其间的环隙如果不加以密封或密封不好，则外界的空气会渗入叶轮中心的低压区，使泵的流量、效率下降。严重时流量为零——气缚。通常，可以采用机械密封或填料密封来实现轴与壳之间的密封。

离心泵发生汽蚀是由于液道入口附近某些局部低压区的压力降低到液体饱和蒸汽压，导致部分液体汽化所致。所以，凡能使局部压力降低到液体汽化压力的因素都可能是诱发汽蚀的原因。产生汽蚀的条件应从吸入装置的特性、泵本身的结构以及所输送的液体性质 3 方面加以考虑。

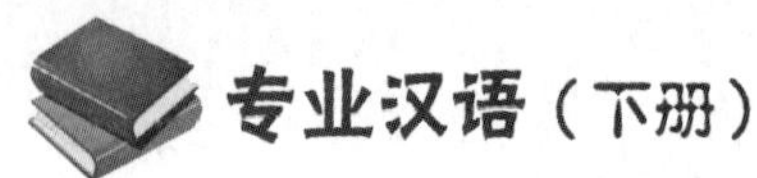

影响离心泵性能的主要因素如下：一是液体物理性质对特性曲线的影响。生产厂所提供的特性曲线是以清水作为工作介质测定的，当输送其他液体时，要考虑液体密度和黏度的影响。当输送液体的黏度大于实验条件下水的黏度时，泵体内的能量损失增大，泵的流量、压头减小，效率下降，轴功率增大。离心泵的体积流量及压头与液体密度无关，功率则随密度增大而增加。二是离心泵的转速对特性曲线的影响。当液体黏度不大，泵的效率不变时，泵的流量、压头、轴功率与转速可近似用比例定律计算。三是叶轮直径对特性曲线的影响。当泵的转速一定时，其扬程、流量与叶轮直径有关。

词语

1. 轴承（名）zhóu chéng　ئوق قازان
2. 填料函（名）tián liào hán　ماتېرىئال قاچىلاش ساندۇقى
3. 惯性（名）guàn xìng　ئىنېرتسىيە
4. 向心力（名）xiàng xīn lì　مەركەزگە ئىنتىلىش كۈچى
5. 使然（动）shǐ rán　پەيدا قىلماق ، ئۇچراتماق
6. 不足以（动）bù zú yǐ　يېتەرسىز
7. 所谓（动）suǒ wèi　ئاتالمىش ، دېمەك
8. 从而（连）cóng ér　شۇنىڭ بىلەن ، شۇنىڭ نەتىجىسىدە ، شۇ ئارقىلىق
9. 旋转（动）xuán zhuǎn　ئايلانماق ، پىرقىرىماق
10. 离心力（名）lí xīn lì　مەركەزدىن قېچىش كۈچى
11. 泵壳（名）bèng ké　پومپا قېپى
12. 汇集（动）huì jí　جۇغلىنىش ، يىغىش ، توپلاش
13. 静压能（名）jìng yā néng　ستاتىك بېسىم ئېنېرگىيەسى
14. 迫使（动）pò shǐ　مەجبۇر قىلماق ، زورلىماق
15. 源源不断 yuán yuán bú duàn　ئۈزلۈكسىز ، ئارقا ـ ئارقىدىن
16. 气缚（名）qì fù　گاز قاپسىلىش ، گاز يېپىشىش ، گاز كىرىۋېلىش
17. 泄露（动）xiè lòu　سىڭىپ چىقىش ، سىزىپ چىقىش
18. 压力差（名）yā lì chā　بېسىم پەرقى
19. 效率（名）xiào lǜ　ئۈنۈم ، ئۈنۈمدارلىق
20. 汽蚀（名）qì shí　گاز بىلەن چىرىتىش
21. 饱和（动）bǎo hé　تويۇنۇش ، تويۇندۇرۇش
22. 诱发（动）yòu fā　پەيدا قىلماق ، تۇغدۇرماق
23. 介质（名）jiè zhì　مۇھىت ، ۋاستىچى ماددا

作业与练习

一、根据课文内容填空

1. 离心泵有________________________________等多种形式。
2. 泵壳的作用不仅在于汇集液体，它更是一个__________装置。
3. 产生汽蚀的条件应从______、______以及____________3 方面加以考虑。
4. 液体吸上原理是____________________________________。

5．当输送液体的黏度______实验条件下水的黏度时，泵体内的能量损失增大，泵的流量、__________，效率下降，______________。

二、根据课文内容回答问题

1．离心泵由哪些部分构成？

2．举例介绍离心泵的工作原理。

3．什么是气缚现象？

4．导轮有什么作用？

5．离心泵发生汽蚀的原因是什么？

6．影响离心泵性能的主要因素有哪些？

科普阅读

离心泵的发展史

公元前200年左右，古希腊工匠克特西比乌斯发明的灭火泵是一种最原始的活塞泵，已具备典型活塞泵的主要元件，但活塞泵只是在出现了蒸汽机之后才得到迅速发展。

1840～1850年，美国沃辛顿发明了泵缸和蒸汽缸对置的、蒸汽直接作用的活塞泵，标志着现代活塞泵的形成。19世纪是活塞泵发展的高潮时期，当时已用于水压机等多种机械中。然而随着需水量的剧增，从20世纪20年代起，低速的、流量受到很大限制的活塞泵逐渐被高速的离心泵和回转泵所代替。但是在高压小流量领域往复泵仍占有主要地位，尤其是隔膜泵、柱塞泵独具优点，应用日益增多。

回转泵的出现与工业上对液体输送的要求日益多样化有关。早在1588年就有了关于四叶片滑片泵的记载，以后陆续出现了其他各种回转泵，但直到19世纪回转泵仍存在泄漏大、磨损大和效率低等缺点。20世纪初，人们解决了转子润滑和密封等问题，并采用高速电动机驱动，适合较高压力、中小流量和各种黏性液体的回转泵才得到迅速发展。回转泵的类型和适宜输送的液体种类之多为其他各类泵所不及。

利用离心力输水的想法最早出现在列奥纳多·达芬奇所作的草图中。1689年，法国物理学家帕潘发明了四叶片叶轮的蜗壳离心泵。但更接近于现代离心泵的，则是1818年在美国出现的具有径向直叶片、半开式双吸叶轮和蜗壳的所谓马萨诸塞泵。1851～1875年，带有导叶的多级离心泵相继被发明，使得发展高扬程离心泵成为可能。

尽管早在1754年，瑞士数学家欧拉就提出了叶轮式水力机械的基本方程式，奠定了离心泵设计的理论基础，但直到19世纪末，高速电动机的发明使离心泵获得理想动力源之后，它的优越性才得以充分发挥。在英国的雷诺和德国的普夫莱德雷尔等许多学者的理论研究和实践的基础上，离心泵的效率大大提高，它的性能范围和使用领域也日益扩大，已成为现代应用最广、产量最大的泵。

泵通常按工作原理分容积式泵、动力式泵和其他类型泵，如射流泵、水锤泵、电磁泵、气体升液泵。泵除按工作原理分类外，还可按其他方法分类和命名。例如，按驱动方法可分为电动泵和水轮泵等；按结构可分为单级泵和多级泵；按用途可分为锅炉给水泵和计量泵等；按输送液体的性质可分为水泵、油泵和泥浆泵等。

容积式泵依靠工作元件在泵缸内做往复或回转运动，使工作容积交替地增大和缩小，以实现液体的吸入和排出。工作元件做往复运动的容积式泵称为往复泵，做回转运动的称为回转泵。前者的吸入和排出过程在同一泵缸内交替进行，并由吸入阀和排出阀加以控制；后者则是通过齿轮、螺杆、叶形转子或滑片等工作元件的旋转作用，迫使液体从吸入侧转移到排出侧。

容积式泵在一定转速或往复次数下的流量是一定的，几乎不随压力而改变；往复泵的流量和压力有较大脉动，需要采取相应的消减脉动措施；回转泵一般无脉动或只有小的脉动；容积式泵具有自吸能力，泵启动后即能抽除管路中的空气吸入液体；启动泵时必须将排出管路阀门完全打开；往复泵适用于高压力和小流量；回转泵适用于中小流量和较高压力；往复泵适宜输送清洁的液体或气液混合物。总体来说，容积式泵的效率高于动力式泵。

动力式泵靠快速旋转的叶轮对液体的作用力，将机械能传递给液体，使其动能和压力能增加，然后再通过泵缸，将大部分动能转换为压力能而实现输送。动力式泵又称叶轮式泵或叶片式泵。离心泵是最常见的动力式泵。

动力式泵在一定转速下产生的扬程有一限定值，扬程随流量而改变；工作稳定，输送连续，流量和压力无脉动；一般无自吸能力，需要将泵先灌满液体或将管路抽成真空后才能开始工作；适用性能范围广；适宜输送黏度很小的清洁液体，特殊设计的泵可输送泥浆、污水等或水输固体物。动力式泵主要用于给水、排水、灌溉、流程液体输送、电站蓄能、液压传动和船舶喷射推进等。

其他类型的泵是指以另外的方式传递能量的一类泵。例如射流泵是依靠高速喷射出的工作流体，将需要输送的流体吸入泵内，并通过两种流体混合进行动量交换来传递能量；水锤泵是利用流动中的水被突然制动时产生的能量，使其中的一部分水压升到一定高度；电磁泵是使通电的液态金属在电磁力作用下，产生流动而实现输送；气体升液泵通过导管将压缩空气或其他压缩气体送至液体的最底层，使之形成较液体轻的气液混合流体，再借管外液体的压力将混合流体压升上来。

泵的性能参数主要有流量和扬程，此外还有轴功率、转速和必需汽蚀余量。流量是指单位时间内通过泵出口输出的液体量，一般采用体积流量；扬程是单位重量输送液体从泵入口至出口的能量增量，对于容积式泵，能量增量主要体现在压力能增加上，所以通常以压力增量代替扬程来表示。泵的效率不是一个独立性能参数，它可以由别的性能参数例如流量、扬程和轴功率按公式计算求得。反之，已知流量、扬程和效率，也可求出轴功率。

泵的各个性能参数之间存在着一定的相互依赖变化关系，可以通过对泵进行试验，分别测得和算出参数值，并画成曲线来表示，这些曲线称为泵的特性曲线。每一台泵都有特定的特性曲线，由泵制造厂提供。通常在工厂给出的特性曲线上还标明推荐使用的性能区段，称为该泵的工作范围。

泵的实际工作点由泵的曲线与泵的装置特性曲线的交点来确定。选择和使用泵，应使泵的工作点落在工作范围内，以保证运转经济性和安全。此外，同一台泵输送黏度不同的液体时，其特性曲线也会改变。通常，泵制造厂所给的特性曲线大多是指输送清洁冷水时的特性曲线。对于动力式泵，随着液体黏度增大，扬程和效率降低，轴功率增大，所以工业上有时将黏度大的液体加热使黏性变小，以提高输送效率。

第四课　非均相混合物的分离

有两种以上相态同时存在的混合物称为非均相混合物，有气—固混合物、液—固混合物、液—液混合物、气—液混合物以及固体混合物等。

一般情况下，非均相混合物中有一相是连续相，另一相是分离相。例如对含雾气体，气相是连续相，而液相是呈液滴状分散在气相中。

非均相混合物通常采用机械的方法分离，即利用非均相混合物中分散相和连续相的物理性质（如密度、颗粒形状、尺寸等）的差异，使两相之间发生相对运动而使其分离。根据两相运动方式的不同，机械分离可有过滤和沉降两种操作方式。

非均相混合物的分离主要用于回收有用物质，如颗粒状催化剂的回收；净化气体，如除尘、废液、废气中有害物质的清除等。

过滤是流体相对于固体颗粒床层运动而实现固液分离的过程。过滤操作的外力可以是重力、压差或惯性离心力。因此，过滤操作又分为重力过滤、加压过滤、真空过滤和离心过滤。

沉降是在外力作用下使颗粒相对于流体（静止或运动）运动而实现分离的过程。沉降操作的外力可以是重力（称为重力沉降），也可以是惯性离心力（称为离心沉降）。

此外，对于含尘气体的分离还有过滤净制、湿法净制、电净制等方法。

过滤是分离悬浮液最常用和最有效的单元操作。过滤与沉降分离相比，过滤操作可使悬浮液分离得更迅速、更彻底。

过滤推动力是过滤介质两侧的压力差。压力差产生的方式有滤液自身重力、离心力和外加压力，过滤设备中常采用后两种方式产生的压力差作为过滤操作的推动力。

用沉降法（重力、离心力）处理悬浮液，往往需要较长时间，而且沉渣中液体含量较多，而过滤操作可使悬浮液得到迅速的分离，滤渣中的液体含量也较低。当被处理的悬浮液含固体颗粒较少时，应先在增稠器中进行沉降，然后将沉渣送至过滤机。在某些场合过滤是沉降的后续操作。重力沉降设备有降尘室、连续沉降槽，离心分离设备有旋风分离器、旋液分离器、离心沉降机。

工业上的过滤操作主要分为饼层过滤和深层过滤。

饼层过滤。过滤时非均相混合物即滤浆置于过滤介质的一侧，固体沉积物在介质表面堆积、架桥而形成滤饼层。滤饼层是有效过滤层，随着操作的进行其厚度逐渐增加。由于滤饼层截留的固体颗粒粒径小于介质孔径，因此饼层形成前得到的浑浊初滤液，待滤饼形成后应返回滤浆槽重新过滤，饼层形成后收集的滤液为符合要求的滤液。饼层过滤适用于处理固体含量较高的混悬液。

深层过滤。过滤介质是较厚的粒状介质的床层，过滤时悬浮液中的颗粒沉积在床层内部的孔道壁面上，而不形成滤饼。深层过滤适用于生产量大而悬浮颗粒粒径小、固含量低或是黏软的絮状物。如自来水厂的饮水净化、合成纤维纺丝液中除去固体物质、中药生产中药液的澄清过滤等。

另外，膜过滤作为一种精密分离技术，近年来发展很快，已应用于许多行业。膜过滤是利用膜孔隙的选择透过性进行两相分离的技术。以膜两侧的流体压差为推动力，使溶剂、无机离子、小分子等透过膜，而截留微粒及大分子。

过滤过程所用的多孔性介质称为过滤介质。性能优良的过滤介质除能够达到所需分离要求外，还应具有足够的机械强度、尽可能小的流过阻力、较高的耐腐蚀性和一定的耐热性，最好表面光滑且滤饼剥离容易。

工业常用过滤介质主要有织物介质、多孔性固体介质和微孔滤膜等。

织物介质是由天然或合成纤维、金属丝等编织而成的筛网、滤布，适于滤饼过滤，一般可截留的粒径 5μm 以上的固体微粒。

多孔性固体介质是素瓷、金属或玻璃的烧结物、塑料细粉黏结而成的多孔性塑料管等，适用于含黏软性絮状悬浮颗粒或腐蚀性混悬液的过滤，一般可截留粒径 1～3μm 的微细粒子。

粒状介质是由各种固体颗粒（砂石、木炭、石棉）或非编织纤维（玻璃棉等）堆积而成的。适用于深层过滤，如制剂用水的预处理。

微孔滤膜是由高分子材料制成的薄膜状多孔介质。适用于精滤，可截留粒径 0.01μm 以上的微粒，尤其适用于滤除 0.02～10μm 的混悬微粒。

过滤的设备主要有板框压滤机、转鼓真空过滤机和离心过滤机。

词语

1. 相态（名）xiàng tài　فازا ھالىتى
2. 连续相（名）lián xù xiàng　ئۈزلۈكسىز فازا
3. 分离相（名）fēn lí xiàng　ئايرىش فازىسى ، ئاجرىتىش فازىسى
4. 过滤（动）guò lǜ　سۈزۈش ، فىلتىرلەش
5. 沉降（动）chén jiàng　تىنماق ، تىندۇرماق ، چۆكمەك
6. 催化剂（名）cuī huà jì　كاتالىزاتور
7. 相对于 xiāng duì yú　نىسبەتەن ، قارمۇ - قارشى
8. 惯性（名）guàn xìng　ئىنېرتسىيە
9. 悬浮液（名）xuán fú yè　سۇسپېنزىيە ئېرىتمىسى(سۇسپېنزىيەلىك سۇيۇقلۇق)
10. 沉渣（名）chén zhā　چۆكمە ، داشقال ، دۇغ ، قالدۇق
11. 增稠器（名）zēng chóu qì　قويۇقلاشتۇرغۇچ
12. 降尘室（名）jiàng chén shì　تىندۇرۇش بۆلۈمى
13. 连续沉降槽（名）lián xù chén jiàng cáo　ئۈزلۈكسىز تىندۇرۇش كۆلچىكى(ئوقۇرى)
14. 旋风分离器（名）xuàn fēng fēn lí qì　قۇيۇنلىتىپ ئايرىغۇچ
15. 旋液分离器（名）xuán yè fēn lí qì　ئايلانما سۇيۇقلۇقلۇق ئايرىغۇچ
16. 离心沉降机（名）lí xīn chén jiàng jī　مەركەزدىن قاچما تىندۇرغۇچ
17. 滤浆（名）lǜ jiāng　سۈزۈلمە بوتقىسى
18. 置于（动）zhì yú　قويماق
19. 介质（名）jiè zhì　مۇھىت ، ۋاسىتچى ماددا

20. 截留（动）jié liú　　تۇتۇپ قېلىش ، ئېلىپ قېلىش

21. 粒径（名）lì jìng　　زەررىچە دىئامېتىرى

22. 孔径（名）kǒng jìng　　تۆشۈك دىئامېتىرى

23. 浑浊（形）hún zhuó　　دۇغلىنىش

24. 絮状物（名）xù zhuàn gwù　　تۇزغاقسىمان ماددىلار

25. 澄清（动）chéng qīng　　سۈزۈلدۈرۈش، سۈزۈلۈش ، تىندۇرۇش

26. 膜（名）mó　　پەردە

27. 腐蚀（动）fǔ shí　　چىرىتمەك ، چىرىتمەك

28. 剥离（动）bō lí　　ئاجرىتىش(ئاجراتماق ، سويماق)

作业与练习

一、根据课文内容填空

1. 一般情况下，非均相混合物中有一相是________，另一相是________。

2. 非均相混合物通常采用_______分离，即利用非均相混合物中_____和______的物理性质的差异，使两相之间发生________而使其分离。

3. 根据两相运动方式的不同，机械分离可有_____和_____两种操作方式。此外，对于含尘气体的分离还有过_______________等方法。

4. 工业上的过滤操作主要分为____________和______________。

5. 工业常用过滤介质主要有____等。

6. 过滤的设备主要有____。

二、根据课文内容回答问题

1. 什么是非均相混合物？请举例。

2. 非均相混合物的分离主要用于哪些方面？

3. 什么是过滤？

4. 什么是沉降？

5. 过滤和沉降分离各有哪些特点？

6. 过滤介质的优劣对过滤有哪些影响？

科普阅读

食品添加剂

食品添加剂是为改善食品色、香、味等品质，以及为防腐和加工工艺的需要而加入食品中的化合物质或天然物质。目前我国食品添加剂有23个类别，2 000多个品种，包括酸度调节剂、抗结剂、消泡剂、抗氧化剂、漂白剂、膨松剂、着色剂、护色剂、酶制剂、增味剂、营养强化剂、防腐剂、甜味剂、增稠剂和香料等。

世界各国对食品添加剂的定义不尽相同，联合国粮农组织（FAO）和世界卫生组织（WHO）联合食品法规委员会对食品添加剂定义为：食品添加剂是有意识地一般以少量添加于食品，以改善食品的外观、风味和组织结构或贮存性质的非营养物质。按照这一定义，以增强食品营养成分为目的的食品强化剂不应该包括在食品添加剂范围内。

食品添加剂具有以下3个特征：一是加入到食品中的物质，因此，它一般不单独作为食品来食用；二是既包括人工合成的物质，也包括天然物质；三是加入到食品中的目的是为改善食品品质和色、香、味以及为防腐、保鲜和加工工艺的需要。

食品添加剂大大促进了食品工业的发展，并被誉为现代食品工业的灵魂，这主要是它给食品工业带来许多好处，其主要作用大致如下。

（1）防止变质。如防腐剂可以防止由微生物引起的食品腐败变质，延长食品的保存期，同时还具有防止由微生物污染引起的食物中毒作用。又如，抗氧化剂则可阻止或推迟食品的氧化变质，以提供食品的稳定性和耐藏性，同时也可防止可能有害的油脂自动氧化物质的形成。此外，还可用来防止食品，特别是水果、蔬菜的酶促褐变与非酶褐变。这些对食品的保藏都是具有一定意义的。

（2）改善感官。食品的色、香、味、形态和质地等是衡量食品质量的重要指标。适当使用着色剂、护色剂、漂白剂、食用香料以及乳化剂、增稠剂等食品添加剂，可以明显提高食品的感官质量，满足人们的不同需要。

（3）保持营养。在食品加工时适当地添加某些属于天然营养范围的食品营养强化剂，可以大大提高食品的营养价值，这对防止营养不良和营养缺乏、促进营养平衡、提高人们健康水平具有重要意义。

（4）方便供应。现在市场上已拥有多达2 0000种以上的食品可供消费者选择，尽管这些食品的生产大多通过一定包装及不同加工方法处理，但在生产工程中，一些色、香、味俱全的产品，大都不同程度地添加了着色、增香、调味乃至其他食品添加剂。正是这些众多的食品，尤其是方便食品的供应，给人们的生活和工作带来极大的方便。

（5）方便加工。在食品加工中使用消泡剂、助滤剂、稳定和凝固剂等，可有利于食品的加工操作。例如，当使用葡萄糖酸δ内酯作为豆腐凝固剂时，可有利于豆腐生产的机械化和自动化。

（6）其他特殊需要。食品应尽可能满足人们的不同需求。例如，糖尿病人不能吃糖，则可用无营养甜味剂或低热能甜味剂，如用三氯蔗糖或天门冬酰苯丙氨酸甲酯制成无糖食品供应。

第五课　传热

热传递是热从温度高的物体传到温度低的物体，或者从物体的高温部分传到低温部分的过程。热传递是自然界普遍存在的一种自然现象。只要物体之间或同一物体的不同部分之间存在温度差，就会有热传递现象发生，并且将一直继续到温度相同的时候为止。发生热传递的唯一条件是存在温度差，与物体的状态，物体间是否接触都无关。热传递的结果是温差消失，即发生热传递的物体间或物体的不同部分达到相同的温度。

在热传递过程中，物质并未发生迁移，只是高温物体放出热量，温度降低，内能减少（确切地说是物体里的分子做无规则运动的平均动能减小），低温物体吸收热量，温度升高，内能增加。因此，热传递的实质就是能量从高温物体向低温物体转移的过程，这是能量转移的一种方式。热传递转移的是热能，而不是温度。

化工工业与传热的关系尤为密切，化学反应过程有蒸发、蒸馏、干燥等单元过程，往往需要输入和输出能量；化工设备与管道的保温，生产中能量的合理利用及废热回收都涉及传热问题。当今世界能源日趋紧张，节约能耗不仅是降低生产成本的重要措施，而且还有更为深远的意义。

在化工生产中进行传热计算的目的是，解决各种传热设备的设计计算，操作分析和强化；对各种设备和管道适当进行保温以减少热量或冷量的损失；在完成过程工艺要求，使物料达到指定的适宜温度的条件下，充分利用能源，提高能量利用效率，减少热损失，降低投资和操作成本。

热的传递总是由于物体内部或物体之间的温度不同引起的，热量总是自动地从高温物体传给低温物体。只有在消耗机械功的条件下，才有可能由低温物体向高温物体传递热量。根据传热机的不同，热传递有 3 种方式：传导、对流和辐射。

1．传导

它依靠物体内部的温度差或两个不同物体直接接触，在不产生相对运动，仅靠物体内部微粒的热运动传递热量；热从物体温度较高的部分沿着物体传到温度较低的部分叫作传导。

热传导是固体中热传递的主要方式。在气体或液体中，热传导过程往往和对流同时发生。各种物质都能够传导热量，但是不同物质的传热本领不同。善于传热的物质叫作热的良导体，不善于传热的物质叫作热的不良导体。各种金属都是热的良导体，其中最善于传热的是银，其次是铜和铝。瓷、纸、木头、玻璃、皮革都是热的不良导体。最不善于传热的是羊毛、羽毛、毛皮、棉花、石棉、软木和其他松软的物质。液体中，除了水银以外，都不善于传热，气体比液体更不善于传热。

2．对流

对流是流体中温度不同的各部分之间发生相对位移时所引起的热量传递的过程；对流是靠液体或气体的流动来传热的，是液体和气体中热传递的主要方式，气体的对流现象比液体更明显。

利用对流加热或降温时，必须同时满足两个条件，一是物质可以流动；二是加热方式必须能促使物质流动。

3．热辐射

物体通过电磁波传递能量的过程称为辐射，是由于热的原因，物体的内能转化为电磁波的能量而进行的辐射过程。任何物体只要在绝对零度以上，就能发生热辐射，红外线探测运用得较广，在空分中运用得较少，板翅式换热器真空钎焊加热就是依靠热辐射。钎焊的目的是破坏铝材表面严密的氧化铝膜，650℃高温，以前用的是盐熔炉，能耗大。

影响换热系数的因素是流体的流动状态、流体的流速和放热面形状。

词语

1. 热传递（名）rè chuán dì
   ئىسسىقلىق يەتكۈزۈش (تارقىتىش ، ئۆزىتىش) ، ئىسسىقلىق ئۆتكۈزۈش
2. 迁移（动）qiān yí　يۆتكىلىش ، سىلجىش ، كۆچۈش
3. 实质（名）shí zhì　ماھىيەت
4. 尤为（副）yóu wéi　ئالاھىدە ، پەۋقۇلئاددە ، ئادەتتىن تاشقىرى
5. 蒸发（动）zhēng fā　پارلىنىش ، پارغا ئايلىنىش، ھورلىنىش ، ھورلاندۇرۇش
6. 蒸馏（动）zhēng liú　دىستىللەش
7. 干燥（形）gān zào　قۇرغاق ، قۇرۇق ، قۇرۇتۇش
8. 往往（副）wǎng wǎng　دائىم ، ھەمىشە ، كۆپ ھاللاردا(چاغلاردا)
9. 涉及（动）shè jí　چېتىلىش ، ئالاقىدار بولماق ، چېتىشماق
10. 冷量（名）lěng liàng　سوغۇقلۇق مىقدارى ، سوغۇقلۇق
11. 传导（动）chuán dǎo　ئۆتكۈزۈش ، يەتكۈزۈش ، ئۆتۈش ، كوندۇكسىيە
12. 对流（动）duì liú　كونۋېكسىيە ، قارمۇ ـ قارشى ئېقىش
13. 辐射（名）fú shè　رادىئاتسىيە ، تارقىلىش ، تارقىتىش
14. 善于（副）shàn yú　ماھىر ، ئۇستا
15. 电磁波（名）diàn cí bō　ئېلېكتىر ماگنىت دولقۇنى(ئېلېكترو ماگنىت دولقۇنى)
16. 绝对零度（名）jué duì líng dù　مۇتلەق نۆل گرادۇس
17. 钎焊（名）qiān hàn　مىس كەپشەر ، مىسكەرچىلىك

作业与练习

一、根据课文内容填空

1．热传递是热从________的物体传到________的物体，或者从物体的________部分传到________部分的过程。

2．在热传递过程中，物质并未发生______，只是高温物体放出____，温度降低，______，低温物体吸收热量，______，内能增加。

3．只有在____________的条件下，才有可能由低温物体向高温物体传递热量。

4．根据传热机的不同，热传递有 3 种方式：______、_______和_______。

5．利用对流加热或降温时，必须同时满足两个条件，一是_____________；二是________________________________。

6．任何物体只要在________________以上，就能发生热辐射。

二、根据课文内容回答问题

1．发生热传递的唯一条件是什么？

2．热传递的实质是什么？

3．化工工业与传热的关系怎样？举例说明。

4．在化工生产中进行传热计算的目的是什么？

5．举例说明热的良导体和不良导体。

6．影响换热系数的因素有哪几个？

科普阅读

对流雨

对流雨是世界三大降水形式之一，因冷暖气流呈上下对流运动而成云致雨而得名。对流雨时常出现于热带或温带的夏季午后，以热带赤道地区最为常见。因日照很强，蒸发旺盛，空气受热膨胀上升，至高空冷却，凝结成雨。雨滴大而重，倾盆急降，且雷电交加，声势吓人，也称为雷雨 。对流雨的来势虽然急骤，但多在地表流失，对土壤侵蚀严重；好在历时不会太久，雨区也不会太广，如适时而降，对看天田作物仍不无贡献。对流雨虽然降雨时间短，但大雨滂沱，往往因排水不及而成淹水现象。

对流雨来临前常有大风，大风可拔起直径50厘米的大树，并伴有闪电和雷声，有时还下冰雹。

对流雨主要产生在积雨云中，积雨云内冰晶和水滴共存，云的垂直厚度和水汽含量特别大，气流升降都十分强烈，可达20～30米/秒，云中带有电荷，所以积雨云常发展成强对流天气，产生大暴雨。雷击事件、大风拔木、暴雨成灾常发生在这种雷暴雨中。

淡积云云层薄，含水量少，一般有雨落到地面。浓积云在中高纬度地区很少降水，但是在低纬度地区，因为含水量丰富，对流强烈，有时可以产生降水。

对流雨以低纬度地区表现最多，降水时间一般在午后，特别是在赤道地区，降水时间非常准确。早晨天空晴朗，随着太阳升起，天空积云逐渐形成并很快发展，越积越厚，到了午后，积雨云汹涌澎湃，天气闷热难熬，大风掠过，雷电交加，暴雨倾盆而下，降水延续到黄昏时停止，雨后天晴，天气稍觉凉爽，但是第二天，又重复有雷阵雨出现。在中高纬度，对流雨主要出现在夏季半年，冬半年极为少见。

对流雨与其他降水形式有较大区别。

锋面雨。锋面活动时，暖湿空气上升冷却凝结而引起的降水现象称锋面雨。锋面常与气旋相伴而生，所以又把锋面雨称为气旋雨。锋面雨主要产生在雨层云中，在锋面云系中雨层云最厚，又是一种冷暖空气交接而成的混合云，其上部为冰晶，下部为水滴，中部常常冰水共存，能很快引起冲并作用。因为云的厚度大，云滴在冲并过程中经过的路程长，有利于雨滴增大，雨层云的底部离地面近，雨滴在下降过程中不易被蒸发，很有利于形成降水。雨层越厚，云底距离地面越近，降水就越强。锋面降水的特点是，水平范围大，常常沿锋而产生大范围的呈带状分布的降水区域，称为降水带。随着锋面平均位置的季节移动，降水带的位置也移动。例如，我国从冬季到夏季，降水带的位置逐渐向北移动，5 月份在华南，6 月上旬到南岭—武夷山一线，6 月下旬到长江一线，7 月到淮河，8 月到华北，从夏季到冬季，则向南移动，在 8 月下旬从东北华北开始向南撤，9 月即可到华南沿海，所以南撤比北进快得多。锋面降水的另一个特点是持续时间长，因为层状云上升速度小，含水量和降水强度都比较小，有些纯粹的水云很少发生降水，有降水发生也是毛毛雨。但是，锋面降水持续时间长，短则几天，长则 10 天半个月以上，有时长达 1 个月以上，“清明时节雨纷纷”，就是对我国江南春季的锋面降水现象的准确而恰当的描述。

台风雨是热带海洋上的风暴带来的降雨。这种风暴是由异常强大的海洋湿热气团组成的，台风经过之处暴雨狂泻，一次可达数百毫米，有时可达 1 000mm 以上，极易造成灾害。台风不但带来大风，而且相伴发生降水。台风云系有一定规律，台风中的降水分布在海洋上也很有规律，但是在台风登陆后，由于地形摩擦作用，就不那么有规律了。风中有上升气流的整个涡旋区，都有降水存在，但是以上升运动最强的云墙区降水量最大，台风眼区气流下沉，一般没有降水。台风区内水汽充足，上升运动强烈，降水量常常很大，台风到来，日降水量平均在 800 毫米以上，强度很大，多属阵性。台风登陆常常产生暴雨，少则 200～300 毫米，多则在 1 000 毫米以上。我国东南沿海是台风登陆的主要地区，台风雨所占比重相当大。

地形雨指气流沿山坡被迫抬升引起的降水现象。地形雨常发生在迎风坡。在地形雨湿气流过山时，如果大气处于不稳定状态，也可以产生对流，形成积状云；如果气流过山时的上升运动，同山坡前的热力对流结合在一起，积云就会发展成积雨云，形成对流性降水。在锋面移动过程中，如果其前进方向有山脉阻拦，锋面移动速度就会减慢，降水区域扩大，降水强度增强，降水时间延长，形成连阴雨天气，持续可在 10～15 天以上，如乞拉朋齐等。

赤道地区多热带雨林，与多对流雨是分不开的。尽管热带雨林在成因上受诸多因素的影响，但其主导因素应是与对流雨密切相关。高大茂盛的植被离不开丰富的降水量。而赤道地区正是由于对流雨的存在，几乎每天都有丰富的降水提供。不仅如此，对流雨在形成之前，阳光明媚，正是植被大力进行光合作用的最好时机。这种配合是全球地带比较少见的，其他地区可能主要出现在较热夏秋。正是对流雨的这种降水规律，使得地面植被得到最完善的生长，形成高大茂密的雨淋淋的森林也就不足为怪了。

第六课　蒸发

将含非挥发性物质的稀溶液加热沸腾使部分溶剂汽化并使溶液得到浓缩的过程称为蒸发，它是化工、轻工、食品、医药等工业中常用的一个单元操作。

蒸发是一个分离的过程，可使溶液中的溶质与溶剂得到部分分离，但溶剂与溶质分离是靠热源传递热量使溶剂沸腾汽化。溶剂的汽化速率取决于传热速率，因此把蒸发归属于传热过程。

被蒸发的物料是由挥发性溶剂和不挥发的溶质组成的溶液。在相同温度下，溶液的蒸汽压比纯溶剂的蒸汽压要小。在相同的压强下，溶液的沸点比纯溶剂的沸点要高，且一般随浓度的增加而升高。

溶剂的汽化要吸收能量，热源耗量很大。如何充分利用能量和降低能耗，是蒸发操作的一个十分重要的课题。

由于被蒸发溶液的种类和性质的不同，蒸发过程所需的设备和操作方式也随之有很大的差异。如有些热敏性物料在高温下易分解，必须设法降低溶液的加热温度，并减少物料在加热区的停留时间；有些物料有较大的腐蚀性；有些物料在浓缩过程中会析出结晶或在传热面上大量结垢使传热过程恶化等。因而蒸发设备的种类和型号很多，要根据不同的要求选用适当的型号。

蒸发过程按加热方式可以分为直接加热和间接加热；按操作压强可以分为常压蒸发、真空蒸发和加压蒸发；按蒸发器的效数可以分为单效蒸发和多效蒸发；按操作方式可以分为间歇蒸发和连续蒸发。

蒸发器是蒸发装置中的主体设备，其类型有多种，基本可以分为循环型与非循环型两大类。

中央循环管式蒸发器又称为标准式蒸发器，是应用较广的一种蒸发器。其优点是结构简单、制造方便、操作可靠、投资费用较少；缺点是溶液的循环速度较低，传热系数较低，清洗和维修不够方便。悬筐式蒸发器由于加热室可以从蒸发器顶部取出，清洗、维修和更换方便；由于溶液的循环速度较高，使传热系数得以提高；蒸发器的壳体是与温度较低的循环液体相接触，因此其热的损失也比标准式要小。其缺点是结构较为复杂，单位传热面积的金属耗量较大。

非循环型蒸发器的基本特点是，溶横液通过加热管一次即达到所要求的浓度。在加热管中液体多呈膜状流动，故又称为膜式蒸发器，因而可以克服循环蒸发器的本质缺点，并适于热敏性物料的蒸发，但其设计与操作要求较高。

蒸发器的结构形式很多，选用时应结合具体的蒸发任务，如被蒸发溶液的性质、处理量、蒸浓程度等工艺要求，选择适宜的形式。

词语

1. 挥发（动）huī fā　　پارلىنىش ، ئۇچۇش
2. 沸腾（动）fèi téng　　قايناش
3. 浓缩（动）nóng suō　　قويۇلدۇرۇش
4. 溶质（名）róng zhì　　ئېرىتكۈچى
5. 取决于 qǔ jué yú　　... ئاساسەن بەلگىلىمەك ،غا باغلىق، تەۋە بولماق ،
6. 归属于 guī shǔ yú　　مەنسۇپ بولماق ، تەۋە بولماق
7. 热敏性（形）rè mǐn xìng　　ئىسسىقلىق سېزىمچانلىق
8. 析出（动）xī chū　　ئايرىلىپ چىقىش ، ئاجرىتىپ چىقىش
9. 结晶（名）jié jīng　　كرىستال ، كرىستاللىنىش (كرىستاللىشىش)
10. 结垢（动）jié gòu　　كىرلەشمەك ، داتلاشماق ، داشقاللاشماق
11. 效数（名）xiào shù　　ئۈنۈم ، ئۈنۈم سانى
12. 间歇（名）jiàn xiē　　توختاپ ،ئارىلاپ ـ ئارىلاپ ـ توختاپ
13. 循环（动）xún huán　　ئايلىنىش ، ئايلانما ، دەۋرىيلىنىش
14. 悬筐（名）xuán kuāng　　ئاسما سېۋەت
15. 溶横液（名）róng héng yè　　توغرىسىغا ئاقىدىغان سۇيۇقلۇق

作业与练习

一、根据课文内容填空

1. 在相同温度下，溶液的蒸汽压比纯溶剂的蒸汽压_____。在相同的压强下，溶液的沸点比纯溶剂的沸点_____，且一般随____的增加而升高。

2. 蒸发过程按加热方式可以分为________；按操作压强可以分为_____；按蒸发器的效数可以分为______；按操作方式可以分为_________。

3. 蒸发器是蒸发装置中的主体设备，其类型有多种，基本可以分为_______两大类。

4. 蒸发器的结构形式很多，选用时应结合具体的蒸发任务，如被蒸发溶液的等工艺要求，选择适宜的形式。

5. 溶剂的汽化速率取决于_______。

二、根据课文内容回答问题

1. 什么是蒸发？
2. 为什么把蒸发归属于传热过程？
3. 被蒸发溶液的种类和性质决定了蒸发过程所需的设备和操作方式，请举例说明。
4. 中央循环管式蒸发器有哪些优点和缺点？
5. 非循环型蒸发器有哪些特点？

科普阅读

黑洞蒸发理论

黑洞是宇宙中最奇特和最神秘的天体，是超强引力源，时空的扭曲者，其超强引力使宇宙中跑得最快的光都会被它拉住，而逃不出它的“魔掌”。它是在时间和空间中形成的“洞”，它在不断地吸积着周围的物质，质量增加，它是空中的“强盗”，光子的“牢笼”。它贪得无厌，永不停息地吞噬着周围的一切，这就是黑洞的经典图像。

然而在1974年，史蒂芬·霍金发现了黑洞的蒸发现象，从而改变了黑洞的经典图像：黑洞不是完全“黑”的，也不单纯是个“洞”，它既可以通过吸积物质使质量增加，也可以向外发射物质，而使质量减小。

在量子力学里，真空并不意味着没有任何场、粒子或能量。量子真空是一种能量为最低的状态，它只是被称作“真空”而已，实际上能量为零的状态是不存在的。

时间和能量的测不准原理解释了为什么真空不空。由于质量与能量的等价性，真空中的能量涨落就可以导致基本粒子的生成。1928年，保罗·狄拉克发现，每一种基本粒子都有一种对应的反粒子，二者质量相同，其他性质呈“镜像”对称。两者相遇，就会相互湮灭，将质量转化为能量。因此，一个粒子和它的反粒子就表示相当于它的静质量的两倍的能量，反过来，一定的能量也可以被看作一对正反粒子。于是，由于能量涨落而躁动的量子真空就成了所谓“狄拉克海”，其中遍布着自发出现而又很快湮没的正反粒子对。在不存在任何力的量子真空里，粒子对不断地产生和消灭，所以平均而言，就没有任何粒子或反粒子真正产生或是消灭。由于这些粒子瞬时存在而不能被直接观测到，所以被称为虚粒子（可以是虚光子、虚电子、虚质子等）。其实虚粒子和实粒子并没有本质的区别，只是虚粒子没有足够的能量，存在的时间极短。如果它能从外界获得能量，就可以存在足够长的时间而升格为实粒子。设想有一电场作用在真空上，当一对正负电子在真空中出现时，它们就会被电场沿相反的方向分离。如果电场足够强，它们就会分离得足够远，以至于不能再相互碰撞和湮灭。这时的虚粒子就成为实粒子，这时的真空就被称为是极化的。

但是，真空是不容易被极化的，需要有很高的能量密度才能使虚粒子对分离和实粒子出现。而产生极化所需的能量的形式并不重要，它们可以是电能、磁能、热能、引力能等。

测不准原理告诉我们，真空中到处存在着虚粒子的海洋。这种紧张的量子行为的虚粒子海洋同样也出现在黑洞事件视界周围的空间区域。

测不准定理说明，如果一个粒子的位置被确定，它的速度就会变得不确定。如果一个粒子落入黑洞，它的位置已经被确定（在奇点），所以它的速度就不确定，甚至超过光速而逃出视界。

由于所有形式的能量都等价于质量，所以我们当然会想到引力能也会被自发地转变成粒子。霍金发现，对于微黑洞来说，量子真空会被它周围的强引力场所极化（这一点是至关重要的），在狄拉克海里，虚粒子对在不断产生和消失，一个粒子和它的反粒子会分离一段很短的时间，于是就有4种可能性：两个伙伴重新相遇，并相互湮灭（过程Ⅰ）；反粒子被黑洞捕获，而正粒子在外部世界显形（过程Ⅱ）；正粒子被捕获而反粒子逃出（过程Ⅲ）；双双落入黑洞（过程Ⅳ）。霍金计算了这些过程发生的几率，结果发现过程Ⅱ最为常见。由于有倾向地捕获反粒子，黑洞自发地损失了能量，也就是损失了质量。由于微黑洞的尺度与基本粒子相当，能量的“跃迁”可能足以使粒子运动一段大于视界半径的距离，其结果就是粒子逃出，在外部观测者看来，黑洞在蒸发，即发出粒子流。其实粒子并没有真的跳过视界“墙”，而是从一个由测不准原理短暂地打通的“遂道”穿过。这样的过程反反复复在黑洞视界的周围发生，从而形成一股不断的辐射流，黑洞发光了。

霍金的计算表明，黑洞的蒸发辐射具有黑体的所有特征。它赋予了黑洞一个真实的，在整个视界上同一的、直接由视界处的引力场强度来决定的温度。

对史瓦西黑洞来说，温度与质量成反比。质量与太阳一样的黑洞，其温度是微不足道的，开氏（即绝对零度以上）10^{-7}K，不是零，但小得可怜。黑洞并不是完全的黑，但一点也不亮。很遗憾，这样低温的辐射实在太微弱了，是不可能在实验室中探测出来的。

霍金的计算还有一个重要发现：黑洞的质量越小，温度越高，辐射也越强。显然，蒸发只有对微型黑洞来说才有特别的影响，而微型黑洞的温度是很高的。在黑洞中，质量越大的黑洞，温度越低，蒸发得越慢；质量越小的黑洞，温度越高，蒸发得也越快。

对于微黑洞来说，温度非常之高，可达千万开甚至上亿开，随着蒸发的加剧，质量丢失得很快，温度会迅猛地上升，随着温度上升的加快，质量丢失得就更厉害，这个过程会以疯狂的形式演变，最终黑洞被摧毁，以猛烈的爆发而告终，所有粒子都得到了“大赦”（对巨型黑洞来说发射粒子的过程十分缓慢，相当于蒸发；而对微黑洞来说，发射粒子的过程十分迅猛，相当于爆发）。

对于星系中心的巨型黑洞来说，其蒸发的过程将远远超出宇宙的年龄，假定宇宙有足够长的寿命，并且不回缩，那么这类黑洞最终也还是要蒸发掉。不过这类黑洞目前还是吸积远大于蒸发，以吸积为主。只有当宇宙后来的温度降到比这类黑洞的温度还低时，它们才开始以蒸发为主。然而这个过程太慢长了，等到它们开始蒸发，也将远远超出宇宙的年龄，而它们要蒸发完毕，大约要10^{99}年。

黑洞蒸发的最后结果目前还不得而知。也许有人会认为世界消失后会留下一个裸露的中心奇点，但这是经典的看法，可能是错误的。如果它由辐射自己的质量而完全蒸发掉，应该说时空就会成为平直。

第七课　吸收（一）

化工生产中常需将反应物提纯使之满足工艺的要求，而反应后的产物也往往需要分离成各种不同的产品或者除去杂质以得到较为纯净的产品，这个过程称为分离过程。分离的目的是改变混合物中各个组分的浓度；分离的方法视物系的性质和分离要求而定，一般根据混合物中不同组分间某种物理化学性质的差异，采取适当的方法和装置使之形成两相物系，并使其中某个组分从一相转移到另一相，这样的过程属于物质传递过程或称传质过程。

吸收是分离气体混合物的单元操作。它根据气体混合物中各组分在某种溶液中溶解度的不同而进行分离。例如，用水处理空气—氨混合物，由于氨在水中溶解度很大，而空气在水中溶解度很小，所以大部分氨从空气中转移至水中而与空气分离。

化工生产中有时需将溶质从吸收后的溶液中分离出来，这种溶质与吸收剂分离的操作称为解吸或脱吸。解吸是吸收操作的逆过程。通过解吸可使溶质气体得到回收，并使吸收剂得以再生循环使用。

吸收操作在化工生产中的主要用途有两个方面，一是回收或捕获气体混合物中的有用物质，以制取产品；二是除去工艺气体中的有害成分，使气体净化，以便进一步加工处理；或除去工业放空尾气中的有害物，以免污染大气。实际过程往往同时兼有净化与回收双重目的。气体混合物的分离，总是根据混合物中各组分间某种物理和化学性质的差异而进行的。根据不同性质上的差异，可以开发出不同的分离方法。吸收操作仅为其中之一，它根据混合物各组分在某种溶剂中溶解度的不同而达到分离的目的。

吸收过程是在吸收设备中进行的。吸收设备有多种形式，最常用的是塔式设备，它分为板式塔与填料塔两大类。

吸收操作按过程有无化学反应分为两种物理吸收，吸收过程中溶质与吸收剂之间不发生明显的化学反应，如用水吸收二氧化碳等。化学吸收，吸收过程中溶质与吸收剂之间有显著的化学反应，如用碱液吸收二氧化碳等。

按被吸收的组分数目分类如下。单组吸收，吸收时混合气体中只有一个组分（溶质）进入液相，如用碱液吸收合成氨原料气中的二氧化碳，其他组分的溶解度极小，可视为单组分吸收；多组分吸收。吸收时混合气体中有多个组分进入液相，如用洗油吸收焦炉煤气中的苯、甲苯等。

按吸收过程有无温度变化分类如下。非等温吸收，气体溶解于液体中，常常伴随着溶解热的放出；当有化学反应时，还会放出反应热，其结果是随着吸收过程的进行，液相温度逐渐升高，如用水吸收氯化氢气体制取盐酸等。等温吸收，若吸收过程的热效应较小、溶质在混合气体中浓度较低或溶剂用量较大时，液相温度升高并不显著，可视为等温吸收。

按吸收过程的操作压强分类：常压吸收、加压吸收。当操作压强增大时，溶质在吸收剂中的溶解度将随之增加。

吸收的操作费用主要包括：气、液两相流经吸收设备的能量消耗；溶剂的挥发损失和变质损失；溶剂的再生费用，即解吸操作费。此三者中以再生费用所占的比例最大。

常用的解析方法有升温、减压、吹气，其中升温与吹气特别是两者同时使用最为常见。溶剂在吸收与解吸设备之间循环，其间的加热与冷却、泄压与加压必消耗较多的能量。如果溶剂的溶解能力差，离开吸收设备的溶剂中溶质浓度低，则所需的溶剂循环量必大，再生时的能量消耗也大。同样，若溶剂的溶解能力对温度变化不敏感，所需解吸温度较高，溶剂再生的能耗也将增大。

若吸收了溶质以后的溶液是过程的产品，此时不再需要溶剂的再生，这种吸收过程自然是最经济的。

词语

1. 提纯（动）tí chún　ساپلاشتۇرۇش
2. 组分（名）zǔ fēn　تەركىب
3. 视（动）shì　قارىماق ، بىلمەك ، دەپ قارىماق
4. 传质（名）chuán zhì　ماددا ئالمىشىش ، يەتكۈزۈش
5. 溶解度（名）róng jiě dù　ئېرىش دەرىجىسى ، ئېرىشچانلىق
6. 解吸（动）jiě xī　دىسسوربتسىيە ، ئاجرىتىش جەريانى
7. 脱吸（动）tuō xī　ئايرىلماق ، ئاجرالماق
8. 捕获（动）bǔ huò　تۇتۇۋالماق ، قولغا چۈشۈرمەك
9. 制取（动）zhì qǔ　ئېلىش ، چەككىلەپ ئالماق
10. 以便（连）yǐ biàn　ئوڭاي بولسۇن ئۈچۈن ، قولايلىق بولسۇن ئۈچۈن
11. 以免（连）yǐ miǎn　ساقلىنىش ، ... دىن ساقلىنىش ئۈچۈن
12. 兼（动）jiān　بىرلا ۋاقىتتا بىر نەچچە خىل شەيئىگە ئىگە بولغانلىقنى بىلدۈرىدۇ
13. 伴随（动）bàn suí　ئەگىشمەك ، ھەمراھ بولماق ، بىلەن ، بىللە
14. 显著（形）xiǎn zhù　كۆرۈنەرلىك ، ناھايىتى روشەن
15. 随之（动）suí zhī　ئەگەشمەك ، بىللە
16. 敏感（形）mǐn gǎn　سەزگۈر

作业与练习

一、根据课文内容填空

1．分离的目的是________________________。

2．分离的方法视________和__________而定。

3．气体混合物的分离，总是根据混合物中各组分间某种_____和_______性质的差异而进行的。

4．吸收设备有多种形式，最常用的是______，它分为_____与_____两大类。

5．常用的解析方法有____________，其中_______与________特别是两者同时使用最为常见。

二、根据课文内容回答问题

1．什么是分离？

2．吸收操作在化工生产中的主要用途是什么？

3．简述吸收的分类。

4．吸收的操作费用主要包括哪些？

5．什么是非等温吸收？

科普阅读

溶剂

溶剂是一种可以溶化固体、液体或气体溶质的液体，溶解后溶质和溶济成为溶液。在日常生活中最普遍的溶剂是水。而所谓有机溶剂即是包含碳原子的有机化合物。溶剂通常拥有比较低的沸点并且容易挥发；或是可以由蒸馏来去除，从而留下被溶物。因此，溶剂不可以对溶质产生化学反应，它们必须为惰性。溶剂可从混合物萃取可溶化合物，最普遍的例子是以热水冲泡咖啡或茶。溶剂通常是透明、无色的液体，大多有独特的气味。

溶液的浓度取决于溶解在溶剂内的物质的多少。溶解度则是溶剂在特定温度下，可以溶解最多多少物质。有机溶剂主要用于干洗（例如四氯乙烯），作涂料稀释剂（如甲苯、松节油），作洗甲水或去除胶水（例如丙酮、醋酸甲酯、醋酸乙酯），除锈（如己烷），作洗洁精（例如柠檬精），用于香水（例如酒精）和用于化学合成（Chemical synthesis）。

习惯上把气体和固体叫溶质，液体叫溶剂。对于两种液体所组成的溶液，通常把含量较多的组分叫溶剂，少者叫溶质。分为无机溶剂和有机溶剂两大类。水是应用最广泛的无机溶剂，酒精、汽油、氯仿及丙酮等是常用的有机溶剂。

溶剂在胶黏剂中的作用很大，有的作为聚合反应的介质，使反应缓和，温度易于控制；有的用以纯化单体和助剂；有的用以溶解基料成为胶黏剂的一个组分；有的用于烯释胶黏剂达到一定的黏度，有利于浸润，便于涂布施工；有的用作调节胶黏剂的挥发速度；有的用来防止凝胶增加贮存稳定性，有的用作黏接前表面清洁处理剂；有的用来直接黏接某些热塑性塑料制品；有的可用来降低成本，提高效益。

选择合适的溶剂非常重要，要综合考虑多方面的因素，如溶解能力、挥发速度、安全性、经济性、来源性和贮存稳定性等。一种好的溶剂必须要有良好的溶解性能，这可由溶解度参数和氢键指数判断。胶黏剂的干燥速度与溶剂的挥发速度有直接关系，溶剂型胶黏剂溶剂最后应全部挥发，一般希望胶黏剂干得快，这就要选择沸点较低的溶剂。有机溶剂多数是容易燃烧的，当溶剂蒸气在空气中达到一定浓度时，会发生爆炸，必须注意溶剂的安全性。大部分有机溶剂都有一定的毒性，危害人体健康，污染生态环境，应引起足够重视。溶剂在溶剂型胶黏剂中占的比例较大，所以不能不考虑成本问题，应尽量选用廉价易得的溶剂。

有机溶剂是一大类在生活和生产中广泛应用的有机化合物，分子量不大，常温下呈液态。有机溶剂包括多类物质，如链烷烃、烯烃、醇、醛、胺、酯、醚、酮、芳香烃、氢化烃、萜烯烃、卤代烃、杂环化物、含氮化合物及含硫化合物等，多数对人体有一定的毒性。

它存在于涂料、黏合剂、漆和清洁剂中。经常使用的有机溶剂，如苯乙烯、全氯乙烯、三氯乙烯、乙烯乙二醇醚和三乙醇胺。

有机溶剂是能溶解一些不溶于水的物质（如油脂、蜡、树脂、橡胶、染料等）的一类有机化合物，其特点是在常温常压下呈液态，具有较大的挥发性，在溶解过程中，溶质与溶剂的性质均无改变。

第八课　吸收（二）

吸收过程是气液两相间的物质传递过程，两相间的平衡关系可以指明传质过程能否进行、进行的方向以及过程的热力学极限等。

在恒定的温度与压强下，使一定量的吸收剂与混合气体接触，溶质便向液相中转移，直至液相中溶质达到饱和，尝试不再增加为止。此时，仍有溶质分子继续进入液相，只是在任何瞬间进入液相的溶质数量与从液相中逸出的溶质数量恰好相等，这种状态称为相际动平衡，简称相平衡。相平衡状态下气相中的溶质分压称为平衡分压或饱和分压，液相中溶质的尝试称为平衡尝试或平衡溶解度（简称溶解度）。

将平衡时溶质在气、液两相间组成关系在坐标图上用曲线表示，则此曲线即为溶解度曲线。随气液组成的表示方法不同，溶解度曲线的形式也不同，但表达的内容是一致的。

在相平衡的条件下，任何一个气相浓度必对应于一个与之平衡的确定的液相浓度。例如，若需使一种气体在溶液里达到某一特定的组成，必须在溶液上方维持该气体一定的平衡分压。

影响气液相平衡关系主要有 3 个方面的因素：吸收剂性质、总压强、温度。

吸收剂对溶质的溶解度有极大的影响。例如在 25℃、分压在 101.3kPa 时，乙炔在水中的平衡摩尔分数为 0.000 75；而同样条件下在含水 4%（质量分数）的二甲酰胺中的平衡摩尔分数为 0.074 7。后者几乎是前者的 100 倍。所以，选择适当的吸收剂，对吸收操作有重要的作用。

不同气体在同一溶剂中的溶解度也有很大差异。在相同的温度和气相分压下，氨在水中的溶解度很大，属于易溶气体；氧在水中的溶解度很小，属于难溶气体；二氧化硫的溶解度居中，属于中等溶解度的气体。

对于同样浓度的溶液，易溶气体在溶液上方的气相平衡分压低，难溶气体在溶液上方的气相平衡分压高；换言之，欲得到一定浓度的溶液，易溶气体所需的分压较低，而难溶气体所需的分压较高。正是由于各种气体在同一溶剂中的溶解度有所不同（即吸收剂对气体的选择性），才有可能用吸收操作将气体混合物分离。

实验结果表明，当总压不太高（视物系而异，一般约小于 500kPa）时，气体混合物视为理想气体时，总压的变化并不改变分压与溶解度之间的对应关系。但是，当气相浓度不以分压而用其他组成表示时，总压会有很大的影响。

对于一定的物系，在一定的总压下，一般的规律是温度越高平衡曲线越陡，即溶解度越小。

亨利定律是气液相平衡关系的一个特例，适用于气体溶解后所形成的溶液为稀溶液的情况。当总压强不高（一般约小于 500kPa）时，在一定的温度下，稀溶液上方的溶质的平衡分压与其在液相中的摩尔分数成正比；反过来，也可以说，溶质在稀溶液中的平衡摩尔分数与溶液上方气相中溶质的分压成正比。

对于一切未达到相际平衡的系统，组分将由一相向另一相传递，其结果是使系统趋于相平衡。所以，传质的方向是使系统向达到平衡的方向变化。

当其他条件一定，系统越是远离平衡；过程进行得越快。传热是这样，传质也是这样。所以，相际传质的推动力必然取决于两相远离平衡的程度。在吸收过程上，通常以实际浓度与平衡浓度的偏离程度来表示吸收过程的传质推动力。相际传质的极限是相互接触的两相之间达到相平衡状态。

词语

1. 平衡（动）píng héng　مۇۋازىنەت ، تەڭپۇڭلۇق
2. 极限（名）jí xiàn　لىمىت ، چەك
3. 恒定（名）héng dìng　تۇراقلىق ، مۇقىم
4. 接触（动）jiē chù　ئۇچرىشىش ، ئۇچراشتۇرۇش ، تېگىشىش ، تۇتۇشۇش
5. 饱和（动）bǎo hé　تويۇنۇش ، تويۇندۇرۇش
6. 尝试（动）cháng shì　سىناپ كۆرمەك ، سىناق ، تەجرىبە
7. 瞬间（名）shùn jiān　شۇ ھامان ، پەيتلىك
8. 逸出（动）yì chū　چىقىپ كەتمەك ، قېچىپ كەتمەك
9. 恰好（副）qià hǎo　دەل ، مۇۋاپىق ، لايىقىدا
10. 摩尔（名）mó ěr　مول
11. 换言之 huàn yán zhī　باشقىچە قىلىپ ئېيتقاندا
12. 趋于（动）qū yú　يۈزلەنمەك ، ...گە قاراپ ماڭماق
13. 推动力（名）tuī dòng lì　ئىتتىرىش كۈچى ، ھەرىكەتلەندۈرۈش كۈچى

作业与练习

一、根据课文内容填空

1. 吸收过程是气液两相间的物质_____过程，两相间的_____可以指明传质过程能否进行、进行的方向以及过程的热力学极限等。

2. 相平衡状态下气相中的_______称为平衡分压或饱和分压，液相中溶质的尝试称为_________。

3. 在相平衡的条件下，任何一个气相浓度必对应于一个与之平衡的确定的_____。

4. 对于同样浓度的溶液，易溶气体在溶液上方的气相_______，难溶气体在溶液上方的气相______。

5. 对于一切未达到相际平衡的系统，组分将由一相向另一相传递，其结果是使系统趋于________。所以，_________是使系统向达到平衡的方向变化。

二、根据课文内容回答问题

1. 什么是相平衡？
2. 影响气液相平衡关系主要的因素是什么？
3. 举例说明不同气体在同一溶剂中的溶解度的差异。
4. 亨利定律是什么？
5. 相际传质的推动力取决于什么？

科普阅读

溶剂的毒性和预防以及对吸收的影响

有机溶剂具有脂溶性，因此除经呼吸道和消化道进入机体内外，尚可经完整的皮肤迅速吸收，有机溶剂吸收入人体后，将作用于富含脂类物质的神经、血液系统，以及肝肾等实质脏器，同时对皮肤和黏膜也有一定的刺激性。不同有机溶剂其作用的主要靶器官和作用的强弱也不同，这决定于每一种有机溶剂的化学结构、溶解度、接触浓度和时间，以及机体的敏感性。

以脂肪烃（正己烷、戊烷、汽油）、芳香烃（苯、苯乙烯、丁基甲苯、乙烯基甲苯）、氯化烃（三氯乙烯、二氯甲烷），以及二硫化碳、磷酸三邻甲酚等脂溶性较强的溶剂为多见。有机溶剂对神经系统的损害大致有3种类型。第一种为中毒性神经衰弱和植物神经功能紊乱。病人可有头晕、头痛、失眠、多梦、嗜睡、无力、记忆力减退、食欲不振、消瘦，以及多汗、情绪不稳定、心跳加速或减慢、血压波动、皮肤温度下降或双侧肢体温度不对称等表现。第二种为中毒性末梢神经炎。大部分表现为感觉型，其次为混合型。可有肢端麻木、感觉减退、刺痛、四肢无力、肌肉萎缩等表现。第三种为中毒性脑病，比较少见，见于二硫化碳、苯、汽油等有机溶剂的严重急、慢性中毒。

以芳香烃，特别是苯最常见。苯达到一定剂量即可抑制骨髓造血功能，往往先有白细胞减少，以后血小板减少，最后红细胞减少，成为全血细胞减少。个别接触苯的敏感者，可发生白血病。

多见于氯代烃类有机溶剂，如氯仿、四氯化碳、三氯乙烯、四氯乙烯、三氯丙烷、二氯乙烷等中毒。中毒性肝炎的病理改变主要是脂肪肝和肝细胞坏死。临床上可有肝区痛、食欲不振、无力、消瘦、肝脾肿大、肝功能异常等表现。有机溶剂引起的肾损害多见为肾小管型，产生蛋白尿，肾功能呈进行性减退。

多数有机溶剂均有程度不等的皮肤粘膜刺激作用，但以酮类和酯类为主。可引起呼吸道炎症、支气管哮喘、接触性和过敏性皮炎、湿疹、结膜炎等。

生产和使用有机溶剂时，要加强密闭和通风，减少有机溶剂的逸散和蒸发。采用自动化和机械化操作，以减少操作人员直接接触的机会。应使用个人防护用品，如防毒口罩或防护手套。皮肤黏膜受污染时，应及时冲洗干净。勿用污染的手进食或吸烟。勤洗手、洗澡与更衣。应定期进行健康检查，以便及早发现中毒征象，进行相应的治疗和严密的动态观察。

溶剂对吸收带的影响与溶剂、溶质以及跃迁带种类有关。根据溶质和溶剂两者的性质，产生不同的作用，若分子间的作用对激发态的稳定作用比对基态的强，有关跃迁的吸收带向红移。相反，使基态更稳定者，则向蓝移。当溶质为非极性分子，与非极性溶剂之间的相互作用只是弱的分散作用，溶剂对溶质的影响往往很小，溶液的光谱接近于气态。若溶质的激发态有偶极，或伴有电荷转移，则吸收带波长随溶剂的介电常数或折光率的增加而向红移。

当一个纯的化合物在一系列不同的溶剂中测其光谱，所得的数据，包括强度和吸收带波长位置常随溶剂的改变而有所不同。根据溶质和溶剂的性质，有时两者之间可能发生化学反应，亦可能形成复合物，溶质的离解常数和互变异构平衡亦与溶剂有关，使不同溶剂可产生很不相同的光谱。所以在比较或核对化合物的光谱时，最好采用同一溶剂，若是所用溶剂不同，则在分析光谱时，应考虑到溶剂的影响。此外有时也可从某一吸收带在不同溶剂中的差异来推测此带所属的跃迁种类。

溶剂和溶质相互间的物理作用有静电作用，分散作用，氢键以及电荷转移和电荷相斥作用等。分子间的这类作用，对分子能级的影响不同，致使光谱有差异。

第九课　蒸馏

化工生产中为了达到提纯或回收有用组分的目的，常常需要对均相液体混合物进行分离。分离均相液体混合物的方法有多种，蒸馏是最常用的方法之一。蒸馏在工业上的应用十分广泛，例如，从发酵的醪液中提纯酒精；从原油中分离出汽油、煤油、柴油等一系列产品；从液态空气中分离氮和氧等。

蒸馏是利用液体混合物中各组分挥发性的差异以实现分离的目的。

由物理化学可知，纯液体物质的挥发性可以用其饱和蒸气压来表示。挥发性大的液体，其饱和蒸气压就高，而沸点较低；反之，挥发能力小的液体，其饱和蒸气压就小，而沸点较高。例如，在常压下，水的沸点为100℃，乙醇的沸点为78.3℃，说明乙醇的挥发性大于水。如果在常压下将乙醇－水溶液加热到一定的温度使之部分汽化，因为乙醇的沸点低易于汽化，故在产生的平衡蒸气中，乙醇的含量将高于原始混合液的产品，从而使乙醇－水得到某种程度的分离。如果将这部分蒸气引出进行部分冷凝，得到蒸气中的乙醇含量将更高。

习惯上，将混合液中挥发性高的组分称为易挥发组分或轻挥发组分，以A表示；把混合液中挥发性低的组分称为难挥发组分或重组分，以B表示。在一定设备中，将多次部分汽化和多次部分冷凝适当地组合起来，最终可以分别得到较纯的轻、重组分，此过程称为精馏。

蒸馏操作可以从不同的角度进行分类。

按物系的组分数可以分为双组分蒸馏和多组分蒸馏。

按蒸馏方式可分为简单蒸馏、平衡蒸馏、精馏等方式。当分离程度要求不高或物系很易分离时，可采用简单蒸馏或平衡蒸馏；当分离程度要求较高时，一般都采用精馏。当混合液中两组分的挥发性接近时，若用普通精馏方法分离，所需精馏塔很高，设备费用较高；另外，对于能形成恒沸物的物系，普通精馏方法不能分离。这些情况下，需要采用特殊精馏，特殊精馏包括恒沸蒸馏和萃取蒸馏。

按操作方式可分为间歇蒸馏和连续蒸馏。间歇蒸馏用于小型生产或某些有特殊要求的场合；连续蒸馏是工业生产中常用的操作。

按操作压强可分为常压蒸馏、加压蒸馏和减压（真空）蒸馏。

在大气压（常压）下操作的蒸馏过程称为常压蒸馏。如果被分离的混合液在常压下各组分挥发性差异较大，并且气相冷凝、冷却可用一般的冷却水，液相加热汽化可用水蒸气，这时应采用常压操作。

在塔顶压强高于大气压下操作的蒸馏过程称为加压蒸馏。加压蒸馏通常用于以下场合。

（1）混合物在常压下为气体，通过加压与冷冻将其液化后再进行蒸馏。

（2）常压下虽是混合液体，但其沸点较低（一般低于30℃），其蒸气用一般冷却水难以充分冷凝，需用冷冻盐水或其他较昂贵的制冷剂，费用将大大提高。

在低于一个大气压下操作蒸馏过程称为减压蒸馏，对真空度高的减压蒸馏（塔顶绝对压强低于 40kPa）也称真空蒸馏。减压蒸馏常用于以下场合。

（1）蒸馏热敏性物料，组分在操作温度下容易发生氧化、分解和聚合等现象时，必须采用减压蒸馏以降低其沸点。

（2）常压下物料沸点较高（一般高于 150℃），加热温度超出一般水蒸气加热的范围，减压蒸馏可使沸点降低，以避免使用高温载热体。

工业蒸馏过程中需要合理地选择操作压强。通常主要根据物料性质，原料组成，对产品纯度的要求，设备材料的来源，冷量、热量来源，能量综合利用水平等具体情况，因地制宜地选择合理的操作条件。

词语

1. 蒸馏（动）zhēng liú　دىستىللەش
2. 发酵（动）fā jiào　ئېچىتىش
3. 醪液（名）láo yè　بوز، هاراق
4. 汽化（名）qì huà　پارلىنىش ، پارغا ئايلىنىش
5. 冷凝（动）lěng níng　سوۋۇتۇش
6. 精馏 jīng liú　تازارتىش ، ئىنچىكە دىستىللەش
7. 恒沸物 （名）héng fèi wù　ئازېئوتروپ (تۇراقلىق قايناش نۇقتىسىغا ئىگە ماددىلار)
8. 萃取蒸馏 cuì qǔ zhēng liú　ئېكستراكسىيەلەپ دىستىللەش
9. 昂贵（形）áng guì　قىممەت ، قىممەتلىك
10. 来源（动）lái yuán　مەنبە ، كېلىپ چىقىش
11. 因地制宜 yīn dì zhì yí　ھەر يەرنىڭ ئەمەلىي ئەھۋالىغا قاراپ ئىش كۆرمەك

作业与练习

一、根据课文内容填空

1．分离均相液体混合物的方法有多种，_______是最常用的方法之一。

2．由物理化学可知，纯液体物质的___________可以用其饱和蒸气压来表示。

3．当分离程度要求不高或物系很易分离时，可采用__________；当分离程度要求较高时，一般都采用______。

4．在__________下操作蒸馏过程称为减压蒸馏，对________的减压蒸馏（塔顶绝对压强低于 40kPa）也称真空蒸馏。

5．工业蒸馏过程中需要合理地选择操作压强。通常主要根据__________________等具体情况，因地制宜地选择合理的操作条件。

二、根据课文内容回答问题

1．什么是相平衡？

2．举例说明蒸馏在工业上的应用。

3．什么是精馏？

4．蒸馏操作可以分为哪几类？

5．加压蒸馏通常用于什么场合？

科普阅读

物质的分离提纯

分离提纯是指将混合物中的杂质分离出来以此提高其纯度。分离提纯作为一种重要的化学方法，不仅在化学研究中具有重要作用，在化工生产中也同样具有十分重要的作用。不少重要的化学研究与化工生产，都是以分离提纯为主体的，如石油工业。

诺贝尔化学奖获得者居里夫人正是在极为困难的条件下对沥青铀矿进行反复的分离与提纯，从而发现了钋和镭两种元素。石油工业通过分离石油中不同的馏分，得到石油气、汽油、煤油等产品。

分离提纯的方法一直沿着两个不同的方向在完善。其一是研究如何获得高纯度物质的方向。例如，如何获得纯度高达99.999 9%以上的高纯硅。其二是如何将经济的分离提纯方法应用于大规模的工业生产。例如，钛白粉（二氧化钛）是一种很普通的白色颜料，用于搪瓷、化妆品工业生产等。由于铁矿与钛矿共生的缘故，所制得的钛白粉往往混有铁质，用作颜料或化妆品填料会泛黄。除去铁质的方法在实验室并不太难，但在工业生产上工艺复杂，技术问题颇多，致使基本不含铁的一级品钛白粉与含有少量铁质的二级品钛白粉价格相去甚远。因此，如何使用简便的方法除去钛白粉中的铁，一直是颜料厂科技人员的攻关项目。现在有的地方出现了二级品钛白粉涨库现象（库存过多，销售困难），而一级品却只能依赖进口。如果能使二级品提高为一级品，不仅能满足市场需求，还能减少进口，甚至组织外销出口。

分离提纯的方法不拘泥于是物理变化还是化学变化。在可能的条件下使样品中的杂质或使样品中各种成分分离开来的变化都可以使用。常用的分离提纯的方法有以下几种。

（1）分级结晶法。这种方法常用加热来蒸发溶液，控制溶液的密度，使其中一部分溶质结晶析出。经反复的操作可以达到分离提纯的目的。

（2）分步沉淀法。这种方法常选用适宜的试剂或调节pH，使溶液中的某一部分沉淀析出。经反复的操作，也可达到分离提纯的目的。

（3）选择性氧化还原法。用适宜的氧化剂或还原剂，使混合物中的某些成分氧化或还原，以进一步达到分离提纯的目的。

（4）吸收、吸附法。用适宜的试剂吸收混合物中的某些成分，例如用烧碱吸收混合气体中的二氧化碳。或者用适宜的物质吸附混合物中的某些成分，如用活性炭吸附某些气体，从而达到分离提纯的目的。

（5）液液溶剂萃取法。选用适宜的溶剂，把混合物中的某些成分溶解吸收，从而达到分离提纯的目的。

（6）蒸馏法。控制混合溶液蒸气的冷凝温度，使不同沸点的成分分步冷凝析出，从而达到分离提纯的目的。

在思考如何使物质分离提纯时，应考虑各组分的化学和物理性质，然后才能选择适宜的方法。显然，方法的选用是建立在熟悉各种物质的物性、化性的基础之上的。

在进行物质的分离提纯时，选择试剂和实验措施应遵循以下 4 个原则。

（1）不能引入新杂质。

（2）提纯后的物质成分不变。

（3）实验过程和操作方法简单易行。

（4）节约试剂。对多组分的混合物的分离提纯，一般要考虑物理方法和化学方法综合运用。

用化学方法分离和提纯物质时要注意以下几点。

（1）不引入新的杂质。

（2）不能损耗或减少被提纯物质的质量。

（3）实验操作要简便，不能繁杂。用化学方法除去溶液中的杂质时，要使被分离的物质或离子尽可能除净，需要加入过量的分离试剂时，在多步分离过程中，后加的试剂应能够把前面所加的无关物质或离子除去。

有机物的提纯要依据被提纯物质的性质，采用物理方法和化学方法除去杂质。一般情况是加入某种试剂，与杂质反应，生成易溶于水的物质，再用分液的方法除去杂质。

如除去乙酸乙酯中混有的乙酸和乙醇，应在混合物中加入饱和碳酸钠溶液，杂质乙醇易溶于水，乙酸与碳酸钠反应，生成了易溶于水的乙酸钠（同时降低乙酸乙酯的溶解度），充分搅拌后，用分液漏斗分液，可得纯净的乙酸乙酯。

对于沸点相近且均溶于水的有机物分离，可先将其中一种转化成难挥发物质，再蒸馏，最后再用化学方法得到原物质。

第十课　气液传质设备

吸收和蒸馏都属于均相混合物分离过程的单元操作，都涉及气液两相间的质量与热量传递。工业上实现这一过程的主要设备称为气液传质设备。

气液传质设备的种类繁多，根据塔内气液接触情况可分为两大类，一类是逐级接触式的板式塔，另一类是连续接触式的填料塔。逆流条件下传质平均推动力最大，因此这两类塔总体上都是逆流操作。

气液传质设备的性能通常由一些要素表示。设备的生产能力和生产强度要大，后者指单位时间单位塔截面积上的处理量或气（液）流量；传质效率要高，板式塔的传质效率通常用塔板效率来衡量，填料塔则可用传质单元高度来表示；流体阻力要小，指气体通过每层塔板或每米填料层高度的压降要小，此点对吸收、真空精馏等操作尤为重要；设备的操作弹性要大，指最大气速负荷与最小气速负荷之比要大，此值大小反映了塔对负荷变化的适应能力；塔的结构简单、投资少、安装检修方便。这些要素很难同时满足，要根据实际情况和需要而有所侧重，选择适宜的塔型。

板式塔通常由圆柱状的塔体及按一定间距水平设置的若干塔板构成。塔内气体在压差作用下由下而上，液体在自身重力作用下由上而下总体呈逆流流动。板式塔可分为有溢流式与无溢流式两大类。实际气流接触过程是在一块块塔板上逐级进行的，总体逆流，但在每块塔板上呈错流流动，即从上方降液管在流向下的液体横向流过塔板，翻过溢流堰进入降液管再流向下层塔板，而气体则由下而上穿过板上横流的液层，在液层中实现气液相密切接触然后离开液层，在塔板上方空间汇合后进入上层塔板，每一层塔板相当于一个混合分离器，既要求上升气流与下降液流在板上充分接触，又要求经传质后的气液两相完全分离，各自进入相邻塔板。因此，塔板上的主要部件是气液接触部件和溢流部件，一些塔型中还设置了促进气液分离的部件。

气液接触部件的任务是引导气流进入液层，并保证气液充分、均匀而良好地接触，形成大量的又是不断更新的气液传质界面，而且要使气液间最后能够较易分离。

溢流部件主要是维持液体在板上和板间顺序而均匀地流动，保持板上一定的液层，为气液接触提供场所。

塔板上有组织的气液流动应当使气液两相间保持充分、均匀、有良好地接触。这是指相间接触面积要大而且有较强烈的湍动；气液分布要均匀且能按总体逆流、板上错流，以保持最大的传质推动力；理论和实践又指出，传质表面的不断更新也有利于降低传质阻力，提高传质速度。

不正常的操作可以引起塔无法工作。主要有两种情况，一是液泛，在操作过程中，塔板上液体下降受阻，并逐渐在板上积累，直到充满整个板间，从而破坏了塔的正常操作。液泛时可观察到塔内气相压降大幅度上升，并剧烈波动，分离情况急剧恶化，因而是踏板设计和操作中必须避免的现象。二是严重漏液，严重漏液会使塔板上缺乏存液，板效率剧降以致无法正常操作，必须避免。对于一定的塔结构，气速是决定漏液大小的主要因素。生产上，一般取漏液量达到液体流量的10%时的气速为漏液点气速，它是塔的操作气速的一个下限。

词语

1. 繁多（形）fán duō　تولا ، كۆپ ، خىلمۇ ـ خىل
2. 逐级（副）zhú jí　دەرىجىمۇ ـ دەرىجە ، ئاستا ـ ئاستا
3. 逆流（名）nì liú　قايتما ئېقىم ، تەتۈر ئېقىم
4. 压降（动）yā jiàng　بېسىم تۆۋەنلىتىش ، چۈشۈرۈش
5. 弹性（名）tán xìng　ئېلاستىكلىق
6. 气速（名）qì sù　گاز تېزلىكى ،گاز سۈرئىتى
7. 负荷（名）fù hè　كۆتۈرۈشچانلىق ، كۈچىنىش
8. 要素（名）yào sù　ئاساسى ئامىل ، مۇھىم ئامىل
9. 侧重（动）cè zhòng　تەكىتلىمەك ، ئەھمىيەت بەرمەك ، ئېتىبار قىلماق
10. 溢流（名）yì liú　تېشىپ چىقىش ، تاشما ئېقىم ، تاشقىن ، تېشىپ ئېقىش
11. 错流（名）cuò liú　كېسىشىپ ئېقىش
12. 溢流堰（名）yì liú yàn　تاشما ئېقىم تاختىسى
13. 相当于 xiāng dāng yú　تەڭ دېگۈدەك ، باراۋەر دېگۈدەك
14. 湍动（动）tuān dòng　ئۇرۇلماق ، تېز ئاقماق ، قايناملىق ئېقىن (ئېقىش)
15. 液泛（名）yè fàn　تېشىپ چىقىش ، سۇيۇقلۇق تېشىپ چىقىش
16. 以致（连）yǐ zhì　نەتىجىدە ، شۇ سەۋەبتىن

作业与练习

一、根据课文内容填空

1. 逆流条件下传质平均推动力最大，因此这两类塔总体上都是____________。

2. 设备的操作弹性_____，指最大气速负荷与最小气速负荷之比要大，此值大小反映了塔对______________ 的适应能力。

3. 塔板上的主要部件是______和_______，一些塔型中还设置了促进______的部件。

4. 塔板上有组织的气液流动应当使气液两相间保持__________________的接触。

5. 对于一定的塔结构，_______________是决定漏液大小的主要因素。

二、根据课文内容回答问题

1. 气液传质设备可以分为哪几类？

2. 气液传质设备的性能通常由哪些要素表示？

3. 请简单介绍一下板式塔。

4. 气液接触部件和溢流部件的主要作用是什么？

5. 不正常的操作可以引起塔无法工作，主要有哪些情况？

科普阅读

板式塔

板式塔是一类用于气液或液液系统的分级接触传质设备，由圆筒形塔体和按一定间距水平装置在塔内的若干塔板组成。广泛应用于精馏和吸收，有些类型（如筛板塔）也用于萃取，还可作为反应器用于气液相反应过程。操作时（以气液系统为例），液体在重力作用下，自上而下依次流过各层塔板，至塔底排出；气体在压力差推动下，自下而上依次穿过各层塔板，至塔顶排出。每块塔板上保持着一定深度的液层，气体通过塔板分散到液层中去，进行相际接触传质。

工业上最早出现的板式塔是筛板塔和泡罩塔。筛板塔出现于1830年，很长一段时间内被认为难以操作而未得到重视。泡罩塔结构复杂，但容易操作，自1854年应用于工业生产以后，很快得到推广，直到20世纪50年代初，它始终处于主导地位。第二次世界大战后，炼油和化学工业发展迅速，泡罩塔结构复杂、造价高的缺点日益突出，而结构简单的筛板塔重新受到重视。通过大量的实验研究和工业实践，逐步掌握了筛板塔的操作规律和正确设计方法，还开发了大孔径筛板，解决了筛孔容易堵塞的问题。因此，50年代起，筛板塔迅速发展成为工业上广泛应用的塔型。与此同时，还出现了浮阀塔，它操作容易，结构也比较简单，同样得到了广泛应用。而泡罩塔的应用则日益减少，除特殊场合外，已不再新建。60年代以后，石油化工的生产规模不断扩大，大型塔的直径已超过 10m。为满足设备大型化及有关分离操作所提出的各种要求，新型塔板不断出现，已有数十种。

工业生产对塔板的要求主要是，通过能力要大，即单位塔截面能处理的气液流量大；塔板效率要高；塔板压力降要低；操作弹性要大；结构简单，易于制造。

在这些要求中，对于要求产品纯度高的分离操作，首先应考虑高效率；对于处理量大的一般性分离（如原油蒸馏等），主要是考虑通过能力大。

为了满足上述要求，人们在塔板结构方面进行了大量研究，从而认识到雾沫夹带通常是限制气体通过能力的主要因素。在泡罩塔、筛板塔和浮阀塔中，气体垂直向上流动，雾沫夹带量较大，针对这种缺点，并为适应各种特殊要求，开发了多种新型塔板，主要如下。

（1）舌形塔板。塔板上设有倾斜的舌孔，使喷出气流的方向接近水平，因而雾沫夹带大为减少，同时气流对液流有推进作用，因此气液流通过能力均较高；但由于塔板上液层太薄，板效率显著降低。

（2）斜孔塔板。由我国开发，它的结构特点是使舌孔的开口方向与液流垂直，相邻两排的开孔方向相反，这样既允许较大气速且液层不会过薄，保证高效率。

（3）网孔塔板。由冲有倾斜开孔的薄板组成，板上还装有几块拦截液流的碎流板，以阻止液体被连续加速，这是一种气液通过能力大，而板效率无明显降低的新塔板。

（4）林德筛板。专为真空精馏设计的高效率低压力降塔板，结构特点是在整个筛板上设置一定数量的导向筛孔，在塔板入口处设置斜台。林德筛板利用部分气体的动量推动液体流动，以抵消液体流经塔板因受到流动阻力而形成的水力坡度，均匀降低液层，减少气液两相在空间上的反向流动和不均匀分布，因此既降低塔板压力降，又提高塔板效率。斜台的作用是避免低气速下在塔板入口处发生漏液现象。

（5）多降液管塔板。特别适用于大液体负荷操作。每块塔板上设有多根平行的降液管（一般其间隔约 0.5m），相邻两塔板的降液管呈 90°交错，降液管下端悬空在下面塔板的鼓泡区上方，液流从管底的缝隙下落。靠管内积液的液封作用，阻止气体窜入管中。一般因积液层浅，可以采用较小的板间距，这样能抵偿塔板效率（见级效率）稍低的缺点。

（6）旋流塔板。这种气体通过能力大、板间距小的新型塔板，也是我国开发的。当气流通过类似于风车叶片式的塔板时，发生旋转运动，并将降液管流下的液体喷散，使气液较好地接触。因为离心力的作用，雾沫夹带大为减小，故可采用较高气速；但因气液接触时间短，板效率较低。

第十一课　干燥

工业生产中有些固体原料、半成品和成品为便于贮存、运输、使用或进一步加工，需除去其中的湿分（水分或其他液体），这种过程称为去湿。

常用的去湿方法有3种。机械去湿，当固体湿物料中含液体较多时，可先采用沉降、过滤、离心分离等机械分离的方法除去大部分的液体，这类方法能耗较少，但湿分不能完全除去。物理化学去湿，将干燥剂如无水氯化钙、硅胶、石灰等与固体湿物料共存，使湿物料中的湿分经气相转入干燥剂内。这种方法费用较高，只适用于实验室小批量低湿分固体物料（或工业气体）的去湿，也称吸附去湿。加热去湿，向湿物料供热，使其中湿分汽化并将生成的湿分蒸气移走。这种去湿方法称为物料的干燥，它是化工生产中不可缺少的一种单元操作，也广泛应用于食品、轻工、医药、纺织、农林产品加工以及建材等工业部门。例如合成树脂必须进行干燥以防止在加工成塑料制品中生成气泡；谷物、蔬菜经干燥后可以长期贮存；纸张、木材经干燥后便于使用和贮存等。

干燥的过程按操作压强分，主要有常压干燥和真空干燥。真空干燥时湿度较低、蒸气不易外泄，适宜于处理热敏性、易氧化、易爆或有毒物料以及产品要求含水量较低、要求防止污染及湿分蒸气需要回收的情况。加压干燥只在特殊情况下应用，通常是在压力下加热后突然减压，水分瞬间发生汽化，使物料发生破碎或膨化。

按操作方式分有连续干燥和间歇干燥。工业生产中多为连续干燥，其生产能力大，产品质量较均匀，热效率较高，劳动条件也较好；间歇干燥的投资费用较低，操作控制灵活方便，故适用于小批量、多品种或要求干燥时间较长的物料。

按热量供给方式分有传导干燥、对流干燥、辐射干燥和介电加热干燥。

（1）传导干燥。将湿物料堆放或贴附于高温的固体壁面上，以传导方式获取热量，使其中水分汽化，水汽由周围气流带走或用抽气装置抽出，因此它是间接加热。常用饱和水蒸气、热烟道气或电热作为间接热源，其热利用率较高，但与传热壁面接触的物料易造成过热，物料层不宜太厚，而且金属消耗较大。

（2）对流干燥。将高温热气流（热空气或热烟道气等，称为干燥介质）与湿物料直接接触，以对流方式向物料供热，汽化后生成的水汽也由干燥介质带走。热气流的温度和湿含量调节方便，物料不易过热。对流干燥生产能力较大，相对来说设备投资较低，操作控制方便，是应用最为广泛的一种干燥方式；其缺点是热气流用量大，带走的热量较多，故热利用率比传导干燥要低。

（3）辐射干燥。以辐射方式将热辐射波段（红外或远红外线）能量投射到湿物料表面，被物料吸收后转化为热能，使水分汽化并由外加气流或抽气装置排出。辐射干燥特别适用于物料表面薄层的干燥。辐射源可按被干燥物件的形状布置，这种情况下，辐射干燥可比传导或对流干燥的生产强度大几十倍，产品干燥程度均匀而不受污染，干燥时间短，如汽车漆面的干燥，但电能消耗大。

（4）介电加热干燥（包括高频干燥、微波干燥）。将湿物料置于高频电场内，利用高频电场的交变作用使液体分子发生频繁的转动，物料从内到外都同时产生热效应使其中水分汽化。这种干燥的特点是，物料中水分含量愈高的部位获得的热量愈多，故加热特别均匀。这是由于水分的介电常数比固体物料要大得多，而一般物料内部的含水量比表面高，因此，介电加热干燥时物料内部的温度比表面的要高，与其他加热方式不同，介电加热干燥时传热的方向与水分扩散方向是一致的，这样可以加快水由物料内部向表面的扩散和汽化，缩短干燥时间，得到的干燥产品质量均匀，过程自动化程度很高。尤其适用于当加热不均匀时易引起变形、表面结壳或变质的物料，或内部水分较难除去的物料。但是，其电能消耗较大，设备和操作费用都很高，目前主要用于食品、医药、生物制品等贵重物料的干燥。

在工业上对湿分较高的散粒状物料，常常是先用机械分离或蒸发除去湿物中的大部分水分，然后再采用对流干燥获得合格的干燥产品。其他加热方式也往往同对流方式结合使用。

词语

1. 便于（动）biàn yú　ئاسان ، ئەپچىل ، قولايلىق تۇغدۇرماق
2. 贮存（动）zhù cún　ساقلىماق ، زاپاسقا ساقلىماق
3. 过滤（名）guò lǜ　فىلتىرلەش ، سۈزۈش
4. 离心分离 lí xīn fēn lí　مەركەزدىن قاچۇرۇپ ئايرىش ، سېنتىرىفوگدا ئايرىش
5. 硅胶（名）guī jiāo　كرېمنىي يىلمى
6. 吸附（动）xī fù　ئادسورپسىيەلەش ، ئادسورپسىيە
7. 外泄（动）wài xiè　سىرتقا چىقماق ، سىرتقا تارقالماق ، سىزماق
8. 防止（动）fáng zhǐ　ئالدىنى ئالماق ، ساقلانماق
9. 膨化（动）péng huà　كۆپتۈرۈش
10. 介电（动）jiè diàn　دىئېلېكترىك ، دىئېلېكتر
11. 高频干燥 gāo pín gān zào　يۇقىرى چاستوتىلىق قۇرۇتۇش
12. 微波干燥 wēi bō gān zào　مىكرو دولقۇنلۇق قۇرۇتۇش
13. 愈……愈…… yù…… yù……　قانچە ... شۇنچە ... ، بارغانسېرى
14. 扩散（动）kuò sàn　تارقالماق ، دىففوزىيەلىنىش ، دىففوزىيە

作业与练习

一、根据课文内容填空

1. 真空干燥时湿度较低、____不易外泄，适宜于处理______________物料以及产品要求________较低、要求防止污染及湿分蒸气需要回收的情况。

2. 间歇干燥的投资费用_______，操作控制________，故适用于小批量、多品种或要求干燥_______的物料。

3. 干燥过程按热量供给方式分有_______、_______、_______和___________。

4. 对流干燥将_______与湿物料直接接触，以_____向物料供热，汽化后生成的水汽也由_______带走。

5．介电加热干燥将湿物料置于______内，利用高频电场的______使液体分子发生频繁的转动，物料从内到外都同时产生热效应使其中水分汽化。

二、根据课文内容回答问题

1．什么是去湿？

2．常用的去湿方法有哪几种？

3．简述干燥的过程分类。

4．简述传导干燥和对流干燥的区别。

5．简述辐射干燥和介电加热干燥的特点。

科普阅读

干燥剂

干燥剂是一种从大气中吸收潮气的除水剂，它的干燥原理就是通过物理方式将水分子吸附在自身的结构中或通过化学方式吸收水分子并改变其化学结构，变成另外一种物质。

干燥剂也叫吸附剂，是用在防潮、防霉方面，起干燥作用的，按吸附方式及反应产物不同分为物理吸附干燥剂和化学吸附干燥剂。物理吸附的干燥剂有硅胶、氧化铝凝胶、分子筛、活性炭、骨炭、木炭、矿物干燥剂和活性白土等。化学吸附的常用干燥剂有生石灰干燥剂、氯化镁、氯化钙、碱石灰或五氧化二磷、硅酸等，它们通过化学方式吸收水分子并改变其化学结构，变成另外一种物质。

湿气的管控与产品的良率息息相关，以食品而言，在适当的温度和湿度下，食物中的细菌和霉菌便会以惊人的速度繁殖，使食物腐坏，造成受潮及色变。电子产品也会因湿度过高造成金属氧化，产生不良品。干燥剂的使用便是为了避免多余的水分造成不良品的发生。

干燥方式可分为静态干燥和动态干燥。

静态干燥，定量的吸附剂和定量的溶液经过长时间的充分接触而达到平衡（被处理液或气体与吸附剂搅拌混合，而被处理液或气体没有自上而下流过吸附剂的流动，这种吸附操作叫静态吸附）。应用在防湿包装方面，如照相机及感光材料、精密仪器/电器、食品、药品、鞋、衣服、皮革、武器、电讯器材等。在空气脱湿方面，如家庭内壁橱、衣柜、地板、乐器等。

动态干燥，把一定重量的吸附剂填充于吸附柱中，令浓度一定的溶液在恒温下以恒速流过，从而测得透过吸附容量和平衡吸附容量（被处理液或气体通过吸附剂自上向下流动的吸附叫动态吸附）。应用在空气干燥方面，如仓库、船仓、制药厂、精密机械、电子器材制造厂、压缩空气、仪表空气干燥。在工业气体脱水精制方面，如氢、氧、氮、氯、二氧化碳、乙炔、乙烯、甲烷、乙烷、丙烷、三氧化碳、天然气、煤气。

物理吸附干燥剂适用于防止仪器、仪表、电器设备、药品、食品、纺织品及其他各种包装物品受潮，在海运途中干燥剂也有广泛的应用，因为货物在运输过程中常因湿度大而受潮变质，用干燥剂可有效去湿防潮，使货物的质量得到保障。应用主要如下。

（1）干燥剂用于瓶装药品、食品的防潮。保证内容物品的干燥，防止各种杂霉菌的生长。

（2）干燥剂可作为一般包装干燥剂使用，用于防潮。

（3）干燥剂可方便地置于各类物品（如仪器仪表、电子产品、皮革、鞋、服装、食品、药品和家用电器等）包装内，以防止物品受潮霉变或锈蚀。

化学吸附干燥剂的应用主要如下。

（1）酸性干燥剂。浓硫酸、五氧化二磷，用于干燥酸性或中性气体，其中浓硫酸不能干燥硫化氢、溴化氢、碘化氢等强还原性的酸性气体，五氧化二磷不能干燥氨气。

（2）中性干燥剂。无水硫酸铜、氯化钙，一般气体都能干燥，但氯化钙不能干燥氨气和乙醇。

（3）碱性干燥剂。碱石灰（CaO 与 NaOH 的混合物）、生石灰（CaO）、NaOH 固体，用于干燥中性或碱性气体。

第十二课　干燥器

在工业生产中被干燥物料的性状和对产品质量的要求是多种多样的，例如，物料的形状有块状、片状、饼状、纤维状、颗粒状、粉状、浆状、悬浮状、膏糊状、连续薄层或某种定型体等。物料的结构与干燥特征有多孔疏松的、有结构紧密的；有的主要含有非结合水分，有的含有较多的结合水分；有热敏性物料；有的物料容易结团、收缩、变形、龟裂等。

对干燥产品，首先要保证物料各部分干燥的均匀性和达到工艺要求的最终含水量，同时根据物料的情况又有不同的质量要求。有的要求保证化学组成和几何形状的不变性，颗粒物料要求有一定的堆积密度和一定的粒度、流动性或易溶性，有的必须防止干燥中的污染，有的湿分还需要回收利用等。

物料和产品质量的要求的多样性，带来了干燥器的多样性。每一类型的干燥器也都各有其适应性和局限性。总体来说，主要要求干燥器适应性要强，能满足干燥产品的质量；设备生产强度要高；热效率要高；设备系统的流体阻力要小，以节约流体输送的能耗；本体结构和附属设备要简单，投资费用要低；操作控制要方便。

干燥器除可以按操作压强（常压、真空）、操作方式（间歇、连续）和加热方式（对流、传导、辐射、介电）来分类以外，还可以按湿物料的运动方式、气流的运动方式和结构特征来分类。

按湿物料在干燥器中的运动特点分类可以分为 3 类。

（1）相对静止式干燥器。湿物料之间不发生相对运动，故物料与热源的接触面积一定。这类干燥器对物料的适应性很广，物料在干燥器内的停留时间相同，但物料不同部位的干燥条件较难保持一致，特别在对流干燥条件下，干燥介质的分布难以完全均匀，介质状态也在不断变化。这类干燥器又可分为湿物料完全静止与湿物料发生整体移动两种。前者如厢式干燥器，它必然是间歇操作；后者则可以连续操作，包括输送机式干燥器、滚筒式干燥器等。

（2）搅动式干燥器。由于外力的作用使湿物料各部分之间发生不同程度的相对运动，物料的搅动使干燥器内空间各处的干燥条件变得比较均匀，有利于物料与热源的接触，提高干燥强度。但由于物料受到搅动往往具有一定的随机性，因此，物料在干燥器内的停留时间与被加热时间不能保证完全均匀。这类干燥器随搅拌方式不同可分为立式干燥器、机械搅拌式干燥器、回转式干燥器、流化床式和气流式干燥器、振动式干燥器。

（3）喷雾式干燥器。它专用于处理液态物料的直接干燥，即将液体雾化成细滴分散到热气流中，使液滴迅速汽化，因而它主要使用对流加热方式。

在以上这些干燥器中，对流干燥是最常见的。在连续干燥时，按物料与气流间总体流动方式可以分为并流、逆流、错流 3 种。

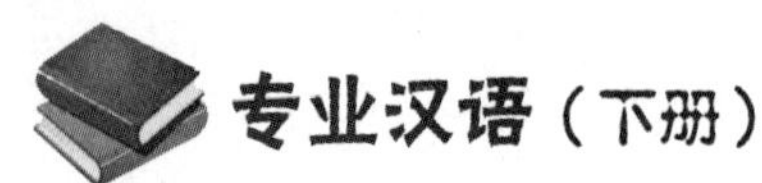

第一种是并流干燥。含水量高的初始湿物料首先与高温低湿的干燥介质相遇，干燥推动力最大，随物料向前移动，推动力逐渐减少。由于物料在干燥前期属于恒速干燥阶段，其表面温度不会超过空气的湿球温度，而废气出口处的温度最低、湿度最高，故出口处的物料含水量就不可能降得很低，温度也不会过高。因此这种干燥操作适于湿物料允许快速干燥而干物料又不耐高温的场合，以及干物料吸湿性低或最终含水量较高的场合。

第二种是逆流干燥。整个干燥器内的干燥推动力比较均匀，故较易用于干物料能耐高温、但湿物料不易快速干燥以及要求产品含水量较低的场合。

第三种是错流干燥。常用于颗粒物料如谷物等的干燥。颗粒物料总体移动方向与气流方向垂直。这是由于干燥推动力普遍较高，干燥能力及强度较大，但由于气流量增加，故热效率通常较低。

在生产实践中，往往根据具体情况对气体运动方式采用不同的组合，也常利用废气循环来调节干燥介质的状态以求达到最佳的效果。

词语

1. 纤维（名）xiān wéi　تالا
2. 膏糊（名）gāo hú　مەلھەم ، بوتقا ، پاستا
3. 疏松（动）shū sōng　بوش ، بوشاتماق
4. 龟裂（名）jūn liè　يېرىلماق ، يېرىلىپ كەتمەك
5. 局限性（名）jú xiàn xìng　چەكلىملىك ، چەكلىكلىك
6. 热效率（名）rè xiào lǜ　ئىسسىقلىق ئۈنۈمى
7. 相对静止 xiāng duì jìng zhǐ　نىسپىي تىنچلىق ، نىسپىي جىمجىت
8. 均匀（形）jūn yún　تەكشى
9. 滚筒式（名）gǔn tǒng shì　تۇلۇق شەكىللىك
10. 搅动（动）jiǎo dòng　ئارىلاشتۇرۇش
11. 随机性（名）suí jī xìng　تاسادىپىيلىق ، ئۆزگىرىشچانلىق
12. 流化床（名）liú huà chuáng　ئاقما قەۋەت ، ئېقىتىش فازىسى
13. 喷雾式（名）pēn wù shì　پۈركۈشلۈك
14. 恒速（名）héng sù　تۇراقلىق سۈرئەت

作业与练习

一、根据课文内容填空

1．对干燥产品，首先要保证物料各部分干燥的______和达到工艺要求的_____，同时根据物料的情况又有不同的质量要求。

2．干燥器随搅拌方式不同可分为____。

3．在连续干燥时，按物料与气流间总体流动方式可以分为_______________3 种。

4．流干燥操作适于湿物料允许_________________的场合，以及干物料______的场合。

5．燥器除可以按操作______、_________和____________来分类以外，还可以按湿物料的_______、________和_________来分类。

二、根据课文内容回答问题

1．简述在工业生产中被干燥物料的性状。

2．物料和产品质量对干燥器主要有哪些要求？

3．简述干燥器的分类。

4．简述并流、逆流、错流的区别。

科普阅读

干燥器的发展

干燥器是通过加热使物料中的湿分（一般指水分或其他可挥发性液体成分）汽化逸出，以获得规定湿含量的固体物料的机械设备。

自古以来，人类就习惯于用天然热源和自然通风来干燥物料，完全受自然条件制约，生产能力低下。随生产的发展，它们逐渐为人工可控制的热源和机械通风除湿手段所代替。

近代干燥器开始使用的是间歇操作的固定床式干燥器。19 世纪中叶，洞道式干燥器的使用，标志着干燥器由间歇操作向连续操作方向发展。回转圆筒干燥器则较好地实现了颗粒物料的搅动，干燥能力和强度得以提高。一些行业则分别发展了适应本行业要求的连续操作干燥器，如纺织、造纸行业的滚筒干燥器。

20 世纪初期，乳品生产开始应用喷雾干燥器，为大规模干燥液态物料提供了有力的工具。40 年代开始，随着流化技术的发展，高强度、高生产率的沸腾床和气流式干燥器相继出现。而冷冻升华、辐射和介电式干燥器则为满足特殊要求提供了新的手段。60 年代开始发展了远红外和微波干燥器。

干燥过程需要消耗大量热能，为了节省能量，某些湿含量高的物料、含有固体物质的悬浮液或溶液一般先经机械脱水或加热蒸发，再在干燥器内干燥，以得到干的固体。

干燥的目的是物料使用或进一步加工的需要。如木材在制作木模、木器前的干燥可以防止制品变形，陶瓷坯料在煅烧前的干燥可以防止成品龟裂。另外，干燥后的物料也便于运输和贮存，如将收获的粮食干燥到一定湿含量以下，以防霉变。由于自然干燥远不能满足生产发展的需要，因此各种机械化干燥器越来越广泛地得到应用。

在干燥过程中需要同时完成热量和质量（湿分）的传递，保证物料表面湿分蒸气分压（浓度）高于外部空间中的湿分蒸气分压，保证热源温度高于物料温度。热量从高温热源以各种方式传递给湿物料，使物料表面湿分汽化并逸散到外部空间，从而在物料表面和内部出现湿含量的差别。内部湿分向表面扩散并汽化，使物料湿含量不断降低， 逐步完成物料整体的干燥。

物料的干燥速率取决于表面汽化速率和内部湿分的扩散速率。通常干燥前期的干燥速率受表面汽化速率控制；而后，只要干燥的外部条件不变，物料的干燥速率和表面温度即保持稳定，这个阶段称为恒速干燥阶段；当物料湿含量降低到某一程度，内部湿分向表面的扩散速率降低，并小于表面汽化速率时，干燥速率即主要由内部扩散速率决定，并随湿含量的降低而不断降低，这个阶段称为降速干燥阶段。

干燥器的未来发展将在深入研究干燥机理和物料干燥特性，掌握对不同物料的最优操作条件下，开发和改进干燥器；另外，大型化、高强度、高经济性，以及改进对原料的适应性和产品质量，是干燥器发展的基本趋势；同时进一步研究和开发新型高效和适应特殊要求的干燥器，如组合式干燥器、微波干燥器和远红外干燥器等。

干燥器的发展还要重视节能和能量综合利用，如采用各种联合加热方式，移植热泵和热管技术，开发太阳能干燥器等；还要发展干燥器的自动控制技术、以保证最优操作条件的实现；另外，随着人们对环保的重视，改进干燥器的环境保护措施以减少粉尘和废气的外泄等，也将是需要深入研究的方向。

第十三课　膜分离技术

膜分离过程作为一门新型的分离、浓缩、提纯及净化技术，近几十年来发展非常迅速，已在许多工业领域和科学研究中得到广泛的应用。膜分离技术是21世纪优先发展的高新技术之一，已成为解决当代能源、资源和环境污染问题的重要高新技术及可持续发展技术的基础。

膜分离是利用流体中各组分对膜的透过速率的差别而实现组分分离的单元操作。原料混合物通过膜后被分为截留物和透过物。

膜为两种流体之间的选择性屏障，选择性是膜或膜过程的固有特性。在相同条件下，一种膜以不同的速率传递不同的分子，这种膜称为半透膜。

膜可以是聚合物膜或无机膜；所处理的流体可以是气体或液体；膜分离过程的推动力，可以是压力差、浓度差、电位差或者几种作用力同时存在；多数情况下并不需要加入清扫流体，但有时在膜的透过物一侧加入一个清扫流体以帮助移除透过物。

膜分离过程的优点是不仅可以除去病毒、细菌等颗粒，而且也可以除去溶液中大分子和无机盐，还可以分离共沸物和沸点相近的组分，分离系数较大，选择性好；膜分离过程多在常温下进行，化学品消耗少，可避免组分受热变质或混入杂质，在食品加工、医药、生化技术领域具有独特的实用性；多数膜分离过程中组分不发生相变化，所以能耗较低；过程简单，操作简单，易放大。

膜分离的效果主要取决于膜本身的性能，膜材料和制备方法是膜分离技术的关键。按照膜的来源可以分为天然生物膜和合成膜；对于合成膜，按照膜的材质可以分为聚合物膜和无机膜。

聚合物膜的材料主要有纤维素衍生物类（如醋酸纤维素）、聚砜类、聚酰胺类、聚烯烃类、含氟聚合物等。根据膜体结构和作用特点，可以分为对称膜（多孔膜或致密膜），非对称膜（包括复合膜）。多孔膜内含有相互交联的孔道，这些孔道曲曲折折，视分离性能有不同的孔径分布。致密膜又称匀质膜，其膜的整个断面结构形态均匀致密，物质能通过这类膜主要是靠分子扩散。非对称膜的特点是膜的断面结构不对称，膜的分离作用主要取决于表面皮层；多孔层亚层主要起支撑作用，决定了膜的机械强度。非对称膜结合了致密膜的高选择性和薄膜的高渗透率的优点，传质阻力主要由很薄的皮层决定。非对称膜的发明使膜分离技术得以从实验室进入工业化，应用更为广泛。

无机膜多由陶瓷、玻璃、金属及其氧化物等材料制成，这类膜的特点是孔径分布均匀，耐热性、化学稳定性好，耐污染易清洗，使用寿命长，其主要缺点是易破碎、成形性差和造价高。无机膜主要用于高温的场合。

为了充分发挥膜分离技术的作用，必须解决膜的污染和劣化问题。

膜的劣化是指膜自身发生了不可逆转的变化等内部因素导致膜性能的变化。导致膜的劣化的原因分为化学、物理及生物 3 个方面。

化学性劣化是指由于处理料液 pH 超出膜的允许范围而导致膜材料的水解或氧化反应等因素造成的劣化；生物性劣化通常是指由于处理料液中存在的微生物导致膜发生生物降解反应等生物因素造成的劣化；化学性劣化和生物性劣化通常导致膜的渗透通量增大，而截留率降低。

物理性劣化是指膜结构在很高的压差下导致致密化或干燥状态下发生不可逆转性变形等物理因素造成的劣化；物理劣化通常导致膜的渗透通量减少，而截留率增大。

膜的污染是指由于膜的表面上形成了附着层或膜孔堵塞等外部因素导致膜性能的变化，其主要的污染物为悬浮物和颗粒形成的滤饼层，金属氢氧化物、钙盐等难溶性物质形成的结垢层，水溶性大分子形成的凝胶层。

所有类型的膜污染都导致膜的透过阻力增大，造成膜的渗透通量降低。滤饼层和结垢层对溶质的截留作用较弱，通常会看到截留率降低；而凝胶层有较强的溶质截留作用，导致膜的截留率升高。任何原因引起的膜堵塞都会使膜的渗透通量降低，而截留率升高。

实际应用中，需要根据膜污染原因采用必要的清洗方法，使膜性能得以恢复。

词语

1. 透过速率 tòu guò sù lǜ　ئۆتۈش سۈرئىتى
2. 屏障（名）píng zhàng　توسالغۇ ، توسۇق ، دالدا ، توسماق
3. 聚合物膜（名）jù hé wù mó　پولىمېر پەردە
4. 无机膜（名）wú jī mó　ئانئورگانىك پەردە
5. 电位差（名）diàn wèi chā　پوتېنسىيال پەرقى
6. 共沸物（名）gòng fèi wù　ئورتاق قاينىغۇچى ماددىلار
7. 领域（名）lǐng yù　ساھە ، دائىرە
8. 天然生物膜（名）tiān rán shēng wù mó　تەبىئىي بىئوپەردە
9. 合成膜（名）hé chéng mó　سىنتېتىك پەردە ، بىرىكمە پەردە ، سۈنئىي پەردە
10. 衍生物（名）yǎn shēng wù　ھاسىلاتلار ، ھاسىلۇقى ماددا
11. 对称膜（名）duì chèn mó　سىممېترىك پەردە
12. 致密膜（名）zhì mì mó　زىچلاشقان پەردە ، زىچلانما پەردە
13. 支撑（动）zhī chēng　تىرەپ تۇرماق ، تۇتۇپ تۇرماق ،چىدىماق ، تىرەك
14. 渗透（动）shèn tòu　ئۇسمۇس ، سىڭىش ، ئۆتۈشۈش
15. 逆转（动）nì zhuǎn　ئەكسىگە قايتىش ، تەتۈرئايلىنىش
16. 导致（动）dǎo zhì　سەۋەب بولماق ، كەلتۈرۈپ چىقارماق
17. 降解（动）jiàng jiě　پارچىلىنىش ، سۈسلىشىش ، ئۆزگىرىش
18. 通量（名）tōng liàng　ئېقىم ، ئېقىم مىقدارى
19. 附着层（名）fù zhuó céng　يېپىشىش قەۋىتى، قوشۇمچە قەۋەت
20. 堵塞（动）dǔ sè　توسۇلۇپ قالماق ، ئېتىلىپ قالماق ، توسۇپ قويماق
21. 凝胶层（名）níng jiāo céng　گېل قەۋىتى ، يىلىم قەۋىتى

作业与练习

一、根据课文内容填空

1. 膜为两种流体之间的选择性屏障，_______是膜或膜过程的固特性。在相同条件下，一种膜以___________传递不同的分子，这种膜称为________。

2. 膜可以是______或______；所处理的流体可以是_____或______；膜分离过程的推动力，可以是_____、______、_________或者几种作用力同时存在。

3. 膜分离的效果主要取决于________，_______和________是膜分离技术的关键。

4. 按照膜的来源可以分为_________和_________；对于合成膜，按照_________可以分为聚合物膜和无机膜。

5. 所有类型的膜污染都导致________增大，造成__________降低。

二、根据课文内容回答问题

1. 什么是膜分离？

2. 膜分离过程有什么优点？

3. 膜的劣化是指什么？

4. 导致膜的劣化的原因有哪些？

5. 膜的污染是指什么？

科普阅读

透析

透析是通过小分子经过半透膜扩散到水（或缓冲液）的原理，将小分子与生物大分子分开的一种分离纯化技术。

透析临床意指血液中的一些废物通过半渗透膜除去。血液透析是一种较安全、易行、应用广泛的血液净化方法之一。透析是指溶质通过半透膜，从高浓度溶液向低浓度方向运动。血液透析包括溶质的移动和水的移动，即血液和透析液在透析器（人工肾）内借半透膜接触和浓度梯度进行物质交换，使血液中的代谢废物和过多的电解质向透析液移动，透析液中的钙离子、碱基等向血液中移动。如果把白蛋白和尿素的混合液放入透析器中，管外用水浸泡，这时透析器管内的尿素就会通过人工肾膜孔移向管外的水中，白蛋白分子较大，不能通过膜孔。这种小分子物质能通过而大分子物质不能通过半透膜的物质移动现象称为弥散。临床上用弥散现象来分离纯化血液使之达到净化目的的方法即为血液透析的基本原理。

血液透析所使用的半透膜厚度为10~20微米，膜上的孔径平均为3纳米，所以只允许分子量为1.5万以下的小分子和部分中分子物质通过，而分子量大于3.5万的大分子物质不能通过。因此，蛋白质、致热原、病毒、细菌以及血细胞等都是不可透出的；尿的成分中大部分是水，要想用人工肾替代肾脏就必须从血液中排出大量的水分，人工肾只能利用渗透压和超滤压来达到清除过多的水分的目的。现在所使用的人工肾即血液透析装置都具备上述这些功能，从而对血液的质和量进行调节，使之近于生理状态。

用于医学上的透析大致分为3类：血液透析、腹膜透析、结肠透析。

血液透析简称血透，通俗的说法也称之为人工肾、洗肾，是血液净化技术的一种。其利用半透膜原理，通过扩散、对流使体内各种有害以及多余的代谢废物和过多的电解质移出体外，达到净化血液的目的，并达到纠正水电解质及酸碱平衡的目的。

腹膜透析是利用腹膜作为半渗透膜，利用重力作用将配制好的透析液经导管灌入患者的腹膜腔，这样，在腹膜两侧存在溶质的浓度梯度差，高浓度一侧的溶质向低浓度一侧移动（弥散作用）；水分则从低渗一侧向高渗一侧移动（渗透作用）。通过腹腔透析液不断地更换，以达到清除体内代谢产物、毒性物质及纠正水、电解质平衡紊乱的目的。

结肠透析是通过向人体结肠注入过滤水，进行清洁洗肠，清除体内毒素，充分扩大结肠黏膜与药物接触面积，然后再注入专用药液，使药液在结肠内通过结肠黏膜吸附出体内各种毒素，并及时排出，最后再灌入特殊中药制剂，并予保留，在结肠中利用结肠黏膜吸收药物有效成分，起到对肾脏治疗作用，并可降逆泄浊，降低血肌酐和尿素氮、尿酸等尿毒症毒素。

常用的透析法有血液透析及腹膜透析。将患者的血液和透析液同时引进透析器（两者的流动方向相反），利用透析器（人工肾）的半透膜，将血中蓄积的过多毒素和过多的水分清出体外，并补充碱基以纠正酸中毒，调整电解质紊乱，替代肾脏的排泄功能。

血液透析器俗称人工肾，有空心纤维型、盘管型及平板型3种。最常用的是空心纤维型，由1万~1.5万根空心纤维组成，空心纤维的壁即透析膜，具半透膜性质。血液透析时血液流入每根空心纤维内，而透析液在每根空心纤维外流过，血液的流动方向与透析液流动方向相反，通过半透膜原理清除毒物，通过超滤及渗透清除水分。

第十四课　化工热力学

化工热力学是化学工程的一个分支，是热力学基本定律应用于化学工程领域中而形成的一门学科。主要研究化工过程中各种形式的能量之间相互转化的规律及过程趋近平衡的极限条件，为有效利用能量和改进实际过程提供理论依据。

热力学是物理学的一个组成部分，它是在蒸汽机发展的推动下，于19世纪中叶开始形成的。最初只涉及热能与机械能之间的转换，之后逐渐扩展到研究与热现象有关的各种状态变化和能量转换的规律。在热力学的基本定律中，热力学第一定律表述能量守恒关系，热力学第二定律从能量转换的特点论证过程进行的方向。这两个定律具有普遍性，在化学、生物学、机械工程、化学工程等领域得到了广泛的应用。热力学基本定律应用于化学领域，形成了化学热力学，其主要内容有热化学、相平衡和化学平衡的理论；热力学基本定律应用于热能动力装置，如蒸汽动力装置、内燃机、燃气轮机、冷冻机等，形成了工程热力学，其主要内容是研究工质的基本热力学性质以及各种装置的工作过程，探讨提高能量转换效率的途径。化工热力学是以化学热力学和工程热力学为基础，在化学工业的发展中逐步形成的。化工生产的发展，出现了蒸馏、吸收、萃取、结晶、蒸发、干燥等许多单元操作，以及各种不同类型的化学反应过程，生产的规模也愈来愈大，由此提出了一系列的研究课题。例如在传质分离设备的设计中，要求提供多组分系统的温度、压力和各相组成间的相互关系的数学模型。一般化学热力学很少涉及多组分系统，它不仅需要热力学，还需要应用一些统计力学和经验方法。在能量的有效利用方面，化工生产所涉及的工作介质比工程热力学研究的工作介质（空气、蒸汽、燃料气等）要复杂得多，且能量的消耗常在生产费用中占有很高比例，因此更需要研究能量的合理利用和低温位能量的利用，并建立适合于化工过程的热力学分析方法。

应用热力学基本定律可研究化工过程中能量的有效利用、各种热力学过程、相平衡和化学平衡，还可研究与上述内容有关的基础数据，如物质的$p-V-T$关系和热化学数据。

对于与环境间既有能量传递又有物质传递的敞开系统，在计算物料进出系统前后物料的内能所发生的变化时，除了考虑热和功外，还需计入相应的动能和位能的变化，以及能量在系统中的积累。对于化工生产上经常遇到的定态流动过程（单位时间内出入系统的物料量相同，且不随时间而变化，系统中没有物质或能量的积累），在基础数据方面，目前已积累大量的热化学数据、$p-V-T$关系数据以及相平衡和化学平衡的数据，编制成许多精确的普遍化计算图表（如普遍化压缩因子图）。已发展出几百种状态方程，少数状态方程还能兼用于气液两相。在活度系数方程和状态方程的基础上，进行相平衡关联方面，取得较显著的进展，对于许多常见系统，已经能用二元系的实验数据预测多元系的汽液平衡和气液平衡。已有几种基团贡献法，可用基团参数估算许多系统的汽液平衡和液液平衡。这种方法对新过程开发有很大的作用。复杂系统化学平衡的计算也有明显进展。化工过程的热力学分析方法已初步形成。在近年的研究工作中，除了继续进行基础数据的测定外，建立具有可靠理论基础的状态方程是相当活跃的领域，要求方程适用于极性物质、含氢键物质和高分子化合物，并能同时用于气相、液相和临界区域。非常见物质的汽液平衡、液液平衡和液固平衡，以及与超临界流体萃取新技术有关的气液平衡和气固平衡，与气体吸收、湿法冶金和海洋能源开发有关的电解质溶液的研究，吸引了许多人的兴趣。化工热力学在生物化学工程中的应用也令人注目。还需指出，随着非平衡态热力学理论的发展，经典热力学不涉及过程速率的局限性逐渐被打破。由于节约能源的重要性，化工过程的热力学分析的研究也正方兴未艾。

词语

1. 分支（名）fēn zhī　تارماق ، شۆبە ، تارماقلىنىش
2. 定律（名）dìng lǜ　قانۇن
3. 趋近（动）qū jìn　يېقىنلاشماق
4. 依据（动）yī jù　ئاساسەن ، ئاساسلانماق
5. 能量守恒 néng liàng shǒu héng　ئېنېرگىيەنىڭ ساقلىنىشى
6. 相平衡 xiàng píng héng　فازا مۇۋازىنىتى
7. 途径（名）tú jìng　يول ، مۇساپە ، لىنىيە
8. 萃取（名）cuì qǔ　ئېكستراكتلاش ، ئاجرىتىپ ئېلىش
9. 结晶（名）jié jīng　كرىستال ، كرىستاللىنىش
10. 课题（名）kè tí　تېما ، ئىش ، ۋەزىپە
11. 敞开（动）chǎng kāi　ئاچماق ، ئېچىلماق ، ئاشكارىلىماق
12. 积累（动）jī lěi　جۇغلانما ، توپلانما ، توپلاش ، يىغىش
13. 定态（动）dìng tài　مۇقىم ھالەت ، تۇرغۇن ھالەت ، ئۆزگەرمەس ھالەت
14. 编制（动）biān zhì　تۈزمەك ، توقۇماق
15. 二元系（名）èr yuán xì　ئىككى ئېلېمېنتلىق سىستېما ، ئىككى ئاساسلىق سىستېم
16. 多元系（名）duō yuán xì　كۆپ تەركىبلىك سىستېما
17. 基团贡献法（名）jī tuán gòng xiàn fǎ　رادىكاللار تۆھپە قانۇنى
18. 活跃（形）huó yuè　ئاكتىپ ، جانلىق
19. 临界区域（名）lín jiè qū yù　كرىتىك ساھە ، كرىتىك رايون
20. 令人注目 lìng rén zhù mù　كىشىنىڭ دىققىتىنى قوزغىماق
21. 方兴未艾 fāng xīng wèi ài　گۈللىنىۋاتماق ، جۇش ئۇرۇپ راۋاجلانماق

作业与练习

一、根据课文内容填空

1．化工热力学是化学工程的一个分支，是________________________的一门学科。

2．热力学的基本定律中，热力学第一定律表述______________，热力学第二定律论证过程进行的方向。

3．工热力学是以_______________为基础，在化学工业的发展中逐步形成的。

4．基础数据方面，目前已积累大量的____、_____以及_______数据，编制成许多精确的普遍化计算图表。

5．物质的汽液平衡、液液平衡和液固平衡，以及与＿＿＿＿＿＿有关的气液平衡和气固平衡，与＿＿＿＿＿＿有关的电解质溶液的研究，吸引了许多人的兴趣。

二、根据课文内容回答问题

1．工热力学研究什么？

2．学热力学的主要内容包括哪些方面？

3．用热力学基本定律研究什么？

4．简述工热力学在其他领域的应用。

科普阅读

能量守恒和转化定律的发现

能量守恒和能量转化定律与细胞学说、进化论合称19世纪自然科学的三大发现。而其中能量守恒和转化定律的发现，却是和一个"疯子"医生联系起来的。

这个被称为"疯子"的医生名叫迈尔（1814～1878），德国汉堡人，1840年开始在汉堡独立行医。他对万事总要问个为什么，而且必亲自观察、研究、实验。1840年2月22日，他作为一名随船医生跟着一支船队来到印度。一日，船队在加尔各答登陆，船员因水土不服都生起病来，于是迈尔依老办法给船员们放血治疗。在德国，医治这种病时只需在病人静脉血管上扎一针，就会放出一股黑红的血来，可是在这里，从静脉里流出的仍然是鲜红的血。于是，迈尔开始思考，人的血液之所以是红的是因为里面含有氧，氧在人体内燃烧产生热量，维持人的体温。这里天气炎热，人要维持体温不需要燃烧那么多氧了，所以静脉里的血仍然是鲜红的。那么，人身上的热量到底是从哪来的？顶多500克的心脏，它的运动根本无法产生如此多的热，无法光靠它维持人的体温。那体温是靠全身血肉维持的了，而这又靠人吃的食物而来，不论吃肉吃菜，都一定是由植物而来，植物是靠太阳的光热而生长的。太阳的光热呢？太阳如果是一块煤，那么它能烧4 600年，这当然不可能，那一定是别的原因了，是我们未知的能量了。他大胆地推出，太阳中心约2 750万℃（现在我们知道是1 500万℃）。迈尔越想越多，最后归结到一点：能量如何转化（转移）？

他一回到汉堡就写了一篇《论无机界的力》，并用自己的方法测得热功当量为365千克米/千卡。他将论文投到《物理年鉴》，却得不到发表，只好发表在一本名不见经传的医学杂志上。他到处演说："你们看，太阳挥洒着光与热，地球上的植物吸收了它们，并生出化学物质……"可是即使物理学家们也无法相信他的话，很不尊敬地称他为"疯子"，而迈尔的家人也怀疑他疯了，竟要请医生来医治他。他不仅在学术上不被人理解，而且又先后经历了生活上的打击，幼子逝世，弟弟也因革命活动受到牵连，在一连串的打击下，迈尔于1849年从三层楼上跳下自杀，但是未遂，却造成双腿伤残，从而成了跛子。随后他被送到哥根廷精神病院，遭受了八年的非人折磨。1858年，世界又重新发现了迈尔，他从精神病院出来以后，被瑞士巴塞尔自然科学院授为荣誉博士。晚年的迈尔也可以说是苦尽甘来，在晚年他先后获得了英国皇家学会的科普利奖章，还获得了蒂宾根大学的荣誉哲学博士、巴伐利亚和意大利都灵科学院院士的称号。1878年3月20日迈尔在海尔布逝世。

和迈尔同时期研究能量守恒的还有一个英国人——焦耳（1818～1889），他自幼在道尔顿门下学习化学、数学、物理，他一边经营父亲留下的啤酒厂，一边搞科学研究。1840年，他发现将通电的金属丝放入水中，水会发热，通过精密的测试，他发现通电导体所产生的热量与电流强度的平方、导体的电阻和通电时间成正比。这就是焦耳定律。1841年10月，他的论文在《哲学杂志》上刊出。随后，他又发现无论化学能、电能所产生的热都相当于一定功，即460千克米/千卡。1845年，他带上自己的实验仪器及报告，参加在剑桥举行的学术会议。他当场做完实验，并宣布：自然界的力（能）是不能毁灭的，哪里消耗了机械力（能），总得到相当的热。可台下那些赫赫有名的大科学家对这种新理论都摇头，连法拉第也说："这不太可能吧。"更有一个叫威廉·汤姆孙（1824～1907）的数学教授，他8岁随父亲去大学听课，10岁正式考入该大学，乃是一位奇才，而今天听到一个啤酒匠在这里乱嚷一些奇怪的理论，就非常不礼貌地当场退出会场。

焦耳不把人们的不理解放在心上，他回家继续做着实验，这样一直做了40年，他把热功当量精确到了423.9千克米/千卡。1847年，他带着自己新设计的实验又来到英国科学协会的会议现场。在他极力恳求下，会议主席才给他很少的时间让他只做实验，不做报告。焦耳一边当众演示他的新实验，一边解释："你们看，机械能是可以定量地转化为热的，反之1千卡的热也可以转化为423.9千克米的功……"突然，台下有人大叫道："胡说，热是一种物质，是热素，他与功毫无关系。"这人正是汤姆孙。焦耳冷静地回答："热不能做功，那蒸汽机的活塞为什么会动？能量要是不守恒，永动机为什么总也造不成？"焦耳平淡的几句话顿时使全场鸦雀无声。台下的教授们不由得认真思考起来，有的对焦耳的仪器左看右看，有的就开始争论起来。

汤姆孙碰了钉子后，也开始思考，他自己开始做试验，找资料，没想到竟发现了迈尔几年前发表的那篇文章，其思想与焦耳的完全一致！他带上自己的试验成果和迈尔的论文去找焦耳，他抱定负荆请罪的决心，要请焦耳共同探讨这个发现。

在啤酒厂里汤姆孙见到了焦耳，看着焦耳的试验室里各种自制的仪器，他深深为焦耳的坚韧不拔而感动。汤姆孙拿出迈尔的论文，说道："焦耳先生，看来您是对的，我今天是专程来认错的。您看，我是看了这篇论文后，才感到您是对的。"焦耳看到论文，脸上顿时喜色全失道："汤姆孙教授，可惜您再也不能和他讨论问题了。这样一个天才因为不被人理解，已经跳楼自杀了，虽然没摔死，但已经神经错乱了。"

汤姆孙低下头，半天无语。一会儿，他抬起头，说道："真的对不起，我这才知道我的罪过。过去，我们这些人给了您多大的压力呀。请您原谅，一个科学家在新观点面前有时也会表现得很无知的。"一切都变得光明了，两人并肩而坐，开始研究起实验来。

1853年，两人终于共同完成能量守恒和转化定律的精确表述。

安全工程部分

第一课　安全管理中的有关概念

生产活动是人类最基本的实践活动，它决定了社会的其他活动，生产活动中的劳动是人类赖以生存和发展的必要条件。然而，在生产活动中必然存在着各种不安全、不卫生的因素，如果不采取保护措施，则随时可能发生工伤事故和职业病。事先预测事故发生的可能性，掌握事故发生的规律，把事故的可能性和危害降到最低，以保护劳动者的安全和健康，维护劳动工具、劳动对象不受损害，一直是安全生产追求的目标。下面简要介绍安全管理中的有关概念。

1．事故

事故是指在生产活动过程中发生的一个或一系列非计划的（即意外的），可导致人员伤亡、设备损坏、财产损失以及环境危害的事件。根据事件产生的后果不同，可将事故分为人身伤亡事故、财产损失事故、未遂事故等。

2．危险

危险是指造成事故的一种现实的或潜在的条件。

3．安全与系统安全

安全与危险是相对的概念，它的基本含义包括两个方面：预知危险和消除危险，二者缺一不可。从广义上讲，安全是预知人类活动的各个领域所存在的固有的或潜在的危险，并且为消除这些危险所采取的各种方法、手段和行动的总称；从生产的角度讲，安全指的是一种不发生死亡、伤害、职业病及设备财产损失的状况。在一定意义上讲，安全就是防止灾害，消除最终导致死亡、伤害、职业病及各种损失发生的条件。

4．危险因素、有害因素和事故隐患

在生产过程中存在着各种与人的安全和健康息息相关的因素。其中，能对人造成伤亡或对物造成突发性损坏的因素称为危险因素；能影响人的身体健康，导致疾病，或对物造成慢性损害的因素称为有害因素。

事故隐患指可导致事故发生的物的危险状态、人的不安全行为及管理上的缺陷。通常，通过检查、分析可以发现和觉察他们的存在。事故隐患在本质上属于危险、有害因素的一部分。

5．劳动保护

劳动保护是指依靠技术进步和科学管理，采取技术措施和组织措施，来消除劳动过程中危及人身安全和健康的不良条件和行为，防止伤亡事故和职业危害，保障劳动者在劳动过程中的安全与健康。劳动保护是站在政府立场上，强调为劳动者提供人身安全和身心健康的保障。

6．安全生产

安全生产是指在生产过程中消除或控制危险及有害因素，保障人身安全健康、设备完好无损及生产顺利进行。安全生产是从企业的角度出发，强调在发展生产的同时，必须保证企业员工的安全、健康和企业财产不受损失。

7．劳动安全卫生

劳动安全卫生也称职业安全卫生，是指以保障职工在劳动过程中的安全和健康为目的的工作领域以及在法律、技术、设备、组织制度和教育等方面所采取的相应措施。

8．安全管理

安全管理是企业管理的一个组成部分，是以安全为目的，进行有关决策、计划、组织和控制方面的活动。例如，建立健全安全组织机构，制定和完善安全管理制度，编制和实施安全技术措施计划，进行安全宣传教育，组织安全检查，开展安全竞赛以及总结评比，奖励处分等。其任务是发现、分析、消除生产过程中的各种危险，防止发生事故和职业病，避免各种损失，保障员工的安全健康，从而推动企业生产的顺利发展，为提高经济效益和社会效益服务。

词语

1. 管理（动）guǎn lǐ　باشقۇرۇش
2. 实践（动）shí jiàn　ئەمەلىيەتتىن ئۆتكۈزمەك
3. 措施（名）cuò shī　تەدبىر، چارە
4. 维护（动）wéi hù　قوغدىماق، ئاسرىماق
5. 本质（名）běn zhì　ماھىيەت
6. 保障（名、动）bǎo zhàng　كاپالەت، كاپالەتلەندۈرمەك
7. 追求（动）zhuī qiú　ئىزدىمەك، ئىنتىلمەك
8. 一系列（形）yí xì liè　بىر قاتار، بىر مۇنچە
9. 意外（名、形）yì wài　كۈتۈلمىگەن ئەھۋال ، تاسادىبى
10. 后果（名）hòu guǒ　ئاقىۋەت
11. 未遂（形）wèi suì　مەقسىتىگە يېتەلمەسلىك
12. 潜在（形）qián zài　يوشۇرۇن
13. 系统（名）xì tǒng　سىستېما
14. 广义（形）guǎng yì　كەڭ مەنىلىك
15. 领域（名）lǐng yù　ساھە
16. 设备（名）shè bèi　ئەسۋاب ـ ئۈسكۈنە
17. 防止（动）fáng zhǐ　توسماق، ئالدىنى ئالماق
18. 导致（动）dǎo zhì　كەلتۈرۈپ چىقارماق
19. 隐患（名）yǐn huàn　يوشۇرۇن ئاپەت
20. 息息相关 xī xī xiāng guān　زىچ مۇناسىۋەتلىك
21. 缺陷（名）quē xiàn　كەمچىلىك، نوقسان
22. 分析（动）fēn xī　تەھلىل قىلماق
23. 立场（名）lì chǎng　مەيدان
24. 提供（动）tí gōng　تەمىنلەش، ، تەقدىم قىلماق
25. 控制（动）kòng zhì　كونترول قىلماق

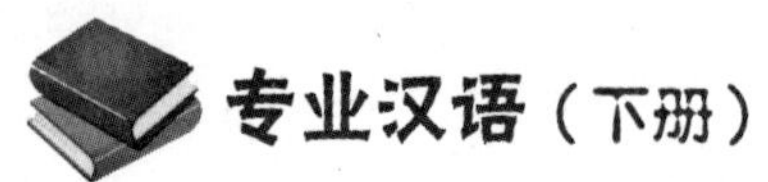

26. 决策（名）jué cè　تەدبىر، چارە
27. 健全（动）jiàn quán　مۇكەممەللەشتۈرمەك
28. 机构（名）jī gòu　قۇرۇلما، تۈزۈلۈش ، ئورگان
29. 完善（动）wán shàn　مۇكەممەللەشتۈرمەك
30. 实施（动）shí shī　ئەمەلگە ئاشۇرماق
31. 宣传（动）xuān chuán　تەشۋىق قىلماق
32. 避免（动）bì miǎn　ساقلانماق ، خالىي بولماق
33. 推动（动）tuī dòng　ئىلگىرى سۈرمەك
34. 效益（名）xiào yì　ئۈنۈم

专业术语解释

职业病：广义上的职业病泛指劳动者在生产劳动及其他职业活动中，由于职业病有害因素的影响而引起的疾病。狭义的职业病，指职工因受职业性有害因素的影响引起的，由国家以法规形式规定并经国家指定的医疗机构确诊的疾病，即法定职业病。例如，长期在高分贝噪声环境中工作造成的听觉损害、在粉尘环境工作造成的尘肺病等。

作业与练习

一、读译词组

生存发展　　采取措施　　损坏设备　　财产损失　　缺一不可

事故隐患　　管理缺陷　　完好无损　　奖励处分　　提高效益

二、用汉语解释下列词语

息息相关　　未遂　　隐患

三、词语解释

事故　　危险　　安全　　危险因素　　有害因素　　事故隐患

四、根据课文内容填空

1．根据事件产生的后果不同，可将事故分为____________________等。

2．从生产的角度讲，安全指的是________________________的状况。

3．安全生产是从企业的角度出发，强调在发展生产的同时，必须______________________________。

4. 安全管理是______________________________的活动。

5. 劳动保护是站在政府立场上，强调____________________。

五、根据课文内容回答问题

1．什么是劳动安全卫生？

2．安全管理指的是什么？请举例说明。

3．安全管理的任务是什么？

科普阅读

安全管理的历史演变

自从使用火以来，人类就开始同火灾作斗争，可以说防火技术是人类最早的安全技术之一。我国历史上的防火组织在北宋时就相当严密了。我国古代的采煤业，有用凿空的大竹竿插入煤中通风，排除瓦斯的做法。北宋时，在建寺塔时就采用在塔外围设帷幕遮挡，既避免施工伤人，又易于操作的做法。这些例子说明，在早期的劳动生活中，人们就很重视安全管理，并使用了较为科学的安全技术。

18世纪，大规模的机器生产开始出现，工伤事故接连发生，在工人的反抗下，资本家们不得不颁布了安全法令，在一定程度上推动了安全管理的发展。

20世纪以后，工业发展速度加快，环境污染和重大工业事故相继发生，给社会带来了极大危害。例如，1952年11月，英国伦敦发生了“伦敦烟雾事件”，工厂排出的烟雾使伦敦在一个月期间比历史同期多死亡3 500～4 000人。在对工业化过程的反思中，70年代初，许多国家形成了针对劳动安全卫生的立法高潮。

到了80年代，随着现代工业和航天技术的飞跃发展，劳动安全卫生重大事故也在世界范围内不断发生。例如，美国“挑战者”号航天飞机因机械故障的爆炸事件，前苏联基辅的切尔诺贝利核电站的核泄漏事件等，均在社会上引起强烈的反响。

在90年代，国际上进一步提出“可持续发展”的口号，社会经济平衡发展已成为国际上新的发展观，劳动安全与卫生作为现代科学技术和工业发展中的一个重大课题，越来越引起广泛的关注。

根据阅读内容判断正误

1．采煤技术是人类最早的安全技术之一。（ ）

2．18世纪，大规模的机器生产开始出现，工伤事故接连发生，资本家们被迫颁布安全法令，推动了安全管理的发展。（ ）

3．20世纪以后，工业发展速度加快，环境污染和重大工业事故相继发生，给社会带来了极大危害。（ ）

4．90年代初，许多国家形成了针对劳动安全卫生的立法高潮。（ ）

5．在90年代，国际上进一步提出“可持续发展”的口号，社会经济平衡发展已成为国际上新的发展观。（ ）

第二课　安全系统工程

一、安全系统工程的定义

安全系统工程是指采用系统工程方法，识别、分析、评价系统中的危险性，根据其结果调整工艺、设备、操作、管理、生产周期和投资等因素，使系统可能发生的事故得到控制，并使系统安全性达到最好的状态。

二、安全系统工程的研究对象

安全系统作为一门科学技术，有它本身的研究对象。任何一个生产系统都包括3个部分，即从事生产活动的操作人员和管理人员，生产必需的机器设备、厂房等物质条件，以及生产活动所处的环境。这3个部分构成一个“人—机—环境”系统，每一部分就是该系统的一个子系统，称为人子系统、机器子系统和环境子系统。

人子系统。该子系统的安全与否涉及人的生理和心理因素，以及规章制度、管理手段、方法等是否适合人的特性，是否易于为人们所接受的问题。

机器子系统。对于该子系统，不仅要从工件的形状、大小、材料、强度、工艺、设备的可靠性等方面考虑其安全性，而且要考虑仪表、操作部件对人提出的要求，以及从人体生理学、心理与生理过程有关参数对仪表和操作部件的设计提出要求。

环境子系统。对于该子系统，主要应考虑环境的理化因素和社会因素。理化因素包括噪声、振动、粉尘、有毒气体、射线、光、温度、湿度、压力、热、化学有害物质等；社会因素有管理制度、工时定额、班组结构、人际关系等。

3个子系统相互影响、相互作用的结果就使系统总体安全性处于某种状态。例如，理化因素影响机器的寿命、精度，甚至损坏机器；机器产生的噪声、振动、温度又影响人和环境；人的心理状态、生理状况往往是引起误操作的主观因素；环境的社会因素又会影响人的心理状态，给安全带来潜在危险。这就是说，3个相互联系、相互制约、相互影响的子系统构成了一个“人—机—环境”系统的有机整体。分析、评价、控制“人—机—环境”系统的安全性，只有从3个子系统内部及3个子系统之间的这些关系出发，才能真正解决系统的安全问题。安全系统工程的研究对象就是这种“人—机—环境”系统。

三、安全系统工程的研究内容

安全系统工程的主要研究内容有系统安全分析、系统安全评价和安全决策与事故控制。

1．系统安全分析

系统安全分析时使用系统工程的原理和方法辨析、分析系统存在的危险因素，并根据实际需要对其进行定性、定量描述的技术方法。

2．系统安全评价

系统安全评价往往要以系统安全分析为基础，通过分析了解和掌握系统存在的危险因素，但不一定要对所有危险因素采取措施，而是通过评价掌握系统的事故风险大小，以此与预定的系统安全指标相比较，如果超出指标，则应对系统的主要危险因素采取控制措施，使其降至该标准以下。这就是系统安全评价的任务。

3．安全决策与事故控制

任何一项系统安全分析技术或系统安全评价技术，如果没有一种强有力的管理手段和方法，也不会发挥其应有的作用。因此，在出现系统安全分析和系统安全评价技术的同时，也出现了系统安全决策。其最大的特点是从系统的完整性、相关性、有序性出发，对系统实施全面、全过程的安全管理，实现对系统的安全目标控制。

词语

1. 识别（动）shí bié　پەرىق ئەتمەك ، ئاجراتماق
2. 调整（动）tiáo zhěng　تەرتىپكە سالماق
3. 周期（名）zhōu qī　دەۋر
4. 投资（动）tóu zī　مەبلەغ سالماق
5. 从事（动）cóng shì　شۇغۇللىنىش
6. 涉及（动）shè jí　ئالاقىدار بولماق، چېتىشماق
7. 工件（名）gōng jiàn　دېتال، بۆلەك
8. 强度（名）qiáng dù　چىڭلىق، پۇختىلىق
9. 仪表（名）yí biǎo　ئەسۋاب
10. 操作（动）cāo zuò　مەشغۇلات، ئىشلىمەك
11. 部件（名）bù jiàn　زاپچاس، دېتال
12. 参数（名）cān shù　فىزىكا ـ خىمىيەت
13. 理化 lǐ huà　پارامېتىر
14. 噪声（名）zào shēng　ۋاڭ ـ چۇڭ ، شاۋقۇن
15. 振动（动）zhèn dòng　تەۋرىنىش
16. 粉尘（名）fěn chén　چاڭ ـ توزان
17. 射线（名）shè xiàn　نۇر
18. 湿度（名）shī dù　نەملىك
19. 压力（名）yā lì　بېسىم
20. 定额（名）dìng é　نورما، بەلگىلەنگەن سان
21. 精度（名）jīng dù　ئېنىقلىق دەرىجىسى
22. 制约（动）zhì yuē　شەرت قىلماق
23. 有机（形）yǒu jī　ئورگانىك، جانلىق
24. 评价（动）píng jià　باھالاش
25. 决策（名）jué cè　تەدبىر ـ چارە
26. 辨析（动）biàn xī　پەرىق ئەتمەك
27. 描述（动）miáo shù　تەسۋىرلەش
28. 采取（动）cǎi qǔ　قوللانماق
29. 风险（名）fēng xiǎn　خەۋپ ـ خەتەر
30. 指标（名）zhǐ biāo　كۆرسەتكۈچ

31. 标准（名、形）biāo zhǔn ئۆلچەم

32. 发挥（动）fā huī جارى قىلدۇرماق

专业术语解释

1. 系统：由相互作用和相互依赖的若干组成部分结合而成的具有特定功能的有机整体，而且这个“系统”本身又是它所从属的一个更大系统的组成部分。

2. 系统工程：以系统为研究对象，以达到总体最佳效果为目标，为达到这一目标而采取组织、管理、技术等多方面的最新科学成就和知识的一门综合性的科学技术。

3. 有机：事物构成的各部分相互关联协调，而具有不可分的统一性，就像一个生物体。

作业与练习

一、读译词组

研究对象　　心理因素　　规章制度　　有毒气体　　人际关系

主观因素　　潜在危险　　事故控制　　采取措施　　发挥作用

二、用汉语解释下列词语

涉及　　理化　　辨析

三、词语解释

人子系统　　机器子系统　　环境子系统

四、根据课文内容填空

1. 任何一个生产系统都包括 3 个部分，即 ______________________。

2. 理化因素包括____等。

3. 社会因素有____等。

4. 安全系统工程的主要研究内容有__________________________。

5. 3 个______________________的子系统构成了一个“人—机—环境”系统的有机整体。

五、根据课文内容回答问题

1. 什么是安全系统工程？

2. 分析“人—机—环境”系统中人子系统、机器子系统和环境子系统之间的关系。

3. 安全系统工程的主要研究内容是什么？

科普阅读

我国安全系统工程的推广

过去我们对安全工作虽然给予了高度的重视，每年也花费了大量的资金，但往往是采取问题出发型的方法，也就是说发生事故以后才去找原因和防止措施，这很难从根本上解决问题。

20 世纪 70 年代末期，钱学森教授提出了系统工程——组织管理的科学这一著名论断。我国安全研究和管理人员深感必须采用系统工程的方法，才能真正改变企业安全工作的被动局面，也就是说，必须采用问题发现型的方法，事先用系统工程方法找出系统中的所有危险性，加以辨识、分析和评价，从而找出解决问题的措施，防患于未然。

1982 年，我国首次组织了安全系统工程讨论会，有研究单位、大专院校和重要企业等方面人员参加。会上研究了我国发展安全系统工程的方向，并组织分工进行事故预先分析、故障类型和影响分析、事故树分析等分析方法的研究，同时开展了安全检查表的推广应用工作。

根据阅读内容判断正误

1. 在安全工作中采取问题发现型的方法，就是在发生事故以后才去找原因和防止措施。（　）

2. 20 世纪 70 年代末期，钱学森教授提出了系统工程——组织管理的科学这一著名论断。（　）

3. 采用问题发现型的方法，即事先用系统工程方法找出系统中的所有危险性，加以辨识、分析和评价，从而找出解决问题的措施，防患于未然。（　）

4. 20 世纪 80 年代初，我国首次组织了安全系统工程讨论会，有研究单位、大专院校和重要企业等方面人员参加。（　）

5. 必须采用系统工程的方法，才能真正改变企业安全工作的被动局面。（　）

第三课　事故理论

一、事故及其分类

安全系统工程的目标是控制危险，消除事故，因此必须对事故进行研究。

1．事故的定义

事故是人们在实现其目的的行动过程中，突然发生的迫使其有目的的行动暂时或永远终止的一种意外事件。

2．生产事故

生产事故指企业在生产过程中突然发生的伤害人体、损坏财物、影响生产正常进行的意外事件。根据生产事故所造成的后果的不同，有设备事故、人身伤亡事故、未遂事故等3种。人身伤亡事故又称为工伤事故。

3．工伤事故又称因公伤亡事故，通常称为事故。是指企业的职工为了生产和工作，在生产时间和生产活动区域内，由于受到生产过程中存在的危险因素的影响，或虽然不在生产和工作岗位上，但由于企业的环境、设备或劳动条件等不良因素，致使身体受到伤害，暂时或长期丧失劳动能力的事故。

（1）事故构成要素。

工伤事故是由伤害部位、伤害种类和伤害程度这3项要素构成的。

伤害部位包括：头、脸、眼、鼻、耳、口、牙、上肢、手指、下肢、躯干、皮肤、黏膜、内脏、血液、神经末梢、中枢神经等。

伤害种类包括：挫伤、创伤、擦伤、骨折、脱臼、烧伤、冻伤、腐蚀、听力损伤、中毒、窒息等。

伤害程度：我国分为死亡、重伤、轻伤。

（2）事故类别。

根据国家统计局和劳动部发出的通知，按照伤害原因和状况，可将事故分成以下20类。

物体打击（落物、滚石、碎裂等）；车辆伤害；机械工具伤害；起重伤害；触电（包括雷击伤害）；淹溺；灼烫；火灾；高处坠落；坍塌；冒顶片帮；透水；放炮；火药爆炸；瓦斯爆炸；锅炉爆炸；容器爆炸；其他爆炸（化学爆炸、钢水爆炸等）；中毒和窒息；其他伤害（扭伤、冻伤、野兽咬伤等）。

二、工伤事故的主要影响因素

从宏观上看，工伤事故的产生可以分为主要是由于自然界的因素影响和非自然界的因素影响两类。后者也被称为人为的事故，是安全生产中主要的研究对象。影响事故是否发生及事故的过程和结果的因素主要有5项：人、物、环境、管理和事故处理。

1．人的原因

所谓人，包括操作工人、管理干部、事故现场的在职人员和有关人员等。他们的不安全行为是事故的重要致因。主要包括未经许可进行操作，忽视安全，忽视警告；危险作业或高速操作；使用不安全设备；采用不安全的作业姿势或方位等。

引起不安全行为的常见原因有缺乏安全知识和经验；过度疲劳、睡眠不足；醉酒等。

2．物的原因

所谓物，包括原料、燃料、动力、设备、工具、成品、半成品等。物的不安全状态包括设备和装置的结构不良，材料强度不够，零部件磨损和老化；存在危险物和有害物；物质的堆放、整理缺陷等。

3．管理的原因

管理的原因即管理的缺陷。包括技术缺陷；劳动组织不合理；对现场工作缺乏检查指导；教育培训不够，工作人员不懂操作技术知识或经验不足，缺乏安全知识等。

4．环境的原因

通常指的是自然环境的异常（地质、水文、气候等恶劣因素）；生产环境不良（照明、温度、通风、空气质量等方面的缺陷）等。

5．事故处置情况

指的是对事故前的异常征兆是否能做出正确的判断和反应；一旦发生事故，是否能迅速地采取有效措施，防止事故态恶化和扩大事故；抢救措施和对负伤人员的急救措施是否妥善。

词语

1. 事故（名）shì gù　ۋەقە، ھادىسە
2. 迫使（动）pò shǐ　مەجبۇر قىلماق
3. 黏膜（名）nián mó　شىلىملىق پەردە
4. 神经末梢（名）shén jīng mò shāo　نېرۋا ئۇچى
5. 中枢神经（名）zhōng shū shén jīng　ئاساسى نېرۋا
6. 挫伤（名）cuò shāng　تەسىر يەتكۈزمەك، سوقۇلۇپ يارىلانماق
7. 创伤（名）chuàng shāng　جاراھەت، يارا
8. 擦伤（名）cā shāng　سۈرۈلۈپ يارىلانماق
9. 骨折（名）gǔ zhé　سۆڭەك سۇنماق
10. 脱臼（名）tuō jiù　چىقىپ كېتىش
11. 腐蚀（动）fǔ shí　چىرىمەك
12. 中毒（动）zhòng dú　زەھەرلەنمەك
13. 窒息（动）zhì xī　بوغۇلۇش، تۇنجۇقۇش
14. 碎裂（动）suì liè　پارچىلىنىپ يېرىلماق
15. 触电（动）chù diàn　توك سوقماق
16. 淹溺（动）yān nì　سۇغا چۆكمەك
17. 灼烫（动）zhuó tàng　ئوتتەك قىزىپ كۆيمەك
18. 坠落（动）zhuì luò　چۈشۈپ كەتمەك
19. 坍塌（动）tān tā　ئۆرۈلۈپ چۈشمەك
20. 透水（动）tòu shuǐ　سۇ ئۆتكۈزمەك

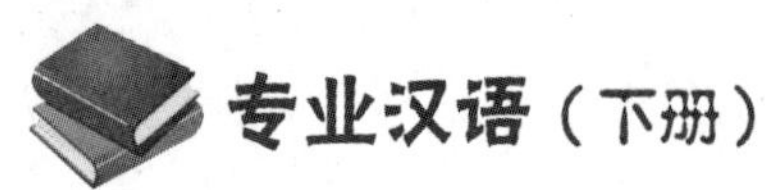

21. 爆炸（动）bào zhà　　پارتلىماق
22. 瓦斯（名）wǎ sī　　پاتقاق گاز، ۋاس
23. 锅炉（名）guō lú　　پار قازىنى
24. 容器（名）róng qì　　ئىتىش، قاچا
25. 扭伤（动）niǔ shāng　　قايرىماق
26. 原料（名）yuán liào　　خام ئەشيا
27. 燃料（名）rán liào　　يېقىلغۇ
28. 装置（名）zhuāng zhì　　قۇرۇلما، ئەسلىھە
29. 零部件（名）líng bù jiàn　　دېتال
30. 磨损（动）mó sǔn　　ئۇپۇرىماق، خورىماق
31. 老化（动）lǎo huà　　كونىراش
32. 地质（名）dì zhì　　گېئولوگىيىلىك
33. 水文（名）shuǐ wén　　گىدوگىراسىيىلىك
34. 恶劣（形）è liè　　ناچار
35. 处置（动）chǔ zhì　　جازالاش، بىر تەرەپ قىلماق
36. 征兆（名）zhēng zhào　　ئالامەت، بەل
37. 恶化（动）è huà　　يامانلاشماق، ئېغىرلاشماق
38. 妥善（形）tuǒ shàn　　مۇۋاپىق، تېگىشلىك

专业术语解释

1. 冒顶片帮：矿井、隧道、涵洞开挖等过程中因开挖或支护不当，顶部或侧壁大面积垮塌造成伤害的事故。矿井作业面、巷道侧壁在矿山压力作用下变形，破坏而脱落的现象称为片帮，顶部垮落称为冒顶，二者常同时发生，统称为冒顶片帮。

2. 透水事故：矿井在建设和生产过程中，由于防治水措施不到位而导致地表水和地下水通过裂隙、断层、塌陷区等各种通道无控制地涌入矿井工作面，造成作业人员伤亡或矿井财产损失的水灾事故，通常也称为透水。

作业与练习

一、读译词组

控制危险　　消除事故　　意外事件　　危险作业　　劳动能力
事故处理　　忽视警告　　抢救措施　　教育培训　　磨损和老化

二、用汉语解释下列词语

未遂　　恶劣　　征兆　　恶化　　妥善

三、词语解释

事故　　生产事故　　工伤事故

四、根据课文内容填空

1. 事故是________________________________的一种意外事件。
2. 根据生产事故所造成的后果的不同，有________________3 种。
3. 我国工伤事故伤害程度分为________________________。

4．引起不安全行为的常见原因有____________________________等。

5．管理的原因即管理的缺陷，包括____________________________等。

五、根据课文内容回答问题

1．什么是事故？

2．生产事故和工伤事故是什么关系？

3．工伤事故的主要影响因素有哪些？

科普阅读

事故法则

事故法则即事故的统计规律，又称 1∶29∶300 法则。即在每 330 次事故中，会造成死亡、重伤事故 1 次，轻伤、微伤事故 29 次，无伤事故 300 次。这一法则是美国安全工程师海因里希统计分析了 55 万起一般事故提出的，得到安全界的普遍承认。事故法则告诉我们，要消除 1 次死亡、重伤事故以及 29 次轻伤、微伤事故，必须首先消除 300 次无伤事故。也就是说，预防灾害的关键，不在于防止伤害，而是要从根本上防止事故。所以安全工作必须从基础抓起，如果基础安全工作做得不好，小事故不断，就很难避免大事故发生。

有关学者曾经对煤炭行业事故的事故法则进行研究后发现，采煤工作面所发生的顶板事故的事故法则为：死亡∶重伤∶轻伤∶无伤=1∶12∶200∶400。

根据阅读内容判断正误

1. 从一般事故中总结出的事故法则中的数字并不一定适合于煤炭行业事故。（　）

2. 安全界普遍承认美国安全工程师海因里希提出的事故法则。（　）

3. 要消除 1 次死亡、重伤事故以及 300 次轻伤、微伤事故，必须首先消除 29 次无伤事故。（　）

4. 预防灾害的关键，不在于从根本上防止事故，而是要防止伤害。（　）

5. 只有把基础安全工作做好了，才能避免大事故发生。（　）

第四课 事故的预防原则

事故是有其固有规律的，除了人类无法左右的自然因素造成的以外，在人类生产和生活中所发生的各种事故都是可以预防的。

事故的预防工作应当从技术、组织管理和教育 3 个方面考虑，应当遵循以下基本原则。

一、技术原则

在生产过程中，要预防事故的发生，需要对危险隐患采取有效的技术措施进行治理，在此过程中应当遵循的基本原则主要包括以下内容。

（1）消除潜在危险原则。即从本质上消除事故隐患，其具体做法是，以新的系统、新的技术和工艺代替旧的不安全的系统和工艺，从根本上消除发生事故的可能性。例如用不可燃材料代替可燃材料，消除噪声等。

（2）降低潜在危险严重度的原则。即在无法彻底消除危险的情况下，最大限度地限制和减少危险程度。例如，手电钻工具采用双层绝缘措施，在高压容器中安装安全阀等。

（3）能量屏蔽原则。在人、物与危险源之间设置屏蔽，防止意外能量作用到人体和物体上，以保证人和设备的安全。例如，建筑高空作业的安全网，核反应堆的安全壳等都起到了保护作用。

（4）距离保护原则。当危险和有害因素的伤害作用随着距离的增加而减弱时，应尽量使人与危害源距离远一些。例如，化工厂建立在远离居民区，爆破时的危险距离控制等。

（5）个体保护原则。根据不同作业性质和条件，配备相应的保护用品及用具，以保护作业人员的安全与健康，例如，安全带、护目镜、绝缘手套等。

（6）警告、禁止信息原则。采用光、声、色等其他标志，作为传递组织和技术信息的目标，以保证安全。例如，警灯、警报器、安全标志等。

二、组织管理原则

（1）系统整体性原则。安全工作是一项系统性、整体性的工作，它涉及企业生产过程中的各个方面。安全工作的整体性要体现出：有正确的安全生产方针，有明确的工作目标，综合地考虑问题的原因；落实措施要有主次，要有效地抓住各个环节，并且能适应变化的要求。

（2）计划性原则。安全工作要有计划和规划，近期的目标和长远的目标要协调进行。工作方案、人财物的使用要按规划进行，并且有最终的评价。

（3）效果性原则。安全工作的好坏，要通过最终成果的指标来衡量。安全工作的成果既要考虑经济效益，又要考虑社会效益。

（4）坚持合理的安全管理体制的原则。在我国，为了使安全管理体制、安全生产责任制及安全教育工作得到顺利实施，需要党政工团协调工作。

（5）责任制原则。各级政府及相关的职能部门和企事业单位应当实行安全生产责任制，对违反劳动安全法规和不负责任的人员造成的伤亡事故应当给予行政处罚，造成重大伤亡事故的应当根据刑法，追究刑事责任。

三、安全教育原则

安全教育的内容可概括为 3 个方面，即安全态度教育，安全知识教育和安全技能教育。

（1）安全态度教育原则。安全态度教育包括两个方面，即思想教育（包括安全意识教育、安全生产方针政策教育和法纪教育）和态度教育。

（2）安全知识教育原则。安全知识教育包括安全管理知识教育和安全技术知识教育。

（3）安全技能教育原则。安全技能教育的过程要借助于安全技能培训。安全技能培训包括正常作业的安全技能培训、异常情况的处理技能培训。

词语

1. 预防（动）yù fáng　ئالدىنى ئالم
2. 规律（名）guī lǜ　قانۇنىيەت
3. 左右（动）zuǒ yòu　رماق، تەسر كۆرسەتمەك
4. 遵循（动）zūn xún　چىڭ تۇتماق
5. 本质（名）běn zhì　ماھىيە
6. 工艺（名）gōng yì　تېخنىلوگىيە، قول ـ ھۈنەر
7. 潜在（形）qián zài　يوشۇرۇن
8. 电钻（名）diàn zuàn　توك بۇرغا
9. 绝缘（形）jué yuán　ئىزولىياتسىيە
10. 高压容器（名）gāo yā róng qì　يۇقرى بېسىملىق ئىدىش
11. 安全阀（名）ān quán fá　بىخەتەرلىك كىلاپان
12. 屏蔽（动）píng bì　توسماق، ئېكرانلاش
13. 核反应堆 hé fǎn yìng duī　يادرورىئاكتور
14. 爆破（动）bào pò　پارتلاتماق
15. 警报器（名）jǐng bào qì　سىگنال بەرگۈم
16. 协调（动）xié tiáo　ماسلاشماق، ئۇيغۇنلاشماق
17. 衡量（动）héng liáng　ئۆلچىمەك
18. 刑法（名）xíng fǎ　جىنايى ئىشلار قانۇنى

专业术语解释

1. 刑事责任：依据国家刑事法律规定，对犯罪分子依照刑事法律的规定追究的法律责任。刑事责任包括管制、拘役、有期徒刑、无期徒刑、死刑、罚金、剥夺政治权利、没收财产等。

2. 安全标志：根据国家标准规定，安全标志由安全色、几何图形和图形、符号构成。安全标志的内容分为四类，即禁止标志、警告标志、指令标志、提示标志。

3. 作业：本文指所从事的生产工作、业务活动。

作业与练习

一、读译词组

自然因素　技能培训　安全知识　管理体制　行政处罚

经济效益　社会效益　绝缘手套　能量屏蔽　事故隐患

二、用汉语解释下列词语

左右　隐患　屏蔽　涉及　潜在

三、词语解释

距离保护原则　个体保护原则

四、根据课文内容填空

1．事故的预防工作应当从________________________ 3个方面考虑。

2．安全工作的好坏，要通过最终成果的指标来衡量。安全工作的成果既要考虑_____，又要考虑___________。

3．安全教育的内容可概括为3个方面，即________________________。

4．安全态度教育包括两个方面，即_________和_________。

5．对违反劳动安全法规和不负责任的人员造成的伤亡事故应当_________，造成重大伤亡事故的应当根据刑法，追究_________。

五、根据课文内容回答问题

1．事故的预防应当遵循哪些基本原则？

2．什么是消除潜在危险原则？

3．安全教育原则的具体内容是什么？

科普阅读

伤亡事故发生因素分析

伤亡事故统计分析可以宏观地研究伤亡事故的发生规律。它从造成大量伤亡事故的诸多因素中找出带有普遍性的原因，为进一步分析研究和采取预防措施提供依据。

一、事故伤害统计分析

我国事故统计的分类项目除事故类型、人的不安全行为和物的不安全状态外，还有受伤部位、受伤性质、起因物、致害物、伤害方式5项。

（1）受伤部位：指人体受伤的部位。一般按颅脑、面颌部、眼部、鼻、口、颈部、胸部、腹部、腰部、脊柱、上肢、腕及手、下肢等统计受伤部位。

（2）受伤性质：是从医学角度给予具体创伤的特定名称。一般按电伤、挫伤、轧伤、压伤、辐射损伤、骨折、化学性灼伤、冻伤、中暑、中毒等统计受伤性质。

（3）起因物：起因物是导致事故发生的物体、物质。包括锅炉、压力容器、起重机械、企业车辆、放射性物质及设备、建筑物、化学品、可燃性气体、粉尘、环境、动物、其他。

（4）致害物：指直接引起伤害及中毒的物体或物质。包括煤、石油产品、木材、水、空气、工作面、砂石、化学品、噪声、船舶等。

（5）伤害方式：指致害物与人体发生接触的方式。包括碰撞、坠落、坍塌、溺水、灼烫、辐射、火灾、触电等。

二、事故原因分析

根据事故发生的各种因素，分析导致事故的直接原因和间接原因，以便采取措施，防止同类事故的再次发生。

根据阅读内容判断正误

1. 我国事故统计的分类项目只包括事故类型、人的不安全行为和物的不安全状态。（ ）

2. 受伤部位、受伤性质、起因物、致害物、伤害方式也属于我国事故统计的分类项目。（ ）

3. 受伤部位指人体受伤的部位。一般按头部、颈部、躯干部、四肢等统计受伤部位。（ ）

4. 一般按电伤、挫伤、轧伤、压伤、辐射损伤、骨折、化学性灼伤、冻伤、中暑、中毒等统计受伤性质。（ ）

5. 事故原因分析是根据事故发生的各种因素，分析导致事故的直接原因以便采取措施，防止同类事故的再次发生。（ ）

第五课　企业安全管理组织机构

组织机构及其职权设置的科学性、合理性，关系到一个组织的效能。企业安全组织机构的建立及其职责、权限的设置，对安全管理的实施效果具有重大影响。国家历来重视安全管理的组织建设，通过颁布安全生产的法规、文件对安全生产管理机构设置、人员配备及职责、素质等作出一系列规定。

1979 年，国务院就曾要求：恢复和健全工作机构，加强队伍建设。各有关部门应该恢复或设立专管劳动保护和工业卫生局（处）级机构，省、市、自治区劳动卫生部门，应设相应的处（科）；省辖市、县也要有专管机构或专职人员，不满 500 人的企业也要配备专（兼）职人员。企业的安全检查人员属生产人员，应保持稳定，不要轻易调动。根据国家的规定，中央和地方安全监察部门、产业部门以及工矿企业都先后设置了安全专管机构和人员，并且规定了这些机构和人员的职责范围。

我国安全组织专管机构的设置，随着不同时期对安全管理的不同要求而不同，其名称和职责也因此各异。大中型企业有安全管理处（科）、安全处（科）、安技处（科）、安技环保处（科）等。小型企业一般不设专职机构，而是合并在工作内容相关的其他科室内。

在我国企业的车间或生产班组中，设立有车间、班组安全员，这是一种不脱产的群众性安全组织管理形式。建立安全员制度，是发动群众、依靠群众，搞好安全工作行之有效的形式。车间、班组安全员由经验丰富、责任心强的生产一线工人担当，他们对生产过程中安全卫生情况最了解，他们参与安全管理，有丰富的群众基础，便于安全管理规章制度的落实，便于开展技术革新，对做好安全管理工作有重大意义。

厂长、生产副厂长、车间主任、班组长是直线领导关系，他们对各级安全生产工作负责。企业厂长对本企业安全工作负全责；生产副厂长主抓安全工作；安技科在副厂长的直接领导下负责日常的安全管理工作，并对各车间及有关科室行使部分指挥、协调、控制权；车间安全员隶属于车间主任领导，协助车间领导进行车间的安全管理工作，同时还指导班组安全员的工作；班组安全员在班组领导及车间安全员的领导下开展工作。厂安全生产委员会定期或不定期举行会议，讨论或协调全厂安全问题。厂安全生产委员会不是决策和领导机构，只起沟通信息、统一思想、咨询参谋的作用，讨论的问题由厂级决策机构决策。车间安全生产领导小组的作用类似厂安全生产委员会，其作用是讨论、研究车间安全问题等。企业安全管理组织结构图如下图所示。

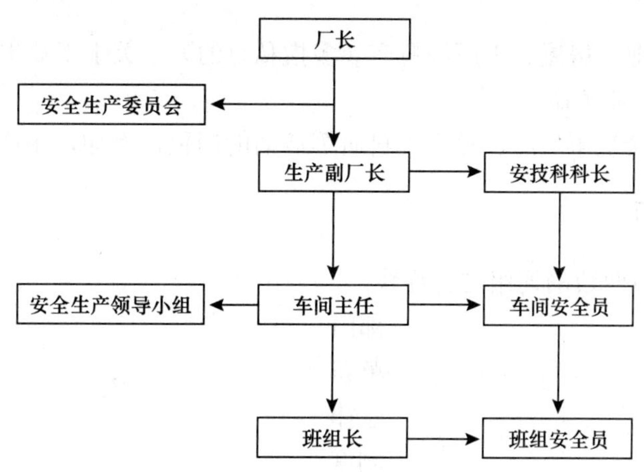

企业安全管理组织结构图

词语

1. 设置（动）shè zhì ئورناتماق
2. 权限（名）quán xiàn ھوقۇق دائىرىسى
3. 颁布（动）bān bù جاكارلاش،ئېلان قىلماق
4. 素质（名）sù zhì ساپا، سۈپەت
5. 职责（名）zhí zé مەجبۇرىيەت
6. 恢复（动）huī fù ئەسلىگە كەلمەك
7. 配备（动）pèi bèi سەپلىمەك، جايلاشتۇرماق
8. 稳定（动、形）wěn dìng تۇراقلىق، مۇقىملاشتۇرماق
9. 调动（动）diào dòng يۆتكىمەك،قوزغىماق
10. 监察（动）jiān chá نازارەت قىلماق
11. 产业（名）chǎn yè كەسىپ،سانائەت
12. 合并（动）hé bìng بىرىكتۈرمەك
13. 发动（动）fā dòng باشلىماق، قوزغىماق
14. 担当（动）dān dāng ئۈستىگە ئالماق
15. 落实（动）luò shí ئەمەلىيلەشتۈرمەك
16. 革新（动）gé xīn ئىسلاھات، يېڭىلىماق
17. 行使（动）xíng shǐ ئىجرا قىلماق، ئورۇندىماق
18. 指挥（动）zhǐ huī باشچىلىق قىلماق
19. 协助（动）xié zhù ياردەملەشمەك
20. 咨询（动）zī xún مەسلىھەت سورىماق
21. 参谋（动、名）cān móu مەسلىھەتچى،مەسلىھەت بەرمەك

专业术语解释

1. 产业：土地、房屋、工厂等财产（多指私有的）；关于工业生产的，例如，产业工人、产业部门、产业革命。

2. 一线：直接从事生产、教学、科研等活动的岗位，例如，生产一线、一线工人。

作业与练习

一、请对左右两边的词组进行连线

统一	部门
沟通	革新
安全	法律
规章	制度
经验	稳定
颁布	管理
保持	信息
设立	思想
技术	丰富
监察	机构

二、用汉语解释下列词语

行之有效　　类似　　隶属　　革新

三、根据课文内容填空

1. 企业的安全检查人员属______人员，应_________，不要_________。

2. 我国安全组织专管机构的设置，大中型企业有_________________等。

3. 在我国企业的车间或生产班组中，设立有______、______，这是一种不脱产的群众性安全组织管理形式。

4. 厂长、生产副厂长、车间主任、班组长是________关系，他们对各级安全生产工作负责。

5. 车间安全生产领导小组的作用类似厂安全生产委员会，其作用是_______________________________。

6. 企业厂长对_____________负全责；生产副厂长_________________。

四、根据课文内容回答问题

1. 在我国企业的车间或生产班组中，是怎样设立车间、班组安全员的，各有什么作用？

2. 请画出企业安全管理组织结构图。

3. 请解释企业安全管理组织结构图。

科普阅读

安全技术知识教育

安全技术知识教育的内容主要包括一般生产技术知识、一般安全技术知识和专业安全技术知识教育。

1. 一般生产技术知识教育

一般生产技术知识教育主要包括企业的基本生产概况、生产技术过程、作业方式或工艺流程，与生产技术过程和作业方法相适应的各种机器设备的性能和有关知识，工人在生产中积累的生产操作技能和经验及产品的构造、性能、质量和规格等。

2. 一般安全技术知识教育

一般安全技术知识教育是企业所有职工都必须具备的安全技术知识。主要包括企业内危险设备的区域及其安全防护的基本知识和注意事项，有关电器设备的基本安全知识，起重机械和厂内运输的有关安全知识，生产中使用的有毒有害原材料或可能散发的有毒有害物质的安全防护基本知识，企业中一般消防制度和规划，个人防护用品的正确使用以及伤亡事故报告办法等。

3. 专业安全技术知识教育

专业安全技术知识教育是指某一作业的职工必须具备的专业安全技术知识。该知识教育比较专门和深入，包括安全技术知识，工业卫生技术知识，以及根据这些技术知识和经验制定的各种安全操作技术规程等的教育。其内容涉及锅炉、受压容器、起重机械、电气、焊接、防爆、防尘、防毒和噪声控制等。

根据阅读内容判断正误

1．安全技术知识教育的内容主要包括一般生产技术知识、一般安全技术知识和专业安全技术知识教育。（　）

2．企业的基本生产概况、生产技术过程、作业方式或工艺流程，属于一般安全技术知识教育的内容。（　）

3．专业安全技术知识教育的内容涉及锅炉、受压容器、起重机械、电气、焊接、防爆、防尘、防毒和噪声控制等。（　）

4．专业安全技术知识教育的内容包括安全技术知识，工业卫生技术知识，以及各种安全操作技术规程等的教育。（　）

5．一般安全技术知识教育主要包括企业内危险设备的区域及其安全防护，生产中使用的有毒有害原材料的安全防护基本知识，一般消防制度等。（　）

6．与生产技术过程和作业方法相适应的各种机器设备的性能和有关知识，工人在生产中积累的生产操作技能和经验及产品的构造、性能、质量和规格等属于一般安全技术知识教育。（　）

第六课　安全检查

安全检查是企业根据生产特点，对生产过程中的安全进行经常性的、突击性的或者专业性的检查活动。安全检查是消除事故隐患，防止伤亡事故发生的重要手段，也是企业安全生产的重要措施和安全管理的重要内容。

一、安全生产检查的类型

安全生产检查可以分为经常性安全检查、安全生产大检查、专业性检查、季节性检查和节假日前后的检查等。

经常性安全检查是企业内部进行的自我安全检查，包括企业安全管理人员进行的日常检查，生产领导人员进行的巡视检查，操作人员对本岗位设备、设施和工具的检查。经常性安全检查企业每年进行 2~4 次，车间、科室每月进行 1 次，每班次每日均应进行。专职安技人员要进行有计划的、有针对性的经常检查。

安全生产大检查一般是由上级主管部门或安全监察部门组织的各种安全生产检查。检查人员具有丰富经验，检查具有调查性、针对性、综合性和权威性。这种检查一般集中在一段时间，有目的、有计划、有组织地进行。规模较大、揭露问题深刻、判断准确，能发现一般管理人员与技术人员不易发现的问题，有利于推动企业安全生产工作，促进安全生产中老大难问题的解决。

专业性检查是针对特种作业、特种设备、特殊作业场所开展的安全检查，调查了解某个专业性安全问题的技术状况，如电气、焊接、压力容器、运输等安全技术状况。

季节性检查是根据季节特点，为保证安全生产的特殊要求而开展的安全检查。如春季防火检查，夏季防暑降温、防雷电、防汛等检查，冬季防寒、防冻检查等。

节假日前后的检查包括节日前的安全生产、防火、保卫等综合检查和节日后的遵章守纪、安全生产检查。

二、安全生产检查的内容

安全生产检查的内容主要是查思想、查管理、查隐患、查事故处理。

（1）查思想。检查企业领导和各级管理人员的思想认识，是否把职工的安全健康放在首位，是否认真贯彻执行安全法规、政策和安全生产方针，是否大张旗鼓宣传、表扬重视安全生产的思想和做法，批评忽视职工安全的错误思想和做法等。

（2）查管理。检查企业的安全工作在计划、组织、控制、制度等方面是否按国家法律、法规、标准及上级要求认真执行。检查各种资料档案以及生产现场，看是否把安全生产工作列入议事日程；新建、改建、扩建的工程项目与安全卫生设施是否执行同时设计、同时施工、同时投产的原则；安全机构、安全教育制度、安全规章制度以及特种作业人员的培训制度是否健全。

（3）查隐患。检查生产设备、劳动条件、安全卫生设施是否符合安全要求；劳动者在生产中是否存在着不安全行为等，找出不安全因素和事故隐患。如车间建筑物是否安全；安全通道是否畅通；零部件存放是否符合要求；设备应有的安全防护设施是否具备，能否发挥功效；化学品是否按相关要求进行管理；车间通风、尘毒、噪声、照明等是否符合卫生标准；个人劳动防护用品是否佩戴，佩戴方法是否正确等。特别是对一些要害部位和设备，如锅炉、变电所、易燃易爆场所要更加严格，逐一检查，不能有遗漏，以免留下隐患。

（4）查事故处理。检查企业对伤亡事故是否及时报告、认真调查；是否按“四不放过”（事故原因分析不清不放过，事故责任者和广大职工没有受到教育不放过，没有制定出防范措施不放过，责任人不处理不放过）的要求严肃处理；是否采取了有效措施，避免类似事故重复发生。

词语

1. 巡视（动）xún shì　ئايلىنىپ يۈرۈپ تەكشۈرمەك
2. 综合（形）zōng hé　ئومۇملاشتۇرماق
3. 权威（名）quán wēi　ئابروي، نوپۇز، ھەيۋە
4. 揭露（动）jiē lù　ئېچىپ بەرمەك
5. 推动（动）tuī dòng　ئىلگىرى سۈرمەك
6. 促进（动）cù jìn　ئالغا سۈرمەك
7. 焊接（动）hàn jiē　كەپشەرلىمەك
8. 变电所（名）biàn diàn suǒ　تىرانسفورماتور پونكىتى
9. 防暑（动）fáng shǔ　ئىسسىق تۇتۇپ قېلىشتىن ساقلىنىش
10. 雷电（名）léi diàn　گۈلدۈرماما ، چاقماق
11. 防汛（动）fáng xùn　تاشقىندىن مۇداپىئە كۆرمەك
12. 要害（名）yào hài　مۇھىم ئورۇن
13. 佩戴（动）pèi dài　ئېسىۋالماق
14. 畅通（形）chàng tōng　راۋان، توسالغۇ
15. 档案（名）dàng' àn　ئارخىپ
16. 贯彻（动）guàn chè　ئىزچىللاشتۇرماق
17. 执行（动）zhí xíng　ئىجرا قىلماق
18. 遗漏（动）yí lòu　چۈشۈپ قالماق
19. 防范（动）fáng fàn　ئېھتىيات قىلماق
20. 严肃（形）yán sù　كەسكىن، ئەستايىدىل

专业术语解释

1. 车间噪声卫生标准：根据我国 1979 年颁布的《工业企业噪声卫生标准（试行草案）》中的规定，工业企业的生产车间和作业场所的工作地点的噪声标准为 85 分贝。现有工业企业经过努力暂时达不到标准时，可适当放宽，但不得超过 90 分贝。

2. 尘毒：在化学工业生产过程中，散发出来的有危害的尘毒物质。按其物理状态，可分为有毒气体、有毒蒸汽、雾、烟尘、粉尘 5 大类。

作业与练习

一、读译词组

事故隐患　　重要措施　　丰富经验　　判断准确　　特种设备

遵章守纪　　严肃处理　　卫生标准　　通道畅通　　制度健全

二、用汉语解释下列词语

逐一　　针对　　大张旗鼓　　突击

三、词语解释

经常性安全检查　　安全生产大检查

四、根据课文内容填空

1．安全检查是企业根据生产特点，________________的活动。

2．安全生产检查可以分为________、________、________、________、和________等。

3．节假日前后的检查包括______等综合检查和节日后的遵章守纪、安全生产检查。

4．安全生产检查的内容主要是________________________。

5．季节性检查是____________________________。

五、根据课文内容回答问题

1. 企业安全生产检查的类型有哪些？内容有哪些？

2. 企业安全生产中可能存在哪些隐患？

3. 查事故处理中必须坚持的“四不放过”指的是什么？

科普阅读

安全检查表

根据有关安全规范、标准、制度及其他系统分析方法分析的结果，系统地对一个生产系统或设备进行科学的分析，找出各种不安全因素，依据检查项目把找出的不安全因素以问题清单的形式制成表，以便于实施检查和安全管理，这种表称为安全检查表。

安全检查表应列出所有可能导致事故发生的不安全因素和岗位的全部职责，其内容主要包括分类、序号、检查内容、回答、处理意见、检查人和检查时间、检查地点、备注等。

通常检查结果用“是（√）”（表示符合要求）或“否（×）”（表示还存在问题，有待进一步改进）来回答检查要点的提问。另外，也可用其他简单的参数来进行回答，有改进措施栏的应填上整改措施意见。安全检查表的基本格式和安全检查表示例见下表。

安全检查表的基本格式

<table>
<tr><td>检查时间</td><td>检查单位</td><td>检查部位</td><td>检查结果</td><td>安全要求</td><td>整改期限</td><td>整改负责人</td></tr>
<tr><td></td><td></td><td></td><td></td><td></td><td></td><td></td></tr>
<tr><td>序号</td><td colspan="4">安全检查内容</td><td colspan="2">结论与说明</td></tr>
<tr><td></td><td colspan="4"></td><td colspan="2"></td></tr>
</table>

区（队）煤巷掘进防止煤尘爆炸的安全检查表

序号	检 查 要 点	是（√）否（×）	备注
1	施工采取综合防尘措施了吗？		
2	巷道中该清扫的煤尘清扫了吗？		
3	开动钻眼设备时，是否已打开水开关？		
4	爆破时捕尘水幕是否开启？		
5	火药、雷管是否分箱装运？		
6	爆破工是否经过培训？		
7	炮眼装药是否连续？		
8	是否按设计连线爆破？		
9	爆破前是否检查过瓦斯？		
10	爆破时局部通风机是否停转？		

检查人：　　　　　　　　　　检查日期：　　　　　　　审核：

根据阅读内容判断正误

1. 安全检查表应列出所有可能导致事故发生的不安全因素和岗位的全部职责。（　）

2. 安全检查表的内容主要包括分类、序号、检查内容、回答、处理意见、检查人和检查时间、检查地点、备注等。（　）

3. 安全检查表通常检查结果用“是（√）”或“否（×）”来回答检查要点的提问。（　）

4. 安全检查表也可用其他简单的参数来进行回答，有改进措施栏的应填上整改措施意见。（　）

5. 安全检查表便于实施安全检查和安全管理，可使检查结果客观、全面、准确。（　）

第七课　物理因素危害环境下的劳动保护管理

生产环境中的物理因素包括气象条件，如气温、气流、气压；电磁辐射，如射线、紫外线、激光；噪声和振动等。

物理因素的强度或剂量如果超过一定限度或接触时间过长，会对人体产生不良影响，甚至引起病损。在一般情况下多为功能性损害，脱离接触后可恢复，但严重时可产生永久性的不可恢复的损害。

一、高温作业的劳动保护管理

工作地点具有生产型热源，其平均湿球黑球温度（亦称 WBGT 指数，℃）等于或大于25℃的作业称为高温作业。高温作业分为 3 种类型。

第一种，高温、强辐射型作业，如冶金工业的炼焦、炼铁、锻造，火力发电的锅炉间等。

第二种，高温、高湿型作业，如造纸、印刷等行业。

第三种，夏季露天作业，如南方夏季筑路、架桥作业等。

高温作业时，人体可出现一系列的生理性变化，主要为体温调节、水盐代谢、循环系统、消化系统、神经系统、泌尿系统等方面的改变。

中暑是高温环境下发生的急性疾病，为防止在高温作业中发生中暑，必须采取综合性防暑降温措施：车间温、湿度应符合《工业企业涉及卫生标准》；进行合理的劳动组织管理，合理安排工作和休息时间；加强宣传教育，认真遵守高温作业的各项管理制度；改革工艺过程，改进生产设备和作业方法；对高温作业工人做好体检工作等。

二、低温作业的劳动保护管理

工作地点平均气温等于或低于 5℃的作业称为低温作业。长时间低温工作可导致人体体温调节机能发生障碍，出现痛觉迟钝和嗜睡状态。全身过冷常出现皮肤苍白、脉搏呼吸渐弱、血压下降；局部过冷最常见的是手、足、耳及面颊等外露部位发生冻伤，严重的可导致肢体坏死。

低温作业的劳动保护管理包括：车间温、湿度应符合《工业企业涉及卫生标准》，冬季要有防寒、采暖措施，露天作业要有防风棚、取暖棚；保持车间、个人衣着干燥，进行耐寒锻炼，提供高热饮食；合理安排工作和休息时间；加强个体防护，使用个体防寒用品。

三、噪声作业环境的劳动保护管理

人在强噪声环境中暴露一段时间，会引起听力下降，离开噪声环境后，听力可以恢复，此现象称为听觉疲劳。在强噪声环境中如不采取保护措施，听觉疲劳继续发展，可导致听觉下降或永久性听觉损失。噪声除影响听觉系统外，还影响神经系统、心血管系统和消化系统等，造成神经衰弱、血压不稳、胃肠功能紊乱等。

目前影响工人健康，严重污染环境的噪声源主要有风机、电机、柴油机、纺织机、冲床、凿岩机等。

对噪声作业环境的管理措施主要包括：研制和选择防噪声设备；改进生产工艺和操作方法；设立隔声间，使工人与噪声环境隔离；合理安排工作和休息时间；采用合理的个人防护用品等。

四、振动作业环境的劳动保护管理

接触振动的作业和振动源主要包括：使用振动工具的作业，如铆接、锻压、钻探等；研磨作业，如研磨、抛光等；交通运输的振动源，如汽车、火车等；农业机械的振动源，如收割机、拖拉机等。

振动对人体的危害分为局部振动危害和全身振动危害。前者因局部肢体长期受强烈振动可引起肢端血管痉挛、关节骨质改变；后者可引起周围神经和血管功能的改变，如晕车、晕船。

对振动的防护主要是减少和避免振动对作业人员的损害。主要措施包括：改进作业工具；作业人员轮流作业；采用合理的防护用品，如防振垫等。

词语

1. 电磁辐射（名）diàn cí fú shè　ئېلىكترماگنىت رادىئاتسىيىسى
2. 射线（名）shè xiàn　نۇر
3. 紫外线（名）zǐ wài xiàn　ئۇلترا بىنەپشە نۇر
4. 激光（名）jī guāng　لازېر نۇر
5. 振动（动）zhèn dòng　تەۋرىنىش
6. 脱离（动）tuō lí　ئايرىلماق
7. 接触（动）jiē chù　تەگمەك، ئۇچراشماق
8. 冶金（动）yě jīn　مېتاللورگىيە
9. 炼焦（动）liàn jiāo　كوكۇس تاۋلاش
10. 锻造（动）duàn zào　سوقماق
11. 印刷（动）yìn shuā　باسماق
12. 代谢（动）dài xiè　ماددا ئالماشتۇرماق
13. 循环系统 xún huán xì tǒng　ئايلىنىش سىستېمىسى
14. 消化系统 xiāo huà xì tǒng　ھەزىم قىلىش سىستېمىسى
15. 神经系统 shén jīng xì tǒng　نېرۋا سىستېمىسى
16. 泌尿系统 mì niào xì tǒng　ئىچكى ئاجراتما سىستېمىسى
17. 中暑（动）zhòng shǔ　ئىسسىق تۇتۇپ قالماق
18. 障碍（名）zhàng ài　توسالغۇ
19. 迟钝（形）chí dùn　قاشاڭ، سۆرەلمە
20. 嗜睡（动）shì shuì　ئۇيقۇ خۇمار
21. 脉搏（名）mài bó　تومۇرى سوقۇشى
22. 暴露（动）bào lù　ئاشكارىلاش
23. 神经衰弱 shén jīng shuāi ruò　نېرۋا ئاجىزلىق

24. 紊乱（形）wěn luàn　　رەتسىز،قالايمىقان
25. 冲床（名）chōng chuáng　　ئىشتامىن،پىرىس
26. 凿岩机（名）záo yán jī　　يەل بورغا
27. 隔离（动）gé lí　　ئاجراتماق
28. 铆接（动）mǎo jiē　　پەرچىنلەش
29. 锻压（动）duàn yā　　قېلىپتا قىسىپ سوقماق
30. 钻探（动）zuàn tàn　　بۇرغىلاپ تەكشۈرمەك
31. 研磨（动）yán mó　　يەنجىمەك،ئەزمەك
32. 抛光（动）pāo guāng　　سىلىقلىماق، يالتىراتماق

专业术语解释

1．湿球黑球温度：湿球黑球温度（WBGT）指数是用来评价高温车间气象条件的。它综合考虑空气温度、风速、空气湿度和辐射 4 个因素。WBGT 是由黑球、自然湿球、干球 3 个部分温度构成的。

2．水盐代谢：人体内调节水盐平衡机构，在神经—体液—内分泌网络的调节下，保持水和氯化钠等无机盐的摄入量和排出量的动态平衡，并维持体内含量相对恒定，脱水和水肿是水盐代谢功能失调的两种情况。

作业与练习

一、读译词组

露天作业　体温调节　循环系统　防暑降温　痛觉迟钝
耐寒锻炼　神经衰弱　功能紊乱　电磁辐射　脱离接触

二、用汉语解释下列词语

嗜睡　暴露　紊乱

三、词语解释

高温作业　低温作业　听觉疲劳

四、根据课文内容填空

1．生产环境中的物理因素包括________________________等。

2．生产环境中物理因素的危害在一般情况下可引起________，脱离接触后可恢复，但严重时________________________。

3．目前影响工人健康，严重污染环境的噪声源主要有__________等。

4．振动对人体的危害分为________________________。

5．全身过冷常出现__________；局部过冷最常见的是手、足、耳及面颊等外露部位发生冻伤，严重的__________。

五、根据课文内容回答问题

1．高温作业可分为哪 3 种类型？

2．为防止在高温作业中发生中暑，必须采取的防暑降温措施有哪些？

3．噪声作业环境的劳动保护管理措施有哪些？

科普阅读

劳动防护用品

劳动防护用品是指为使劳动者在生产过程中免遭或减轻事故伤害和职业危害而提供的个人随身穿（佩）戴的用品，也称个人防护用品，简称护品。其作用是使用一定的屏障体或绳带、浮体等，采用阻隔、封闭、吸收、分散、悬、浮等手段，保护人体的局部或全身免受外来侵害。

劳动防护用品品种繁多，功能各异，大致有以下几种分类方法。

一、按能量传递和转移方式分类

按事故致因理论，人受伤害的原因是某种能量向人体的转移，而事故则是一种能量的异常或意外的释放。该类防护用品可分为以下两种。

（1）避免传递给人体的能量造成急性伤害的防护用品：安全帽、安全带、防毒面具、绝缘手套。

（2）避免传递给人体的能量造成慢性伤害的防护用品：防护服、耳塞、遮光镜等。

二、按人的身体部位分类

按人体生理部位，防护用品可分为：头部防护、面部防护、眼睛防护、呼吸道防护、听力防护、手防护、脚防护、身躯防护等用品。

三、按使用原料分类

根据防护用品制作原料对防护用品进行分类，可分为：棉纱、棉布制品， 丝绸、呢绒制品，皮革制品，橡胶制品，塑料制品，木制品，五金制品等。

四、按防护用途分类

防护用品按防护用途可分为：防尘用品、防毒用品、绝缘用品、防水用品、防寒用品等。

根据阅读内容判断正误

1. 劳动防护用品也称个人防护用品，简称护品。（　）
2. 事故致因理论认为，事故是一种能量的异常或意外的释放。（　）
3. 按人体生理部位，防护用品可分为头部防护和身躯防护等。（　）
4. 防护用品按防护用途可分为防尘、防毒、绝缘用品等。（　）

第八课　化工生产

目前，我国已初步形成一个有化学矿山、化学肥料、农药、无机和有机化工原料、染料、涂料、石油化工、合成材料、化学试剂、食品添加剂、饲料添加剂、感光材料、黏合剂、催化剂、国防化工、化工机械制造等20几个行业，具有相当生产规模和水平的化工系统。化工产品为提高人们的物质文化水平，改善文化教育和保健医疗等提供了各种条件。

一、化工生产的特点

（1）化学工业是生产化学物质的工业。 一般工业部门多是对物质进行物理性加工生产，化学工业则是利用一种或几种原材料通过化学反应生产出另一种或几种化学物质。这是化学工业的显著特征之一。

（2）行业复杂、品种多、工艺差别大。 由于行业多（20几个）、品种多（3万种以上），带来生产的复杂性、工艺的多样性。一种产品可能有几种生产工艺路线，这就给生产管理带来了困难。

（3）生产危险性大。 化工生产工艺具有高温、高压、易燃、易爆、易腐蚀等性质。如电石、硫酸、化肥合成等都是高温生产；一氧化碳、氢气等都是易燃易爆物质。

（4）生产设备容易产生跑冒滴漏，既污染环境，又容易发生火灾、爆炸事故。

（5）生产物料多为有毒物质。化工生产的原料、副产品甚至成品多数是有毒物质。如苯胺生产的原料苯、成品苯胺都是有毒化学物质。

（6）生产管理复杂。 化学生产过程要按比例性、连续性生产。生产设备的大型化、自动化和集中控制，给生产管理带来复杂性。生产使用的设备、仪表、管道、阀门等任何一个环节如果在设计上、选材上、制造上以及维修保养上存在缺陷，都会给生产带来危险。在操作中，如果工人对新技术缺乏认识，或者操作失败，必将带来更大的危险性。

二、化工生产的危险及有害因素

1．危险因素

化工生产中的危险因素有很多，在生产、贮运、使用化学品的各个环节中都有发生伤亡事故的可能。如火灾爆炸、化学灼伤、机械伤害、触电、坍塌、高处坠落等危险因素，在化工企业中均可能发生。

2．有害因素

化学生产中存在的职业危害因素如下。

（1）化学毒物。 危害较严重、常见的化学毒物约有900余种。化工生产中常见的毒物有一氧化碳、烧碱、苯、氯气、汽油、铅、汞等。

（2）生产性粉尘。 主要有矽尘（化学矿山、机械制造）、煤尘（化肥、炼焦）、炭黑尘和滑石尘（橡胶）、有机粉尘（染料、有机合成）等。

（3）物理性有害因素。 主要是高温（炼焦、化肥）、噪声（炼油、机械制造）、振动（化学矿山、机械制造）、射线放射性辐射、高频电磁场等。

三、化工生产场区的安全管理

1982 年，我国化学工业部制定并发布了《搞好安全生产的必须和禁令》，规定了生产场区的安全管理的内容：加强明火管理，防火、防爆区内不准吸烟；生产区内不准带小孩；禁火区内，不准无阻火器车辆行驶；上班时间，不准睡觉、干私活、离岗和干与生产无关的事；在班前、班上不准喝酒；不按工厂规定穿戴劳动防护用品不准进入生产岗位；安全装置不齐全的设备不准使用；不是自己分管的设备、工具不准动用；检修设备时安全措施不落实，不准开始检修；停机检修后的设备，未经彻底检查不准启动；不戴安全带，不准登高作业；脚手架、跳板不牢不准登高作业等。

词语

1. 染料（名）rǎn liào　بۇياق
2. 涂料（名）tú liào　سىر، سۇۋالغۇ
3. 合成（动）hé chéng　ھاسىل بولماق، تەركىپ تاپماق
4. 试剂（名）shì jì　تەجرىبە دورىسى، سىناق دورىسى
5. 添加剂（名）tiān jiā jì　قوشۇمچە خۇرۇچ
6. 饲料（名）sì liào　يەم - خەشەك، ئوت - بوغۇز
7. 感光材料（名）gǎn guāng cái liào　يورۇقلۇققا سەزگۈر ماتېرىيال
8. 黏合剂（名）nián hé jì　شىلىم، يېپىشتۇرغۇچى ماددا
9. 催化剂（名）cuī huà jì　كاتالىزاتور
10. 易燃（形）yì rán　يېنىشچان (ماددا)
11. 易爆（形）yì bào　پارتلاشچان، ئاسان پارتلايدىغان
12. 电石（名）diàn shí　كالتسىي كاربىد
13. 硫酸（名）liú suān　سولفات كىسلاتاسى
14. 一氧化碳（名）yī yǎng huà tàn　كاربون چالا ئوكسىد
15. 氢气（名）qīng qì　ھىدروگېن
16. 苯胺（名）běn ān　ئانىلىن
17. 比例（名）bǐ lì　نىسبەت
18. 管道（名）guǎn dào　تۇرۇبا
19. 阀门（名）fá mén　كىلاپان، قاپقاق
20. 贮运（动）zhù yùn　ساقلاپ توشۇش
21. 灼伤（动）zhuó shāng　كۆيۈپ جاراھەتلەنمەك
22. 烧碱（名）shāo jiǎn　كۆيدۈرگۈچى ئىشقار
23. 氯气（名）lǜ qì　خلور گازى
24. 铅（名）qiān　قوغۇشۇن
25. 汞（名）gǒng　سىماب
26. 矽尘（名）xī chén　سىلىتسىي توزىڭى
27. 滑石（名）huá shí　تالك

28. 橡胶（名）xiàng jiāo　　كاۋچۇك، رېزىنكە
29. 高频（名）gāo pín　　يۇقىرى چاستوتا
30. 电磁场（名）diàn cí chǎng　　ئېلكتر ماگنىت مەيدانى
31. 落实（动）luò shí　　ئەمەلىيلەشتۈرمەك
32. 彻底（形）chè dǐ　　ئۈزۈل - كېسىل
33. 启动（动）qǐ dòng　　ھەرىكەتكە كەلتۈرمەك

专业术语解释

1. 矽尘：游离二氧化硅含量超过10%的无机性粉尘。矽尘主要通过呼吸道吸入肺部，对人体产生危害，可造成的职业病称为矽肺。

2. 炼焦：炼焦煤在隔绝空气条件下加热到1000℃左右，通过热分解和结焦产生焦炭、焦炉煤气和炼焦化学产品的工艺过程。

作业与练习

一、读译词组

感光材料　　化学试剂　　易燃易爆　　跑冒滴漏　　存在缺陷

化学灼伤　　防护用品　　安全装置　　检修设备　　彻底检查

二、用汉语解释下列词语

显著　　缺陷　　检修

三、根据课文内容填空

1. 一般工业部门多是________________，化学工业则是____。

2. 化工生产工艺具有______________________________等性质。

3. 在操作中，如果工人对新技术缺乏认识，或者操作失败，____。

4. 电石、硫酸、化肥合成等都是________；一氧化碳、氢气等都是易燃易爆物质。

5. 生产设备容易产生跑冒滴漏，既________，又容易发生__________。

四、根据课文内容回答问题

1. 化工生产的特点有哪些？

2. 化工生产中的危险因素有哪些？

3. 化工生产中的有害因素有哪些？

4. 简述生产场区安全管理的内容。

科普阅读

化学灾难性事故

灾难性事故是人们在生产、生活活动中突然发生的、违反人们意志的、迫使活动暂时或永久停止，并且造成大量的人员伤亡、经济损失或环境污染的意外事故。

在工业生产过程中，易发生灾难性事故的行业主要是化学工业。由于化工生产具有高温、高压、易燃、易爆、有毒、有腐蚀等特点，因而同其他工业部门相比具有更大的危险性，且事故后果往往较为严重。危险化学品泄漏以后，极有可能引起火灾和爆炸事故。而火灾和爆炸事故往往会引起一系列的连锁反应，从而造成更大的泄漏，引发更为严重的火灾和爆炸事故。

1984 年 12 月美国联合碳化物公司在印度博帕尔的农药厂发生毒气泄漏事故，造成 2500 人死亡、5 万人双目失明、15 万人终身残废、67 万人受到残留毒气影响的灾难性后果。

美国古德然港的液化丙烷管线发生的丙烷泄漏事故，仅 5 分钟喷出的丙烷便像白云一样升到距地面 15～25 米的地方，24 分钟丙烷就充满了距离泄漏点约 300 米的各个建筑物，并导致爆炸、起火。半径 8 公里范围内的建筑物全部被摧毁。据报道，距离爆炸地 320 公里以外的地方都可以看到通红的火光。

根据阅读内容判断正误

1. 灾难性事故可以造成大量的人员伤亡、经济损失或环境污染的意外事故。（　　）

2. 在工业生产过程中，化学工业不易发生灾难性事故。（　　）

3. 由于化工生产具有高温、高压、易燃、易爆、有毒、有腐蚀等特点，因而同其他工业部门相比具有更大的危险性，但事故后果往往较轻。（　　）

4. 危险化学品泄漏以后，极有可能引起火灾和爆炸事故。（　　）

5. 火灾和爆炸事故往往会引起一系列的连锁反应，从而造成更大的泄漏，引发更为严重的火灾和爆炸事故。（　　）

第九课　化学危险品安全管理

化学物品种类繁多，目前已有600万种以上。在如此多的化学物品中，具有不同程度的燃烧、爆炸、毒害、腐蚀、放射性等危险性质的物品，受到摩擦、撞击、振动、接触火源、日光，遇水受潮、温度变化或遇到性质抵触的其他物品等外界因素的影响，而引起燃烧、爆炸、中毒、灼烧等人身伤亡或使财产损失的物品叫作化学危险品。我国按照化学危险品不同的理化性质，同时考虑生产、贮存、运输、使用的安全管理要求，将其划分为10大类，每类根据其危险程度再分成不同的等级。

一、爆炸品及其安全管理

凡是受到高热、摩擦、撞击或其他物品的激发，能在瞬间内发生剧烈的化学反应，并以机械功的形式放出大量能量的物品，统称爆炸品。

爆炸是物质非常迅速的化学变化的一种形式，这种变化的重要特点是，化学反应速度极快；产生的大量热和气体，造成高压；不需外界供氧。

爆炸反应可分为化学爆炸、物理爆炸、核爆炸3大类，爆炸品的爆炸属于化学爆炸。

二、压缩气体和液化气体及其安全管理

气体经加压或降低温度，可以压入钢瓶中，这样的气体叫压缩气体；对压缩气体进一步加压，压缩气体就会变成液体称为液化气体。压缩气体和液化气体的钢瓶是高压容器，气瓶仓库应采取的安全措施包括：气瓶仓库和相邻生产厂房、办公和居住建筑物之间要保持安全距离；气瓶仓库的最大容量不应超过3 000瓶；气瓶应直立放置；装卸和搬运时要注意安全。

三、易燃液体及其安全管理

凡是闪点等于或低于45℃的液体，定为易燃液体。易燃液体的储运与保管，应采取的安全措施包括：保管库房应通风良好；库房及其周围严禁烟火；易燃液体在装卸过程中要轻拿轻放。

四、易燃固体及其安全管理

凡遇火、受热、撞击、摩擦或与氧化剂接触容易着火的固体物质，统称为易燃固体。易燃固体的储运与保管，应采取的安全措施包括：注意库房温度的调节，保持良好的通风散热；包装要严密，防止一些易燃固体在潮湿环境中分解；库房内及周围严禁烟火。

五、自燃物品及其安全管理

凡不需要外界明火作用，由于本身受空气氧化而放出热量，或受外界温度、湿度影响使其温度升高达到本身燃点而发生自行燃烧的物品叫作自燃物品。自燃物品的储运与保管，应采取的安全措施包括：应根据自燃物品各自的性能分别采取相应的包装，选择适当的地点专库进行贮存；仓库应注意通风降温，避免堆积物品积热不散造成自燃；在搬运、装卸时要轻拿轻放，切不可重摔撞击。

六、遇水燃烧品及其安全管理

凡遇水或潮湿空气能迅速分解放出可燃气体，并产生高热引起燃烧爆炸的物质叫遇水燃烧品。遇水燃烧品的储运与保管，应采取的安全措施包括：注意防水防潮；在装卸、搬运中不得翻滚、撞击、摩擦、倾倒等；贮存场所要通风散热良好，不得露天存放；严禁火种接近；遇水燃烧品着火时，不可用水及泡沫灭火器扑救，可使用干粉或干沙土。

七、氧化剂及其安全管理

在氧化还原反应中，得到电子的物质叫氧化剂，失去电子的物质叫还原剂。由于氧化剂很活泼，易同很多物质反应，所以把氧化剂定位为危险品。氧化剂的储运与保管，应采取的安全措施包括：氧化剂应贮存于危险品库的阴凉、干燥、通风处；不允许与易燃物或还原剂同放一处；在装卸和搬运时要轻拿轻放。

词语

1. 燃烧（动）rán shāo　كۆيمەك، يانماق
2. 摩擦（动）mó cā　سۈركىلىش
3. 撞击（动）zhuàng jī　ئۇرۇلماق، سوقۇلماق
4. 受潮（动）shòu cháo　نەم تارتىپ قالماق
5. 抵触（动）dǐ chù　زىت كەلمەك، قارشىلاشماق
6. 瞬间（名）shùn jiān　قىسقا ۋاقىت، ھەش-پەش
7. 压缩（动）yā suō　قىسماق، قىسقارتماق
8. 液化（动）yè huà　سۇيۇقلاشتۇرماق
9. 容量（名）róng liàng　سىغىمچانلىق سىغىم
10. 装卸（动）zhuāng xiè　يۈكلىمەك ۋە چۈشۈرمەك
11. 闪点（名）shǎn diǎn　چاقناش نۇقتىسى
12. 严禁（动）yán jìn　قاتتىق مەنئى قىلماق، چەكلىمەك
13. 氧化剂（名）yǎng huà jì　ئوكسىدلىغۇچى
14. 固体（名）gù tǐ　قاتتىق جىسىم
15. 分解（动）fēn jiě　ئاجراتماق
16. 明火（名）míng huǒ　يورۇق ئوت، ئوچۇق ئوت
17. 燃点（名）rán diǎn　ئوت ئېلىش نۇقتىسى، ياندۇرۇش نۇقتىسى
18. 堆积（动）duī jī　دۆۋىلىمەك
19. 翻滚（动）fān gǔn　ئۆركەشلىمەك
20. 倾倒（动）qīng dǎo　ئۆرۈلمەك، غۇلىماق
21. 露天（形）lù tiān　ئۈستى ئوچۇق
22. 泡沫（名）pào mò　مازغاپ، كۆپۈك
23. 灭火器（名）miè huǒ qì　ئوت ئۆچۈرگۈچ
24. 扑救（动）pū jiù　ئوت ئۆچۈرمەك
25. 电子（名）diàn zǐ　ئېلېكترون
26. 还原剂（名）huán yuán jì　ئەسلىگە ياندۇرغۇچ، ئوكسىدسىزلىغۇچ
27. 阴凉（形）yīn liáng　سالقىن

专业术语解释

1. 闪点：可燃性液体挥发出的蒸汽在与空气混合形成可燃性混合物并达到一定浓度之后，遇火源时能够闪烁起火的最低温度。

2. 泡沫灭火器：根据二氧化碳既不能燃烧，也不能支持燃烧的性质，人们研制了泡沫灭火器。泡沫灭火器有两个容器，分别存放硫酸铝和碳酸氢钠溶液，两种溶液互不接触，不发生任何化学反应，当需要灭火时，把灭火器倒立，两种液体混合在一起，就会产生大量的二氧化碳气体，达到灭火的目的。

作业与练习

一、读译词组

种类繁多　　压缩气体　　液化气体　　高压容器　　安全距离

装卸搬运　　储运保管　　通风良好　　严禁烟火　　轻拿轻放

二、用汉语解释下列词语

理化　　瞬间　　明火

三、词语解释

爆炸品　　压缩气体　　液化气体　　易燃液体　　易燃固体

自燃物品　　遇水燃烧品　　氧化剂

四、根据课文内容填空

1. 我国按照化学危险品不同的理化性质，同时考虑生产、贮存、运输、使用的安全管理要求，将其划分为________类。

2. 爆炸反应可分为________________________________3 大类。

3. 遇水燃烧品着火时，________________________________。

4. 氧化剂不允许与易燃物或______________同放一处。

5. 气瓶仓库的最大容量不应超过________瓶；气瓶应________放置。

五、根据课文内容回答问题

1. 我国按照化学危险品不同的理化性质，同时考虑生产、贮存、运输、使用的安全管理要求，将其划分为哪些类别？

2. 爆炸反应的重要特点是什么？

3. 易燃液体的储运与保管，应采取的安全措施有哪些？

科普阅读

化学危险品安全管理

一、毒害品及其安全管理

凡少量侵入人体内或接触皮肤即可引起中毒或死亡的物品统称为毒害品。毒害品的储运与保管，应采取的安全措施包括：凡接触或使用毒害品的人员必须了解其性质，以达到防毒的目的；装卸作业时要求轻拿轻放，防止包装破损；作业人员应穿戴防护服，必要时戴防毒面具；严禁毒害品与食物同存一库、一车、一舱。

二、腐蚀性物品及其安全管理

凡能使人体、金属或其他物质发生腐蚀的物品叫作腐蚀性物品。腐蚀性物品的储运与保管，应采取的安全措施包括：应经常检查包装是否有渗漏现象，封口是否严密；装卸、搬运腐蚀性物品时应穿戴防护服、手套、口罩、防风镜和防护鞋等。作业时要轻拿轻放。

三、放射性物品及其安全管理

某些物质具有能从原子核内部自行不断地释放出有穿透力、为肉眼不可见的射线的性质，称为放射性，具有这种性质的物质叫作放射性物质。放射性物质的储运与保管，应采取的安全措施包括：存放放射性物品应建立特性库，不准同其他物品库连在一起；装卸、搬运放射性物品应采用专车，不可与其他物品混运，运输完毕后需用大量水冲洗干净，污水应排入泥坑内，不得流入河道；工作人员应穿戴防御射线性物质的全套防护用具。

根据阅读内容判断正误

1. 凡少量侵入人体内或接触皮肤即可引起中毒或死亡的物品统称为腐蚀性物品。（　）

2. 腐蚀性物品的储运与保管，应采取的安全措施包括：经常检查包装是否有渗漏，封口是否严密；装卸、搬运腐蚀性物品时应穿戴防护用品等。（　）

3. 具有放射性性质的物质叫作放射性物质。（　）

4. 运输放射性物品完毕后，污水可以流入河道。（　）

第十课　矿山尘肺病

尘肺病是工人在生产中长期吸入大量微细粉尘而引起的以纤维组织增生为主要特征的肺部疾病。它是一种严重的矿山职业病，一旦患病，目前还很难治愈。因其发病缓慢，病程较长，且有一定的潜伏期，因此往往不被人们所重视。实际上，由尘肺病引发的矿工致残和死亡人数，在国内外都远远高于各类工伤事故的总合。

一、尘肺病的分类

煤矿尘肺病按吸入矿尘的成分不同，可分为以下 3 类。

（1）硅肺病（矽肺病）。由于吸入含游离 SiO_2 含量较高的岩尘而引起的尘肺病。患者多为长期从事岩巷掘进的矿工。

（2）煤硅肺病（煤矽肺）。由于同时吸入煤尘和含游离 SiO_2 的岩尘而引起的尘肺病。患者多为岩巷掘进和采煤的混合工种矿工。

（3）煤肺病。由于大量吸入煤尘而引起的尘肺病多属煤肺病。患者多为长期单一地在煤层中从事采掘工作的矿工。

我国患煤矿尘肺病的矿工中，以煤硅肺病人占的比重最大，约占 80%左右，单纯的硅肺、煤肺病较少。

上述 3 种尘肺病中最危险的是硅肺病。其发病工龄最短（一般在 10 年左右），病情发展快，危害严重。煤肺病的发病工龄一般为 20～30 年，煤硅肺病介于两者之间但接近后者。

二、尘肺病的发病症状

尘肺病的发展有一定的过程，轻者影响劳动生产力，严重时丧失劳动能力，甚至死亡。这一发展过程是不可逆转的，因此要及早发现，及时治疗，以防病情加重，从自觉症状上，尘肺病分为 3 期。

第一期，重体力劳动时，呼吸困难、胸痛、轻度干咳。

第二期，中等体力劳动或正常工作时，感觉呼吸困难，胸痛、干咳或带痰咳嗽。

第三期，做一般工作甚至休息时，也感到呼吸困难、胸痛、连续带痰咳嗽，甚至咯血和行动困难。

三、尘肺病的发病因素

影响尘肺病的发病因素如下。

（1）矿尘的成分。能够引起肺部纤维病变的矿尘，多半含有游离 SiO_2，其含量越高，发病工龄越短，病变的发展速度越快。

对于煤尘，引起尘肺病的主要是它的有机质（即挥发成分）含量。据试验，煤化作用程度越低，危害越大，因为煤尘的危害和肺内的积尘量都与煤化作用程度有关。

（2）矿尘粒度及分散度。尘肺病变主要是发生在肺脏的最基本单元即肺泡内。矿尘粒度不同，对人体的危害性也不同。矿尘的粒度越小，分散度越高，对人体的危害就越大。

（3）矿尘浓度。尘肺病的发生和进入肺部的矿尘量有直接的关系，也就是说，尘肺的发病工龄和作业场所的矿尘浓度成正比。国外的统计资料表明，在高矿尘浓度的场所工作时，平均 5～10 年就有可能导致硅肺病，如果矿尘中的游离 SiO_2 含量达 80%～90%，甚至 1.5～2 年即可发病。

（4）个体方面的因素。矿尘引起尘肺病是通过人体而进行的，所以人的机体条件，如年龄、营养、健康状况、生活习性、卫生条件等，对尘肺的发生、发展有一定的影响。

尘肺病在目前的技术水平下尽管很难完全治愈，但它是可以预防的。只要足够重视，增加资金投入，积极开展尘肺病预防及治疗方面研究，完善技术措施，推广综合防尘，就可以达到降低尘肺病的发病率及死亡率的目的。

词语

词语	维吾尔语
1. 尘肺病（名）chén fèi bìng	چاڭ-توزانلىق ئۆپكە كېسىلى
2. 纤维（名）xiān wéi	تال
3. 增生（动）zēng shēng	ئۆسۈپ چىقماق
4. 治愈（动）zhì yù	داۋالىماق
5. 缓慢（形）huǎn màn	ئاستا
6. 潜伏（动）qián fú	مۆكمەك يوشۇرۇنماق
7. 硅肺病（名）guī fèi bìng	سىلىتسىيلىق ئۆپكە كېسىلى
8. 咯血（动）kǎ xiě	قان تۈكۈرمەك
9. 混合（动）hùn hé	ئارىلاشماق
10. 采掘（动）cǎi jué	كولىماق، قازماق
11. 比重（名）bǐ zhòng	ئېغىرلىق، نىسبەت
12. 单纯（形）dān chún	ساپ، ساددا
13. 丧失（动）sàng shī	يوقاتماق
14. 逆转（动）nì zhuǎn	تەتۈر ئايلىنىش، يامانغا ئۆرۈلمەك
15. 症状（名）zhēng zhuàng	ئالامەتلىرى
16. 咳嗽（动）ké sou	يۆتەلمەك
17. 分散（动）fēn sàn	تارقالماق، بۆلمەك
18. 肺泡（名）fèi pào	ئۆپكە پۇۋەكچىسى
19. 浓度（名）nóng dù	قويۇقلۇق
20. 正比（名）zhèng bǐ	ئوڭ تاناسىپ
21. 推广（动）tuī guǎng	ئومۇملاشتۇرماق

专业术语解释

1. 尘肺病发病工龄：作业人员从接触矿尘开始到肺部出现纤维化病变所经历的时间称为发病工龄。

2. 煤化作用：这一术语是 19 世纪 70 年代开始使用的。煤化作用包括成岩作用和变质作用两个阶段。成岩作用是以压力为主，使泥炭压实、脱水、固结而转变为褐煤；变质作用是在以温度为主，压力为辅的条件下，使褐煤转变为烟煤、无烟煤以至超无烟煤的过程。

作业与练习

一、读译词组

发病缓慢　工伤事故　吸入煤尘　采掘工作　混合工种

发病工龄　危害严重　体力劳动　生活习性　资金投入

二、用汉语解释下列词语

一旦　致残　介于　单一

三、词语解释

尘肺病　煤硅肺病

四、根据课文内容填空

1. 我国患煤矿硅肺病的矿工中，以______占的比重最大，约占________，单纯的硅肺、煤肺病较少。

2. 硅肺病发病工龄短，一般在____年左右，病情___________________。

3. 人的机体条件，如___________________________等，对尘肺的发生、发展有一定的影响。

4. 尘肺病在目前的技术水平下尽管很难完全治愈，但_____________。

5. 尘肺病的发展有一定的过程，轻者________，严重时_____________ 。

五、根据课文内容回答问题

1. 什么是尘肺病？其分类是怎样的？

2. 尘肺病的发病症状有哪些？

3. 影响尘肺病的发病因素有哪些？

科普阅读

生产性毒物及对人体的危害

凡少量进入人体后，与人体组织发生化学或物理化学作用，并在一定条件下破坏机体正常生理机能，致使某些器官或组织发生暂时或永久性病变的化学物质称为化学毒物，简称毒物。在生产过程中使用或产生的毒物称为生产性毒物。在生产劳动中，生产性毒物对人体可造成职业中毒或职业性肿瘤、职业性皮肤病等职业病。

接触生产性毒物的行业和工种很多，例如化工、农药、制药、油漆、颜料、塑料、合成橡胶、合成纤维等行业；有色金属矿及化工矿的开采、熔炼；冶金、蓄电池、印刷业的熔铸铅；仪表、温度计、制镜行业使用的汞；喷漆等作业接触的苯和稀料；等等。

工业生产中常见的毒物，按其形态、用途、化学结构，可分为以下几类。金属与类金属毒物，如铅、汞等；刺激性气体，如二氧化硫等；窒息性气体，如一氧化硫等；有机溶剂，如苯、汽油等；农药，如杀虫剂、除草剂等。

毒物侵入人体的途径有3条：呼吸系统、皮肤吸收、消化系统。呼吸系统是毒物进入人体的主要途径；生产性毒物经皮肤侵入人体也是发生中毒的重要途径，不同部位的皮肤对毒物的通透性虽然不同，但任何部位均可通过，如果皮肤有伤口，毒物可直接侵入人体血液；生产性毒物经消化道侵入人体，其原因主要是误服或进食、吸烟时经沾染毒物的手不慎带入。

根据阅读内容判断正误

1. 毒物可致使某些器官或组织发生暂时或永久性病变。（　）

2. 生产性毒物对人体可造成职业中毒或职业性肿瘤、职业性皮肤病等职业病。（　）

3. 毒物侵入人体的途径有 3 条：呼吸系统、皮肤吸收、消化系统。（　）

4. 消化系统是毒物进入人体的主要途径。（　）

5. 不同部位的皮肤对毒物的通透性不同，但任何部位均可通过。（　）

6. 接触生产性毒物的行业和工种有化工、农药、制药、油漆、颜料、塑料等行业；有色金属矿及化工矿的开采、熔炼等。（　）

第十一课　矿山安全管理

一、矿山安全生产的基本条件

1．地下开采矿山（矿井）应具备的基本安全生产条件

矿井开采一般应符合以下条件。

（1）每个生产矿井必须要有两个独立的能上下行人的直通地面的安全出口，严格禁止独眼井开采。

（2）每个矿井必须有完整的独立的通风系统，能够保证按规定往井下作业地点供风。

（3）井口的标高应当高于当地最高洪水位，否则应当采取相应的防水措施，并在遇到险情时能及时从井下撤出全部人员。

（4）矿山企业应制定防火制度和采取相应的防水措施，配备必要的消防器材。

（5）矿山井巷和采掘工作面要根据实际情况进行支撑保护，以防止冒顶、片帮事故。

（6）爆破器材的储存、运输和使用以及进行爆破作业都应符合国家规定。

（7）凡使用机械提升的矿井，必须有可靠安全的装置和设备，完备的信号系统。

（8）井下电气设备、信号装置和照明电压应符合规定，并有保证供、用电安全的装置和设备。

（9）应有必要的安全卫生设施和个人防护用品。

（10）应有必要的图纸、资料。例如井下井上对照图、采掘工程平面图、通风系统图、井下避灾路线图等。

2．露天开采矿山应具备的安全生产基本条件

根据《矿山安全法》，露天矿山和采石场一般均应符合以下条件。

（1）按照由上而下的开采顺序，分成水平台阶进行开采。

（2）台阶高度和开采坡度应符合安全要求。

（3）爆破时必须有防止飞石伤人和损坏建筑物的安全措施。

（4）要有专人进行边坡管理，定期进行观察检查。

（5）对工作区内的陷阱、废井、钻孔等应设置栅栏，并有明显标志以防人员坠落。

二、矿山安全管理的基本内容

1．基本要求

对矿山企业安全管理的基本要求可以概括为以下几个主要方面。

（1）组织职工认真学习、贯彻执行国家安全生产方针和有关法规。

（2）建立健全以安全生产责任制为核心的各项安全生产规章制度，落实各部门、各岗位在生产中的责任和奖惩方法。

（3）编制和督促实施安全技术措施计划，结合实际情况采用科学技术和安全装备，落实隐患整改措施，改善劳动条件，不断提高矿山的抗灾能力。

（4）制定防尘措施，定期对井下作业环境进行监测，对接尘人员进行健康检查，做好职工的健康管理工作。

（5）有计划地组织职工进行技术培训和安全教育，提高职工的技术素质和安全意识。特殊工种要经过专门的技术培训，经主管部门考试合格发证后，持证上岗。

（6）定期组织全矿安全生产检查，开展群众性的安全生产竞赛活动。

（7）在实行任期目标责任制或签订经济承包合同中应有矿山安全生产的近期目标和长期规划，以及实现目标、规划的措施和检查方法。

（8）对本矿山企业发生的伤亡事故应按规定及时统计、上报，及时组织调查、分析和处理。

（9）建立健全有关安全生产的记录和档案资料。

（10）根据矿山实际情况，建立专门的安全机构或配置相适应的专职安全人员，以保证矿山安全工作的正常开展。

2. 基本制度

制定安全生产规章制度是矿山企业安全管理的基础工作。矿山企业安全管理基本制度主要包括安全生产责任制、安全技术措施计划、安全技术教育与培训、安全检查制度、职工伤亡事故管理制度等。

词语

1. 否则（连）fǒu zé　　بولمىسا
2. 撤出（动）chè chū　　چېكىنىپ چىقماق
3. 消防（动）xiāo fáng　　يانغىننىڭ ئالدىنى ئالماق
4. 井巷（名）jǐng hàng　　قۇدۇق خاڭ يوللىرى
5. 支撑（动）zhī chēng　　تىرەپ تۇرماق
6. 信号（名）xìn hào　　سىگنال
7. 避灾（动）bì zāi　　پاناھلىنىش، ئاپەتتىن ساقلىنىش
8. 陷阱（名）xiàn jǐng　　ئورا، تۇزاق
9. 废井（名）fèi jǐng　　كېرەكسىز قۇدۇق
10. 钻孔（动）zuàn kǒng　　تۆشۈك بۇرغىلاش، تۆشۈك تېشىش
11. 栅栏（名）zhà lan　　قاشا، چېتەن تام
12. 标志（名）biāo zhì　　ئالامەت، بەلگە
13. 奖惩（动）jiǎng chěng　　مۇكاپاتلىماق ۋە جازالىماق
14. 督促（动）dū cù　　ھەيدەكچىلىك قىلماق
15. 监测（动）jiān cè　　نازارەت قىلىش، ئۆلچەش
16. 签订（动）qiān dìng　　ئىمزالىماق
17. 承包（动）chéng bāo　　ھۆددىگە ئالماق
18. 合同（名）hé tong　　توختام

专业术语解释

1. 独眼井：非法小煤窑生产的一种形式。“独眼井”只有一个洞口出入，没有必备的通风洞口和设施，很容易聚集瓦斯，引起爆炸，造成安全事故。

2．特殊工种：从事特殊岗位工作的统称，是指容易发生人员伤亡事故，对操作本人、他人及周围设施的安全有重大伤害的工种。原国家劳动部将从事井下、高空、高温、特重体力劳动和有毒有害的工种定为特殊工种。

作业与练习

一、读译词组

储存运输　　爆破作业　　开采坡度　　持证上岗　　签订合同

符合条件　　安全出口　　通风系统　　消防器材　　冒顶片帮

二、用汉语解释下列词语

否则　　　奖惩　　　督促

三、根据课文内容填空

1．每个生产矿井必须要有_____个独立的能上下行人的直通地面的安全出口。

2．井口的标高应当高于_____________，否则应当采取相应的防水措施。

3．露天开采矿山按照_________的开采顺序，分成__________进行开采。

4．特殊工种要经过专门的__________，经主管部门考试合格发证后，持证上岗。

5．对本矿山企业发生的伤亡事故应按规定及时_______，及时________________。

四、根据课文内容回答问题

1．露天开采矿山应具备的安全生产基本条件有哪些？

2．矿山企业安全管理基本制度主要包括什么内容？

科普阅读

顶板管理

一、冒顶事故及其原因

矿层上方的岩层叫顶板，由于各种因素，造成顶板垮落叫冒顶。就煤矿事故而言，顶板事故的比例在50%以上。因此，加强顶板管理是一项重要的工作。按工序来看，冒顶多发生在初采、初次放顶、回柱、工作面收尾、放炮过程之中或之后的一段时间内。

二、采掘工作面冒顶的预防和处理

1. 冒顶事故的预防措施

掘进工作面要及时按作业规程规定进行支护，不准空顶作业；工作面支架的规格质量要符合要求；掘进工作面的炮眼布置要合理；炮眼装药要根据煤、岩硬度变化确定；放炮前要加固工作面附近的支护；放炮后要检查工作面；坚持正规循环作业，保证回采制度、回柱、放顶的周期性。

2. 发生冒顶后的处理方法

以采煤工作面为例，发生冒顶事故以后应采取的处理方法如下。

（1）冒顶范围还没有到达煤壁时，可由工作面上部自上而下沿煤壁打一排密柱，并用木垛维护好工作面上下出口，使冒顶不再继续。

（2）如果顶板沿煤壁下切冒顶，则应按工作面推进方向隔3～5米重新开拓切眼。

（3）采煤工作面局部冒顶时，首先要加固冒顶周围的支护，然后再用顶棚、托梁加固顶棚。

（4）采面上下或顺槽塌冒，首先要加固好靠近塌冒区的支护。严禁大量扒煤造成空顶过高，加大危险程度和处理难度。

根据阅读内容判断正误

1. 矿层上方的岩层叫顶板，由于各种因素，造成顶板垮落叫冒顶。（　　）

2. 就煤矿事故而言，顶板事故的比例在 50%。（　　）

3. 按工序来看，冒顶多发生在初采、初次放顶、回柱、工作面收尾、放炮过程之中或之后的一段时间内。（　　）

4. 掘进工作面不需要进行支护，可以空顶作业。（　　）

5. 采煤工作面局部冒顶时，首先要加固冒顶周围的支护，然后再用顶棚、托梁加固顶棚。（　　）

第十二课　矿井瓦斯爆炸及其预防

矿井瓦斯是一切有害气体的总称，其中具有可燃性和爆炸性的气体主要是沼气（甲烷）。瓦斯爆炸实际是指井下沼气与空气混合成一定浓度，遇火点燃而发生的一种具有很大破坏性的动力灾害。沼气爆炸后，产生高温、高压形成很强的冲击波，并产生大量的有害气体（一氧化碳、二氧化碳），摧毁井下巷道和设备，伤害井下人员。有时候还会发生连续爆炸、煤尘爆炸及井下火灾，造成井毁人亡。

沼气的爆炸极限是5%～16%，以9.5%爆炸力最强。沼气浓度高于爆炸上限16%虽然不会爆炸，但可使人因缺氧窒息甚至死亡；低于爆炸下限5%可产生沼气燃烧，如混有其他可燃气体和煤尘，或温度、压力增加时，会使沼气爆炸极限扩大，浓度低于5%即可爆炸。

加强通风，防止沼气积聚以及杜绝火源，是预防沼气爆炸的根本措施。应该做到以下几点。

第一，加强通风，防止沼气积聚。矿井通风的基本任务是供给井下足够的新鲜空气，冲淡并排除井下有害气体和矿尘，形成适宜的气候条件，为井下工人作业和设备的正常运转创造良好环境。 任何方式的通风都应符合安全可靠、技术经济合理的原则。

矿井通风的一般要求是，每个矿井至少要有两个以上的供行人通至地面的安全出口，每个出口的间距不得小于30米，井下每一个水平到上一个水平和每一个采区至少都要有两个出口，并与通到地面的出口相连，严禁独眼井作业；矿井风量必须满足井下各个作业点的需要，每人每分钟不得少于4立方米；所有矿井都要采取机械通风和实行独立通风，严禁自然通风和两个矿井并成一个通风系统等。

沼气矿井的通风要求如下。①矿井必须采用机械通风，主要送风机要设专人管理。②有效地控制风流，设置风门、风墙等通风设施。及时封闭废旧巷道、采空区及不用的联络小眼，减少风量阻力。人员通过风门时要随手关好，防止风流短路，保证矿井正常通风。③采掘工作面要实行独立通风，禁止串联通风。掘进工作面使用局部通风时，扇风机要安装在进风流巷道中，距回风口10米以上。风筒距工作面迎头距离应大于5米，以冲淡工作面的沼气浓度。④临时停工的地区不准停风，停风的地点要及时封闭，以免产生沼气积聚。⑤及时处理巷道、采煤工作面和采空区聚集的沼气。处理积聚的沼气要有专门的措施，可用加大进风量，限制排出气体的办法，保证出风口沼气浓度不超过1%。

第二，杜绝井下火源。要注意以下几点。①下井人员禁止携带烟草和点火物品，各矿井必须有严格的检身制度。②井下应使用安全型和防爆型电气设备，并安装在进风流巷道中。严禁使用明火照明、明刀闸开关和明线接头。严禁带电检修和移动电气设备。防止漏电和产生电器火花。③井下放炮要用煤矿安全炸药，严禁使用黑火药和明火点炮。装药前、放炮前和放炮后都应检查沼气浓度，放炮地点20米内沼气浓度超过1%时，禁止装药放炮。④禁止在井口房和送风机房附近20米内点火炉和在井下使用电炉。井下进行电气焊作业必须严格控制，要按规程进行动火前的检测，要办理动火手续，作业时要有人监护。⑤预防煤层自燃发火。

第三，建立瓦斯检测制度。配备足够的专职瓦斯检查员，检查员要认真检查并填写检查日志，主管领导每天应审阅瓦斯日报，及时处理问题。

词语

1. 沼气（名）zhǎo qì　　مېتان، پاتقاق گاز
2. 浓度（名）nóng dù　　قويۇقلۇق
3. 冲击波（名）chōng jī bō　　زەربە دولقۇنى
4. 摧毁（动）cuī huǐ　　ۋەيران قىلماق
5. 极限（名）jí xiàn　　چەك، لىمىت
6. 窒息（动）zhì xī　　بوغۇلۇش
7. 积聚（动）jī jù　　يىغماق، توپلىماق
8. 杜绝（动）dù jué　　توسماق، يوقاتماق
9. 封闭（动）fēng bì　　ئەتمەك، ياپماق
10. 联络（动）lián luò　　ئالاقە
11. 短路（动）duǎn lù　　قىسقا يول
12. 串联（名）chuàn lián　　ئارقىمۇ-ئارقا ئۇلىماق
13. 携带（动）xié dài　　ئېلىۋالماق
14. 漏电（动）lòu diàn　　توك قېچىش
15. 扇风机（名）shān fēng jī　　شاماللىتىش ماشىنىسى، شامالدۇرغۇچ
16. 黑火药（名）hēi huǒ yào　　قارا پارتلاتقۇچ دورىسى
17. 气焊（名）qì hàn　　گاز بىلەن كەپشەرلەش
18. 监护（动）jiān hù　　ھامىيلىق قىلماق
19. 自燃（动）zì rán　　ئۆزلىكىدىن ئوت ئېلىپ كەتمەك
20. 日志（名）rì zhì　　كۈندىلىك خاتىرە
21. 审阅（动）shěn yuè　　ئوقۇپ تەكشۈرمەك

专业术语解释

1. 爆炸极限：可燃物质（可燃气体、蒸汽和粉尘）与空气（或氧气）必须在一定的浓度范围内均匀混合，形成预混气，遇着火源才会发生爆炸，这个浓度范围称为爆炸极限，或爆炸浓度极限。

2. 黑火药：黑火药是我国古代四大发明之一，它是用硝酸钾、木炭粉和硫黄粉混合制成的。

作业与练习

一、读译词组

强冲击波　摧毁巷道　井毁人亡　爆炸极限　缺氧窒息
杜绝火源　沼气积聚　机械通风　沼气浓度　防止漏电

二、用汉语解释下列词语

杜绝　　携带　　审阅

三、词语解释

矿井瓦斯　　瓦斯爆炸

四、根据课文内容填空

1. 沼气的爆炸极限是__________，以_______________爆炸力最强。

2. ________________________________，是预防沼气爆炸的根本措施。

3. 下井人员禁止携带_______________，各矿井必须有严格的检身制度。

4. 禁止在井口房和送风机房附近__________点火炉和在井下使用电炉。

5. 专职瓦斯检查员要_____________________________________。

五、根据课文内容回答问题

1. 预防沼气爆炸的根本措施有哪些？

2. 矿井通风的基本任务是什么？

科普阅读

煤尘爆炸及其预防

煤矿生产过程中，因破碎煤炭产生了很多微小的煤炭颗粒在井下空气中飞扬，直径小于1毫米的微粒称为煤尘。这些微粒有较大的表面积，可加强自身的氧化能力，吸热后能放出大量的可燃气体，在一定的浓度下，如遇高温热源，即发生煤尘燃烧和爆炸。煤尘分无爆炸性和可爆炸性两种。无烟煤尘是无爆炸性的，其他煤的粉尘都具有爆炸性。煤尘爆炸与煤炭中可燃物质（挥发成分）、灰分、水分、井下空气中含氧量、沼气浓度及煤尘颗粒大小有关。煤炭内灰分、水分大，空气中含氧量低于17%，可降低煤尘的爆炸性或使煤尘不爆炸。煤尘颗粒大于1毫米的不参与爆炸。

预防煤尘爆炸的主要措施有两方面：一是抑制煤尘的产生和飞扬，二是杜绝井下高温火源。

第一，抑制煤尘的产生和飞扬。应做到以下几点。①实施湿式作业，使用侧式供水煤电钻，以减少打眼和开采时煤尘的产生量。②放炮前后，对工作面洒水，使用水炮泥，减少放炮和装煤时的煤尘飞扬。③在巷道、煤仓中进行喷雾洒水，降低浮尘，并定期冲洗巷道和清理沉积煤风管理，严格控制采掘工作面风速。

第二，杜绝井下高温火源。应做到以下几点。①下井人员禁止携带烟草和点火物品。②井下应使用安全型和防爆型电气设备，并安装在进风流巷道中。③井下放炮要用煤矿安全炸药，严禁使用黑火药和明火点炮。④预防煤层自燃发火。

为了防止煤尘爆炸范围扩大，要采取隔爆措施。在可能发生煤尘爆炸的采掘区间及矿井两翼之间，设置隔爆水槽或岩粉棚子，在运输巷和回风巷中撒布岩粉，一旦发生局部地区煤尘爆炸将能起到阻止爆炸的作用。

根据阅读内容判断正误

1. 煤尘微粒在一定的浓度下，如遇高温热源，可发生煤尘燃烧和爆炸。（　　）

2. 煤尘分无爆炸性和可爆炸性两种。无烟煤尘具有爆炸性，其他煤的粉尘都无爆炸性。（　）

3. 煤尘爆炸与煤炭中可燃物质、灰分、水分、井下空气中含氧量、沼气浓度及煤尘颗粒大小有关。（　）

4．预防煤尘爆炸的主要措施包括：抑制煤尘的产生和飞扬；杜绝井下高温火源。（　）

5．井下放炮要用煤矿安全炸药，严禁使用黑火药和明火点炮。（　）

第十三课　井下事故的处理

一、井下人员遇到重大事故的处理

当井下发生事故时，首先要明确事故的性质、事故地点、范围以及人员伤亡情况，利用事故地点附近的材料、设备积极进行抢救，同时迅速通知井上值班人员。其次，当事故情况严重，不能现场抢救时，要有组织地按规定或选择安全路线搬离危险区。对不同的事故所应采取的方法分别如下。

（1）当井下发生沼气、煤尘爆炸时，强大的高温气体和有毒气体会使人灼伤或中毒。现场人员应迅速背着气浪的方向，脸部朝下，卧倒在水沟里，用毛巾堵住口鼻，用衣物等遮盖身体，切勿乱喊乱跑。然后，及时带好自救器，迎着进风风流有组织地撤离危险区。

（2）当井下发生火灾事故时，不管出现烟雾还是发现明火，都要立即向井上值班人员报告，火势不大时，要组织现场人员尽量采用井下消防管道洒水或抛撒岩粉、砂子压灭火源。发生电器火灾要迅速切断电源。

（3）当井下发生水灾时，现场人员要通知附近地区人员一起按规定的安全路线撤到涌水地点以上的巷道，然后出井。当道路被阻断时，要寻找井下最高、离井筒或巷道入口最近的地方躲避，发出呼救信号等待救援。

（4）当井下发生冒顶事故时，要及时加固冒顶支护，控制冒顶范围以避免扩大，在安全条件下将被埋人员小心谨慎地抢救出来。抢救时要尽量避免使用铁器，以免伤人。

二、井下事故的抢救

1．沼气、煤尘爆炸（燃烧）事故的抢救

（1）迅速组织灾区和受威胁区的人员撤离，全力以赴抢救遇难人员。组织矿山救护队探明事故地点和范围，特别要查明有无引爆火源。应立即组织灭火，防止发生二次爆炸。切断灾区电源。

（2）尽快恢复被破坏的巷道和通风设施，恢复正常通风。同时对受破坏的工作面、巷道进行清理，进一步创造抢救条件，保证工作区域中的沼气和一氧化碳等有害气体的浓度符合有关要求。

（3）爆炸后仍有明火、残火或隐蔽火源时，应按灭火要求处理，防止在抢救中再次发生沼气、煤尘爆炸。

2．顶板事故的抢救

（1）探明冒顶区域范围和被埋、压、堵截的人数及可能的位置，并分析制定抢救方案。

（2）迅速恢复冒顶区的正常通风，如意识不能恢复，必须利用风管、水管或打钻孔向埋压或堵截区人员供给新鲜空气。

（3）清理时必须由外向里加强支护，找出通向埋压或堵截人员的通道。

（4）抢救中，遇有大块岩石，不许用爆破的方法处理，可用千斤顶等工具移动石块。

3．火灾事故的抢救

（1）迅速组织井下人员撤离，积极组织矿山救护队抢救遇难人员。同时探明火灾地点、范围和尽可能找出发火原因。采取措施，防止火灾中产生的各种有毒有害气体向有人员的巷道蔓延。

（2）迅速切断火灾电源。

（3）根据探明的情况，确定井下通风方案。 其原则有四点，一是不造成沼气聚集、煤尘飞扬；二是不危及人员安全；三是不使超限沼气进入火源，也不使火源蔓延到沼气聚集区；四是有助于阻止火区扩大，抑制火势。

（4）慎重选择灭火方法。

（5）在抢救和处理过程中，必须有专人严密监测有害气体的变化，防止煤尘飞扬，防止发生沼气、煤尘爆炸和风流逆转。

4．透水事故的抢救

（1）立即撤出灾区人员，如涌水量大，危及水平及矿井时，则按关闭水闸门的规定顺序，及时关闭水闸门。

（2）根据具体情况进行阻水，如有泥沙涌出时，应按规定建筑滤水墙。

（3）必须保护排水设施不被淹没。

（4）对于被冒顶或水堵截的人员，除应积极组织抢救外，应用管道或其他方式向其通风。

（5）抢救过程中应注意沼气从透水地区涌出。

词语

1. 卧倒（动）wò dǎo ياتماق
2. 遮盖（动）zhē gài ياپماق
3. 切勿（动）qiè wù ھەرگىز
4. 抛撒（动）pāo sǎ تاشلاش، چېچىش
5. 阻断（动）zǔ duàn ئۈزۈۋېتىش، توسۇۋېتىش
6. 救援（动）jiù yuán قۇتۇلدۇرماق
7. 加固（动）jiā gù مۇستەھكەملىمەك
8. 支护（动）zhī hù تىرەك قويۇپ قوغداش
9. 小心谨慎 xiǎo xīn jǐn shèn ئېھتىياتچانلىق
10. 抢救（动）qiǎng jiù جىددىي قۇتۇلدۇرماق
11. 全力以赴 quán lì yǐ fù كۈچىنىڭ بېرىچە
12. 探明（动）tàn míng ئېنىقلاش
13. 隐蔽（动）yǐn bì يوشۇرۇنماق
14. 堵截（动）dǔ jié توسماق، تورىماق
15. 意识（名）yì shi ئاڭ
16. 埋压（动）mái yā كۆممەك ۋە باسماق
17. 供给（动）gōng jǐ تەمىنلىمەك
18. 千斤顶（名）qiān jīn dǐng دامكىرات
19. 蔓延（动）màn yán كېڭىيىپ كەتمەك

20. 飞扬（动）fēi yáng　ئۇچماق، كۆتۈرۈلمەك
21. 抑制（动）yì zhì　باسماق، تىزگىنلىمەك
22. 慎重（形）shèn zhòng　ئېھتىياتچان
23. 严密（形）yán mì　ھەم، پۇختا
24. 闸门（名）zhá mén　توغان دەرۋازىسى
25. 过滤（动）guò lǜ　سۈزمەك
26. 淹没（动）yān mò　چۆكۈپ كېتىش، بېسىپ كېتىش
27. 涌出（动）yǒng chū　ئېتىلىپ چىقماق

专业术语解释

透水事故：井下因采掘、放炮、冒顶，突然涌出大量的水造成淹巷、停产，甚至发生人员伤亡，叫透水事故。

作业与练习

一、读译词组

抛撒岩粉　小心谨慎　切断电源　呼救信号　尽快恢复
恢复意识　煤尘飞扬　火源蔓延　组织抢救　抑制火势

二、用汉语解释下列词语

小心谨慎　全力以赴　切勿

三、根据课文内容填空

1. 当井下发生事故时，首先要明确事故的________以及________。
2. 当井下发生沼气、煤尘爆炸时，强大的高温气体和有毒气体会使人灼伤________。
3. 井下爆炸后仍有明火、残火或隐蔽火源时，应按灭火要求处理，防止在抢救中再次发生________爆炸。
4. 冒顶事故抢救中，遇有大块岩石，可用________等工具移动石块。
5. 对于被冒顶或水堵截的人员，除应积极组织抢救外，应用管道或其他方式______。

四、根据课文内容回答问题

1. 井下人员遇到的重大事故通常有哪些？
2. 当井下发生沼气、煤尘爆炸时，现场人员应该采取什么防护措施？
3. 在火灾事故的抢救中，采取的井下通风方案有哪些？

科普阅读

矿井火灾及其预防

发生在井下或地面井口附近能威胁矿井安全生产的火灾叫矿井火灾。矿井火灾能点燃煤层，烧毁井下设施，能引起瓦斯煤尘爆炸，造成人员伤亡。

一、矿井火灾的种类

按发火原因的不同，可将矿井火灾分为外因火灾和内因火灾。

（1）外因火灾是由外部热源引起的。如电气设备短路产生的电弧、放炮、电焊作业、井下吸烟等。这类火灾一般都发生在井口附近、井筒、井底车场和采掘工作面等。

（2）内因火灾是由于具有自燃性的煤和空气接触，发生氧化放热，热量积累使煤自身温度不断升高，达到燃点，形成自燃火灾。

二、预防措施

预防矿井火灾的措施包括以下两个方面。

（1）矿井外因火灾的预防措施。尽量把井筒、井底车场主要运输巷等开凿在岩石中。建筑井口房和井架应采用不燃材料；在进风井筒与井下各水平的井底车场连接处要安设防火铁门。井口附近 20 米内禁止明火，井口附近、井底车场严禁电气焊作业。一旦井口、井筒、井底车场发生火灾，立即关闭防火铁门，防止火焰进入井下和采区。矿井要建消防水池，井下要敷设消防水管，每隔 50 ~ 100 米设一个水闸门。

（2）矿井内因火灾的预防措施。设法减少和缓解煤的氧化，冷却煤的温度，主要途径是选择合理的开凿方式。合理确定采区范围，选用合理的采煤方法。加强通风管理，防止风流流进采空区，造成浮煤氧化。

根据阅读内容判断正误

1. 发生在井下或地面井口附近能威胁矿井安全生产的火灾叫矿井火灾。（　　）

2. 按发火原因的不同，可将矿井火灾分为外因火灾和内因火灾。（　　）

3. 外因火灾是由于具有自燃性的煤和空气接触，发生氧化放热，热量积累使煤自身温度不断升高，达到燃点，形成自燃火灾。（　　）

4. 预防矿井火灾的措施包括矿井外因火灾的预防措施和矿井内因火灾的预防措施。（　　）

5. 矿井口附近 200 米内禁止明火，井口附近、井底车场严禁电气焊作业。（　　）

第十四课　事故的应急救援

一、生产安全事故的应急救援体系

生产安全事故的应急救援体系是保证生产安全事故应急救援工作顺利实施的组织保障，主要包括应急救援指挥系统、应急救援日常值班系统、应急救援信息系统、应急救援技术支持系统、应急救援组织及经费保障系统。

特大生产安全事故应急救援体系的建立由县级以上地方各级人民政府负责。建立省（直辖市、自治区）、市、县三级特大生产安全事故应急救援体系时，要统筹兼顾、合理规划、明确分工、相互协调，做到应急救援能力、资源的合理配置和有效使用。

二、生产安全事故的应急救援组织

《安全生产法》对生产安全事故的应急救援组织、应急救援人员、应急救援器材和设备等做了明确规定。主要包括以下几点。

（1）危险物品的生产、经营、储存单位以及矿山、建筑施工单位应当建立应急救援组织。

（2）当危险物品的生产、经营、储存单位以及矿山、建筑施工单位的生产经营规模较小时（如个体矿山等），既可以建立应急救援组织，也可以不建立应急救援组织。不建立应急救援组织的，应当指定兼职的应急救援人员，此处的兼职可以是内部人员兼职作应急救援人员，也可以是其他专业应急救援组织的人员兼职。

（3）所有危险物品的生产、经营、储存单位以及矿山、建筑施工单位，不管其生产经营规模大小，均应当配备与生产经营活动相适应的必要的应急救援器材和设备。

（4）专职或兼职的应急救援人员应当进行专门的应急救援培训，具备相关的应急救援知识，适应应急救援工作的需要，熟练掌握应急救援器材和设备的使用并持证上岗。

（5）危险物品的生产、经营、储存单位以及矿山、建筑施工单位配备的所有应急救援器材和设备要进行经常性维修和保养，按要求及时废弃和更新，保证应急救援器材和设备的正常运转。

三、生产安全事故的抢救

生产安全事故的抢救要坚持及时、得当、有效的原则。因生产安全事故属突发事件，《安全生产法》要求在事故发生后，任何单位和个人都应当支持、配合事故的抢救工作，为事故抢救提供一切便利条件；同时，明确有关部及其责任人在事故抢救中的职责。

（1）生产经营单位负责人在事故抢救中的职责

生产经营单位负责人在接到事故报告后，一要根据应急救援预案和事故的具体情况，迅速采取有效措施，组织抢救；二要千方百计阻止事故扩大，减少人员伤亡和财产损失；三要严格执行有关救护规程和规定，严禁救护过程中的违章指挥和冒险作业，避免救护中的伤亡和财产损失；四要注意保护事故现场，不得故意破坏事故现场，毁灭有关证据。

（2）重大生产安全事故的抢救

生产经营单位发生重大生产安全事故时，单位的主要负责人应当立即组织抢救。有关地方人民政府的负责人接到重大安全事故报告后，要立即赶到事故现场，组织抢救。负有安全生产监督管理职责的部门负责人接到重大生产安全事故报告后，也必须立即赶到事故现场，组织抢救。

重大生产安全事故的抢救应当成立抢救指挥部，由指挥部统一指挥。特大生产安全事故的抢救依照上述规定进行。

词语

1. 应急（动）yìng jí　　جىددى ئېھتىياجنى قامدىماق
2. 指挥（动）zhǐ huī　　باشچىلىق قىلماق
3. 统筹兼顾 tǒng chóu jiān gù　　بىر تۇتاش پىلانلىماق
4. 规划（动）guī huà　　پىلان تۈزمەك
5. 配置（动）pèi zhì　　ئورۇنلاشتۇرماق
6. 储存（动）chǔ cún　　ساقلىماق، ساپاسلىماق، غەملىمەك
7. 兼职（名）jiān zhí　　قوشۇمچە ۋەزىپە
8. 维修（动）wéi xiū　　پەرۋىش ۋە رېمونت قىلىش
9. 保养（动）bǎo yǎng　　كۈتمەك، ئاسرىماق
10. 得当（形）dé dàng　　مۇۋاپىق
11. 突发（动）tū fā　　تۇيۇقسىز يۈز بېرىش
12. 便利（形）biàn lì　　قولايلىق
13. 千方百计 qiān fāng bǎi jì　　تۈرلۈك چارە ـ تەدبىرلەر
14. 冒险（动）mào xiǎn　　خەۋپ ـ خەتەرگە قارىماي
15. 毁灭（动）huǐ miè　　ھالاكەتلىك، يوقاتماق
16. 证据（名）zhèng jù　　ھۆججەت ئىسپات

专业术语解释

《安全生产法》：《中华人民共和国安全生产法》已由中华人民共和国第九届全国人民代表大会于 2002 年 6 月通过并于 2002 年 11 月 1 日起施行。

作业与练习

一、读译词组

顺利实施　技术支持　经费保障　统筹兼顾　合理规划

明确分工　相互协调　经营规模　维修保养　统一指挥

二、用汉语解释下列词语

千方百计　统筹兼顾

三、根据课文内容填空

1. 特大生产安全事故应急救援体系的建立由＿＿＿＿＿＿＿＿＿＿负责。

2. 所有危险物品的生产、经营、储存单位以及矿山、建筑施工单位，不管其生产经营规模大小，均应当配备与生产经营活动相适应的必要的________________________。

3. 生产安全事故的抢救要坚持________________________原则。

4. 生产经营单位发生重大生产安全事故时，单位的主要负责人应当____________。

5. 重大生产安全事故的抢救应当成立_______，由_________统一指挥。

四、根据课文内容回答问题

1. 生产安全事故的应急救援体系包括什么内容？

2. 生产经营单位负责人在事故抢救中的职责有哪些？

科普阅读

职业病

一、职业病的定义

广义上的职业病泛指劳动者在生产劳动以及其他职业活动中，由于职业性有害因素的影响而引起的疾病。狭义的职业病是指法定职业病。它是指职工因受职业性有害因素的影响引起的，由国家以法规形式规定并经国家指定的医疗机构确诊的疾病。

二、职业病的特点

与其他职业伤害相比，职业病有以下特点。

（1）职业病的起因是由于劳动者在职业性活动过程中或长期受到来自化学的、物理的、生物的职业性危害因素的侵蚀，或长期受不良的作业方法、恶劣的作业条件的影响。

（2）职业病不同于突发的事故或疾病，其病症要经过一个较长的逐渐形成期或潜伏期后才能显现，属于缓发性伤残。

（3）由于职业病多表现为体内生理器官或生理功能的损伤，因而是只见“疾病”，不见“外伤”。

（4）职业病属于不可逆性损伤，很少有痊愈的可能。可以通过作业者的注意、作业环境条件的改善和作业方法的改进等管理手段减少患病率。

三、职业病的认定

依据《职业病范围和职业病患者处理办法的规定》，凡有下列病症之一者，应被认定为职业病患者。

（1）职业中毒类。包括铅及其化合物中毒、汞及其化合物中毒、二氧化碳中毒、农药中毒等。

（2）尘肺类。包括矽肺、水泥尘肺、滑石尘肺等。

（3）物理因素职业病。包括中暑、高原病、放射性疾病等。

（4）职业性传染病。包括炭疽、脑炎、布氏杆菌病。

（5）职业性皮肤病。包括接触性皮炎、光敏性皮炎、痤疮、溃疡等。

（6）职业性眼病。包括化学性眼部灼伤、职业性白内障等。

（7）职业性耳、鼻、喉疾病。

（8）职业性肿瘤。包括肺癌、皮肤癌、白血病等。

（9）其他职业病。包括职业性哮喘、井下工人滑膜炎等。

根据阅读内容判断正误

1. 广义的职业病是指法定职业病。它是指由国家以法规形式规定并经国家指定的医疗机构确诊的疾病。（　　）

2. 职业病不同于突发的事故或疾病，其病症要经过一个较长的逐渐形成期或潜伏期后才能显现，属于缓发性伤残。（　　）

3. 可以通过作业者的注意、作业环境条件的改善和作业方法的改进等管理手段减少职业病的患病率。（　　）

4. 矽肺、水泥尘肺、滑石尘肺属于尘肺类职业病。（　　）

5. 职业病的起因是由于劳动者在职业性活动过程中或长期受到来自化学的、物理的、生物的职业性危害因素的侵蚀，或长期受不良的作业方法、恶劣的作业条件的影响。（　　）

第十五课　女职工劳动保护

女职工是指女性职员、干部和职工。女工则是指在生产过程中直接从事生产劳动的女性工人，是女职工的主要部分。女工保护是指在社会生产活动中，除了对男女职工都必须进行的共同的劳动保护之外，针对妇女的生理特点和劳动条件对妇女机体健康的特殊保护。对女工实行特殊保护是社会文明进步的象征。其目的不仅是保护女工身心健康和持久的劳动积极性，发挥女工在经济建设中不可缺少的巨大作用，同时也是为了保证下一代的身心健康。

一、职业性危害对女工的影响

（1）重体力劳动及劳动姿势不合理对女工的影响。 重体力劳动，尤其是搬运重物，对女工的生殖机能会造成不良影响，还有可能使生殖机能发生障碍和形成生殖器官疾病。重体力劳动对未成年女工的影响更严重。

不合理劳动姿势对女工健康也会产生影响。 长期站立工作可使腹压增高，下半身血流淤滞，下肢易出现水肿、扁平足、静脉曲张；长期坐位工作，影响下肢静脉回流。

（2）物理因素对女工的影响。例如，大剂量放射性照射可引起生殖器官不可恢复的损伤，导致不孕、死胎及胎儿畸形。女工从事高温作业较男工易于中毒，并造成生育能力降低。

（3）工业毒物对女工的影响。 妇女的皮肤薄而柔嫩，对于作用于皮肤或可由皮肤浸入机体的毒物，妇女的敏感性较强。妇女皮下脂肪丰富，有利于脂溶性毒物的吸收。对女工影响较大的工业毒物有铅、苯、汞、二氧化硫等。

二、女职工禁忌的劳动范围

女职工禁忌的劳动范围包括：矿山井下作业；森林业伐木；连续负重（指每小时负重次数在 6 次以上），每次负重超过 20 公斤，间断负重，每次负重超过 25 公斤的作业；食品冷冻库内及冷水低温作业；作业场所空气中有毒有害物质浓度超过国家卫生标准的作业；人力进行的土方和石方作业等。

三、女职工劳动保护的基本内容

（1）开展职业因素对女性生理机能影响的科学研究。随着科学技术的飞速发展，高新技术层出不穷，并由此而产生出许多新兴的产业群，如光电子信息产业群、生物技术产业群、新材料技术产业群、新能源技术产业群、宇宙技术产业群、海洋技术产业群等。新兴技术产业群的兴起及高新技术运用于生产，将会给社会带来新的飞跃，同时也会带来许多不可知的职业危害。通过研究职业因素对女性生理机能的影响，可以为制定卫生标准提供科学基础，为制定劳动保护方针政策提供依据。这是做好女工劳动保护的重要的基础性工作。

（2）根据女工生理特性安排女工从事无害健康的工作。凡是女职工可以从事的岗位，任何单位不得借女职工生理特点拒绝安排。对影响妇女身体健康的岗位要严格按照国家规定执行。

（3）女性生理机能变化过程中的保护。女性生理机能变化过程指经期、孕期、产期和哺乳期，即“四期”。

（4）建立女职工辅助、托幼设施。依据《工业企业设计卫生标准》等相关法律、法规，建立女职工辅助、托幼设施，以妥善解决女职工在生理卫生、哺乳、照顾婴儿等方面的困难。

（5）宣传普及女职工劳动卫生知识。要大力宣传普及女职工劳动卫生知识，使相关领导、工作人员及女职工正确认识女职工劳动保护的重要性，并掌握相关知识，做到从思想上重视，设施上落实，制度上保证，真正搞好女职工的保护工作。

词语

1. 象征（名）xiàng zhēng	سىمۋول
2. 姿势（名）zī shi	چىياپەت، تۇرق
3. 搬运（动）bān yùn	توشۇماق، يۆتكىمەك
4. 生殖（名）shēng zhí	كۆپىيىش
5. 淤滞（动）yū zhì	تىقىلىپ قالماق، توسۇلۇپ قالماق
6. 水肿（名）shuǐ zhǒng	سۇلۇق ئىششىق
7. 扁平足（名）biǎn píng zú	ياپىلاق پۇت، تۆگە تاپان
8. 静脉曲张 jìng mài qū zhāng	ۋېنا ئۆسمىسى
9. 损伤（动）sǔn shāng	يارىلانماق، دەخلى يەتكۈزمەك
10. 不孕（动）bú yùn	هامىلدار بولماس، تۇغماس
11. 死胎（名）sǐ tāi	ئۆلۈك هامىلە
12. 畸形（形）jī xíng	غەيرى تەبىئى، غەيرى نورمال
13. 浸入（动）jìn rù	ھۆل ئۆتۈپ كەتمەك، چىلىمەك
14. 敏感（形）mǐn gǎn	سەزگۈ، تۇيغۇ
15. 禁忌（名）jìn jì	تەقىق

专业术语解释

静脉曲张：静脉系统最常见的疾病，形成的主要原因是先天性血管壁薄或长时间维持相同姿势很少改变，从而造成血液蓄积下肢，产生静脉压过高，血管突出皮肤表面的症状。

作业与练习

一、读译词组

发挥作用　　搬运重物　　生殖机能　　胎儿畸形　　土方作业

新兴产业　　职业危害　　妥善解决　　宣传普及　　二氧化硫

二、用汉语解释下列词语

层出不穷　　飞跃　　新兴

三、词语解释

女工保护

四、根据课文内容填空

1．由于妇女皮下脂肪丰富，__________脂溶性毒物的吸收。

2．女工从事高温作业较男工______________________________。

3．凡是女职工可以从事的岗位，任何单位不得借女职工生理特点________________。

4．女性生理机能变化过程指________________________，即“四期”。

5．连续负重指____。

五、根据课文内容回答问题

1．对女工实行劳动保护有什么意义？

2．职业性危害对女工的影响有哪些？

3．女职工劳动保护的基本内容有哪些？

科普阅读

未成年工特殊保护规定

未成年工是指年满十六周岁，未满十八周岁的劳动者。

为维护未成年工的合法权益，保护其在生产劳动中的健康，国家多次颁布法律、法规，禁止企业任意录用未成年工，并对未成年工不允许从事的劳动范围及劳动休息时间做了规定。1994年劳动部颁布了《未成年工特殊保护规定》。该规定对未成年工不允许从事的劳动范围、未成年工患有某种疾病不得从事的劳动范围、用人单位对未成年工进行定期体检、未成年工的使用和特殊保护实行登记制度等做了规定。《规定》指出，用人单位不得安排未成年工从事以下范围的工作：超过国家标准的接尘作业、有毒作业、高处作业、冷水作业、高温作业、低温作业、重体力劳动强度作业、矿山井下及矿山地面采石工作、森林中的伐木作业、接触放射性物质的作业、有易燃易爆及灼伤等危险性大的作业、地质勘探和资源勘探的野外作业、潜水作业及海拔三千米以上的高原作业、使用凿岩机、气铲等的作业。

用人单位应按以下要求对未成年工定期进行健康检查：安排工作岗位之前；工作满一年；年满十八周岁，距前一次的体检时间已超过半年。

用人单位应根据未成年工的健康检查结果安排其从事适合的劳动，对不能胜任原劳动岗位的，应根据医务部门的证明，予以减轻劳动量或安排其他劳动。

对未成年工的使用和特殊保护实行登记制度：用人单位招收使用未成年工，除符合一般用工要求外，还需向所在地的县级以上劳动行政部门办理登记。劳动行政部门根据《未成年工健康检查表》和《未成年工登记表》，核发《未成年工登记证》。

根据阅读内容判断正误

1．未成年工是指年满十六周岁或年满十八周岁的劳动者。（　　）

2．1994年劳动部颁布的《未成年工特殊保护规定》对未成年工不允许从事的劳动范围、未成年工患有某种疾病不得从事的劳动范围、用人单位对未成年工进行定期体检、未成年工的使用和特殊保护实行登记制度等做了规定。（　　）

3．用人单位应根据未成年工的健康检查结果安排其从事适合的劳动，对不能胜任原劳动岗位的，应根据医务部门的证明，予以减轻劳动量或安排其他劳动。（　　）

4．用人单位招收使用未成年工，无需向所在地的县级以上劳动行政部门办理登记。（　　）

5．劳动行政部门根据《未成年工健康检查表》和《未成年工登记表》，核发《未成年工登记证》。（　　）

机械工程部分

第一课　机械设计基础

人们在生产活动中创造和发明了各种机械用以减轻人的体力劳动、提高劳动效率和完成各种复杂繁重的工作。早在几百年前，勤劳智慧的劳动人民就在生产、生活中利用了机械的工作原理，如风车、提水车、辘轳、杠杆等。虽然这些机械的工作原理都很简单，但它们却代表了机械设计制造的起步。随着近代工业的迅速发展，出现了很多用途不同类型的机械。如动力机器（电动机、内燃机、发动机等）；加工机器（金属切削机床、轧钢机、织布机等）；运输机器（升降机、起重机、汽车等）；信息机器（机械积分仪、计算机等）。它们的结构变得复杂，制造工艺更加精密，工作原理更趋合理，使用更加广泛、效率更高。

人们在生产、生活中广泛使用各种机械，它们虽然用途、功能、要求、工作原理与构造各不相同，但一般都由原动机、传动部分和执行部分等所组成。而对于自动化程度较高的机械，除上述部分外，还包括完成各种功能的操作控制系统和信息处理、传递系统即自动控制部分。

因此，机器是执行机械运动的装置，用来变换和传递热量、物料与信息以代替或减轻人的体力和脑力劳动。它们具有如下共同特性。首先，在工作中能完成有用的机械能或转换机械能，例如卷扬机提升重物、机床切削工件、电动机将电能转换为机械能等；其次，各种机器都是由一些实物体（即机件）组成，例如洗衣机是由缸、带和水轮等组成；再次，组成机器的各构件之间都有确定的相对运动。

另外，从机器的组成来看，大都是由常用机构和通用零件以及一些专用零件构成的。所谓机构是指从实现预期动作的角度对机器进行分析，机器可分解成一个或若干能完成预期运动的构件组，这些构件组称为机构。常用的机构包括平面连杆机构、凸轮机构、间歇运动机构、气轮机构等。通用零件是指各种机械中经常用到的零件，如电子秤、螺栓、齿轮、轴承、键、销等。专用零件出现在某些机械中，如内燃机的曲轴，汽轮机的叶片和水泵中的水轮等。

随着工业的发展，机器的应用上了新台阶。自动化机器走进了生产和日常生活。百货商场的自动扶梯只要登上第一级，不用再迈步就能把客人送上二楼，宾馆、商场的大门在客人离门 1.5 米时自动打开，等客人进门后自动关上。机器自动化给人们的生活带来了不少方便，但是更重要的是用在生产上。生产实现了机器自动化就能大大节约人力，提高劳动效率。随着现代化和自动化科技的发展，自动化机器的种类越来越多。可以说凡是现代化的工厂和矿山差不多都采用了自动化的机器。炼钢厂里有了自动轧钢机，工厂里有了各种自动机床，煤矿里有了自动采煤机，棉纺厂里有了自动纺织机，等等。机器自动化了，人就不需要直接进行操作，只要按电钮、扳开关，通过电子计算机和各种自动检测仪表、自动控制设备就可以管理生产。有的工厂把几种自动化机器连成一条生产流水线，原料从一端送进去，从另一端出来的就是合格产品。现在，家庭生活也将实现高度机器自动化，如有一种自动控制的灶能按时把饭菜做好，这大大节省了人们的精力和时间。

要实现机器自动化，机械设计是基础。机械设计基础是研究各种机械中常用机构和通用零件的工作原理、结构特点、使用维护和基本设计计算方法的一门技术基础课，它包括了平面连杆机构、间歇运动机构、螺纹连接、带传动、链传动、齿轮传动、蜗杆传动、轮系、轴和键、滑动轴承、滚动轴承、联轴器与离合器、减速器以及弹簧等内容。要正确使用机器就要了解机器，就要弄清机器的内部构造与工作原理，就要掌握机械设计基础知识。通过机械设计基础知识的学习，初步获得正确管理、使用和维护机械的基本知识，初步具备综合运用所学知识，设计简单机构及传动装置的能力。

词语

1. 风车（名）fēng chē　شامال ماشىنا
2. 提水车（名）tí shuǐ chē　سۇ تۇشۇش ماشىنىسى
3. 辘轳（名）lù lu　چىغىرىق، غالتەك
4. 杠杆（名）gàng gǎn　پىشاڭ، دەشتە
5. 凸轮（名）tū lún　دوقا چاق
6. 间歇（副）jiàn xiē　ئارلىقتا توختۇۋالماق
7. 齿轮（名）chǐ lún　چىشلىق چاق
8. 机构（名）jī gòu　مېخانىزىم قۇرۇلما
9. 螺钉（名）luó dīng　بۇرما مىق، ۋىنرا
10. 轴（名）zhóu　ئوق، غالتەك
11. 内燃机（名）nèi rán jī　ئىچىدىن ياندىغان دىۋىگاتىل
12. 曲轴（名）qǔ zhóu　جەينەك ئوق
13. 叶片（名）yè piàn　قانات، پەلەك
14. 水泵（名）shuǐ bèng　سۇ پومپىسى
15. 水轮（名）shuǐ lún　سۇ تۇربىسى
16. 卷扬机（名）juǎn yáng jī　يۈكنى ئىگىزگە كۆتىرىدىغان ماشىنا
17. 提升（动）tí shēng　كۆتۈرۈش
18. 切削（动）qiē xiāo　يۆنىلىشى، شىلىش كېشى
19. 缸（名）gāng　ئىدىش، كۇپ
20. 自动化（名）zì dòng huà　ئاپتۇماتىك
21. 扶梯（名）fú tī　تايانغۇچلۇق پەلەمپەي
22. 轧钢机（名）zhá gāng jī　پىروكاتلاش ماشىنىسى
23. 机床（名）jī chuáng　ستانوك
24. 电钮（名）diàn niǔ　توك كىنوپكىسى
25. 螺纹（名）luó wén　بارماق سىزىقچىلىرى
26. 链（名）liàn　زەنجىر
27. 蜗杆（名）wō gǎn　چىرۋەك، چىرۋەكلەك
28. 轴承（名）zhóu chéng　شاركىلىق قازان
29. 联轴器（名）lián zhóu qì　ئوقنى ئۇلغۇچى

30. 离合器（名）lí hé qì ئۇلغۇچى، مۇختا
31. 减速器（名）jiǎn sù qì ئاستىلاتقۇچى
32. 弹簧（名）tán huáng پرووژىنا، پىروژىنا

作业与练习

一、用汉语解释下列词语

起步　冶金　勘探　所谓　预期

二、词语解释

机构　通用零件　机器

三、根据课文内容填空

1．早在几百年前，勤劳智慧的劳动人民就在生产、生活中利用了机械的工作原理，如________、________、________、________等。

2．随着近代工业的迅速发展，出现了很多用途不同的机械。如________机器（电动机、内燃机、发动机等）；________机器（金属切削机床、轧钢机、织布机等）；________机器（升降机、起重机、汽车等）；________ 机器（机械积分仪、计算机等）。

3．人们在生产、生活中广泛使用各种机械，但在机械中比较大量使用的是________和________。

4．常用的机构包括________机构、________机构、________机构、________机构等。

5．通用零件有________ 、________、________、________等。

6．专用零件只出现在某些机械中，如________的________，________的________和中的________等。

7．机械设计基础是研究________________________的一门技术基础课。

四、根据课文内容回答问题

1．什么是常用机构？举例说明。

2．什么是通用零件？举例说明。

3．机构、机械及机器三者关系如何？

4．机器必须具备什么特点？

5．钟表、电灯是不是机器？为什么？

6．随着工业的发展，机器的应用发展到了什么阶段？举例说明。

7．机械设计是怎样的一门课？为什么要学习机械设计？

科普阅读

蒸汽机

世界上第一台蒸汽机是由古希腊数学家亚历山大港的希罗（Hero of Alexandria）于1世纪发明的汽转球（Aeolipile），不过它只是一个玩具而已。1679年法国物理学家丹尼斯·巴本在观察蒸汽逃离他的高压锅后制造了第一台蒸汽机的工作模型。与此同时，萨缪尔·莫兰也提出了蒸汽机的设想。

1698年的托马斯·塞维利、1712年的托马斯·纽科门和1769年的詹姆斯·瓦特制造了早期的工业蒸汽机，他们对蒸汽机的发展都做出了自己的贡献。1807 年罗伯特·富尔顿第一个成功地用蒸汽机来驱动轮船。瓦特并不是蒸汽机的发明者，在他之前，早就出现了蒸汽机，即纽科门蒸汽机，但它的耗煤量大、效率低。瓦特运用科学理论，逐渐发现了这种蒸汽机的毛病所在。从 1765~1790 年，他进行了一系列发明，比如分离式冷凝器、汽缸外设置绝热层、用油润滑活塞、行星式齿轮、平行运动连杆机构、离心式调速器、节气阀、压力计等，使蒸汽机的效率提高到原来纽科门机的 3 倍多，最终发明了现代意义上的蒸汽机。

詹姆斯·瓦特

16 世纪末到 17 世纪后期，英国的采矿业，特别是煤矿，已发展到相当的规模，单靠人力、畜力已难以满足排除矿井地下水的要求，而现场又有丰富而廉价的煤作为燃料。现实的需要促使许多人不断探索，如英国的帕潘、萨弗里、纽科门等就致力于“以火力提水”的探索和试验。

最初的真空蒸汽机被用来将矿井里的水抽出来。纽科门的蒸汽机将蒸汽引入汽缸后阀门被关闭，然后冷水被洒入汽缸，蒸汽凝结时造成真空。活塞另一面的空气压力推动活塞。在矿井中连接一根深入竖井的杆来驱动一个泵。蒸汽机活塞的运动通过这根杆传到泵的活塞来将水抽到井外。

第一个巨大的改善是将汽缸与凝结缸通过一个阀门分开。瓦特在伯明翰发明了这个改进装置。这个改进提高了蒸汽机的效率。

这些早期的真空蒸汽机的效率有限，但它们比较安全，因为它们的压力比较低，在物质发生损坏的情况下机器向内收缩，而不是向外爆炸。它们的效率受外部气压、汽缸变形、燃烧和沸腾的效率和凝结能力的限制。理论最高效率受水在普通大气压下比较低的沸腾温度限制。使用高温高压的蒸汽为蒸汽机的效率带来了巨大的提高。但这种蒸汽机比真空蒸汽机危险得多。锅炉和机器的爆炸造成了许多大事故。安全阀在这里带来了很大的改进，在压力过高的情况下安全阀放气减压。但真正保证安全只有依靠建造、运行和维护的经验和安全规则。

萨弗里制成的世界上第一台实用的蒸汽提水机，在 1698 年取得标名为“矿工之友”的英国专利。他将一个蛋形容器先充满蒸汽，然后关闭进气阀，在容器外喷淋冷水使容器内蒸汽冷凝而形成真空。打开进水阀，矿井底的水受大气压力作用经进水管吸入容器中；关闭进水阀，重开进气阀，靠蒸汽压力将容器中的水经排水阀压出。待容器中的水被排空而充满蒸汽时，关闭进气阀和排水阀，重新喷水使蒸汽冷凝。如此反复循环，用两个蛋形容器交替工作，可连续排水。萨弗里的提水机依靠真空的吸力汲水，汲水深度不能超过六米。为了从几十米深的矿井汲水，须将提水机装在矿井深处，用较高的蒸汽压力才能将水压到地面上，这在当时无疑是困难而又危险的。

纽科门及其助手卡利在 1705 年发明了大气式蒸汽机，用以驱动独立的提水泵，被称为纽科门大气式蒸汽机。这种蒸汽机先在英国，后来在欧洲大陆得到迅速推广，它的改型产品直到 19 世纪初还在制造。纽科门大气式蒸汽机的热效率很低，这主要是由于蒸汽进入汽缸时，在刚被水冷却过的汽缸壁上冷凝而损失掉大量热量，只在煤价低廉的产煤区才得到推广。

1764 年，英国的仪器修理工詹姆斯·瓦特为格拉斯哥大学修理纽科门蒸汽机模型时，注意到了这一缺点，并于 1765 年发明了设有与汽缸壁分开的凝汽器的蒸汽机，并于 1769 年取得了英国的专利。初期的瓦特蒸汽机仍用平衡杠杆和拉杆机构来驱动提水泵，为了从凝汽器中抽除凝结水和空气，瓦特装设了抽气泵。他还在汽缸外壁加装夹层，用蒸汽加热汽缸壁，以减少冷凝损失。瓦特的创造性工作使蒸汽机迅速地发展，他使原来只能提水的机械，成为了可以普遍应用的蒸汽机，并使蒸汽机的热效率成倍提高，煤耗大大下降。因此瓦特是蒸汽机的改良者。

蒸汽机火车头

自 18 世纪晚期起，蒸汽机不仅在采矿业中得到广泛应用，在冶炼、纺织、机器制造等行业中也都获得迅速推广。它使英国的纺织品产量在 20 多年内（1766~1789 年）增长了 5 倍，为市场提供了大量消费商品，加速了资金的积累，并对运输业提出了迫切要求。在船舶上采用蒸汽机作为推进动力的实验始于 1776 年，经过不断改进，至 1807 年，美国的富尔顿制成了第一艘实用的明轮推进的蒸汽机船“克莱蒙”号。此后，蒸汽机在船舶上作为推进动力历百余年之久。

1800 年，英国的特里维西克设计了可安装在较大车体上的高压蒸汽机。1803 年，他把它用来推动在一条环形轨道上开动的机车，找来喜欢新奇玩意儿的人乘坐，向他们收费，这就是机车的雏型。英国的史蒂芬孙将机车不断改进，于 1829 年创造了“火箭”号蒸汽机车，该机车拖带一节载有 30 位乘客的车厢，时速达 46 公里/小时，引起了各国的重视，开创了铁路时代。

19 世纪末，随着电力应用的兴起，蒸汽机曾一度作为电站中的主要动力机械。1900 年，美国纽约曾有单机功率达 5 兆瓦的蒸汽机电站。

蒸汽机的发展在 20 世纪初达到了顶峰。它具有恒扭矩、可变速、可逆转、运行可靠、制造和维修方便等优点，因此曾被广泛用于电站、工厂、机车和船舶等各个领域中，特别在军舰上成了当时唯一的原动机，需要特别注意的是，许多教科书上（历史书、物理书）说瓦特是蒸汽机的发明者。这是误传。蒸汽机是英国人萨维利（Savery）于 1698 年、纽科门（Newcomen）于 1705 年各自独立发明的，用于矿井抽水，当时效率很低。1765 年，瓦特在修理纽科门机的基础上，对蒸汽机做了重大改进，使冷凝器与汽缸分离，发明曲轴和齿轮传动以及离心调速器等，使蒸汽机实现了现代化，大大提高了蒸汽机的效率。瓦特的这些发明，仍使用在现代蒸汽机中，为纪念瓦特的贡献，功率的单位名称以其姓氏命名。

第二课　平面机构的结构分析

机构是机器的主要组成部分。机械中常见的机构多为平面机构。本课主要讨论机构的组成以及机构在什么条件下才具有确定的运动。另外，为了分析已有机械以及设计新机械，需要将机械抽象成简单的运动学模型，绘制出机构运动简图。所有构件都在同一平面内或平行平面内运动的机构称为平面机构，否则称为空间机构。使两构件直接接触并能产生一定相对运动的连接，称为运动副。轴承中的滚动体与内、外圈的滚道、啮合中的一对齿廓、滑块与导槽，均保持直接接触，并能产生一定的相对运动，因而它们都构成了运动副。

一个做平面运动的自由构件有三个独立运动的可能性。构件所具有的这种独立运动的数目称为构件的自由度。所以一个做平面运动的自由构件有三个自由度。机构是由若干构件通过若干运动副组合在一起的。在研究机构运动时，为了便于分析，常常撇开它们因强度等原因形成的复杂外形及具体构造，仅用简单的符号和线条表示，并按一定的比例定出各运动副及构件的位置，这种简明表示机构各构件之间相对运动关系的图形称为机构运动简图。 由前述已知，一个做平面运动的自由构件具有三个自由度。若一个平面机构共有 n 个活动构件。在没用运动副联接前，则活动构件自由度总数为 $3n$，当用运动副将这些活动构件与机架连接组成机构后，则各活动构件具有的自由度受到约束。该机构中有 PL 个低副，PH 个高副，则受到的约束，即减少的自由度总数应为 2PL+ PH。因此，该机构相对于固定构件的自由度数应为活动构件的自由度数与引入运动副减少的自由度数之差，该差值称为机构的自由度，并以 F 表示，F=3n-2PL-PH 。由上式可知，机构要能运动，它的自由度必须大于零。机构的自由度表明机构具有的独立运动数目。由于每一个原动件只可从外界接受一个独立运动规律（如内燃机的活塞具有一个独立的移动），因此，当机构的自由度为 1 时，只需有一个原动件；当机构的自由度为 2 时，则需有两个原动件。故机构具有确定运动的条件是，原动件数目应等于机构的自由度数目。

例如，试计算航空照相机快门机构的自由度。

解：该机构的构件总数 N=6，活动构件数 n=5，6 个转动副、一个移动副， 没有高副。由此可得机构的自由度数如下。

F=3n-2PL-PH=3×5-2×7-0=1

例如，试计算牛头刨床工作机构的自由度。

解：该机构的构件总数 N=7，活动构件数 n=6，5 个转动副、3 个移动副，1 个高副。由此可得机构的自由度数如下。

F=3n-2PL-PH=3×6-2×8-1=1

这表明要有两个原动件，该机构的运动才能确定。事实上当凸轮作为原动件转动时，从动件就具有确定的运动，即表明该机构的自由度为 1。多余的自由度是滚子绕其中心转动带来的局部自由度，它并不影响整个机构的运动，在计算机构的自由度时，应该除掉。

若把滚子与杆件焊为一体，则杆件的运动与滚子不与它焊成整体的运动完全一致。滚子的转动主要是把高副处的滑动摩擦变成滚动摩擦，以减少磨损。

在运动副所加的约束中，有些约束所起的限制是重复的，这种重复而不起独立限制作用的约束称为虚约束。应用公式计算这类机构的自由度时，虚约束应除去不计。平面机构的虚约束常见下面四种情况。两构件构成多个移动副，其道路互相平行，只有其中一个移动副起独立的约束作用，其他为虚约束。如曲柄滑块机构，滑块与固定件组成两条平行道路的移动副，在计算运动副的数目时，这两个移动副只能计算其中一个；若计算两构件组成多个转动副，其轴线互相重合时，其中只有一个起约束作用，其他都是虚约束。如轮轴机构，轴与机架组成两个转动副 A、B，只有一个起独立的约束作用，另一个在计算机构的自由度时，应除去不计；机构中对传递运动不起独立作用的对称部分的约束是虚约束。如行星轮机构，为了受力均衡，采用了两个对称布置的行星轮，在计算该机构的自由度时，只能算其中一个引起的约束；在机构中，若被连接到机构上的构件，在连接点处的运动轨迹与机构上的该点的运动轨迹重合时，该连接引入的约束是虚约束。

词语

1. 机构（名）jī gòu　مېخانىزم ،قۇرۇلما
2. 模型（名）mó xíng　مودېل ،قېلىپ
3. 运动副（名）yùn dòng fù　ھەرىكەت قۇرۇلمىسى
4. 滚道（名）gǔn dào　دومىلاش يولى
5. 转动副（名）zhuǎn dòng fù　ئايلانما ھەرىكەت قۇشۇمچىسى
6. 移动副（名） yí dòng fù　سىيرىلما ھەرىكەت قۇشۇمچىسى
7. 高副（名）gāo fù　يۇقىرى ھەرىكەت قۇشۇمچىسى
8. 原动件（名）yuán dòng jiàn　ھەرىكەتلەندۈرگۈچ مېخانىزم(چاستوتا)
9. 差值（动）chā zhí　پەرىقلىق قىممەت
10. 内燃机（名）nèi rán jī　ئىچىدىن ياندىغان ماتور
11. 低副（名）dī fù　تۆۋەن ھەرىكەت قۇشۇمچىسى
12. 活塞（名）huó sāi　پورشېن
13. 虚约束（名）xū yuē shù　مەۋھۇم چەكلەش
14. 曲柄（动）qū bǐng　ئەگرى ساپ،ئەگرى دەستە
15. 铰链（名）jiǎo liàn　چاتقۇچ،شارنىر
16. 轨迹（名）guǐ jì　ئىز،تىرايېكتور

作业与练习

一、解释下列词语

机构　模型　滚道　差值　曲柄　轨迹

二、词语解释

平面机构　运动副

三、根据课文内容填空

1. ________是机器的主要组成部分。机械中常见的机构多为________。

2．轴承中的________与内、外圈的滚道、啮合中的一对齿廓、滑块与导槽，均保持直接接触，并能产生一定的 ________，因而它们都构成了________。

3．机构是由____________________________组合在一起的。

4．一个做平面运动的自由构件具有______个自由度。

5．在________所加的约束中，有些约束所起的限制是______ 的 ，这种重复而不起独立限制作用的约束称为________。

6．滚子的转动主要是把高副处的 ________变成 ________，以减少磨损。

四、根据课文内容回答问题

1．什么叫构件的自由度？

2．什么叫机构运动简图？

3．简述机构的自由度。

4．机构具有确定运动的条件是什么？

5．平面机构的虚约束常见的情况有哪些？

科普阅读

火车

人类历史上最重要的机械交通工具——火车，早期称为蒸汽机车，有独立的轨道行驶。铁路列车按载荷物，可分为运货的货车和载客的客车，也有两者一起的客货车。

在 1781 年，火车先驱乔治·史蒂芬逊出生在一个英国矿工家庭，直到 18 岁，他还是一个目不识丁的文盲。他不顾别人的嘲笑，和七八岁的孩子一起坐在课堂里学习。1810 年，他开始制造蒸汽机车。1817 年，史蒂芬逊决定在他主持修建的从利物浦到曼彻斯特的铁路线上完全用蒸汽机车承担运输任务。但是，保守的铁路拥有者却对蒸汽机车的能力表示怀疑。他们提出，在铁路边上固定牵引机，用拖缆来牵引火车。史蒂芬逊为了让人们充分相信火车的性能，制造出了性能良好的“火箭号”机车。这种机车的卓越表现终于让怀疑者改变了态度，从利物浦到曼彻斯特的铁路因此成为世界上第一条完全靠蒸汽机运输的铁路线。

最早使用燃煤蒸汽动力的燃煤蒸汽机车有一个很大的缺点，就是必须在铁路沿线设置加煤、水的设施，还要在运营中耗费大量时间为机车添加煤和水。这些都很不经

动车组

内燃机车

济。在19世纪末，许多科学家转向研究电力和燃油机车。

世界上第一列真正在轨道上行驶的蒸汽火车是由康瓦耳的工程师查理茨里维西克所设计的。他的火车有四个动力轮，1840年2月22日试车，空车时，时速20公里，载重时，每小时8公里（相当于人快步行走的速度）。不幸的是火车的重量压垮了铁轨。

1879年，德国西门子电气公司研制了第一台电力机车，重约954公斤，只在一次柏林贸易展览会上做了一次表演。1903年10月27日，西门子与通用电气公司研制的第一台实用电力机车投入使用。

1894年，德国研制成功了第一台汽油内燃机车。并将它应用于铁路运输，开创了内燃机车的新纪元。但这种机车烧汽油，耗费太高，不易推广。1924年，德、美、法等国成功研制了柴油内燃机车，并在世界上得到广泛使用。1941年，瑞士研制成功新型的燃油汽轮机车，以柴油为燃料，且结构简单、震动小、运行性能好，因而，在工业国家普遍采用。

进入21世纪，各国大力发展高速列车，例如法国巴黎至里昂的高速列车，时速达300公里；日本东京至大阪的高速列车时速达500公里以上。人们对这样的高速列车仍不满足。法国、日本等国率先开发了磁悬浮列车。我国也在上海修建了世界第一条商用磁悬浮列车线，由地铁龙阳路站到浦东机场。这种列车悬浮于轨道之上，时速可达700~800公里。

第三课　联轴器与离合器

联轴器和离合器都是用来联接轴与轴，以传递运动和转矩的。有时也可作为一种安全装置用来防止被联接件承受过大的载荷，起到过载保护的作用。用联轴器联接两轴时，只有在机器停止运转后才能使两轴分离。离合器在机器运转时可使两轴随时接合和分离。联轴器和离合器的种类很多，大多已标准化，可直接从标准化中选用。

联轴器

联轴器联接的两轴，由于制造和安装等误差，会引起两轴轴线位置的偏移，不能严格对中。联轴器分为两类，一类是刚性联轴器，用于两轴对中良好场合，且在工作时不发生轴线偏移的场合。另一类是挠性联轴器，用于两轴有一定限度的轴线偏移场合。挠性联轴器又可分为无弹性元件联轴器和弹性联轴器。

刚性联轴器

刚性联轴器可分为凸缘联轴器、套筒联轴器和加壳联轴器。

凸缘联轴器由两个带凸缘的半联轴器和一组螺栓组成。这种联轴器有两种对中方式，一种是通过分别具有凸榫和凹槽的两个半联轴器的相互嵌合来对中，半联轴器采用普通螺栓联接；另一种是通过铰制孔用螺栓与孔的紧配合对中，当尺寸相同时后者传递的转矩较大，且装拆时轴不必做轴向移动。

套筒联轴器由套筒和联接零件（销钉或键）组成。这种联轴器构造简单，径向尺寸小，但对两轴的轴线偏移无补偿作用，多用于两轴对中严格、低速轻载的场合。当用圆锥销作联接件时，若按过载时圆锥销剪断进行设计，则可作为安全联轴器。

加壳联轴器由两个轴向剖分的夹壳组成，利用螺栓组夹紧两个夹壳将两轴联在一起，靠摩擦力传递转矩。

挠性联轴器

挠性联轴器可分为滑块联轴器、万向联轴器、齿式联轴器和链条联轴器。

滑块联轴器由两个带有一字凹槽的半联轴器和带有十字凸榫的中间滑块组成。利用凸榫与凹槽相互嵌合并做相互移动补偿径向偏移。

万向联轴器由两个固定在轴端的主动叉和从动叉以及一个十字柱销组成。可允许两轴之间有较大的角偏移。

齿式联轴器由两个带外齿的半联轴器分别与主、从动轴相联，两个具有内齿的外壳用螺栓联接，利用内外啮合以实现两轴的联接。

链条联轴器由两个同齿数的链轮式半联轴器和公共链条组成，利用链条和链轮的啮合以实现两轴的联接。

常用的弹性联轴器主要有弹性套柱销联轴器和弹性柱销联轴器等。

弹性套柱销联轴器。该联轴器构造与凸缘联轴器相似，只是用套有弹性套的柱销代替了联接螺纹，利用弹性套的弹性变形来补偿两轴的相对位移。这种联轴器重量轻、结构简单，但弹性套易磨损、寿命较短，用于冲击载荷小、启动频繁的中、小功率传动中。弹性套柱销联轴器已标准化。

弹性柱销联轴器。弹性柱销联轴器利用尼龙柱销将两半联轴器联在一起。

联轴器的选择

常用联轴器多已标准化，选用时，首先应根据工作条件选择合适的类型，然后再按转矩、轴径及转速选择联轴器的型号尺寸，必要时应对个别薄弱零件进行强度验算。

联轴器类型的确定

选择联轴器的类型时，应根据机器的工作特点及要求，结合联轴器的性能选定。两轴对中精确，轴本身刚度较好时，可选用凸缘联轴器；对中困难，轴的刚性差时，可选用具有补偿偏移能力的联轴器；两轴呈一定夹角时，可选用万向联轴器；转速高，要求能吸振和缓冲的，可采用弹性联轴器。

联轴器型号的确定

类型确定以后，再根据转矩、轴径及转速从有关标准手册中选择型号、尺寸。选择时注意，计算转矩不超过所选型号的规定值；工作转速不大于所选型号的规定值；两轴径在所选型号的孔径范围内。

联轴器转矩的计算

联轴器的转矩可按以下公式计算

$T_c=K \cdot T$

其中，T_c 为计算转矩；T 为名义转矩；K 为工作情况系数，由手册查取。

离合器

离合器应使机器不论在停车或运转中都能随时接合或分离，而且迅速可靠。离合器按其工作原理可分为嵌合式、摩擦式和自动式离合器三类。对于已标准化的离合器，其选择步骤和计算方法与联轴器相同。

嵌合式离合器是由两个端面带牙的半离合器组成。主动半离合器用平键与主动轴联接，从动半离合器用导向键（或花键）与从动轴联接。主动半离合器上安装有对中环，以保证两个半离合器对中。操作时，通过操作杆移动滑环，使两个半离合器的牙面嵌入（接合）或分开（分离）。

摩擦离合器是靠摩擦盘接触面间产生的摩擦力来传递转矩的。摩擦式离合器可在任何转速下实现两轴的接合或分离；接合过程平稳，冲击振动较小；有过载保护作用。但尺寸较大，在接合或分离过程中要产生滑动摩擦，故发热量大，磨损较大。

自动式离合器利用离心力、弹力限定所传递转矩的数值，自动控制离合；或者利用特殊的楔形效应，在正反转时自动控制离合。它主要分为牙嵌式安全离合器、离心离合器和超越离合器。

词语

1. 联轴器（名） lián zhóu qì　　ئوق چاتقۇچ،ئوق تۇتاشتۇرغۇچ
2. 离合器（名）lí hé qì　　مۇفتا
3. 转矩（名）zhuàn jǔ　　ئايلىنىش مومېنتى

4. 载荷（名）zài hè　يۆك كۆتۈرۈش، يۆك كۆتۈرۈشلۈك

5. 误差（名）wù chā　خاتالىق پەرقى

6. 刚性（名）gāng xìng　مەزمۇتلۇق، قاتتىقلىق

7. 凸缘（名）tū yuán　بۆرتمە گىرۋەك

8. 螺栓（名）luó shuān　بولتا

9. 凹槽（名）āo cáo　ئوقۇر

10. 铰制（名）jiǎo zhì　قىرىپ تۈزەش، يونۇپ تۈزەش

11. 套筒（名）tào tǒng　كىيدۈرمە، كۆزنەك

12. 圆锥（名）yuán zhuī　كونۇس

13. 加壳（名）jiā ké　قاپلىماق، قاپ كەيدۈرمەك

14. 凸榫（名）tū sǔn　بۆرتمە تورۇم، بۆرتمە موكا

15. 叉（名）chā　ئاچا

16. 径向（名）jìng xiàng　ئودۇل يۆنىلىشلىك، رادىئال

17. 啮合（名）niè hé　چىشلىشىش

18. 套柱（名）tào zhù　كىيدۈرمە چۆلۈك، كىيدۈرمە چۆلۈكلىك

19. 螺纹（名）luó wén　رېزبا

20. 精确（形）jīng què　ئىنىق، توغرا

21. 可靠（形）kě kào　ئىشەنچلىك

22. 嵌合（动）qiàn hé　قىسىپ بىرىكتۈرۈش

23. 操作（动）cāo zuò　باشقۇرۇش

24. 磨损（动）mó sǔn　ئۇپراش

25. 楔形（名）xiē xíng　شىناسىمان

26. 超越（动）chāo yuè　ھالقىش

作业与练习

一、用汉语解释下列词语

刚性　弹性　元件　啮合　可靠　嵌合　磨损

二、词语解释

联轴器　离合器

三、根据课文内容填空

1. ＿＿＿＿＿＿ 和 ＿＿＿＿＿＿都是用来联接轴与轴，以传递运动和转矩的。

2. 联轴器可分为＿＿＿＿＿＿、＿＿＿＿＿＿、＿＿＿＿＿＿。

3. 刚性联轴器可分为＿＿＿＿＿＿、＿＿＿＿＿＿、＿＿＿＿＿＿。

4. 挠性联轴器可分为＿＿＿＿＿＿、＿＿＿＿＿＿、＿＿＿＿＿＿、＿＿＿＿＿＿。

5. 常用的弹性联轴器有＿＿＿＿＿＿、＿＿＿＿＿＿。

6. 离合器按其工作原理可分为＿＿＿＿＿＿、＿＿＿＿＿＿和＿＿＿＿＿＿。

7. 自动式离合器可分为＿＿＿＿＿＿、＿＿＿＿＿＿和＿＿＿＿＿＿。

四、根据课文内容回答问题

1. 联轴器有哪些分类？

2. 简述套筒联轴器。
3. 简述弹性套柱销联轴器。
4. 联轴器是怎样确定的？
5. 简述嵌合式离合器。
6. 简述自动式离合器。

科普阅读

火车动力与铁路

最初的列车是由马匹拉动的。到了19世纪，多数的列车都改由蒸汽机车牵引。1940年以后蒸汽机车渐由较清洁及需要较少劳力的柴油机车取代，后来又出现电力机车和动车组。

火车

电气化铁路的最初投资很大，但按每里计算则是运作成本最低的。因此只有高流量的线路才适合电气化。电气化列车可能使用高架电缆或第三轨取电。

以动力的单位千瓦（kW）除以能够牵引的质量吨（t）来计算动力机车头的效能称为牵引能力比，蒸汽机车效能最低，其次是柴油机车（电力传动比液力传动效益高），电力机车或是电联车相对而言就经济得多。因为不需消耗额外的动能来牵引产生动力的引擎。

牵引动能比由小排到大依序为：（客运飞机、摩托车、一般家庭的汽车、公路上跑的卡车、农用牵引机、全挂拖车）蒸汽机车、柴油液力传动机车、柴油电力传动机车、电力机车、柴油动车组、高铁动车组、电力动车组（客轮、渔船、油轮）。若考虑单位燃料或是单位动力的成本来营运轨道车辆，以小编组来做区间运转有最佳能量使用经济效益，也就是四车一编组。每站都停的通勤电联车最具效益。

火车和铁路在今天是一对分不开的“兄弟”。 火车头，即蒸汽机车是英国发明家史蒂芬逊于1825年发明的。有了火车头，才有火车。可是你知道吗，说起铁路的发明，比火车还要早半个多世纪。

早在16世纪中叶，英国的钢铁工业兴起，到处都搞采矿。可是，当时矿山的运输还很落后。铁矿石全靠马拉、人背，劳动效率很低。有个公司的老板，为了多运铁矿石，想了一个法子：从山上向坡下平放两股圆木，让中间的距离相同，一根接一根地摆到山下。当装满矿石的斗车，顺着两股圆木下滑的时候，山上的人大声喊叫着：“注意！车下来啦。”山下的人也大声回答道：“车到啦，好！这就是初期的木头轨道。

轨道车

木头轨道制作简单，由上向下运送重物也很省力，一时受到欢迎。不过，如果在平地上使用木头轨道效果不大，省力不多。而且，这种木头轨道不耐用，磨损大。

到了 1767 年，有人试着拿生铁来做轨道，以取代木头轨道，人们便称呼其为铁路了。铁轨比木头轨道的体积小许多，它直接放在地面上，斗车的轮子也是铁制的，推起来“当当”直响，运煤、送货也省劲。但是，斗车内装的东西不能过重。有一回，一辆车子装货多了，把铁轨压到了地面里，结果车翻货出，差点压伤了人。怎么办？看来，必须解决地面的承受力问题，同时还要考虑铁轨的长度问题。就是在解决这些问题的过程中，逐渐产生了后来的铁路。火车很重，有人说如果把这个重量分散到枕木上，再由枕木分散到“道床”上，道床所受的力再均匀地分散到路基上，这个力量就变得小了许多。经过这样的传递过程，接触面积逐渐增大，单位面积的压力就相应降低，路基就不会被压坏了。这个设计的思路是很科学的，可以说，今天的铁路仍然是根据这个道理建成的。

第四课　带传动

带传动由主动带轮、从动带轮和传动带组成，工作时依靠带与带轮之间的摩擦或啮合来传递运动和动力。

带传动主要有以下分类。按传动原理可分为摩擦带传动和啮合带传动。摩擦带传动就是靠传动带与带轮间的摩擦力实现传动，如 V 带传动、平带传动等；啮合带传动就是靠带内侧凸齿与带轮外缘上的齿槽相啮合实现传动，如同步带传动。按用途可分为传动带和输送带。传动带是传递动力用的；输送带是输送物品用的。 按传动带的截面形状分平带、V 带、多楔带、圆形带和齿形带。平带是指带的截面形状为矩形，内表面为工作面，可用于大理石切割机；V 带是指带的截面形状为梯形，两侧面为工作表面，可用于发动机；多楔带是在平带基体上由多根 V 带组成的传动带，可传递很大的功率，可用于发动机；圆形带是指带的横截面为圆形，只用于小功率传动，可用于家用缝纫机 ；齿形带（同步带）可用于发动机、机器人关节。

带传动

平带

V 带

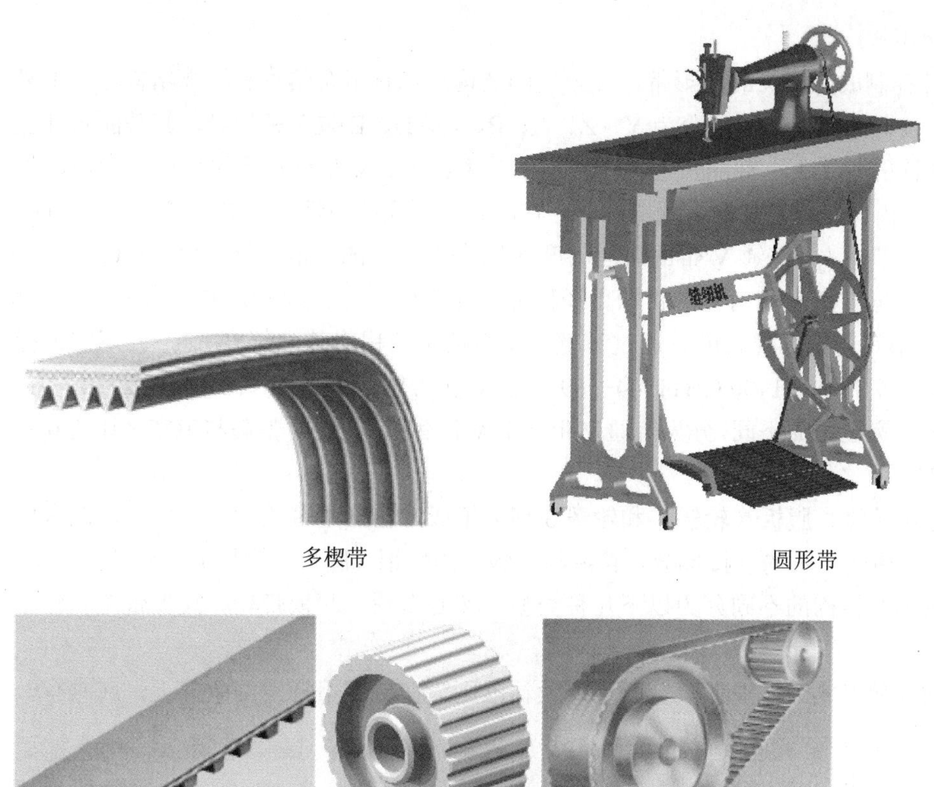

多楔带　　　　圆形带

齿形带

带传动的特点主要如下。带传动属于挠性传动，传动平稳，噪声小，可缓冲吸振。超载时，带会在带轮上打滑，而起到保护其他传动件免受损坏的作用。带传动允许较大的中心距，结构简单，制造、安装和维护较方便，且成本低廉。但由于带与带轮之间存在滑动，传动比严格保持不变。带传动的传动效率较低，带的寿命一般较短，不宜在易燃易爆场合下工作。一般情况下，带传动传动的功率 $P\leqslant 100$kW，带速 v=5~25m/s，平均传动比 $i\leqslant 5$，传动效率为 94%~97%。同步齿形带的带速为 40~50m/s，传动比 $i\leqslant 10$，传递功率可达 200kW，效率高达 98%~99%。

传动带是弹性体，受到拉力后会产生弹性伸长，伸长量随拉力大小的变化而改变。带由紧边绕过主动轮进入松边时，带的拉力由 F_1 减小为 F_2，其弹性伸长量也由 δ_1 减小为 δ_2。这说明带在绕过带轮的过程中，相对于轮面向后收缩了（$\delta_1-\delta_2$），带与带轮轮面间出现局部相对滑动，导致带的速度逐步小于主动轮的圆周速度。同样，当带由松边绕过从动轮进入紧边时，拉力增加，带逐渐被拉长，沿轮面产生向前的弹性滑动，使带的速度逐渐大于从动轮的圆周速度。这种由于带的弹性变形而产生的带与带轮间的滑动称为弹性滑动。

弹性滑动和打滑是两个截然不同的概念。打滑是指过载引起的全面滑动，是可以避免的。而弹性滑动是由于拉力差引起的，只要传递圆周力，就必然会发生弹性滑动，所以弹性滑动是不可以避免的。

V 带主要有普通 V 带、窄 V 带、宽 V 带、汽车 V 带、大楔角 V 带等。其中以普通 V

带和窄 V 带应用较广。

标准 V 带都制成无接头的环形带，强力层的结构形式有帘布结构和线绳结构。V 带横截面呈梯形，按截面尺寸的不同分为 Y、Z、A、B、C、D、E 共 7 种型号，其截面尺寸已标准化。在同样的条件下，截面尺寸大则传递的功率就大。V 带绕在带轮上产生弯曲，外层受拉伸变长，内层受压缩变短，两层之间存在一长度不变的中性层。中性层面称为节面，节面的宽度称为节宽 b_p。普通 V 带的截面高度 h 与其节宽 b_p 的比值已标准化（为 0.7）。V 带装在带轮上，与节宽 b_p 相对应的带轮直径称为基准直径，用 d_d 表示，基准直径系列。每种型号的 V 带都有若干标准长度。通过节宽处量得的带长称为基准长度 L_d，并规定为标准长度。标记为 V 带 A—1400 GB11544—89，SPA 型窄 V—带 SPA—1250 GB12730—91。根据 V 带高与节宽之比的不同，分为普通 V 带和窄 V 带两种。普通 V 带高与节宽之比为 0.7，而窄 V 带高与节宽之比为 0.9。

V 带带轮由轮缘、腹板（轮辐）和轮毂 3 部分组成。轮缘是带轮的工作部分，制有梯形轮槽。轮毂是带轮与轴的联接部分，轮缘与轮毂则用轮辐（腹板）联接成一整体。V 带轮按腹板（轮辐）结构的不同分为以下几种类型：实心带轮、腹板带轮、孔板带轮和轮辐带轮。

带传动的失效形式为打滑和疲劳断裂。设计准则为在保证不打滑的条件下，应具有一定的疲劳强度和寿命。

单根 V 带允许传递的功率如下。

在包角α=180°、特定带长、工作平稳的条件下，单根普通 V 带的基本额定功率 Po 分为 Y 型、Z 型、A 型、B 型、C 型、D 型、E 型、SPZ 型、SPA 型、SPB 型、SPC 型。当实际工作条件与确定 Po 值的特定条件不同时，应对查得的 Po 值进行修正。修正后得实际工作条件下单根 V 带所能传递的功率 Po。V 带传动的设计内容包括确定带型号、带长及根数、选择带轮的材料及结构尺寸、设计张紧装置等。设计结果列出带型号、基准长度、根数、带轮直径、中心距、轴上压力等。

提高带传动工作能力的措施一是增大摩擦系数。摩擦式带传动其摩擦系数越大，则传动能力越强。所以，可通过选择合适的材料副等增大摩擦系数，以提高带传动的工作能力。二是增大包角。柔韧体摩擦其摩擦力的大小，不仅与摩擦系数和正压力有关，而且还与接触面积的大小有关。包角越大则接触面积越大，摩擦力也越大，传动能力越强。采用增大中心距、减小传动比以及在带传动外侧安装张紧轮等方法可以增大包角。三是保持适当的张紧力。张紧力越大，摩擦力也越大，传动能力越强。但张紧力太大会导致带的寿命缩短。四是采用其他措施。如采用新型带、采用高强度材料作为带的强力层等，都可以提高带传动的传动能力。

词语

1. 带传动（名）dài chuán dòng　　تاسملىق ھەركەت ئۆزتىش
2. 楔带（名）xiē dài　　يان توتاسما
3. 截面（名）jié miàn　　كەسمە يۈز
4. 挠性（名）náo xìng　　ئېگىلىشچانلىق
5. 缓冲（动）huǎn chōng　　زەربە پەسەيتىش

6. 吸振（名）xī zhèn　　تەۋرەشنى سۈمۈرۈش

7. 紧边（名）jǐn biān　　چىڭ يان، چىڭ تەرەپ

8. 松边（名）sōng biān　　بوش يان، بوش تەرەپ

9. 功率（名）gōng lǜ　　قۇۋۋەت

10. 低廉（形）dī lián　　ئەرزا

11. 易燃（形）yì rán　　يېنىشچان

12. 易爆（形）yì bào　　پارتىلاشچان

13. 基准（名）jī zhǔn　　ئاساسى ئۆلچەم

14. 腹板（名）fù bǎn　　قۇساق تاختىسى

15. 轮毂（名）lún gǔ　　چاق بۇلى

16. 包角（名）bāo jiǎo　　كونتاكت بۇلۇڭى، ئوراش بۇلۇڭى

作业与练习

一、用汉语解释下列词语

截面　　缓冲　　功率　　易爆　　基准

二、词语解释

带传动　　摩擦带传动　　弹性滑动

三、根据课文内容填空

1. 按传动原理带，传动可分为＿＿＿＿＿＿和＿＿＿＿＿＿。

2. ＿＿＿＿＿＿就是靠带内侧凸齿与带轮外缘上的齿槽相啮合实现传动，按用途可分为＿＿＿＿＿＿和＿＿＿＿＿＿。

3. 传动带是＿＿＿＿＿，受到拉力后会产生＿＿＿＿＿伸长，伸长量随＿＿＿大小的变化而改变。带由紧边绕过＿＿＿＿＿进入松边时，带的拉力由 F_1 减小为 F_2，其弹性伸长量也由 δ_1 减小为 δ_2。

4. 带传动的失效形式分为＿＿＿＿和＿＿＿＿＿。设计准则为在保证不打滑的条件下，应具有一定的＿＿＿＿和＿＿＿＿。

5. 柔韧体摩擦其＿＿＿＿＿＿的大小，不仅与摩擦系数和＿＿＿＿＿有关，而且还与＿＿＿＿＿的大小有关。＿＿＿＿越大则接触面积越大，摩擦力也越大，传动能力＿＿＿＿。

四、根据课文内容回答问题

1. 带传动的特点主要有哪些？

2. 简述输送带的分类。

3. 简述弹性滑动和打滑的区别。

4. V 带有哪些类型？

5. 简述 V 带带轮。

6. V 带传动的设计内容有哪些？

7. 提高带传动工作能力的措施有哪些？

科普阅读

内燃机车

内燃机车按用途分为干线内燃机车，包括货运内燃机车和客运内燃机车；调车内燃机车和调车小运转内燃机车；工矿内燃机车；地方铁路内燃机车。按传动方式分为电传动、液力传动和机械传动内燃机车。电传动内燃机车可分为直流电传动、交直流电传动和交流电传动内燃机车。液力传动内燃机车，可分为普通液力传动、液力—机械传动和液力换向的液力传动内燃机车。后者简称为液力换向内燃机车。按铁路轨距分为标准轨、宽轨和窄轨内燃机车。标准轨轨距为 1 435mm；宽轨轨距有 4 种，分别是 1 520mm、1 600mm、1 665mm 和 1 676mm；窄轨轨距在 597~1 219mm，共有 19 种，典型的轨距有 600mm、762mm、900mm、1 000mm 和 1 067mm。后两种轨距的机车一般称为米轨机车。按机车装用主柴油机台数分为单机组内燃机车和双机组内燃机车。按能否实行重联牵引分为非重联内燃机车和重联内燃机车。按走行部结构分为车架式内燃机车和转向架式内燃机车。按机车轴数分为二轴、三轴、四轴、五轴、六轴和八轴内燃机车。按机车轴式分为 A-A、A0-A0、B-B、B0-B0、B-B-B、B0-B0-B0、C-C、C0-C0、D-D、D0-D0、A01A0-A01A0、AAA-B 轴式内燃机车。按司机室数量分为单司机室和双司机室内燃机车，还有无司机室内燃机车。

DF5 型内燃机车（调车机）

df8b 型内燃机车

内燃机车，是采用内燃机作为动力装置的机车。铁道机车用的内燃机绝大多数是柴油机。内燃机车由柴油机、主传动装置、辅助传动装置、车体（包括司机室）、走行部及各辅助系统组成。机车辅助系统包括燃油系统、机油系统、冷却水系统、预热系统、空气制动系统及其他通风系统、控制系统、照明系统、充电系统、检测系统、诊断系统和显示记录系统等。

集通蒸汽机车

传动装置可分为电传动和液力传动。电传动是指直流电传动、交直流电传动和交直交（简称交流）电传动。东风、东风 2 和东风 3 型机车，为直流电传动机车；东风 4 型以后研制的电传动内燃机车，均为交直流电传动机车 。1999 年以后陆续出现了一些交流传动机车。比较成功的有东风 4DJ 型和东风 8CJ 型。国产电传动机车都命名为东风型，进口的则是 ND 型。电传动机车在国内最知名的是东风 11G 型和东风 8B 型。液力传动是指一般（机械换向）液力传动和液力换向的液力传动。北京型和东方红系列机车均为液力传动机车；多数 GK 系列工矿机车为液力换向机车。国产的液力传动一般是东方红型和北京型，还有工矿机车 GK 系列， 进口的则是 NY 型。液力传动机车在国内最知名的就属国产的东方红型了。而机械传动国内很少见；只在小功率的地方铁路和工矿机车上有少量运用。从 1992 年 6 月 1 日起，北京铁路分局结束了使用蒸汽机车牵引客车的历史，改用内燃机车，以提高列车的速度和正点率。

人们在使用蒸汽机车的过程中发现，这种机车的一个致命弱点是它的锅炉既大又重，严重影响了它的发展。它是在锅炉里用煤将水加热成蒸汽，再通入汽缸里，从而推动机车前进。有人设想，如果将这种笨重的锅炉去掉，使燃料直接在汽缸内燃烧，用所产生的气体来推动车轮旋转，就可以克服蒸汽机车的主要缺点。于是，一些科学家便开始进行研究试验。1866 年，德国人奥托首先制成了一种燃烧煤气的新型发动机。这种发动机和蒸汽机在汽缸外面的锅炉里燃烧燃料不同，它是在汽缸内点燃煤气的，然后利用气体的压力推动活塞，从而使曲轴旋转。因此，就给它起了个形象的名字，叫做“内燃机”。内燃机的出现，为火车的进一步发展带来了生机。后来到了 1894 年，德国制造出世界上第一台内燃机车。这种没有大锅炉的新机车，既不烧煤，也不烧煤气，而是用柴油作燃料。它所用的柴油机是德国人鲁道夫·狄塞尔发明的。从此，内燃机车就成了火车家族中的一位重要成员，并得到了广泛的应用。

内燃机车虽然出世较晚，但它后来居上，比火车家族中的“大哥哥”蒸汽机车的本领高强，受到人们的重视。它的突出优点一是速度快。内燃机车起动迅速，加速又快。通常，蒸汽机车的最大时速为 110 公里，而内燃机车的最大时速可达 180 公里，使铁路通过能力提高 25%以上。二是马力大。蒸汽机车的功率一般为 3 000 马力左右，而内燃机车可以达到 4 000～5 000 马力，因而运载量就多。三是能较好地利用燃料的热能。蒸汽机车的热效率一般仅为 7%左右，而内燃机车可达到 28%左右，提高了 3 倍，从而节省了大量的燃料。四是适合缺水地区使用。蒸汽机车是个用水“大王”，一列火车平均每行驶 10 公里，就得消耗水 3～4 吨。通过干旱的缺水地区，火车就需要自带用水。据统计，在缺水地区运行一列火车，如果有 10 节车厢，其中有 3 节车厢是用来装水的。而内燃机车用来冷却的水仅需要几百公斤，供循环使用，内燃机车上一次水，可连续行驶 1 000 公里，因而它被人们誉为“铁骆驼”。五是司机驾驶操作方便。内燃机的司机不需要像蒸汽机车那样加煤加水，而且驾驶室内明亮宽敞，司机操作时视野开阔，既方便又安全。

有的人可能认为内燃机车和汽车都是使用的内燃机，两者的结构原理应是相同的。其实，它们是不完全一样的。汽车是利用内燃机产生的动力直接推动车轮转动，而内燃机车则是先通过内燃机带动发电机产生电能，再用电能使电动机旋转，从而驱动机车前进。所以，通常也将内燃机车称为“电传动内燃机车”。内燃机车出世后，以其明显的优势很快就压倒了蒸汽机车。特别是第二次世界大战结束后，由于内燃机车所用的燃料——石油价格较低，能大量供应，因而有力地促进了内燃机车的发展。一些国家如美国、日本、法国、加拿大等都相继制成了内燃机车，并且在10年左右的时间内实现了铁路机车内燃化，使内燃机车得到了较广泛的使用。

我国于1958年研制成了第一台内燃机车。到1969年，已制造出四千马力的大功率内燃机车，如“东风型”、“东方红型”和“北京型”内燃机车等。现在，我国在许多铁路线上已有各种类型的内燃机车牵引着长长的列车在驰骋着，一些主要干线的直达客车基本上实现了内燃机车牵引。

内燃机车除了通常使用的电传动内燃机车外，还有液力传动内燃机车和适用于寒冷缺水地区的燃气轮机车。液力传动内燃机车是将内燃机产生的动力，通过液力变速箱、万向轴、车轴齿轮箱等设备，使车轮转动，从而带动车辆前进。早期的液力传动内燃机车，采用类似于蒸汽机车的连杆驱动。

燃气轮机车是现代化内燃机车的一种。这种机车的内燃机与喷气式飞机的原理相同。它比一般内燃机车的马力大，振动小，结构简单，行驶安全可靠，而且容易制造。世界上第一台燃气轮机车是1941年在瑞士制成的。由于它特别适合在高寒、缺水地区使用，近年来发展很快。法国已研制成并投入使用第二代和第三代燃气轮机车，其中第二代燃气轮机车的最高时速已达到260公里。目前，燃气轮机车已成为引人注目的现代化机车的一个得力的方面军。

第五课　齿轮传动

仿形法是在普通铣床上用轴向剖面形状与被切齿轮齿槽形状完全相同的铣刀切制齿轮的方法，如下图所示。铣完一个齿槽后，分度头将齿坯转过 360° /z，再铣下一个齿槽，直到铣出所有的齿槽。

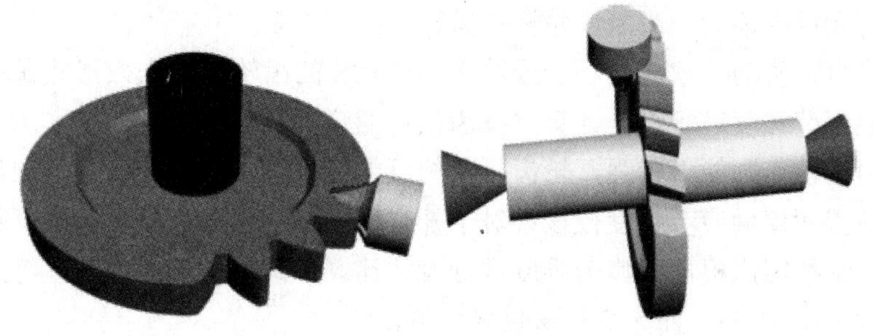

仿形法铣齿轮

仿形法加工方便易行，但精度难以保证。由于渐开线齿廓形状取决于基圆的大小，而基圆半径 r_b=（$mz\cos\alpha$）/2，故齿廓形状与 m、z、α有关。欲加工精确齿廓，对模数和压力角相同的、齿数不同的齿轮，应采用不同的刀具，而这在实际中是不可能的。生产中通常用同一号铣刀切制同模数、不同齿数的齿轮，故齿形通常是近似的。

展成法是利用一对齿轮无侧隙啮合时两轮的齿廓互为包络线的原理加工齿轮的方法。加工时刀具与齿坯的运动就像一对互相啮合的齿轮，最后刀具将齿坯切出渐开线齿廓。展成法切制齿轮常用的刀具有三种，一是齿轮插刀，它是一个齿廓为刀刃的外齿轮；二是齿条插刀，它是一个齿廓为刀刃的齿条；三是齿轮滚刀，它像梯形螺纹的螺杆，轴向剖面齿廓为精确的直线齿廓，滚刀转动时相当于齿条在移动。可以实现连续加工，生产率高。用展成法加工齿轮时，只要刀具与被切齿轮的模数和压力角相同，不论被加工齿轮的齿数是多少，都可以用同一把刀具来加工，这给生产带来了很大的方便，因此展成法得到了广泛的应用。

通过改变刀具和轮坯的相对位置来切制齿轮的方法称为变位修正法，这样切制的齿轮称为变位齿轮。轮齿发生根切的原因是，刀具的齿顶线超过了啮合极限点 N。刀具向远离轮坯方向移动，称为正变位；刀具向靠近轮坯方向移动，称为负变位。刀具移动量为 xm，x 称为变位系数。正变位时，变位系数为正值；负变位时，变位系数为负值。

由轮齿的失效分析可知，对齿轮材料的基本要求：一是齿面应有足够的硬度，以抵抗齿面磨损、点蚀、胶合以及塑性变形等；二是齿心应有足够的强度和较好的韧性，以抵抗齿根折断和冲击载荷：三是应有良好的加工工艺性能及热处理性能，使之便于加工且便于提高其力学性能。最常用的齿轮材料是钢，此外还有铸铁及一些非金属材料等。锻钢因具有强度高、韧性好、便于制造、便于热处理等优点，大多数齿轮都用锻钢制造。

软齿面齿轮的齿面硬度小于350HBS，常用中碳钢和中碳合金钢，如45钢，40Cr、35SiMn等材料，进行调质或正火处理。这种齿轮适用于强度和精度要求不高的场合，轮坯经过热处理后进行插齿或滚齿加工，生产便利、成本较低。 在确定大、小齿轮硬度时应注意使小齿轮的齿面硬度比大齿轮的齿面硬度高30~50HBS，这是因为小齿轮受载荷次数比大齿轮多，且小齿轮齿根较薄。为使两齿轮的轮齿接近等强度，小齿轮的齿面要比大齿轮的齿面硬一些。

硬齿面齿轮的齿面硬度大于350HBS，常用的材料为中碳钢或中碳合金钢经表面淬火处理。当齿轮的尺寸较大（大于400~600mm）而不便于锻造时，可用铸造方法制成铸钢齿坯，再进行正火处理以细化晶粒。低速、轻载场合的齿轮可以制成铸铁齿坯。当尺寸大于500mmm时可制成大齿轮，或制成轮辐式齿轮。

对于闭式齿轮传动，软齿面小于或等于350HBS的齿轮主要失效形式是齿面点蚀，故可按齿面接触疲劳强度进行设计计算，按齿根弯曲疲劳强度校核；硬齿面大于350HBS或铸铁齿轮，由于抗点蚀能力较强，轮齿折断的可能性较大，故可按齿根弯曲疲劳强度进行设计计算，按齿面接触疲劳强度校核；对于开式齿轮传动中的齿轮，齿面磨损为其主要失效形式，故通常按照齿根弯曲疲劳强度进行设计计算，确定齿轮的模数，考虑磨损因素，再将模数增大10%~20%，而无需校核接触强度。

斜齿圆柱齿轮传动。由于圆柱齿轮是有一定宽度的，因此轮齿的齿廓沿轴线方向形成一曲面。平面与基圆柱相切于母线，当平面沿基圆柱做纯滚动时，其上与母线平行的直线在空间所走过的轨迹即为渐开线曲面，平面称为发生面，形成的曲面即为直齿轮的齿廓曲面。啮合特点主要如下。一是当直齿圆柱齿轮啮合时，齿面的接触线均平行于齿轮轴线。因此轮齿是沿整个齿宽同时进入啮合、同时脱离啮合的，载荷沿齿宽突然加上及卸下。因此直齿轮传动的平稳性较差，容易产生冲击和噪声，不适用于高速和重载的传动。二是当一对平行轴斜齿圆柱齿轮啮合时，斜齿轮的齿廓是逐渐进入啮合、逐渐脱离啮合的。斜齿轮齿廓接触线的长度由零逐渐增加，又逐渐缩短，直至脱离接触，载荷也不是突然加上或卸下的，因此斜齿轮传动工作较平稳。由于斜齿轮传动有上述这些特点，因而不论从受力或传动来说都要比直齿轮传动好，所以在高速大功率的传动中，斜齿轮传动应用广泛。但是，由于斜齿轮的轮齿是螺旋形的，因而比直齿轮传动要多一个轴向分力。

圆锥齿轮传动是用于传递两相交轴之间的运动和动力，两轴间的夹角可以是任意的。斜齿轮的齿顶高和齿根高不论从端面还是从法面来看都是相等的。一对外啮合斜齿轮传动的正确啮合条件：一是两斜齿轮的法面模数相等；二是两斜齿轮的法面压力角相等；三是两斜齿轮的螺旋角大小相等，方向相反。若不满足条件就成为交错轴斜齿轮传动。

机械传动中应用最多的是两轴交角Σ=900的直齿圆锥齿轮传动。圆锥齿轮的轮齿分布在圆锥表面上，轮齿有直齿和曲齿之分。圆锥齿轮的齿形由大端向小端逐渐收缩。一对直齿圆锥齿轮传动的正确啮合条件是，两齿轮大端的模数和压力角对应相等。

词语

1. 齿轮（名）chǐ lún　　چىشلىق چاق
2. 仿形法（名）fǎng xíng fǎ　　تەقلىدى قىرىش ئۇسۇلى

3. 铣床（名）xǐ chuáng شىلىش ستانىكى
4. 剖面（名）pōu miàn كەس مەيۈز، يارما يۈز
5. 槽形（名）cáo xíng ئۇقۇرسىمان، ئۇقۇر شەكلى
6. 铣刀（名）xǐ dāo شىلىش پىچىقى
7. 齿坯（名）chǐ pī چىش زاسلانمىسى، يېرىك چىش
8. 齿廓（名）chǐ kuò چىش دائىرىسى
9. 近似（名）jìn sì ئوخشاپ كەتمەك، ئوخشاپراق كەتمەك
10. 点蚀（名）diǎn shí چېكىتلىق چىرىش
11. 侧隙（名）cè xì بان يوچۇق
12. 齿坯（名）chǐ pī چىش راسلانمىسى، يېرىك چىش
13. 螺纹（名）luó wén رىزبا
14. 螺杆（名）luó gǎn رىزبىلىق خادا، بۇرمىلىق خادا
15. 正变位（名）zhèng biàn wèi مۇسبەت ئورۇن ئۆزگىرىش
16. 负变位（名）fù biàn wèi مەنپى ئورۇن ئۆزگىرىش
17. 塑性（名）sù xìng پىلاستىكلىق
18. 齿心（名）chǐ xīn چىش ئۆزىكى
19. 韧性（名）rèn xìng شىرشىملىق، ئەۋرىشىملىك
20. 碳钢（名）tàn gāng كاربونلۇق پولات
21. 正火（名）zhèng huǒ نورماللاشتۇرۇش
22. 滚齿（名）gǔn chǐ دومىلىما چىش
23. 铸铁（名）zhù tiě چۆيۈن
24. 轮辐（名）lún fú چاق شادىسى
25. 母线（名）mǔ xiàn ئانا سىم، ياسىغۇچى سىزىق
26. 轨迹（名）guǐ jì ئىز تىرايېكتورىيە
27. 螺旋（名）luó xuán بۇرما، سپىل
28. 冲击（动）chōng jī زەرب
29. 参数（名）cān shù پارامېتىر
30. 顶隙（名）dǐng xì چوققا يوچۇقى
31. 模数（名）mó shù مودىل ھالەت، قىلىپ ھالىتى
32. 曲齿（名）qū chǐ ئەگرى چىش

作业与练习

一、用汉语解释下列词语

齿轮　点蚀　正变位　负变位　塑性　母线　轨迹　冲击　参数

二、词语解释

仿形法　展成法

三、根据课文内容填空

1. 仿形法加工 ________，但____难以保证。欲加工精确齿廓，对模数和压力角相同的、齿数不同的齿轮，应采用不同的______，而这在实际中是_______。

2. 利用展成法加工时，刀具与齿坯的运动就像一对互相啮合的______，最后刀具将切出渐开线齿廓。

3. 用展成法加工齿轮时，只要刀具与被切齿轮的_____和_____相同，不论被加工齿轮的齿数是多少，都可以_________来加工，这给生产带来了很大的方便，因此_______ 得到了广泛的应用。

4. 刀具向远离轮坯方向移动，称为______；刀具向靠近轮坯方向移动为 ______。

刀具移动量为 xm，x 称为变位系数。正变位时，变位系数为____ ；负变位时，

变位系数为__________。

5. 由于圆柱齿轮是有一定宽度的，因此轮齿的______沿轴线方向形成一曲面。平面与基圆柱相切于_____，当平面沿基圆柱做纯滚动时，其上与母线平行的直线在空间所走过的轨迹即为_______，平面称为发生面，形成的曲面即为直齿轮的________。

6. 一对直齿圆锥齿轮传动的正确啮合条件是________，_________，________。

四、根据课文内容回答问题

1. 什么是变位齿轮？

2. 展成法切制齿轮常用的刀具有哪几种？

3. 选择齿轮材料的基本要求有哪些？

4. 渐开线直齿圆柱齿轮传动的设计基本准则是什么？

5. 什么叫渐开线曲面？什么叫齿廓曲面？

6. 斜齿圆柱齿轮传动啮合特点有哪些？

7. 直齿圆锥齿轮传动的正确啮合的条件有哪些？

科普阅读

电力机车

1879 年出世的世界第一台电力机车，是利用两条铁轨之间的第三条轨将电力引进机车里的。这种供电方式适合于电压和功率都比较低的情况。

随着电力机车的发展，要使它跑得快，运载量大，就得提高电力机车供电系统的电压和功率，因而需要使用高压输电线和变电装置。在这种情况下，就不能再使用设在地面上的第三条轨供电的方式了，因为这既不安全，又给使用带来不便。1881 年，德国试验成功一种适合以高压输电线供电的电力机车新的供电系统，叫作“架空接触导线”供电系统，也就是将电力机车的供电线路由地面转向空中。实际上，这种供电系统和现在城市中的有轨电车相似，在车顶上装着一条“长辫子”。它与以前使用蓄电池的电动机车的主要不同在于，它自身不带电源，由电厂供电，所以机车的结构比较简单，但需要一套供电设备。这种

SS4 改电力机车

装有“长辫子”的火车，依靠装在车顶上的受电弓子把电力从架在空中的电线上引到机车里。高压输电线送来的电是高达110千伏的三相交流电，必须经过牵引变电所变成25千伏的单相交流电，方能供机车使用。因此，在电力机车行驶的铁道沿线上，每隔50公里左右设一个牵引变电所。变电所的电又被送到邻近的沿线接触网上，通过机车上的受电弓将交流电引到机车的整流器上，把交流电变成直流电，使直流电动机旋转，再经过一套传动装置，带动车轮转动，机车就会跑动起来。

电力机车虽然问世较早，但直到20世纪60年代才开始受到人们的重视，被大量普遍地使用起来，成为铁路机车家族中的佼佼者。

人们将电力机车称为神通广大的“火车头”，就是因为它比蒸汽机车有着以下独特的优点。一是它的马力大，拉得多、跑得快、爬坡的劲头足。例如，我国在50年代末期修筑的第一条电气化铁路——宝（鸡）成（都）铁路，就充分发挥了电力机车的优越性。从宝鸡到成都，第一道关口就是要翻越气势雄伟的秦岭。过去用3台蒸汽机车拉一列950吨货车上秦岭时，像老牛拉车每小时才行走18公里。蒸汽机车下坡时是靠闸瓦制动的，而闸瓦因摩擦就会变热，如果不及时冷却就难以将机车制动住。为了保证行车的安全，蒸汽机车的下坡速度比爬还慢，有时甚至走走停停，以便使受热的闸瓦有足够的时间冷却。后来用3台电力机车取代同样数量的蒸汽机车，就能拉着2 400吨的货物，以时速50公里快速上坡，比蒸汽机车在运货量和速度上都提高了近两倍。电力机车下坡时，采用电阻制动，使列车能以每小时40公里的速度下坡，既快速又安全。二是电力机车用的是“干净”的电能，它不冒黑烟、扬灰渣，因而不会污染环境。即使是通过几公里长的隧道，旅客也不必担心浓烟和废气熏人，也不会被讨厌的煤灰渣迷住眼睛或弄脏衣服。机车驾驶人员也能在宽敞明亮的司机室进行操作。三是电力机车操作简便，出车前的准备时间短，不像蒸汽机车那样，既要装煤，又要加水，也不像内燃机车需要加油。无论是在缺水的沙漠地带，或是在冰天雪地的寒冷地区，只要有电力供应，电力机车就能牵引列车昼夜行驶。四是电力机车使用的是电能，既可由煤炭、石油来发电，也可由水力、核能、天然气、地热、太阳能等发电，能量来源比蒸汽机车和内燃机车丰富，而且效率高。蒸汽机车的热效率只有7%；内燃机车的热效率较高，约为28%；而采用火力发电的电力机车，其效率可达30%，若以水力发电时，热效率高达60%～70%。

20世纪50年代，由于石油得到大量开采，价格低廉，所以世界各国都在研制和使用内燃机车，而把电力机车放在次要地位。但是，在石油生产国提高石油价格，发生了世界性的石油危机之后，人们又把注意力转向了电力机车，从而促进了电力机车的迅速发展。当时欧洲各国的电力机车的发展较快，如瑞士、荷兰等国研制的电力机车和供城市交通使用的有轨电车。日本制成了一种交直流两用电力机车，使用更为方便。

我国对电力机车使用很重视，除了建成宝成路电气化线路外，又修建了多条电气化线路，大大提高了机车的运载量。与此同时，我国还研制成了“韶山”型电力机车，也投入使用。

电力机车除了在铁路和城市地面交通（即有轨电车）使用外，还多用于城市中地铁，如意大利米兰市地铁、我国北京地铁用的电力机车等。现在的北京地铁电力机车上的“长辫子”已经不见了。这是怎么回事呢？原来，它是将“长辫子”从车顶上移到铁轨旁边的路基上。这样，架设和检修都很方便，但路轨附近有触电的危险，所以严禁乘客跳下站台，以保证人身安全。

有的国家制成了具有万匹马力的电力机车，使火车的速度超过了每小时200公里。目前正在研制的大功率电力机车，将会使火车的速度得到进一步提高。电力机车将有着美好的发展前景。

电力机车是从接触网获取电能，再利用牵引电机驱动的机车，是非自带能源式的机车。机车有许多种类，一是直流电力机车，这种机车在国内应用最广，城市电车、地铁、铁道运输等方面都有应用，但受接触网电压的影响，机车功率受到一定限制。二是单相低频交流电力机车，这种机车采用单相整流子牵引电机，主要问题是整流要求采用较低的供电频率，比如25赫兹这种机车在欧美有应用，需要设立专门的发电厂和变频装置。三是单相工频交流电力机车（整流器式电力机车），这种机车是国内普遍采用的，如韶山Ⅰ型、韶山Ⅲ型等。四是采用直流他励牵引电机的机车，如韶山Ⅱ型。和采用交流无换向器牵引电机的机车，如德国的ICE型高速电动车组和株洲厂的DJ2型等。

电力机车由机械、电气、空气管路三大系统组成，下面简要介绍整流器式和交直交电力机车的原理。接触网供单相交流电—机车内牵引变压器降压—整流后变成直流电—供给直流牵引电机—牵引电机旋转带动机车运行。

机车蓄电池供96V启动，80kW启动发电机。启动发电机发动机车柴油机，柴油机运转带动同步主发电机运行，45kW的感应子励磁机通过整流输出直流电给同步主发电机转子励磁，主发电机正常发电（当柴油机运转后，启动发电机转成他励发电机运行，发出110V恒定直流电，供给空压机以及一些机车辅助设备，另外再给机车蓄电池充电），同步主发电机发出三相交流电，经过主整流柜，供给6台直流牵引电机，最后，机车启动。

韶山Ⅷ型电力机车模型

第六课　平面连杆机构

平面连杆机构是常用的低副机构，是由若干构件和低副组成的平面机构。其中以由四个构件组成的四杆机构应用最广泛，而且是组成多杆机构的基础。因此，讨论四杆机构的基本类型、性质及常用设计方法尤为重要。

由转动副联接四个构件而形成的机构，称为铰链四杆机构，固定不动的构件是机架；与机架相连的构件称为连架杆；不与机架直接相连的构件称为连杆。连架杆中，能做整周回转的称为曲柄，只能做往复摆动的称为摇杆。根据两连架杆中曲柄（或摇杆）的数目，铰链四杆机构可分为曲柄摇杆机构、双曲柄机构和双摇杆机构。

两连架杆中一为曲柄、一为摇杆的铰链四杆机构称为曲柄摇杆机构。曲柄摇杆机构的作用是将曲柄的回转运动转换成摇杆的往复摆动。雷达、汽车前窗刮雨器与搅拌机均为曲柄摇杆机构的应用。两连架杆均为曲柄的四杆机构称为双曲柄机构。惯性筛即为双曲柄机构的应用。

曲柄机构中，当两曲柄长度相等，连杆与机架的长度也相等时，称为平行双曲柄机构（平行四边形机构）。机车车轮联动机构就是平行双曲柄机构的具体应用。它能保证被联动的各轮与主动轮做相同的运动。

平行四边形机构。如公共汽车车门启闭机构。当主动曲柄转动时，通过连杆使从动曲柄朝相反方向转动，从而保证两扇车门同时开启和关闭。两连架杆均为摇杆的四杆机构称为双摇杆机构。起重机、飞机起落架即为双摇杆机构的应用。

铰链四杆机构存在一个曲柄的条件，一是最短杆与最长杆长度之和小于或等于其余两杆长度之和。二是曲柄为最短杆。铰链四杆机构存在曲柄的条件是，一是最短杆与最长杆长度之和小于或等于其余两杆长度之和（简称杆长和条件）。二是机架或连架杆为最短杆（简称最短杆条件）。

含有一个移动副的四杆机构主要包括曲柄滑块机构、摇杆滑块机构、曲柄摇块机构和导杆机构。

在曲柄滑块机构（曲柄摇杆机构）中，若曲柄很短，可将转动副 B 的尺寸扩大到超过曲柄长度，则曲柄 AB 就演化成几何中心 B 不与转动中心 A 重合的圆盘，该圆盘称为偏心轮，含有偏心轮的机构称为偏心轮机构。

词语

1. 连杆（名）lián gǎn　　شاتون،چاتقۇچى دەستە
2. 多杆（名）duō gǎn　　كۆپ خادا
3. 转动副（名）zhuǎn dòng fù　　ئايلانما ھەركەت قۇشۇمچىسى
4. 摇杆（名）yáo gǎn　　تەۋرەنمە دوستە

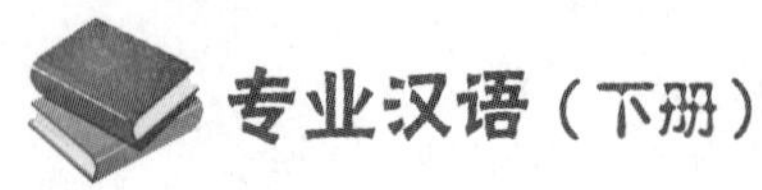

5. 搅拌（动）jiǎo bàn　ئارلاشتۇرۇش
6. 惯性筛（名）guàn xìng shāi　ئىنېرتسىيىلىك تاسقاش
7. 曲柄（名）qū bǐng　ئەگرى ساپ
8. 启闭（动）qǐ bì　ئېچىلىش - يېپىلىش
9. 机架（名）jī jià　ماشىنا جازىسى، ستانوك جازىسى
10. 连架杆（名）lián jià gǎn　جازا تۇتاشتۇرغۇچى دەستە
11. 铰链（名）jiǎo liàn　چاتقۇچ، شارنىر
12. 移动副（名）yí dòng fù　سىيرىلما ھەركەت قوشۇمچىسى
13. 运动副（名）yùn dòng fù　ھەركەت قوشۇمچىسى
14. 滑块（名）huá kuài　سىيرىلما بلوك
15. 导杆（名）dǎo gǎn　يۆنەلدۈرگۈچى خادا
16. 偏心轮（名）piān xīn lún　ئاغما مەركەزلىك چاق، دوقاچاق

作业与练习

一、用汉语解释下列词语

连杆　　摇杆　　惯性筛　　连架杆　　铰链　　滑块

二、词语解释

转动副　　偏心轮

三、根据课文内容填空

1．铰链四杆机构中固定不动的构件是 ________；与机架相连的构件为________；不与机架直接相连的构件称为________。

2．根据两连架杆中曲柄（或摇杆）的数目，铰链四杆机构可分为________、______和 ________。

3．曲柄机构中，当两曲柄长度相等，________与 ________的长度也相等时，称为（平行四边形机构）。

4．含有一个移动副的四杆机构主要包括________、________、________和________。

四、根据课文内容回答问题

1．什么是平面连杆机构？
2．什么是铰链四杆机构？
3．简述曲柄摇杆机构？
4．什么叫双摇杆机构？
5．铰链四杆机构存在一个曲柄的条件是什么？
6．什么叫偏心轮？

科普阅读

高速火车

日本、法国、德国是当今世界高速火车技术发展水平最高的三个国家。

法国高速火车

高速火车的实际应用发源于日本。1959 年，日本国铁开始建造东京至大阪的高速铁路，并在 1964 年开通，全长 515 公里，火车时刻表时速 210 公里，称为东海新干线。随后向西延伸，大阪至博多称为山阳新干线，全长 1 069 公里。1982 年，大宫至盛冈间 465 公里的东北新干线开通，同年 11 月，大宫至新潟间的上越新干线也开通运营。1970 年，日本制定“全国新干线火车网建设法”，1972 年日运输省又规划了五条新干线：北陆新干线（东京—大阪—富山）、东北新干线延长线（盛冈—青森）、九州新干线（博多—鹿儿岛）、长崎新干线（博多—长崎）、北海道新干线（青森—札幌）。

法国高速火车称 TGV（ Train a Grande Vitesse 法文高速列车之意）。法国国铁（SNCF）从 1950 年开展高速火车技术研究，1955 年研制的样车试车，就创造了当时的世界最高纪录——火车时刻表时速 331 公里，使人们看到了这一技术的发展前景。法国高速火车实际运营开始于 1967 年，稍晚于日本。但法国国铁不断改进，使 TGV 的速度不断创新，1972 年法国完成了编号为 TGV001 的原型列车，最高火车时刻表时速 318 公里。1981 年，一列由七节车厢组成的 TGV 列车创下了火车时刻表时速 380 公里的新纪录，冲破了被称为极限的 375 公里火车时刻表时速。1990 年，第二代 TGV 列车又以 515.3 公里的火车时刻表时速刷新了世界纪录。法国高速列车于 2007 年 4 月 3 日在行驶试验中达到 574. 8 公里的时速。TGV 已成为法国人日常生活不可缺少的一部分。法国 TGV 线路目前分为 4 部分：巴黎东南线（TGV PSE），由巴黎至里昂运行 3 小时 50 分，火车时刻表时速 260 公里。大西洋线（TGV Atlantique），由巴黎通往大西洋岸，火车时刻表时速 300 公里。北方线（TGV Nord）从巴黎出发，穿越英伦海峡进入英国。另有支线到布鲁塞尔，并延伸至阿姆斯特丹、科伦、法兰克福。东线（TGV Strasbourg），由巴黎到斯特拉斯堡。

德国 ICE

德国高速火车称为 ICE（Inter City Express）。1979 年试制成第一辆 ICE 机车。1982 年德国高速火车计划开始实施。1985 年 ICE 的前身 Inter City Experimiental 首次试车，以火车时刻表时速 317 公里打破德国火车 150 年来的纪录，1988 年创造了火车时刻表时速 406.9 公里的纪录。1990 年一台机车加 13 辆车厢的 ICE 列车开始在 Wurzburg—Fulda 试运行，火车时刻表时速为 310 公里。1992 年德国火车以 29 亿马克购买了 60 列 ICE 列车，其中41列运行于第六号高速火车，分别连接汉堡、法兰克福、斯图加特，运行火车时刻表时速200公里。目前，德国已建成高速火车1 000多公里，到2000年，德国计划建成11条高速火车。

中国的京津城际铁路已经开通，使用的是CRH3型动车组。

中国动车组主要有CRH1、CRH2、CRH3、CRH5、CRH380A、CRH380BL、CRH380C、CRH380D、CRH6。曾经CRH2C是高铁主力，现在已经逐渐被CRH380系列和CRH3系列所取代。

火车和其他车辆一样，是利用车轮行驶的。火车的轮子不断地在钢轨上滚动，才推动列车飞速前进。然而，车轮也对列车的高速行驶带来不利影响。

随着火车速度的提高，轮子和钢轨便产生猛烈的冲击和磨损，引起列车强烈的震动，发出很强的噪声，从而使乘客感到不舒服。不仅如此，由于列车在行驶中所受到的阻力（空气阻力和摩擦阻力）与速度的平方成正比。速度越高，阻力越大。所以，在利用车轮滚动行驶的条件下，当火车行驶速度超过一定值（每小时300公里）时，就再也快不了了。但是，人们总希望火车的速度越快越好。怎样解决这个矛盾呢？有些人就提出把妨碍列车速度提高的车轮甩掉，设法使列车像飞机在空中飞行一样，在钢轨上腾空行驶，不就克服了轮子所带来的各种缺点吗！于是，没有轮子的火车便随之诞生了。

中国磁悬浮　——新湖明珠号

火车头和车厢都很重，如何使它们腾空起来呢？科学家通过研究，提出了两种解决方法。第一种办法是，利用功率很强的航空发动机向轨道上喷射压缩空气，使列车的车底和轨道之间形成一层几毫米厚的空气垫，从而将整个列车托起，悬浮在轨道面上。再用装在后面的螺旋桨式发动机推动列车前进。这种火车通常叫做“气悬浮列车”。由于它好像被气垫托起来一样，所以又叫做“气垫列车”。

法国是世界上最早修建气垫列车的国家。20世纪60年代，在巴黎和奥尔良郊外建成了两条气悬浮式铁路，一条长18公里，另一条长6.7公里，曾进行了多次运行试验。列车的试验速度为每小时200~422公里。1969年在奥尔良郊外使用的气垫车，长26米，宽3.2米，高4.35米，重20吨，可乘80人。

后来，英国也进行了气垫列车试验。1955年，易安迪制造两款LWT-12气垫列车，被联合太平洋等铁路公司购买，但没能流行起来。第二种办法是，利用磁体同性相斥的原理，使车体在轨道上悬浮起来，再用发动机推动列车前进。人们把这种列车叫做磁浮列车。

磁浮列车是在列车的底部装有用一般材料或超导体材料（在一定温度下这种导体的电阻接近于零）绕制的线圈，而在轨道上安装环形线圈。根据法拉第的电磁感应定律，当列车底部的线圈通入电流产生的磁力线被轨道环形线圈所切割，就在环形线圈内产生感应磁场，它与列车底部超导线圈产生的磁场同性相斥，就使列车悬浮起来。由于悬浮列车克服了轮子和轨道的摩擦阻力，因而可使列车的速度达到或超过每小时300公里。

由于磁浮列车的速度非常快，可与一般飞机的飞行速度媲美，人们称它为“飞行列车”和“超特快”列车。乘坐这种列车，使人感到既舒适、安全，又特别迅速。在车内听不到单调刺耳的车轮撞击声，即使行驶速度很高时，乘客也会觉得像坐飞机那样平稳。它的速度可达每小时500多公里。从北京到上海，距离约1600公里。如果乘坐这种没有轮子的火车，只要3个小时就可驶完全程，比普通火车快了六七倍。

磁浮火车是在20世纪60年代开始研制的。世界上第一条实用性的磁浮铁路建在原联邦德国汉堡市展览馆至展览广场之间，全长908米，轨道为高架桥式。磁浮列车长26.24米，可载客68人。它可浮离轨面10毫米运行，最高时速为75公里。1979年12月12日，日本研制的磁浮列车进行了一次运行试验，时速达到504公里。试验是在日本宫崎县向市的铁路试验中心进行的。所用的试验车长13.5米，高2.7米，宽3.8米，重10吨。试验时，列车先经过一段短距离行驶，获得起始速度后，列车便在导轨上（通常为单轨，也有双轨的）浮升100毫米，并快速向前飞驰。磁浮列车在悬空行驶时，是不使用车轮的。但在起动或刹车时，还需要用车轮。

世界第一条磁悬浮列车示范运营线——上海磁悬浮列车，建成后，从浦东龙阳路站到浦东国际机场，30多公里只需8分钟。上海磁悬浮列车是“常导磁吸型”（简称“常导型”）磁悬浮列车。是利用“异性相吸”原理设计，是一种吸力悬浮系统，利用安装在列车两侧转向架上的悬浮电磁铁，和铺设在轨道上的磁铁，在磁场作用下产生的吸力使列车浮起来。上海磁悬浮列车时速430公里，一个供电区内只能允许一辆列车运行，轨道两侧25米处有隔离网，上下两侧也有防护设备。转弯处半径达8 000米，肉眼观察几乎是一条直线；最小的半径也达1 300米。乘客不会有不适感。轨道全线两边50米范围内装有国际先进的隔离装置。2002年12月31日全线试运行，2003年1月4日正式开始商业运营。是世界第一条商业运营的磁悬浮专线。这列当今世界上最酷最炫的列车，带车头的车厢长27.196米，宽3.7米。中间的车厢长24.768米，14分钟内能在上海市区和浦东机场之间打个来回。置身其中，可亲身体验到这架“陆地客机”所带来的奇异感受，好像是骑着在陆地低飞的雄鹰。

第七课　齿轮

在机器中，常将一系列相互啮合的齿轮组成传动系统，以实现变速、分路传动、运动分解与合成等功用。这种由一系列齿轮组成的传动系统称为轮系。

根据轮系在运转时各齿轮轴线的相对位置是否固定，可以分为两种类型，即定轴轮系和周转轮系。定轴轮系是指所有齿轮几何轴线的位置都是固定的轮系；若轮系中至少有一个齿轮的几何轴线不固定，而绕其他齿轮的固定几何轴线回转，则称为周转轮系。

所谓轮系的传动比，是指该轮系中首轮的角速度（或转速）与末轮的角速度（或转速）之比。轮系的传动比计算，包括计算其传动比的大小和确定输出轴的转向两个内容。

不能直接用定轴轮系传动比的公式计算行星轮系的传动比。可应用转化轮系法。根据相对运动原理，假想对整个行星轮系加上一个与 n_H 大小相等而方向相反的公共转速 $-n_H$，则行星架被固定，而原构件之间的相对运动关系保持不变。这样，原来的行星轮系就变成了假想的定轴轮系。这个经过一定条件转化得到的假想定轴轮系，称为原行星轮系的转化轮系。

转化轮系运动演示

构件名称	原来的转速	转化轮系中的转速
太阳轮 1	n_1	$n_1^H=n_1-n_H$
行星轮 2	n_2	$n_2^H=n_2-n_H$
太阳轮 3	n_3	$n_3^H=n_3-n_H$
行星架（系杆）H	n_H	$n_H^H=n_H-n_H=0$

利用定轴轮系传动比的计算方法，可列出转化轮系中任意两个齿轮的传动比。

在使用时应特别注意以下两点。

一是公式只适用于圆柱齿轮组成的行星轮系。对于由圆锥齿轮组成的行星轮系，当两太阳轮和行星架的轴线互相平行时，仍可用转化轮系法来建立转速关系式，但正、负号应按画箭头的方法来确定。并且，不能应用转化机构法列出包括行星轮在内的转速关系。

二是将已知转速带入公式时，注意“+”“-”号。一方向代正号，另一方向代负号。求得的转速为正，说明与正方向一致，反而反之。

复合轮系是指由定轴轮系和周转轮系组合成的轮系。计算复合轮系的传动比时，不能将整个轮系按求定轴轮系或周转轮系传动比的方法来计算，而应将复合轮系中的定轴轮系和周转轮系区分开，分别列出它们的传动比计算公式，最后联立求解。计算复合轮系的传动比时，关键是将定轴轮系和周转轮系正确地划分出来。

首先把其中的周转轮系找出来。方法是先找出行星轮和系杆，要注意有时系杆不一定是杆状，再找出与行星轮相啮合的太阳轮。行星轮、太阳轮和系杆便构成一个周转轮系。找出所有的周转轮系，剩余的就是定轴轮系。轮系的功用包括实现大传动比传动和实现远距离传动。

当两轴之间需要较大的传动比时，如果仅用一对齿轮传动，必然使两轮的尺寸相差很大，小齿轮也较易损坏。通常一对齿轮的传动比不大于5～7。由于定轴轮系的传动比等于该轮系中各对啮合齿轮传动比的连乘积，所以采用轮系可获得较大的传动比。尤其是周转轮系，可以用很少几个齿轮获得很大的传动比，而且结构很紧凑。

当两轴间的距离较远时，如果仅用一对齿轮传动，两轮尺寸很大，这样既占空间又费材料。若改用轮系传动，则可使整个机构的轮廓尺寸减小。

词语

1. 轮系（名）	lún xì	چاق سىستېمىسى
2. 定轴（名）	dìng zhóu	مۇقىم ئوق
3. 周转（名）	zhōu zhuǎn	ئوبوروت
4. 角速度（名）	jiǎo sù dù	بۇلۇڭلۇق تېزلىك
5. 对数（名）	duì shù	لوگارىدما
6. 蜗杆（名）	wō gǎn	چىرۋەك دەستە
7. 蜗轮（名）	wō lún	چىرۋەك چاق
8. 行星轮（名）	xíng xīng lún	يۇلتۇزسىمان چاق
9. 太阳轮（名）	tài yáng lún	قۇياش چاق
10. 功用（名）	gōng yòng	پايدا، ئۈنۈم، رولى
11. 轮廓（名）	lún kuò	چاق دائىرىسى

作业与练习

一、用汉语解释下列词语

定轴　角速度　蜗杆　行星轮　太阳轮

二、词语解释

轮系　轮系传动比

三、根据课文内容填空

1. 根据轮系在运转时各齿轮轴线的相对位置是否固定，可以分为_______和_______两种类型。

2. 假想对整个_________加上一个与 n_H 大小相等而方向相反的公共转速 $-n_H$，则____被固定，而原构件之间的相对运动关系保持_______。

3. 利用定轴轮系传动比的__________，可列出转化轮系中任意两个齿轮的________。

4. 当两轴之间需要较大的______时，如果仅用一对齿轮传动，必然使_______的尺寸相差很大，小齿轮也较易_______。

5. 采用轮系可获得较大的________。尤其是________，可以用很少几个齿轮获得很大的传动比，而且结构很_______。

6. 当两轴间的距离较远时，如果仅用_______传动，两轮尺寸很大，这样既占空间又费材料。若改用_______，则可使整个机构的轮廓尺寸减小。

四、根据课文内容回答问题

1．什么叫定轴轮系？什么叫周转轮系？

2．什么是转化轮系法？

3．使用传动比计算时应特别注意哪些方面？

4．找出周转轮系和定轴轮系的方法是什么？

5．轮系的功用主要有哪些？

科普阅读

飞机

20世纪初，滑翔机和动力机械已经成熟，许多飞行家开始将动力机械装到滑翔机上，研究动力飞行。

1882年，俄国的莫查伊斯基制造过一架机翼像平板似的蒸汽飞机。1886～1890年，法国阿代尔先后造过4架蒸汽飞机。1893年，英国马克西姆也造过一架大型蒸汽飞机。1896年，美国兰利则造过蒸汽飞机模型。但是，这些飞机都因动力不佳或其他原因而未能飞行成功。尽管俄国、法国和英国均声称它们造过最早的飞机，但并未被公认。

真正的飞机发明者是美国的莱特兄弟。这哥俩从小对飞行十分感兴趣，他们研究过鸟的飞行，曾用绳子拉着滑翔机，像放风筝那样试飞过。他们自己造出了内燃发动机和螺旋桨，并且将自己制造的带螺旋桨和发动机的飞机模型，放到自制的“风洞”中去模拟飞行。为了试飞飞机，他们还亲自写信给气象局，寻找理想的试飞场地。

1903年9月，他们将自己制造的“飞行者1号”飞机拉到东海岸的基蒂·霍克海滩，进行了充分的试飞准备。12月17日，这是一个不寻常的日子，弟弟奥维尔·莱特和哥哥威尔伯·莱特分别驾驶着“飞行者1号”飞机，成功地飞行了4次，总共飞了97秒钟，飞了441米远。虽然只有短短时间和距离，但这却是人类第一次真正地乘动力飞机飞行。当最后一次飞行结束时，威尔伯·莱特激动地说：“飞行时代终于来临了！”是的，这的确是一次划时代的飞行。

值得一提的是，关于飞机的发明权，还有一段插曲。1901年，美国政府曾出资5万美元，叫兰利研究飞机。1903年，莱特兄弟成功飞行的前70天，兰利研制的“航空站号”飞机也试飞过，可惜失败了。莱特兄弟成功后，美国另一位飞行家寇蒂斯曾对“航空站号”进行改装，并重新试飞成功。于是，他宣称，第一架飞机的发明者不是莱特，而是兰利。由于兰利是当时美国地位显赫的斯密逊研究院院长，所以当时的斯密逊研究院竟滥用职权，宣布“航空站号”飞机是最早成功的飞机。直到1942年，新任斯密逊研究院院长才纠正了过去的错误声明，为莱特兄弟平了反。同时决定，将莱特的“飞行者1号”陈列在美国博物馆的最佳位置。

当然，像任何一项发明都是在前人积累的经验基础上诞生的一样，飞机的发明也不是凭空出现的。莱特兄弟成功的原因在于总结了飞行前辈的经验。在“飞行者1号”成功之前的许多飞行家的经验，也将在航空史上留下光辉的一页。

第八课　轴

轴是组成机器的重要零件之一。轴的主要功用是支撑旋转零件（例如齿轮、蜗轮等）、传递运动和动力。

按轴承受的载荷不同，可将轴分为转轴、心轴和传动轴三种。心轴工作时仅承受弯矩而不传递转矩，如自行车轴。转轴工作时既承受弯矩又承受转矩，如减速器中的轴。传动轴则只传递转矩而不承受弯矩，如汽车中联接变速箱与后桥之间的轴。根据轴线的形状的不同，轴又可分为直轴、曲轴和挠性钢丝轴。曲轴和挠性钢丝轴属于专用零件。直轴按外形不同又可分为光轴和阶梯轴。光轴形状简单，对应力集中，易加工，但轴上零件不易装配和定位，常用于心轴和传动轴。阶梯轴各轴段截面的直径不同，这种设计使各轴段的强度相近，而且便于轴上零件的装拆和固定，因此阶梯轴在机器中的应用最为广泛。直轴一般都制成实心轴，但为了减少重量或为了满足有些机器结构上的需要，也可以采用空心轴。

轴的材料主要是碳钢和合金钢。钢轴的毛坯多数用轧制圆钢和锻件。锻件的内部组织均匀，强度较好，重要的轴、大尺寸或阶梯尺寸变化较大的轴，应采用锻制毛坯。对直径较小的轴，可直接用圆钢加工。由于碳钢比合金钢价廉，对应力集中的敏感性较低，同时也可以用热处理的办法提高其耐磨性和抗疲劳强度，故轴采用碳钢制造最广泛，其中最常用的是 45 号钢。不重要或低速轻载的轴以及一般传动的轴也可以使用 Q235、Q275 等普通碳钢制造。合金钢比碳钢具有更高的力学性能和更好的淬火性能。因此，在传递大动力，并要求减小尺寸与质量，提高轴的耐磨性，以及处于高温条件下工作的轴，常采用合金钢。高强度铸铁和球墨铸铁由于容易制成复杂的形状，而且价廉，吸振性和耐磨性好，对应力集中的敏感性较低，故常用于制造外形复杂的轴。

轴的结构设计包括定出轴的合理外形和全部结构尺寸。轴的结构主要取决于以下因素。轴在机器中的安装位置及形式；轴上安装零件的类型、尺寸、数量以及和轴联接的方法；载荷的性质、大小、方向及分布情况；轴的加工工艺等。由于影响轴的结构的因素较多，且其结构形式又要随着具体情况的不同而异，所以轴没有标准的结构形式。设计时，必须针对不同情况进行具体的分析。但是，不论何种具体条件，轴的结构都应满足：轴和装在轴上的零件要有准确的位置；轴上零件应便于装拆和调整；轴应具有良好的制造工艺性等。

轴的结构和形状取决于下面几个因素。轴的毛坯种类；轴上作用力的大小及其分布情况；轴上零件的位置、配合性质及其联接固定的方法；轴承的类型、尺寸和位置；轴的加工方法、装配方法以及其他特殊要求。可见影响轴的结构与尺寸的因素很多，设计轴时要全面综合地考虑各种因素。对轴的结构进行设计主要是确定轴的结构形状和尺寸。一般在进行结构设计时的已知条件有：机器的装配简图、轴的转速、传递的功率、轴上零件的主要参数和尺寸等。

轴的结构设计中应注意以下主要问题。

一是轴上零件的轴向定位及固定。轴向固定，轴上零件的轴向定位是以轴肩、套筒、圆螺母、轴端挡圈和轴承端盖等来保证的；轴肩分为定位轴肩和非定位轴肩两类，利用轴肩定位是最方便可靠的方法；套筒定位：结构简单，定位可靠，轴上不需开槽、钻孔和切制螺纹。

二是轴上零件的周向定位及固定。为了满足机器传递运动和转矩的要求，轴上零件除了需要轴向定位外，还必须有可靠的周向定位。周向定位的目的是限制轴上零件与轴发生相对转动。常用的周向定位零件有键、花键、销、紧定螺钉，另外还可采用过盈配合等方法，其中紧定螺钉只用在传力不大之处。齿轮与轴之间的周向固定一般采用平键联接。

三是轴的结构工艺性。轴的结构应便于加工与装配。形状力求简单，阶梯轴的级数尽可能少，而且各段直径不宜相差太大。轴上需磨削的轴段应设计出砂轮越程槽，需车制螺纹的轴段应有退刀槽。轴上各圆角、倒角、砂轮越程槽及退刀槽等尺寸尽可能统一，同一轴上的各个键槽应开在同一母线位置上。为便于装配，轴端应有倒角。轴肩高度不能妨碍零件的拆卸。对于阶梯轴，一般设计成两端小中间大的形状，以便于零件从两端装拆。

词语

1. 轴（名）zhóu ئوق
2. 支撑（动）zhī chēng تىرەش
3. 挠性（名）náo xìng ئېگىلىشچانلىق
4. 载荷（名）zài hè يۈك، يۈك كۆتۈرۈش، يۈك كۆتۈرۈشچانلىق
5. 弯矩（名）wān jǔ ئېگىلىش مومېنتى
6. 转矩（名）zhuàn jǔ ئايلىنىش مومېنتى
7. 变速箱（名）biàn sù xiāng سۈرئەت ئۆزگەرتىش كۆرۈپكىسى
8. 后桥（名）hòu qiáo ئارقا ئوق، ئارقا ئوس، ئارقا كۆۋرۈك
9. 碳钢（名）tàn gāng كاربونلۇق پولات
10. 球墨（名）qiú mò شارسىمان گىرات
11. 耐磨性（名）nài mó xìng سۈركىلىشكە چىدامچانلىقى
12. 吸振性（名）xī zhèn xìng تەۋرەشنى سۈمۈرۈشچانلىقى
13. 毛坯（名）máo pī راسلانما
14. 功率（名）gōng lǜ قۇۋۋەت
15. 轴肩（名）zhóu jiān (ئوق يەلكىسى   ۋال
16. 套筒（名）tào tǒng كېيدۇرمە، كۆزنەك
17. 钻孔（动）zuān kǒng تۆشۈك تېشىش
18. 花键（名）huā jiàn تالالىق زىخچە
19. 过盈（形）guò yíng چىڭقالملىق
20. 倒角（名）dǎo jiǎo پەرلەش، دۈمكۆمتۈرۈلگەن بۆلۈك
21. 砂轮（名）shā lún قۇم چاق
22. 越程槽（名）yuè chéng cáo ھالقىما پروگراممىلىق ئوقۇر

作业与练习

一、用汉语解释下列词语

支撑　弯矩　变速箱　后桥　钻孔　吸振性

二、词语解释

轴　轴的结构工艺性

三、根据课文内容填空

1. 轴的主要功用是__________、__________和__________。

2. 按轴承受的载荷不同，可将轴分为_______、__________和__________三种。

3. 根据轴线的形状的不同，轴又可分为________、__________和__________。

4. 直轴一般都制成________，但为了减少重量或为了满足有些机器结构上的需要，也可以采用________。

5. 轴的材料主要是__________和__________。

6. 轴的结构设计包括__________和__________。

7. 轴上各_____、______、_______及______等尺寸尽可能统一，同一轴上的各个应开在同一母线位置上。

四、根据课文内容回答问题

1. 简述轴的分类。

2. 轴的结构取决于哪几个因素？

3. 轴的形状取决于哪几个因素？

4. 轴的结构设计中应注意哪几个主要问题？

科普阅读

轮船

自 18 世纪中叶蒸汽机发明后，许多人都试图把蒸汽机作为动力装置用于船舶的行驶，以代替原始的风帆，并进行了大量的探索。

有比较可靠记载的是，法国人乔弗莱于 1783 年 7 月制成了世界上最早的近代明轮——“波罗斯卡非”号，以两个直径为 5 米的巨大桨轮作为推进器。然而就在轮船于索思河上试航 15 分钟后，蒸汽锅炉发生了爆炸。这艘世界上最早问世的明轮船以失败告终。

1802 年，对蒸汽机很有研究的英国机械工程师薛明敦，在一个名叫邓达斯的人的资助下，制成了一艘蒸汽明轮船，该船的桨轮装在船尾，以一台 10 马力的单缸蒸汽机驱动。并在苏格兰格拉斯哥附近的一条运河上试航成功，这是世界上第一艘试航成功的蒸汽机轮船。然而因运河公司怕轮船激起的水浪损坏两侧堤岸，这艘船没能投入运营。

世界上第一艘用于实际运输的轮船是美国人富尔顿制造成功的。他于 1793 年开始致力于蒸汽轮船的研究，并观看过薛明敦的蒸汽轮船试航，得到不少启发。1807 年他在詹姆士·瓦特的支持下，终于在美国制造成功“克莱蒙特”号蒸汽轮船，该船长 45.72 米，宽为 9.14 米，排水量为 100 吨，两个直径 4.6 米的巨大桨轮装在船舷两侧，船中央安装着当时最先进的船用蒸汽机。8 月 18 日，“克莱蒙特”号在纽约附近的哈得逊河上进行试航，以时速 6.4 公里的速度平稳地在哈得逊河上逆流而上，到达纽约州首府奥尔巴尼后再调头顺流而下，回到纽约，往返航程 91.4 公里，试航获得圆满成功。

后来富尔顿把“克莱蒙特”号投放到哈得逊河上进行实际运营，开辟了从纽约到奥尔巴尼的定期航班，载客运货，为社会服务。从此，轮船作为一种新的运输工具写进了世界交通史。富尔顿则被后人尊为轮船的发明人，载入史册。其实，他只能算是蒸汽轮船的改进者而不是发明人，但以轮船运输，却是由他开创的。

内燃机的发明，为轮船的航行提供了新的更为先进有效的动力。这触发了一场轮船制造技术的革命。从此，轮船的制造技术越来越高，航运能力越来越强，规模越来越大。与现代舰船相比，早期的轮船无论从排水量、运载量、航速、续航能力还是船舶本身的装备看，都显得十分简陋。但正是这些早期的蒸汽轮船及其制造者们，揭开了人类航运交通史的新篇章。

第九课　轴承

轴承的功用是支撑轴及轴上零件，保持轴的旋转精度，减少转轴与支撑件之间的摩擦和磨损。根据支撑处相对运动表面的摩擦性质，轴承分为滑动摩擦轴承和滚动摩擦轴承，分别简称为滑动轴承和滚动轴承。

滚动轴承一般由内圈、外圈、滚动体和保持架组成。内圈装在轴颈上，外圈装在机座或零件的轴承孔内。多数情况下，外圈不转动，内圈与轴一起转动。当内外圈之间相对旋转时，滚动体沿着滚道滚动。保持架使滚动体均匀分布在滚道上，并减少滚动体之间的碰撞和磨损。

为满足机械的各种要求，滚动轴承有多种类型。滚动体的形状可以是球轴承或滚子轴承；滚动体的列数可以是单列或双列等。

滚动轴承的失效形式有以下几种。

一是疲劳点蚀。在载荷作用下，滚动体和内外圈接触处将产生接触应力。当接触应力循环次数达到一定数值后，内外圈滚道或滚动体表面将形成疲劳点蚀，使轴承失去工作能力，即失效。

二是塑性变形。在过大的静载荷或冲击载荷作用下，滚动体和内外圈滚道可能产生塑性变形，致使轴承不能正常工作而失效。

三是磨损。轴承在密封不可靠、润滑剂不清洁或多尘环境下工作时，轴承易产生磨粒磨损。

轴承中任何一个元件出现疲劳点蚀以前运转的总转数，或轴承在一定转速下工作的小时数称为轴承的寿命。基本额定寿命是指一批同型号的轴承即使在同样的工作条件下运转，由于材料、热处理及加工因素等的影响，各轴承的寿命也不会完全相同。基本额定动载荷是指基本额定寿命为 10^6 转，即 $L_{10}=1$ 时轴承能承受的最大载荷称为基本额定动载荷，用符号 C 表示。基本额定动载荷是衡量轴承抵抗疲劳点蚀能力的主要指标。如果轴承的基本额定动载荷大，则其抗疲劳点蚀的能力强。

如果作用在轴承上的实际载荷是径向载荷 Fr 和轴向载荷 Fa 的复合作用时，为了计算轴承寿命时能与基本额定动载荷作等价比较，需将实际工作载荷转化为等效的当量动载荷 P。在当量动载荷 P 作用下的寿命与实际工作载荷条件下的寿命相同。

为保证滚动轴承的正常工作，除了要合理选择轴承的类型和尺寸外，还必须正确、合理地进行轴承的组合设计。轴承的组合设计主要解决的问题是轴承的轴向固定、轴承与其他零件的配合、轴承的调整、润滑与密封等。

滚动轴承常用的润滑剂有润滑脂、润滑油及固体润滑剂。润滑方式和润滑剂的选择，可根据轴颈的速度因数 dn 的值来确定。最常用的滚动轴承润滑剂为润滑脂。脂润滑适用于 dn 值较小的场合，其特点是润滑脂不易流失、便于密封、油膜强度较高，故能承受较大的

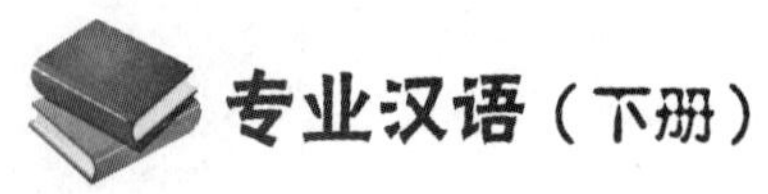

载荷。

对轴承进行密封是为了阻止灰尘、水和其他杂物进入轴承，并阻止润滑剂流失。滚动轴承的密封一般分为接触式密封、非接触式密封和组合式密封。

词语

词语	维吾尔语
1. 轴承（名）zhóu chéng	قازان، ئوق قازان
2. 精度（名）jīng dù	زىللىق، نازۇكلۇق
3. 摩擦（动）mó cā	سۈركىلىش
4. 磨损（动）mó sǔn	سۈركىلىپ ئۇپۇراش
5. 支撑（动）zhī chēng	تىرەش
6. 滚子（名）gǔn zi	تۇلۇق، ۋاللىك، ساقا
7. 润滑剂（名）rùn huá jì	سىلىقلاش خۇرۇچى
8. 元件（名）yuán jiàn	ئېلېمېنت چاست
9. 点蚀（名）diǎn shí	چېكىتلىق چىرىش
10. 塑性（名）sù xìng	پىلاستىكلىق
11. 载荷（名）zài hè	يۈك، يۈك كۆتۈرۈش، يۈك كۆتۈرۈشلۈك
12. 冲击（动）chōng jī	زەرب
13. 额定（名）é dìng	بەلگىلەنگەن، نورمال
14. 衡量（动）héng liáng	ئۆلچەمەك؛ مۆلچەرلىمەك، ئويلاپ باقماق
15. 寿命（名）shòu mìng	ئۆمۈر، جان
16. 因数（名）yīn shù	كۆپەيتكۈچى
17. 油膜（名）yóu mó	ماي پەردىسى
18. 强度（名）qiáng dù	كۈچلۈكلۈك، مەزمۇتلىق
19. 密封（动）mì fēng	ھىملاش

作业与练习

一、用汉语解释下列词语

轴承　　摩擦　　元件　　冲击　　因数　　强度

二、词语解释

寿命　　基本额定寿命

三、根据课文内容填空

1. 轴承分为________和__________两种类型，分别简称为________和__________。

2. 为满足机械的各种要求，滚动轴承有多种_______。滚动体的形状可以是________或________；滚动体的列数可以是______ 或_______等。

3. 滚动轴承常用的润滑剂有__________、_________和__________。

4. 轴承的组合设计主要解决的问题是_________、_________、________和________等。

5. 如果轴承的基本额定动载荷大，则_________________________。

6. 为保证滚动轴承的正常工作，除了要合理选择轴承的_________和 _________外，还必须正确、合理地进行轴承的 _________。

7. 对轴承进行________是为了阻止灰尘、水和其他杂物进入轴承，并阻止________流失。

四、根据课文内容回答问题

1. 轴承的功用主要有哪些？
2. 滚动轴承由哪几部分构成？
3. 滚动轴承的失效形式主要有哪几种？
4. 为什么要对轴承进行密封？
5. 什么是基本额定动载荷？
6. 最常用的滚动轴承润滑剂是什么？它有什么特点？

科普阅读

坦克

乘车战斗的历史，可以追溯到古代，我国早在夏代就有了从狩猎用的车演变而来的马拉战车。但坦克的诞生，则是近代战争的要求和科学技术发展的结果。

第一次世界大战期间，交战双方为突破由堑壕、铁丝网、机枪火力点组成的防御阵地，打破阵地战的僵局，迫切需要研制一种火力、机动、防护三者有机结合的新式武器。英国人E·D·斯文顿在一起意外中发现，如果在拖拉机上装上火炮或机枪，它不就无敌了吗？1915年，英国政府采纳了他的建议，利用汽车、拖拉机、枪炮制造和冶金技术，试制了坦克的样车。

1916年生产了“马克”Ⅰ型坦克，外廓呈菱形，刚性悬挂，车体两侧履带架上有突出的炮座，两条履带从顶上绕过车体，车后伸出一对转向轮。该坦克乘员8人，有“雄性”和“雌性”两种。“雄性”装有2门57毫米火炮和4挺机枪，“雌性”仅装5挺机枪。1916年9月15日，有60辆“马克”Ⅰ型坦克首次投入索姆河战役。当时为了保密，英国将这种新式武器说成是为前线送水的“水箱”（英文“tank”）。结果这一名称被沿用至今，“坦克”就是这个单词的音译。

这种称为“马克”Ⅰ型的坦克靠履带行走，能驰骋疆场、越障跨壕、不怕枪弹、无所阻挡，很快就突破德军防线，从此开辟了陆军机械化的新时代；从那时起到现在，世界上已经制造了数十万辆坦克，成为各国陆军、海军陆战队和空降兵的主要作战武器。

坦克是具有强大直射火力、高度越野机动性和坚固防护力的履带式装甲战斗车辆。它是地面作战的主要突击兵器和装甲兵的基本装备，主要用于与敌方坦克和其他装甲车辆作战，也可以压制、消灭反坦克武器，摧毁野战工事，歼灭有生力量。

第十课　摩擦、磨损及润滑

随着现代科学技术的发展，对摩擦、磨损的研究已经形成一门新的学科领域——摩擦学。为了节约能源、提高效率及延长机械零件的寿命，润滑是必不可少的。了解并掌握这方面的知识有利于正确地设计、使用和维护机器。

各类机器在工作时，其各零件相对运动的接触部分都存在着摩擦，摩擦是机器运转过程中不可避免的物理现象。摩擦不仅消耗能量，而且使零件发生磨损，甚至导致零件失效。据统计，世界上三分之一到二分之一的能源消耗在摩擦上，而各种机械零件因磨损失效的也占全部失效零件的一半以上。磨损是摩擦的结果，润滑则是减少摩擦和磨损的有力措施，这三者是相互联系不可分割的。

在外力作用下，一个物体相对于另一物体运动或有运动趋势时，两物体接触面间产生的阻碍物体运动的切向阻力称为摩擦力。这种在两物体接触区产生阻碍运动并消耗能量的现象，称为摩擦。摩擦会造成能量损耗和零件磨损，在一般情况下是有害的，因此应尽量减少摩擦。但有些情况下却要利用摩擦工作，如带传动，摩擦制动器等。

根据摩擦副表面润滑状态将摩擦状态分为四种：干摩擦、液体摩擦、边界摩擦和混合摩擦。

如果两物体的滑动表面为无任何润滑剂或保护膜的纯金属，这两个物体直接接触时的摩擦称为干摩擦。干摩擦状态产生较大的摩擦功耗及严重的磨损，因此应严禁出现这种摩擦。

两摩擦表面不直接接触，被油膜（油膜厚度一般在1.5～2μm以上）隔开的摩擦称为液体摩擦。

两摩擦表面被吸附在表面的边界膜（油膜厚度小于1μm）隔开，使其处于干摩擦与液体摩擦之间的状态，这种摩擦称为边界摩擦。

在实践中有很多摩擦副处于干摩擦、液体摩擦与边界摩擦的混合状态，称为混合摩擦。

由于液体摩擦、边界摩擦、混合摩擦都必须在一定的润滑条件下才能实现，因此这三种摩擦又分别称为液体润滑、边界润滑和混合润滑。

磨损

运动副之间的摩擦将导致零件表面材料的逐渐损失，这种现象称为磨损。单位时间内材料的磨损量称为磨损率。磨损量可以用体积、质量或厚度来衡量。

机械零件严重磨损后，将降低机器的工作效率和可靠性，使机器提早报废。因此，预先考虑如何避免或减轻磨损，是设计、使用、维护机器的一项重要内容。但另一方面，磨损也并非全都是有害的，工程上常利用磨损的原理来减小零件表面的粗糙度，如磨削、研磨、抛光、跑合等。

在机械的正常运转中，磨损过程大致可分为以下三个阶段。

一是跑合（磨合）磨损阶段。在这一阶段中，磨损速度由快变慢，而后逐渐减小到稳定值。这是由于新加工的零件表面呈尖峰状态，使运转初期摩擦副的实际接触面积较小，单位接触面积上的压力较大，因而磨损速度较快。跑合磨损到一定程度后，尖峰逐渐被磨平，磨损速度即逐渐减慢。

二是稳定磨损阶段。在这一阶段中磨损缓慢、磨损率稳定，零件以平稳而缓慢的磨损速度进入零件正常工作阶段。这个阶段的长短即代表零件使用寿命的长短，磨损曲线的斜率即为磨损率，斜率愈小磨损率就愈低，零件的使用寿命就愈长。经此磨损阶段后零件进入剧烈磨损阶段。

三是剧烈磨损阶段。此阶段的特征是磨损速度及磨损率都急剧增大。当工作表面的总磨损量超过机械正常运转要求的某一允许值后，摩擦副的间隙增大，零件的磨损加剧，精度下降，润滑状态恶化，温度升高，从而产生振动、冲击和噪声，导致零件迅速失效。

上述磨损过程中的三个阶段，是一般机械设备运转过程中都存在的。必须指出的是，在跑合阶段结束后应清洗零件，更换润滑油，这样才能正常地进入稳定磨损阶段。

按照磨损的机理以及零件表面磨损状态的不同，一般工况下把磨损分为磨粒磨损、黏着磨损、疲劳磨损、腐蚀磨损等。

磨粒磨损。由于摩擦表面上的硬质突出物或从外部进入摩擦表面的硬质颗粒，对摩擦表面起到切削或刮擦作用，从而引起表层材料脱落的现象，称为磨粒磨损。这种磨损是最常见的一种磨损形式，应设法减轻这种磨损。为减轻磨粒磨损，除注意满足润滑条件外，还应合理地选择摩擦副的材料，降低表面粗糙度值以及加装防护密封装置等。

黏着磨损。当摩擦副受到较大正压力作用时，由于表面不平，其顶峰接触点受到高压力作用而产生弹、塑性变形，附在摩擦表面的吸附膜破裂、温升后使金屑的顶峰塑性面牢固地黏着并熔焊在一起，形成冷焊结点。在两摩擦表面相对滑动时，材料便从一个表面转移到另一个表面，成为表面凸起，促使摩擦表面进一步磨损。这种由于黏着作用引起的磨损，称为黏着磨损。黏着磨损按程度不同可分为五级：轻微磨损、涂抹、擦伤、撕脱、咬死。如汽缸套与活塞环、曲轴与轴瓦、轮齿啮合表面等，皆可能出现不同黏着程度的磨损。涂抹、擦伤、撕脱又称为胶合，往往发生于高速、重载的场合。合理地选择配对材料（如选择异种金属），采用表面处理（如表面热处理、喷镀、化学处理等），限制摩擦表面的温度，控制压强及采用含有油性极压添加剂的润滑剂等，都可减轻黏着磨损。

疲劳磨损（点蚀）。两摩擦表面为点或线接触时，由于局部的弹性变形形成了小的接触区。这些小的接触区形成的摩擦副如果受变化接触应力的作用，则在其反复作用下，表层将产生裂纹。随着裂纹的扩展与相互连接，表层金属脱落，形成许多月牙形的浅坑，这种现象称为疲劳磨损，也称点蚀。合理地选择材料及材料的硬度（硬度高则抗疲劳磨损能力强），选择黏度高的润滑油，加入极压添加剂及减小摩擦面的粗糙度值等，可以提高抗疲劳磨损的能力。

腐蚀磨损。在摩擦过程中，摩擦面与周围介质发生化学或电化学反应而产生物质损失的现象，称为腐蚀磨损。腐蚀磨损可分为氧化磨损、特殊介质腐蚀磨损、气蚀磨损等。腐蚀也可以在没有摩擦的条件下形成，这种情况常发生于钢铁类零件，如化工管道、泵类零件、柴油机缸套等。应该指出的是，实际上大多数磨损是以上述四种磨损形式的复合形式出现的。

润滑

在摩擦副间加入润滑剂，以降低摩擦、减轻磨损，这种措施称为润滑。润滑的主要作用是：减小摩擦系数，提高机械效率；减轻磨损，延长机械的使用寿命。同时润滑还可起到冷却、防尘以及吸振等作用。

常用的润滑剂除了润滑油和润滑脂外，还有固体润滑剂（如石墨等）、气体润滑剂（如空气等）。

润滑油是目前使用最多的润滑剂，主要有矿物油、合成油、动植物油等，其中应用最广的为矿物油。润滑油最重要的一项物理性能指标为黏度，它是选择润滑油的主要依据。黏度的大小表示了液体流动时其内摩擦阻力的大小，黏度愈大，内摩擦阻力就愈大，液体的流动性就愈差。黏度可用动力黏度、运动黏度、条件黏度（恩氏黏度）等表示。我国的石油产品常用运动黏度来标定。

润滑脂是在润滑油中加入稠化剂（如钙、钠、锂等金属皂基）而形成的脂状润滑剂，又称为黄油或干油。机械设备的润滑，主要集中在传动件和支承件上。

为了使润滑持续、可靠、不漏油，同时为了防止外界脏物进入机体，必须采用相应的密封装置。密封装置从总体上可分为两大类，一类是固定密封，即密封后密封件之间固定不动；另一类是动密封，即密封后两密封件之间有相对运动。固定密封可采用各种垫片，包括金属、非金属垫片以及密封胶等。动密封又分为接触式、非接触式、半接触式密封，其中应用较广的是接触式密封，它主要是利用各种密封圈或毡圈密封。各种密封件都已标准化，可查阅手册选取适当的形式。非接触式密封有迷宫式密封、螺旋式密封等。半接触式密封有活塞环密封、机械密封等，其结构较复杂，主要用于重要部件的密封。在一般常用的机械中，用得较多的密封装置是密封圈和填料。密封圈有各种类型，有带骨架的和不带骨架的，有普通型和双口型等，应根据使用条件查阅手册进行选择。密封圈也可作防尘密封件使用，但粉尘严重时，应使用专门的防尘密封圈。采用脂润滑时，可使用毡圈密封。

词语

1. 摩擦（动）mó cā　　سۈركىلىش
2. 磨损（动）mó sǔn　　سۈكىلىپ ئۇپۇراش
3. 润滑（动）rùn huá　　سىلىقلاش
4. 避免（动）bì miǎn　　سىلىقلىنىش
5. 密封（动）mì fēng　　ساقلىنىش
6. 消耗（动）xiāo hào　　ھىملاش
7. 失效（动）shī xiào　　خورىماق، سەرىپ بولماق
8. 趋势（名）qū shì　　كۆچىنى يوقاتماق، ئۈنۈمىنى يوقاتماق
9. 报废（动）bào fèi　　كېرەكسىز قىلىۋىتىش، بىراكقا چىقارماق
10. 粗糙度（名）cū cāo dù　　يىرىكلىك دەرىجىسى
11. 磨削（动）mó xiāo　　چاقلاش، سىلىقلاش
12. 研磨（动）yán mó　　سىلىقلىتىش
13. 抛光（动）pāo guāng　　پارقىرىتىش
14. 跑合（动）pǎo hé　　كىلىشتۈرمەك، كىلىشتۈرۈش، ماسلاشتۇرۇش

15. 尖峰（形）jiān fēng　ئۇچلۇق چوققا
16. 油膜（名）yóu mó　ماي پەردىسى
17. 切削（动）qiē xiāo　يونۇش
18. 刮擦（动）guā cā　قىرىش
19. 脱落（动）tuō luò　ئاجرىماق، ئاجراپ چۈشمەك، تۆكۈلۈپ چۈشمەك
20. 吸附（动）xī fù　سۈمۈرۈپ يېپىشتۇش، ئاسۇرپىيە
21. 撕脱（动）sī tuō　يىرتىلىپ چۈشۈش، يىرتىلىپ ئاجراش
22. 腐蚀（动）fǔ shí　چىرىش
23. 毡圈（名）zhān quān　كىگىز چەمبەر، كىگىز شايبا
24. 迷宫（名）mí gōng　سىرلىق ئوردا
25. 螺旋（名）luó xuán　بۇرما، سپىرال
26. 稠化剂（名）chóu huà jì　قويۇقلاشتۇرۇش خورۇچى

作业与练习

一、用汉语解释下列词语

摩擦　磨损　润滑　粗糙度　跑合　切削　稠化剂

二、词语解释

摩擦学　磨损率

三、根据课文内容填空

1．为了节约能源、提高效率及延长机械零件的寿命，________是必不可少的。

2．__________ 是摩擦的结果，润滑则是减少 _________ 和 _________的有力措施，这三者是相互联系不可分割的。

3．根据摩擦副表面润滑状态将摩擦状态分为四种：________、________、________、和 ________。

4．由于液体摩擦、边界摩擦、混合摩擦都必须在一定的润滑条件下才能实现，因此这三种摩擦又分别称为__________、__________和 _________。

5．为了使_________持续、可靠、不漏油，同时为了防止外界脏物进入机体，必须采用相应的__________ 。

6．密封装置从总体上可分为两大类，一类是__________，即密封后密封件之间固定不动；另一类是__________，即密封后两密封件之间有相对运动。

7．在一般常用的机械中，用得较多的密封装置是______________和 ____________。

四、根据课文内容回答问题

1．什么是摩擦？摩擦的种类有哪些？

2．什么是摩擦力？

3．简述在机械的正常运转中，磨损过程的三个阶段。

4．为什么要预先考虑如何避免或减轻磨损？

5．按照磨损的机理以及零件表面磨损状态的不同，一般工况下把磨损分为哪几种？

6．什么叫润滑？润滑的主要作用有哪些？

科普阅读

洗衣机

1858年，美国人史密斯制成了世界上第一台洗衣机。该洗衣机的主件是一只圆桶，桶内装有一根带桨状叶子的直轴。轴是通过摇动和它相连的曲柄转动的。同年史密斯取得了这台洗衣机的专利权。这台洗衣机使用时费力，且损伤衣服，因而没有得到推广，但它却标志着用机器洗衣的开端。

次年在德国出现了一种用捣衣杵作为搅拌器的洗衣机，当捣衣杵上下运动时，装有弹簧的木钉便连续作用于衣服。19世纪末的洗衣机又有了发展，用手柄转动八角形洗衣缸，洗衣时缸内放入热肥皂水，衣服洗净后，由轧液装置把衣服挤干。

第一台电动洗衣机是由美国的费希尔于1910年在芝加哥制成的。但这种电动洗衣机进入市场后，销路并不佳。洗衣机真正被人们接受，是在第一次世界大战之后。

1922年，美国的斯奈德发明了一种搅动式电动洗衣机，并在伊阿华州批量生产，该洗衣机因性能大有改善，一投入市场，就受到人们的欢迎。第二年，德国厂商也生产了一种用煤炉加热的洗衣机。这种洗衣机有一个开有小孔的容器，衣服放入后，由电动机带动和容器相连的轴，使容器不断顺逆转动。第一台自动洗衣机于1937年问世。这是一种“前置”式自动洗衣机。靠一根水平的轴带动洗衣缸，洗衣缸可容纳4千克衣服。衣服在注满水的缸内不停地上下翻滚，使之去污除垢。到了40年代便出现了现代的“上置”式自动洗衣机。

第十一课　投影和视图

在日常生活中可以看到，当太阳光和灯光照射物体时，会在墙上或在地面上出现物体的影子，就像一种投影现象。人们将在这些现象进行科学的总结和抽象。提出了投影法。

如图 1 所示，将墙面抽象为平面 *P*，称为投影面。太阳光和灯光摄像为投影中心，将处在投影中心与投影面上△*ABC* 中 *A* 与 *S* 点的连线 *SA* 称为投影线；*SA* 与平面 *P* 的交点 *a* 称为点 *A* 在平面 *P* 上的投影。同理也可做出点 *B*，*C* 和△*ABC* 在平面上 *P* 上投影 *b*，*c* 和△*abc*。这种确定空间几何元素和物体的方法，称为投影法。投影法分为两类：中心投影法和平行投影法。

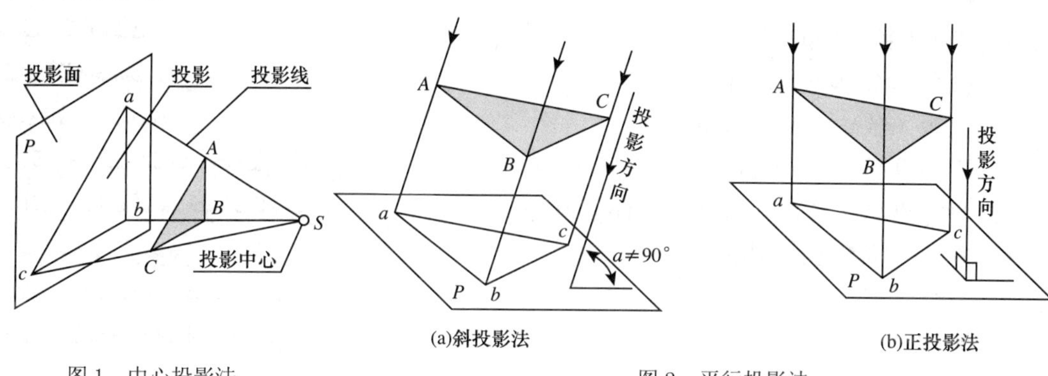

(a)斜投影法　　(b)正投影法

图 1　中心投影法　　图 2　平行投影法

1．中心投影法

图 1 中所有投影线都从投影中心出发，投影线互不平行，这种投影方法称为中心投影法。这种方法符合人的视觉习惯，具有角度的立体感和真实感，因而在建筑工程的外形设计中常使用。但采用中心投影法得到物体的投影大小与物体的所处位置有关。如图 1 中△*ABC* 靠近或远离投影面时，他的投影△*abc* 会变小或变大，不能反映物体的真实大小，做图又比较复杂，所以绘制机械图样时不采用这种方法。

2．平行投影法

将投影中心移至无限远处时，所有的投影线互相平行，这种投影法称为平行投影法，如图 2 所示。在平行投影法中，又根据投影方向与投影面是否垂直可分为两种。当投影方向倾斜于投影面时称为斜投影法，如图 2（a）所示。因为采用正投影法时，当平行移动空间物体时，它投影的形状和大小不会改变，而且能反映物体真实形状，绘图简便，容易度量，所以在工程上得到普遍应用，已成为绘制机械图样的基本原理和方法。

当然，在机械制图中把互相平行的投影线用视线代替，正常对着物体看，把看到的物体的轮廓用规定的图线画出来就得到机械图样中的视图。

通常情况下，采用 1 个视图是不能完整表达物体空间形状的，如图 3 所示，那么究竟要多少视图才能完全反映物体的形状呢？工程及机械制图中一般采用三个视图来表达。将物体放在三个互相垂直的三面投影体系中，利用正投影法分别向三个投影面投影，即可得到正面投影、水平投影和侧面投影。物体在正面投影面上的投影，也就是从前向后看物体所画的视图叫主视图。物体在水平面投影面上的投影，也就是从上向下看到的物体所画的视图叫俯视图。物体在侧面投影面上的投影，也就是从左向右看到的物体所画的视图叫左视图。

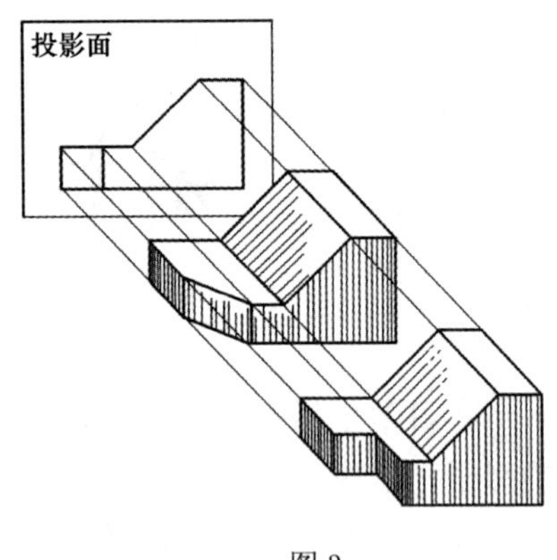

图 3

只要正确掌握了正投影的基础，运用三视图的表达方法，就可以把所要绘制的物体正确、完整、具体、详细、清楚地表达出来，也就学会了制图的基本方法。

词语

1. 影子（名）yǐng zi　　سايە، كۆلەڭگە
2. 投影（名，动）tóu yǐng　　كۆلەڭگەچۈشۈرۈش
3. 光源（名）guāng yuán　　يورۇقلۇق مەنبەسى
4. 中心投影（名）zhōng xīn tóu yǐng　　مەركىزى كۆلەڭگە چۈشۈرگۈچى
5. 平行投影（名）píng xíng tóu yǐng　　پاراللىل كۆلەڭگە چۈشۈرگۈچى
6. 轮廓（名）lún kuò　　دائىر ئىزنا، ئۇمومى ئەھۋال
7. 立体（形）lì tǐ　　ستېرو، گېومېترىيىلىك جىسىم
8. 真实感 zhēn shí gǎn　　رېئال تۇيغۇ، ھەقىقى ھېسسىيات
9. 正投影（名）zhèng tóu yǐng　　ئاساسلىق كۆلەڭگەچۈشۈرگۈچ(ئۆز كۆلەڭگە چۈشۈرگۈچى)
10. 斜投影（名）xié tóu yǐng　　قىيپاش كۆلەڭگە چۈشۈرگۈچ
11. 视图（名）shì tú　　ئۇدىل كۆرۈنۈش
12. 三视图（名）sān shì tú　　ئۈچ ئۇدۇلدىن كۆرۈنۈش
13. 俯视图（名）fǔ shì tú　　ئۈستىدىن سىزىلغان رەسىم
14. 迎刃而解 yíng rèn ér jiě　　بىردىنلا ھەل قىلماق
15. 体系（名）tǐ xì　　سىستېما

作业与练习

一、用汉语解释下列词语

真实感　　俯视　　体系

二、词语解释

投影　　中心投影　　平行投影　　正投影　　斜投影　　视图　　三视图

三、根据课文内容填空

1. 确定空间几何元素和物体的方法，称为________。投影法分为：__________和__________。

2. 中心投影法符合人的________________习惯，具有角度的立体感和真实感，因而在建筑工程的________________设计中常使用，但采用中心投影法得到物体的投影大小与________________有关。

3. 采用正投影法时，当平行移动空间物体时，它投影的________和________不会改变，而且能反映物体真实形状，绘图简便，容易度量，所以在工程上得到普遍应用，已成为的基本原理和方法。

4. 通常情况下，采用一个视图是不能完整表达________形状的。

5. 利用正投影法分别向三个投影面投影，即可得到___________、____________和____________。

6. 只要正确掌握了的________基础，运用________的表达方法，就可以把所要绘制的物体正确、完整、具体、详细、清楚地表达出来，也就学会了________的基本方法。

四、根据课文内容回答问题

1. 中心投影和平行投影有什么不同？画图说明。

2. 正投影和斜投影有什么不同？画图说明。

3. 为什么工程及机械图上一般采用三视图？画图说明。

4. 为什么要采用基本视图？

5. 什么是基本视图？画图说明。

科普阅读

导弹（一）

导弹是依靠自身动力装置推进，由制导系统控制飞向目标的武器。导弹战斗部（即弹头）可以是普通装药、核装药，或是化学、生物战剂。其中装普通装药的称常规导弹，装核装药的称核导弹。导弹按发射点和目标可分为地地导弹、空地导弹、地空导弹、反舰导弹、反坦克导弹、反弹道导弹等；按飞行方式分为弹道导弹和巡航导弹；还可按作战使用分为战略和战术导弹。

早在第一次世界大战期间，德国和美国就分别研制和试验过无人驾驶的双翼飞行鱼雷，但它们没有制导装置，一般认为世界第一枚导弹是德国的V—1型飞弹。德国从1932年开始为新的侵略战争研究导弹武器。V—1飞弹在第二次世界大战期间研制成功，1944年6月13日首次实战发射攻击英国南部地区。V—1外形像是一架小飞机，以喷气发动机为动力，装有700公斤普通炸药。射程370公里，其制导系统很简陋，只有自主式磁性陀螺和一套机械装置对飞行高度、状态和弹道进行控制。因而也有人不把它看作真正的导弹，认为只是无人飞机型炸弹，他们认为世界上第一种真正的导弹是德国的V—2型导弹。

V—2的主要设计师是著名的火箭专家冯·布劳恩。V—2于1942年10月3日试飞成功，1944年9月6日首次实战使用，轰炸法国首都巴黎。V—2装有单级液体火箭发动机，装有800公斤普通炸药，射程为320公里，采用无线电遥控制导方式。

弹道导弹——从地面、海面或海下发射，打击地面固定目标的导弹。它由火箭发动机推送到预定高度和达到预定速度后，发动机关闭，然后导弹由于惯性作用沿弹道曲线飞向目标，大部分弹道处于稀薄大气层或外大气层中。弹道导弹属地（潜）对地导弹的一种。

德国V—2导弹是世界上第一种弹道导弹。现代弹道导弹的射程可达1万公里以上，多采用2~3级液体或固体火箭发动机，命中精度可达0.1公里之内。而当年V—2能落在预定目标直径10公里以内的只有50%左右。现代战略弹道导弹的核弹头威力可达数百万吨梯恩当量，有的还装有多个弹头可同时打击多个目标，并且先进的洲际弹道导弹在飞行了上万公里后，其命中圆周概率可达100米以内。20世纪80年代两伊战争和1991年海湾战争中，伊拉克使用的苏制“飞毛腿”战术地对地导弹就是一种弹道导弹。

巡航导弹—依靠喷气发动机的推力和弹翼的气动升力，主要以巡航状态在大气层内飞行的导弹，曾被称为飞航式导弹。它可从地面、海面或海下发射，攻击地面，海面固定目标或移动目标。

世界上第一枚巡航式导弹是德国的V—1飞弹。第二次世界大战期间，德国曾向英国发射了10 500枚V—1飞弹，但落在英国本土的只有约3 200枚。战后，美、苏借鉴V—1的技术，分别研制了本国的第一代巡航导弹，它们大都比较笨重、体积大、速度慢、飞行高度高、命中精度低、机动性差，易被对方发现和拦截。但大都装备了核弹头。

70年代后，诞生了以美国的“战斧”式为主的高性能新型巡航导弹，其特点是体积小，重量轻、雷达波有效反射面小，可超低空机动飞行，不易被发现和拦截，既能在地面、空中发射，又可从海面、海下发射，命中精度高，既能核装药又可常规装药。1991年海湾战争中，美国向伊拉克的重要目标发射了数百枚“战斧”式导弹，大都准确击中了目标。

洲际导弹—通常指射程在8 000公里以上，地面或潜艇发射，对地面目标进行打击的战备导弹，它们大多为弹道式导弹，装有核弹头，是战备核武器的重要组成部分。

世界上最早的陆基（即地面发射）洲际导弹是前苏联1957年8月首次全程发射试验的SS—6型弹道导弹，它的射程为8 000公里，核弹头当量500万吨梯恩梯。世界上第一枚潜射（即由潜艇发射）洲际导弹是前苏联于70年代研制成功的SS—N—8II型弹道导弹，它的射程为9 100公里，核弹头当量为100万吨梯恩梯。70~80年代，我国也研制成功了自己的陆基和潜射洲际导弹。

潜地导弹——由潜艇从水下发射攻击地面固定目标的导弹。它机动性大、隐蔽性好、生存能力强，便于实施核突击，是战备核武器的重要组成部分。

世界上第一枚潜地导弹是美国的“天狮星”1型巡航导弹，它1951年从潜艇上发射成功，最大射程960公里，战斗部为4万~5万吨级核弹头或常规弹头。世界上最早的潜地弹道导弹是苏联首先研制成功的。1955年9月，苏联首次将一枚改装的陆基战术弹道导弹从潜艇上发射成功。随后，其研制成功了SS—N—4型潜地弹道导弹，射程650公里，战斗部为100万吨级核弹头。

第十二课　机械制图基础

人们在生产活动中，无论是机器的设计、制造、维修，还是船舶、桥梁等工程的设计与施工，以及各种仪表、电子仪器的制作等都必须依赖工程图样才能进行。所谓工程图样就是用正投影法和《机械制图》国家标准，绘制的包括物体的形状、大小、技术要求等的图纸。图样是工程技术界的语言，是人们表达设计意图、交流技术思想的工具，它既是人类语言的补充，又是人类智慧和语言在更高发展阶段上的具体体现。

要画出准确表达物体形状、大小的图样，除了前面学习的正投影法和三视图的基础知识外，还要学习机械制图中组合体组合形式、截交线和相贯线，基本视图以及剖视和剖面相关知识。

在机械制图中，通常将一个机件看成一个组合体。组合体是由基本集合体（如棱柱、棱锥、圆柱、圆锥、圆球）通过堆积和挖切两种方式形成的柱体。在画组合体视图时，往往要对组合体进行形体分析，不但要分析其组合形式，而且要分析其各相邻基本几何体表面之间的链接关系，然而选择适当的表达方式就可以得到组合体的视图。

在组合体中，相互结合的基本集合体表面之间的链接关系有平齐、相切、相齐三种情况。平齐和相切，在相交中除了平面与平面相交形成的直线外，还有在组合体表面上经常看到的截交线和相贯线，那么什么是截交线和相贯线呢？

一是平面与主体表面相交所形成的交线，称为截交线。

二是立体表面与立体表面相交形成的交线，称为截交线。

掌握好交线和相贯线的性质和画法将有助于我们正确分析和表达机件的结构形状。

对于简单机件，通常用主、俯、左三个视图来表达就可以了。但是对复杂的机件仅采用三视图还不能表达清楚，因此就必须再增加投影面，构成一个正六面投影体系。把机件放在正六面投影体系中，按投影法向 6 个投影面投影就得到了 6 个基本视图。它除了包括主视图、俯视图、左视图外，还有右视图、仰视图和后视图。有了 6 个基本视图我们就可以准确表达机件的表面形状结构了。

但对内部结构较复杂的机件，采用基本视图表达就比较困难，可以采用剖视图和剖面图来表达。所谓剖视图就是用假想剖切平面剖开机件，将处在观察者与剖切平面之间的部分移开，而将其余部分向投影面投影所得的图形。而剖面图就是假想用剖切平面在机件的某处切断，仅画出断面图形。

词语

1. 依赖（动）yī lài　　يۆلەنمەك، تايانماق
2. 图样（名）tú yàng　　چىرتيوژ، پىلان، سخما
3. 意图（名）yì tú　　نىيەت، غەرەز، مۇددىئا

4. 对应（动）duì yìng　　ماس، ئۆيغۇنلۇق، باپكەلمەك
5. 相交线（名）xiāng jiāo xiàn　　كەكۈچى سىزىق
6. 相贯线（名）xiāng guàn xiàn　　ئۆتۈشمە سىزىق
7. 组合体（名）zǔ hé tǐ　　بىرلەشمە جىسىم، بىرىكمە گەۋدە
8. 回转体（名）huí zhuǎn tǐ　　ئارقىغا يانغان جىسىم
9. 剖视图（名）pōu shì tú　　كەسمە كۆرۈنۈشلۈك جىسىم
10. 剖面图（名）pōu miàn tú　　كەسمە يۈز سىخېمىسى
11. 相切（动）xiāng qiē　　ئۆز-ئارا ئۇرۇنۇش
12. 切割（动）qiē gē　　ئۆز-ئارا كېسىشىش
13. 衔接（动）xián jiē　　ئۇلىماق، ئۇلانماق، باغلانماق
14. 媒介（名）méi jiè　　ۋاستىچى، ئارلىق
15. 形体（名）xíng tǐ　　ورما، شەكىل

作业与练习

一、用汉语解释下列词语

依赖　　意图　　直观

二、词语解释

图样　截交线　相贯线　组合体　剖视图　剖面图

三、根据课文内容填空

1. 图样是人们表达 ______________ 的工具。

2. 只掌握投影的直观制图方法并不能绘制出准确的图样，还必须引入 ________ 与 ________，________ 与 ________ 以及 ________ 与 ________ 的表达方法。

3. 组合体一般分为 ________，________，________ 及 ________ 等几种。

四、根据课文回答问题

1. 什么是工程图样？
2. 怎样才能绘制出准确的图样？
3. 比较截交线与相贯线的区别，画图说明。
4. 比较剖视图和剖面图的区别，画图说明。

科普阅读

导弹（二）

地空导弹——又称防空导弹，它是从地（海）面发射攻击空中目标的导弹，世界上最早的一批地空导弹是德国在第二次世界大战后期研制的“莱茵女儿”、“龙胆草”、“蝴蝶”和 “瀑布” 等导弹，但均未投入使用。战后，美、苏、英等国在德国技术成果的基础上，于 50 年代后期研制出第一代实用地空导弹。

1958 年 10 月 7 日，中国人民解放军空军地空导弹部队在华北地区用地空导弹一举击落了国民党空军的美制 RB—58D 型高空侦察机。这是世界上首次用地空导弹实战击落敌机。

世界上第一种单兵肩射防空导弹是美国的 “红眼睛”式，于 1962 年首次发射，1966 年装备部队。它长仅 1.22 米，重 8.17 公斤，一个人扛在肩上即可操作发射。它采用光学瞄准，红外线跟踪制导，主要用于对付低空飞行目标。

舰艇导弹——从水面舰艇发射攻击水面舰艇的导弹，是现代舰艇间海战的主要武器之一。

世界上最早的舰艇导弹是前苏联于 50 年代中期装备军队的 SS—N—1 型导弹，装备于大型舰艇，可携带常规弹头或核弹头，核弹头当量为 1 000 吨级，主要用于攻击航空母舰等大型水上目标。不过大多数舰艇导弹是中小型的。1967 年 10 月 21 日，埃及使用“蚊子”级导弹快艇发射苏制 SS—N—2“冥河”式舰艇导弹，击沉了以色列“埃特拉”号驱逐舰。这是舰艇导弹击沉舰艇的首次战例。

空地导弹——从飞行器上发射攻击地（水）面目标的导弹，是现代航空兵进行空中突击的主要武器之一。

空地导弹最初是航空火箭与航空制导炸弹相结合而诞生的。德国首先研制出世界第一枚空地导弹，它的主要设计者是赫伯特·A·瓦格纳博士。1940 年 7 月，瓦格纳等人在 SC—500 型普通炸弹的基础上，研制了装有弹翼、尾翼、指令传输线和制导装置的 HS—283A—0，它可被看作最早的空地导弹，于 1940 年 12 月 7 日发射试验成功。1943 年 7 月无线电遥控的 HS—293A—1 型导弹研制成功。8 月 27 日，德国飞机发射 HS—293A—1 击沉了美国“白鹭”号护卫舰，这是世界上首次用导弹击沉舰艇，它也是最早的空对舰导弹。50 年代后，空地导弹有了迅速发展，在此后的多次局部战争中，空地导弹取得显著战绩。

反雷达导弹——亦称反辐射导弹，它是利用敌方雷达的电磁辐射进行导引，摧毁敌雷达及其载体的导弹。

美国的“百舌鸟”导弹是世界第一枚反雷达导弹，它于 1963 年研制成功。此后，苏、美、英、法等国也研制成功反雷达导弹。在越南战争、中东战争和海湾战争中，反雷达导弹都取得出色战果。

空空导弹——从飞行器发射攻击空中目标的导弹，是现代作战飞机的主要空战武器，特点是命中率高。

世界上最早的空空导弹是德国 1944 年 4 月研制出的 X—4 型有线制导空空导弹，

但它未及投入使用德国就战败了。美国的“猎鹰”AIM—9B空空导弹于1953年首次发射试验成功。它是世界上第一种被动式红外线制导空空导弹。

1982年马岛战争的空战中，英国空军发射了27枚新型的美制“响尾蛇”AIM—9L型空空导弹，击落阿根廷空军飞机24架。在同年黎巴嫩的贝卡谷地空战中，以色列空军用F—16战斗机击落叙利亚飞机44架，其中半数是被AIM—9L型击落的。

反坦克导弹——用于击毁坦克和其他装甲目标的导弹，与反坦克火炮相近，具有射程远，精度高、威力大、重量轻等特点。

1943年，纳粹德国陆军为了抵挡苏联红军强大的坦克优势，在空军X—4型有线制导空空导弹方案的基础上，研制了专门打坦克的X—7型导弹。1944年9月，X—7型基本研制成功，但未及投入使用就战败投降了。

1946年，法国的诺德—阿维什公司开始研制反坦克导弹，1953年前后研制成功SS—10型反坦克导弹，并在1956年的阿尔利亚战场上使用。SS—10型是世界上最早装备部队，最早实战使用的反坦克导弹。此后，反坦克导弹发展很快，目前已发展到第三代。在70年代后的多次局部战争中，特别是在中东战场上，反坦克导弹以其辉煌的战绩，证明它是当今坦克等装甲车辆的最大克星之一。

第十三课　金属工艺学基础知识

金属工艺学是研究金属材料的性质及加工方法的一门学科，它包括金属材料及热处理和金属加工工艺基础两部分。

金属材料及热处理是主要研究常用金属材料成分、组织和性能之间的关系以及用热处理方法来改变金属性能的一门学科。这部分主要包括铸铁、碳钢、合金钢及有色金属等。

所有的机械零件在工作过程中都要受到某种外力的作用，这些外力作用的结果对金属材料有一定的破坏性。要保证机械零件的正常工作就需要金属材料必须具有一种能抵抗外力而不致被破坏的能力，这种能力称为金属材料的机械性能。

金属材料的机械性能因材料的强度、硬度、塑性及韧性不同而不同。其根本原因是各种金属内部结构不同。

纯金属虽有良好的塑性、导电性和导热性，但由于强度低，工业上很少引用，大多数都采用合金。合金就是以金属为基础，再加入一种或数种或非金属元素所组成的具有金属性质的物质。合金之所以比纯金属性能优越，主要由于合金的内部结构不同于纯金属，它比较复杂，可根据机械零件的不同要求，提高或降低强度、硬度、塑性及韧性。

碳钢是一种含碳量小于2%的铁碳合金，它冶炼方便、产量大，而且有优良的锻造性、焊接性和切削加工性能，能满足一般机械工业用钢的要求，因此，目前应用十分广泛。

随着产业的发展，对金属材料提出了更高的要求。有的零件要求在高温下有足够的强度及耐磨性。在新的要求下，碳钢就暴露出了很多弱点。为了克服这些缺点出现了合金钢。合金钢就是在碳钢中加入其他一些化学元素使之具有某种特定性能的钢。这样，不仅提高了钢的强度、硬度、塑性及韧性，而且获得了特殊的性能，如耐热、不锈及耐腐蚀等。

机械制造中用得最多的金属材料是铸铁，它是一种含碳量大于2%的铁碳合金，具有许多优良性能。有良好的铸造性、耐磨性、切削加工性等。加上价格低、生产设备简单，因此使用较为普遍。在各类机械中铸铁件占机器重量的45%～90%，特别是由于稀土镁球墨铸铁的发展一些过去用碳钢或合金钢制造的重要零件，如曲轴、连杆齿轮等，也可用球墨铸铁来制造，为铸铁的应用开辟了更加广阔的前景。但铸铁的强度一般比钢低，特别是韧性和塑性较差，所以有待进一步研究提高。

合金和含碳量的不同改变钢性能的方法。另外，热处理也能改善钢的性能。热处理是利用加热、保温和冷却的方法，有规律地改变钢的内部组织，从而改善钢的性能的一种方法。它能提高机械产品质量，发挥材料的潜力，延长零件使用寿命，是节约钢材、燃料、电力和提高机械使用效率的一种重要手段。采用先进的热处理工艺，一台机器顶几台用，一顿钢材顶几顿用。因此，做好热处理具有重要的经济意义。

金属加工工艺基础主要包括铸造、锻造、焊接、切削加工以及钳工工艺基础等，是一门综合性的学科。

铸造是将液体金属浇注到模型中，待冷却凝固后获得所需形状的铸件的方法。可以制造形状比较复杂和一定精度的铸件，从几克到数百吨都可实现，是机器制造产业生产毛坯的主要方法之一。

锻造是利用外力使加热的金属材料产生塑性变形，制造一定形状和尺寸的零件的方法。它不仅能改变金属的尺寸和形状，而且使其内部也变得较为紧密，因此可提高金属材料的机械性能。一些承载能力大，运转速度高的零件，如轴和齿轮等都是用锻造方法加工的。

金属焊接是将分离的金属局部加热到熔化或半熔华状态加压或充填其他金属，借助金属内部原子之间的结合力使其连接成为一个整体的方法。

金属切削加工是利用刀具和工件间的相对运动完成切削工作，从工件上切除多余金属而获得具有一定形状、尺寸和表面粗糙度的机械零件的加工方法。

钳工加工通常是指将工件夹持在虎钳上，手持工具对金属进行加工的方法。

总而言之，金属材料科学是现代工业发展的基础，学习金属材料的成分、组织和性能之间的关系以及改善金属材料性能的方法，设计制造机械零件时具有一定的工艺基础知识，初步具备选用合理机构及加工方法的能力。

词语

1. 热处理 rè chǔ lǐ　　قىزدۇرۇپ ئىشلەمەك
2. 加工工艺 jiā gōng gōng yì　　پىششىقلاپ ئىشلەش ھۈنەر سەنئىتى
3. 铸铁（名）zhù tiě　　چويۇن
4. 碳钢（名）tàn gāng　　كاربونلۇق پولات
5. 合金钢（名）hé jīn gāng　　قىتىشما پولات
6. 强度（名）qiáng dù　　كۈچ، كۈچلۈك، ئىتتىكلىك
7. 硬度（名）yìng dù　　چىدامچانلىقى
8. 塑性（名）sù xìng　　ياسىلىش خۇسۇسىيىتى
9. 导电性（名）dǎo diàn xìng　　توك ئۆتكۈزۈش خۇسۇسىيىتى
10. 锻造（动）duàn zào　　سوقماق، بازغانلىماق
11. 焊接（动）hàn jiē　　كەپشەرلەپ ئۇلاش
12. 耐磨性（名）nài mó xìng　　سۈركىلىشكە چىدامچانلىقى
13. 暴露（动）bào lù　　پاش قىلماق، ئاشكارە بەرمەك
14. 腐蚀（动）fǔ shí　　بۇزۇلماق، چىرىتىۋەتمەك
15. 稀土（名）xī tǔ　　نادىر، سىروك كەم ئۇچرايدىغان
16. 镁（名）měi　　ماگنىي
17. 墨（名）mò　　قارا سىياھ، بوياق
18. 稀土镁球墨铸铁（名）xī tǔ měi qiú mò zhù tiě　　يوملاق گىرالىق قۇيما چويۇن
19. 潜力（名）qián lì　　يوشۇرۇن كۈچ
20. 钳工（名）qián gōng　　سىلىسپار، سىلىسارلىق
21. 毛坯（名）máo pī　　يىرىك ئىشلەنگەن مەھسۇلات
22. 充填（动）chōng tián　　تولدۇرماق، تولۇقلىماق

23. 夹（动）jiā قىسماق

24. 虎钳（名）hǔ qián ئامبۇر

作业与练习

一、用汉语解释下列词语

夹　充填　毛坯　潜力　腐蚀　暴露

二、词语解释

金属工艺　合金　碳钢　合金钢　铸铁　热处理

铸造　金属焊接　金属切削加工　钳工

三、根据课文内容填空

1. 金属工艺学是研究＿＿＿＿＿＿的一门学科，它包括＿＿＿＿＿、＿＿＿＿＿两部分。

2. 金属材料及热处理是主要研究＿＿＿＿＿、＿＿＿＿＿ 以及＿＿＿＿＿＿的一门学科。

3. 金属材料的机械性能主要表现为＿＿＿＿＿＿＿＿，＿＿＿＿＿＿＿＿和＿＿＿＿和＿＿＿＿＿＿等方面。

4. 金属材料的机械性能因＿＿＿＿＿＿＿的不同而不同，其根本原因是各种金属的内部结构不同。

5. 纯金属虽有良好的 ＿＿＿＿＿、＿＿＿＿＿＿和＿＿＿＿＿，但由于＿＿＿＿，工业上很少应用，大多数都采用＿＿＿＿＿。

6. 合金钢具有特殊性能如＿＿＿＿＿、＿＿＿＿＿及＿＿＿＿＿＿等。

四、根据课文内容回答问题

1. 什么是金属工艺学？

2. 金属材料及热处理是怎样的一门学科，主要包括哪些内容？

3. 什么是金属材料的机械性能，其主要表现在哪些方面？

4. 纯金属与和金属有何不同？为什么工业上很少应用纯金属？

5. 合金为什么比纯金属性能优越？

6. 比较碳钢、合金钢和铸铁的异同，并简述各项缺点。

7. 改变钢性能的方法有几种？

8. 为什么铸铁的使用最为普遍？

9. 什么是热处理？有哪些优点？有什么意义？

10. 金属加工工艺主要包括哪些部分？

11. 比较铸造与锻造的区别及其应用。

科普阅读

火箭发明家

美国马萨诸塞州的一个果园里，一个小男孩正给樱桃树修剪枯枝。他爬上了一棵高大的樱桃树，眺望着远方的田野。突然，他头脑中冒出一个念头：人要是能飞到星星上多好啊！怎样才能制造出飞上星星的机器呢？

小男孩从樱桃树上爬下来，坐在树下沉思起来。他想象着有种机器在草地上飞快地旋转着，急速上升，飞向太空，飞向那遥远的未知世界。从果园回来后，小男孩似乎变成了另外一个人。父母发现他整天在学习数学和做科学小实验，即使卧病在床的时候，他也不放过一点儿时间。看着瘦弱的常患病的孩子，父母总是心疼地劝他休息。他就是美国物理学家和火箭技术的先驱者——罗伯特·戈达德。

童年在果园的美丽梦想成了戈达德所有生活的支柱。在随后的日子里，他不断地钻研数学，坚持做实验，到大一些的时候，他开始攻读物理学家牛顿的著作。

上大学时，戈达德考入伍斯特工学院。1911 年，29 岁的戈达德在克拉克大学获理学博士学位，并在这所大学开始了火箭研制工作。刚开始时，戈达德做理论研究工作，探讨火箭做高空大气研究的价值和达到月球的可能性。1919 年，他发表了题为《达到超高空的方法》的论文，全文只有 69 页，是他理论研究的结果。小册子发表了，但没有引起人们的丝毫注意。其实，10 年前俄国物理学家齐奥尔可夫斯基也曾做过类似的研究，写过相似的论文，但也没有引起世人的注意。

戈达德在理论研究后，决定进行实践操作，想用成功的事例来证明他的理论的正确性和可行性。1922 年，戈达德开始了用汽油和液氧作燃料的火箭引擎试验。

1926 年冬天，在马萨诸塞州的田野上，戈达德发射了自己制作的第一枚火箭。这枚火箭高约 1.2 米，直径约 15 厘米。火箭里的汽油和液氧混合燃料耗尽后，它仍在继续上升，上升高度是 60 米，时速 100 公里左右。

火箭技术的研究可以追溯到中国，我国在 13 世纪就发明了“飞火箭”，印度人、阿拉伯人、波兰人等也曾研究过火箭技术，但戈达德是第一位设想用火箭或许能载人飞向天外的人。

1929 年 7 月，又一枚火箭在戈达德的家乡飞向天空。它飞得更高，而且载有气压表、温度计以及拍摄气压表和温度计的小型照相机。

试验刚刚结束，警察居然找到戈达德，命令他以后不许在马萨诸塞州做试验。

戈达德只好到新墨西哥州一块荒凉的土地上开始新的试验。经过许多努力，他得到一位慈善家馈赠的一笔钱，试验才得以维持。

在这里，戈达德制作了更大型更成功的火箭。他的火箭有燃烧室，因用汽油和超高压的液氧作燃料，燃烧室的壁能保持冷却。戈达德还发明了控制火箭飞行方向的转向装置，以及使火箭沿正确方向飞行的陀螺仪等。

1930～1935 年，戈达德发射了数枚火箭，火箭的速度最高达到超音速，飞行高度达到 2.5 公里。

遗憾的是，戈达德的研究没有得到美国政府的关注和支持，只给过他一小笔预算，让他设计飞机在航空母舰起飞时用的一种小型火箭。戈达德在默默无闻中，靠自己的毅力和勤奋发明创造了火箭，是美国第一枚火箭的宇宙时代的开创者。

戈达德虽在美国没有受到重视，在德国却有一批推崇者。他们用戈达德的原理制成了 V2 火箭，并在第二次世界大战中发挥了威力。

第二次世界大战结束后，美国科学家向德国科学家请教火箭制造的技术，德国科学家目瞪口呆，“你们不知道戈达德吗？我们是用他的原理研究和制造火箭的。他是我们的老师。”美国科学家震惊后再去寻找戈达德时，一切都晚了。1945 年 8 月 10 日，戈达德已经离开了人世。

第十四课　自行车是怎样转起来的

自行车是一种轻便、简单、无污染的交通工具。它的使用最为普遍，无论是在工业技术发达的国家，还是在贫穷落后的地区，到处都可以看到它的足迹。

最早的自行车并不是现在的样子，起初只是人坐在有两个木轮子的木架上用两脚在地上走。后来不断发展，逐步改进才成了现在的样子。在改进的过程中，它的种类也变得丰富起来。例如有轻便自行车、载重车、赛车、山地车、三轮车等，就连小孩子也有了自己的儿童自行车。自行车走进了人们的生活，走进了千家万户。

自行车骑起来很方便，但它究竟是怎样转起来的呢？要回答这个问题，我们就要看看它的传动系统。

自行车的传动系统由脚蹬、曲柄、链轮、链条、飞轮、中轴、前后轴等几个部分组成。其中，轴是组成机械的重要圆柱形的零件，一切做回转运动的零件（如齿轮、带轮）都要装在轴上才能实现回转，并通过它来传递。轴的使用相当普遍，自行车中就多处使用，如前后车轮中的前后轴及中轴等。

脚蹬、曲柄、中轴三者组成一个曲柄连杆机构。但踩动脚蹬并不能直接使自行车轮转起来，要靠链轮带动链条，把运动传递给飞轮。链轮也叫链盘，又叫花盘，它固定在自行车的中轴上，外圈带有整齐的齿。链轮用链条与飞轮相连，飞轮是一个能间歇运动的棘轮机构，它由棘轮、棘爪、摆杆和机架组成。飞轮的外圈也是一个小链轮，与链条相连，内圈是棘轮、棘爪，安装在后轴上。当链条带动飞轮顺时针转动时，棘轮通过棘爪带动后轴转动，当链条停止时，飞轮也停止转动。此时，后轴因自行车的惯性作用将继续转动，棘爪将沿棘轮的齿面滑过，后轴与飞轮脱开，从而实现了从动件转速超过主动件转速的超越作用。这样，链轮、链条及飞轮就构成了链传动系统。

链转动是由装在平衡轴上的链轮和绕在链轮上的链条组成的，这种传动是靠链节与链轮齿不断啮合来传递功率的，是一种啮合传动。它适用于心距较大且工作条件差的情况，如有油污、尘土以及冶金、起重运输、农业等机械。链传动与带传动形式相似，但带传动没有链轮和链条，是靠紧套在两轮上的环形带利用带与带轮间的摩擦力来传递运动。除此之外，还有几种传动形式，如齿轮传动、蜗杆传动等。

自行车的运动系统就是一个链传动的系统，人们施加在脚蹬上的力由曲柄传给链轮，通过链传动带动后轴一起转动，后轴的转动使后轮转动，在后轮的推动下，自行车前后轮一起向前运动，自行车就是这样转起来的。

词语

1. 污染（名，动）wū rǎn　　بۇلغۇنۇش، بۇلغاش
2. 脚蹬（名）jiǎo dēng　　پېدال، ئۇزەڭگە

3. 曲柄（名）qū bǐng جەينەك دەستە
4. 链轮（名）liàn lún زەنجىر چاق
5. 飞轮（名）fēi lún ئۇچقۇر چاق، شىستىرنا
6. 中轴（名）zhōng zhóu (ئوتتۇرا ئوق، (ۋەلسىپىتنىڭ پىدالىغا ئۇلانغان قىسىم
7. 曲柄连杆机构（名）qū bǐng lián gǎn jī gòu
جەينەكلىك دەستىنى ئۇلىغۇچ قۇرۇلما
8. 链盘（花盘）（名）liàn pán زەنجىر تەخسىسى
9. 棘轮（名）jí lún چاقنىڭ تەتۈر ئايلىنىشقا يول قويمايدىغان مىقدارى) خىرا ۋۆلك
10. 摆杆（名）bǎi gǎn ھەركەتچان دەستە
11. 机架（名）jī jià ماشىنا جازىسى
12. 惯性（名）guàn xìng ئىنېرتسىيە
13. 从动件（名）cóng dòng jiàn ئەگەشمە ھەركەتلىنىدىغان دېتال
14. 主动件（名）zhǔ dòng jiàn جۇدۇڭ دېتال، تەشەببۇسكار دېتال
15. 超越（动）chāo yuè ھالقىپ ئۆتمەك، ھالقىپ كەتمەك
16. 环形（名）huán xíng ئايلانما شەكىل
17. 功率（名）gōng lǜ كۈچ قۇۋۋەت

作业与练习

一、用汉语解释下列词语

污染　　从动　　主动　　超越　　惯性　　绕　　啮合

二、词语解释

轴　　链传动　　带传动　　飞轮

三、根据课文内容填空

1. 自行车的传动系统是由__________、__________、__________、__________、__________、__________等几个部分组成。

2. 自行车传动系统中，__________、__________、__________三者组成一个曲柄连杆机构。

3. 飞轮由__________、__________、__________和__________组成。

4. 链传动是由__________组成的，这种传动是靠__________来传递功率的，是一种传动。

四、根据课文内容回答问题

1. 最早的自行车是什么样的？
2. 自行车的不断发展，种类也丰富起来，最普通的有哪些？
3. 飞轮是什么样的机构？由哪些部分组成？是怎样实现从动件转速超过主动件转速的超越作用的？画图说明。
4. 链传动是什么样的传动？由什么组成？有哪些优点？画图说明。
5. 带传动与链传动的主要区别是什么？
6. 简述自行车是怎样转起来的。

科普阅读

自行车

现在，自行车像潮水一样，遍及世界各地，进入家家户户。但很少有人知道，发明自行车的是德国的一个看林人，名叫德莱斯（1785～1851）。

德莱斯原是一个看林人，每天都要从一片林子走到另一片林子，多年走路的辛苦，激起了他想发明一种交通工具的欲望。他想：如果人能坐在轮子上，那不就走得更快了吗！就这样，德莱斯开始设计和制造自行车。他用两个木轮、一个鞍座、一个安在前轮上起控制作用的车把，制成了一辆轮车。人坐在车上，用双脚蹬地驱动木轮运动。就这样，世界上第一辆自行车问世了。

1817 年，德莱斯第一次骑自行车旅游，一路上受尽人们的讥笑，他决心用事实来回答这种讥笑。一次比赛，他骑车 4 小时通过的距离，马拉车却用了 15 个小时。尽管如此，仍然没有一家厂商愿意生产、出售这种自行车。

1839 年，苏格兰人马克米廉发明了脚蹬，装在自行车前轮上，使自行车技术大大提高了。以后随着充气轮胎、链条等的出现，自行车的结构越来越完善。此后若干年中，涌现出了各种各样的自行车，如风帆自行车、水上踏车、冰上自行车、五轮自行车，自行车逐渐成为大众化的交通工具。

德莱斯还发明了绞肉机、打字机等，都能减轻劳动强度。现在铁路工人在铁轨上利用人力推进的小车，也是德莱斯发明的，所以称它为“德莱斯”。

第十五课　汽车的基本构造

汽车问世一百多年来，已是成员众多的大家族，根据它的用途可分为运载游客的客车，运载货物的载重汽车和为了完成某种特殊作业而设计的专用汽车，如救护车、消防车、电视转播车、环境监测车以及比赛用的赛车等。根据它所采用的燃料又可分为汽油车和柴油车以及现代产物——太阳能汽车。另外根据在道路上的适应能力又可分为普通车和越野车两大类。汽车的种类繁多，结构上千差万别，但就其最基本的结构分析，任何汽车都不外乎由发动机、底盘、车身、电器设备等部分组成。

发动机是汽车的动力源，作用是将燃料燃烧的热能转化为机械能为汽车行驶提供动力。发动机由两个机构和4～5个系统组成，即曲柄连杆机构、配气机构、燃料供给系、点火系、润滑系、冷却系和启动系。其中，曲柄连杆机构是完成热能转变为机械能的主要机构。

底盘是整车的骨架，是汽车的主体部分，它将整车连成一体，并将发动机动力传至驱动车轮变成牵引力，保证汽车正常、安全、平稳地行驶。它由传动系、行驶系、转向系和制动系组成。其中，传动系尤为重要，它是将发动机动力传递至驱动车轮的主要部分。传动系主要包括离合器、变速器、万向传动装置、主减速器、差速器和半轴等。其中，离合器和联轴器的作用相同，主要是用来连接不同机构中的两根轴，使之一同旋转。但用联轴器连接只能在机器停车后经过拆卸才能把它们分离，而用离合器就不必拆卸，在机器正常运转时就能使它分离或接合。正因为如此，汽车采用离合器就能在行驶当中使用齿轮式变速器换挡。变速器的作用是根据汽车不同的形式条件，改变发动机输出转速来改变汽车的车速。目前汽车上大都采用齿轮变速器，它是通过不同直径的齿轮相互啮合转动。万向传动装置的作用是正常传送在不同水平面而且相互位置发生变化的两个机件之间的转动。主传动器又称主降速器，它的作用与减速器基本相同，并且都是通过齿轮来完成的，但主传动器同时将转动方向折转90°传给驱动车轮完成动力方向的转变。差速器的作用是保持两边的驱动车轮在任何条件下正常、平衡运转。半轴则与车轮连接。

车身安装在车架上，用以安置驾驶员、乘客和货物，除客车和车身制成一个整体外，一般载重汽车的车身分为驾驶室和货箱两部分。

电器设备由电源、发动机点火系、启动系及汽车照明信号、仪表等设备组成，现在大量汽车还配有音响及空调设备。

汽车的基本构造大体包括以上及部分，但更要详细地了解它的内部构造，就需要更细致、分门别类地研究。而且，了解汽车的基本构造也会给将来在使用过程中正确驾驶和维修带来方便。

词语

1. 救护（动）jiù hù　　قۇتقۇزۇش

2. 消防（动）xiāo fáng ئوت ئۆچۈرۈش
3. 转播（动）zhuǎn bō ئۆلچەش ئاڭلىتىش
4. 监测（动）jiān cè ئۆلچەش
5. 不外乎（动）bú wài hū باشقا ئەمەس
6. 发动机（名）fā dòng jī دېۋىگاتېل، ماتور
7. 底盘（名）dǐ pán تەگلىك، جازا
8. 配气（动）pèi qì گاز تەخسىملەش
9. 供给（动）gōng jǐ قامداش، تەمىنلەش
10. 点火（动）dián huǒ ئوت ئالدۇرۇش، تۇتاشتۇرۇش
11. 润滑（动）rùn huá مايلىماق، سىلىقلىماق
12. 冷却（动）lěng què سوۋۇماق، سوۋۇتماق
13. 牵引（动）qiān yǐn تارتماق، سۆرىمەك
14. 平稳（形）píng wěn سىلىق، مۇقىم
15. 变速器（名） biàn sù qì ئۆزگۈرۈشچان يۆتكىگۈچ
16. 万向传动装置（名）wàn xiàng chuán dòng zhuāng zhì سۈرەتنى تەڭپۇڭلاشتۇرغۇچى
17. 差速器（名）chā sù qì سۈرەتنى ئۆزگەرتكۈچى
18. 半轴（名）bàn zhóu يېرىم ئوق
19. 拆卸（动）chāi xiè چورۇۋىلماق، پارۇۋىلماق
20. 换挡（动）huàn dǎng خوت يۆتكەش
21. 降速器（名）jiàng sù qì سۈرئەتنى تۆۋەنلەتكۈچى
22. 音响（名）yīn xiǎng تاۋۇش، شاۋقۇن
23. 空调（名）kōng tiáo ھاۋا تەڭشەۋۈچ
24. 快捷（形）kuài jié تېز، چاققان

作业与练习

一、用汉语解释下列词语

家族　消防　检测　越野　供给　点火　润滑

冷却　换挡　不外乎

二、词语解释

发动机　底盘

三、根据课文内容填空

1. 任何汽车都不外乎由__________、__________、__________、__________等部分组成。

2. 发动机是__________，作用是将__________转化为__________，为汽车行驶提供动力。

3. 曲柄连杆机构是__________的主要机构。

4. 底盘由__________、__________、__________和__________组成。

5. 传动系主要包括__________、__________、__________、__________、__________和__________等。

6. 一般载重汽车的车身分为 __________和 __________两部分。

7．电器设备由__________、__________、____________及_________、__________等设备组成，现在大量汽车还配有__________及__________设备。

四、根据课文内容回答问题

1．从用途，采用的燃料，道路的适应能力等方面分析汽车的种类。

2．简述汽车发动机的作用及构造。

3．简述底盘的作用及构造。

4．比较离合器和联轴器的异同。

5．万向传动装置作用如何？

6．差速器的作用是什么？

7．为什么要学习汽车的基本构造？

科普阅读

汽车

世界公认的汽车发明者是德国人卡尔·本茨。他在1885年研制出世界上第一辆马车式三轮汽车，经过反复试验，1886年1月29日，卡尔·本茨发明的世界上第一辆三轮汽车获得了“汽车制造专利权”。这一天被大多数人称为现代汽车诞生日，本茨也被后人誉为“汽车之父”。

本茨把燃气发动机改进为汽油发动机。本茨的单缸发动机排气量为0.954升，转速为250转/分，输出功率为0.49千瓦。这辆汽车于1886年6月首次在曼海姆市的街上行驶。这就是卡向尔·本茨发明的举世公认的第一辆汽车。

1887年，卡尔·本茨将这辆汽车卖给了法国人埃米尔·罗杰斯，这是世界上第一辆现代汽车的销售。同年，卡尔·本茨成立了世界上第一家汽车制造公司——奔驰汽车公司。本茨将毕生的精力都献给了汽车事业。

同年，德国人哥德利普·戴姆勒在一辆四轮马车上安装了自己研制的汽车发动机，以每小时18千米“令人窒息”的速度行驶，人类历史上第一辆四轮汽车诞生了。1890年戴姆勒成立公司。

而对于谁是汽车的发明者，法国人抱有不同的看法。法国人认为，早在德国人之前，法国的戴波梯维尔在1884年就发明了汽车并申请了专利，这确是事实。遗憾的是，他以后并没有去研究汽车，而是把发动机用到了工业生产中，最终成为工业发动机制造商，与汽车业疏远了。但有一点是肯定的，法国在汽车发展史上做出的巨大贡献是不可磨灭的，因为法国人是汽车工业的先驱，是他们使汽车制造真正进入工业生产阶段。